久留米大学経済叢書　第17巻

東アジアにおける少子高齢化と持続可能な発展

日中韓3国の比較研究

駄田井正・原田康平・王橋 編
datai tadashi　*harada kouhei*　*wang qiao*

新評論

賛　辞

　久留米大学が中国社会科学院世界政治・経済研究所、同人口・労働経済研究所および首鋼研究・開発公司と協力して第1回目の「社会経済国際シンポジウム」を開催したのは1996年だった。それ以来、このシンポジウムは毎年開かれて、すでに14回を重ねている。

　この間に、研究成果を発表したのは今回で2度目である。前回は久留米大学経済学部の創設10周年記念事業の一環として、鈴木岑二、王橋の両先生のご尽力でそれまで5回のシンポジウムの研究成果をまとめ、日本語ばかりでなく王守海先生のご指導の下で中国語でも出版された。

　今回はそれとは違って、2006年から「東アジアにおける少子高齢化と持続可能な発展」という統一研究テーマで、日本、中国ばかりでなく韓国の研究者をも交えて4年間かけて行った共同研究の成果である。

　時宜に適ったテーマの下で得られた真に充実した研究内容に、心から敬意を表します。

　　　　　　　　　　　木下悦二（九州大学名誉教授、久留米大学経済学部初代学部長）

巻頭言

　ここ数年来、中国社会科学院人口と労働経済研究所、中国社会科学院老年科学研究センターは、日本久留米大学経済学部と共に「東アジア地区の少子高齢化に関する比較研究」を展開し、中日韓３国の学者達は課題の研究に参加してそれぞれ３国で実地調査を行った。その間、久留米大学の招きをいただき、何度も日本を訪問した。日本の養老方式、養老政策などの方面に対する調査、研究および訪問を行い、何度も私は新しい啓発と収穫を得た。

　当面、世界金融危機は各国の経済社会の発展に厳しい挑戦になったが、歴史の経験に証明されるように、その度ごとの重大な危機はすべて新しい発展のチャンスを懐胎してる。人口経済学の研究に従事する私達はこのチャンスをしっかりと捉えるべきで、危機を正視し、主導的な行為をなすべきである。真剣に人口の発展の中の新しい情況、新しい問題に応じて全体を計画案配し、人口の数量、品質、構造、分布、マンパワーの開発などの方面に現れる問題を解決し、全面的に東アジア地区の調和社会づくりに良好な人口環境をつくり上げる、また少子高齢化の問題を高度に重視し、社会保障の問題に対して社会科学の規則によって深く研究を行い、人と自然との調和的発展を実現させる、そして私達は人口経済学の新しさをつくり出すことに努力しよう。

　今回、本書を出版することはよいプラットフォームになり、中日韓３国の専門家達と関連する社会団体は共同に参与し、直面する新しい課題、新しい問題をよく把握し、東アジア地区の少子高齢化と経済社会発展に関する重要な問題に対して共に探索を行って対策を提出し、政府方策の参考に備え、東アジア地区の共同発展になすべき貢献をしよう。

2010年２月

　　　　　　　　　　郭　　永才（中国社会科学院 学術委員会秘書長）

まえがき

　本書は、中国、日本、韓国の研究者の24編の論文からなり、それぞれの国における人口と発展との関係、人口政策、生育文化、高齢化の成り行き、養老のモードなどの視角からの研究成果である。本書を部分から見ると国別の研究成果であり、全体からを見ると比較的研究の成果である。各国の研究に参考になり、実践の役に立てる重要な現実的な意味をもっている。

　1950年代から1990年代にかけて、中・日・韓3国では、次々と人口の高出生率・低死亡率・高増加率から低出生率・低死亡率・低増加率へと人口転換し、この人口転換では日本が一番早くて、韓国はその次に、中国は最後になった。中・日・韓3国における人口転換と高齢化から3国に共通の軌道が見え、またその各自の特徴も見える。人口転換の影響で、経済発展に段階的な変化も現れた。日本は1960年、韓国は1970年の前後に、それぞれルイスの転換点に到着していたと思われている。当面、中国もこの転換期に入っている。

　低出産率と高齢化は、労働年齢人口の割合が下がり、人口の扶養率が上昇を引き起こし、経済と社会に不可避の一連の影響を与える。高齢化への対応は、養老および社会保障などの社会福祉に関わり、また労働力不足による経済発展の潜在能力にも関わる。3国の経済発展段階におけるこのような関係の存在により、日本、韓国の経験と教訓はすべて中国の参考になる。

　本著は、貯蓄、投資、消費、就業、産業の構造などの経済面、社会保障、婚姻と家庭、文化と生活、制度づくりなどの社会面で、高齢化とその影響に有益な探求となった。同時に、高齢者の社会での役割およびいかに高齢化からの圧力を原動力に変換するかを研究した。本著は、理論的な研究とともに、実践の経験と方法をも紹介している。人口学、社会学と経済学などの研究者、および人口政策、社会保障と高齢者事業の実践者に参考となる価値がある。

　　　　　　　　　　　　　蔡　昉（中国社会科学院人口・労働経済研究所所長）

謝　辞

　本書の土台となる議論は、「社会経済国際シンポジウム」を通じて行われてきた。1996年に久留米大学経済学部と中国社会科学院世界経済・政治研究所および首鋼研究・開発公司の共催でスタートした同シンポジウムは、第6回目からは中国社会科学院人口・労働経済研究所と久留米大学文学部を加えて、昨年で第14回を迎えた。東アジアの経済発展、少子高齢化問題、環境保全と持続可能な社会の形成などをテーマとして取り上げ、東アジアの経済発展についての成果は、『東アジアの現状と展望』（九州大学出版会）としてとりまとめ、2004年に刊行した。本書はそれに続く、「社会経済国際シンポジウム」の成果である。また、毎年のシンポジウムを通じて、参加者相互の間に強い信頼関係が培われたこと、様々な現場へ足を運んで日中それぞれの実情を肌で実感できたことも、大きな成果としなければならない。

　それも、これまで「社会経済国際シンポジウム」を支えてくださった皆さんのご支援によるものである。特に、久留米大学商経同窓会、経済学部父母の会、久留米観光コンベンション・国際交流協会からは、開催のたびに多大のご援助を頂いた。また、平成18年度には石橋財団から研究助成金を、平成19・20年度には日本学術振興会から「二国間交流事業」補助金を頂戴した。これらのご援助がなければ、多くの参加者を受け入れ、有意義な現地見学を組むことはできなかった。加えて、中国社会科学院世界経済・政治研究所　王秀奎先生、中国社会科学院人口・労働経済研究所　張世生先生には、毎回なにくれとなくご配慮を頂いた。そして、久留米大学御井学舎事務部の協力と、あらゆる場面に及ぶ王橋さんと夏広軍君の目配りがなければ、無事にシンポジウムを運営することは難しかったであろう。関係各位に心から感謝を申し上げる次第である。

2010年3月

　　　　　　　　　　　　　　　　　　江藤彰彦（久留米大学経済学部学部長）

もくじ

賛　辞　木下悦二（九州大学名誉教授、久留米大学経済学部初代学部長）　i
巻頭言　郭　永才（中国社会科学院学術委員会秘書長）　ii
まえがき　蔡　昉（中国社会科学院人口・労働経済研究所長）　iii
謝　辞　江藤彰彦（久留米大学経済学部学部長）　iv

第1部 総　論

第1章　経済発展と少子高齢化　4
駄田井　正（久留米大学経済学部教授）

第2章　少子高齢化の国際的背景と国内的背景　20
田　雪原（中国社会科学院人口・労働経済研究所研究員）

第2部 東アジアにおける少子高齢化の趨勢と推測

第3章　日本の少子高齢化の現状と今後　60
原田康平・山田和敏（共に久留米大学経済学部教授）

第4章　21世紀中国における少子高齢化の発展趨勢について　102
田　雪原（中国社会科学院人口・労働経済研究所研究員）

第5章　韓国における少子高齢社会への新しい取り組みと課題　116
朴　光駿（佛教大学社会福祉学部教授、中国社会科学院人口・労働経済研究所客座研究員）

第3部 東アジアにおける少子高齢化の原因と問題点

第6章　東アジアの現状　144
原田康平（久留米大学経済学部教授）

第 7 章　中国の人口構造の変動による影響とその問題について　177
　　　　　司　　秀（中国社会科学院人口・労働経済研究所研究員）
第 8 章　韓国における少子高齢化の原因と問題　188
　　　　　呉　英蘭（韓国、東明大学校社会福祉学部教授）

第 4 部　経済・社会・文化・教育・生活への少子高齢化の影響

第 9 章　東アジアにおける少子高齢化がもたらす経済的影響　218
　　　　　松石達彦（久留米大学経済学部准教授）
第 10 章　中国の少子化が家庭と社会に与える影響について　231
　　　　　孫　　征（中国社会科学院人口・労働経済研究所研究員）
第 11 章　日本の高齢者に対する消費者教育の考察　244
　　　　　王　彦風（久留米大学比較文化研究所研究員）

第 5 部　少子高齢化と高齢者社会保障

第 12 章　人口制御と素質の向上、および老後保障の強化　262
　　　　　王　　鑒（中国社会科学院人口・労働経済研究所研究員）
第 13 章　中国の高齢化と養老保険制度の確立　284
　　　　　郭　学賢（東北師範大学人文学院教授）
第 14 章　高齢化社会の養老サービスに果たす非営利組織（NPO）の役割と意義　292
　　　　　陳　暁春（湖南大学政治・公共管理学院教授）
　　　　　羅　青・銭　炜（湖南大学政治公共管理学院研究員）
第 15 章　コミュニティ養老の発展に力を入れ、養老の社会化レベルを高めよう　301
　　　　　王　　鑒（中国社会科学院人口・労働経済研究所研究員）

第⑯章 城市の65歳以上の高齢者が理想とする養老方式について 314
司　秀（中国社会科学院人口・労働経済研究所研究員）

第6部　少子高齢化と持続可能な発展

第⑰章 少子高齢化社会への対応 328
駄田井　正（久留米大学経済学部教授）

第⑱章 社会の持続可能な発展と高齢者の経済活動 344
王　橋（中国社会科学院人口・労働経済研究所研究員）

第⑲章 少子化問題の解決は「おばあさん仮説」で 358
糸乗貞喜（協同組合　地域づくり九州理事長）

第7部　事例研究

第⑳章 奄美大島における子育て応援の事例 368
夏　広軍（久留米大学比較文化研究所研究員）

第㉑章 都市の老年女性の生活状況に対する調査と研究について 381
章　麗君（中国社会科学院老年科学研究センター・副秘書長）

第㉒章 中国高齢者住宅産業に関する考案 394
王　鳳鳴（青島中潤徳集団代表取締役）

第㉓章 寧波市の高齢化と社会経済の発展について 402
王　橋（中国社会科学院人口・労働経済研究所研究員）

編集後記　414
執筆者紹介　416

東アジアにおける少子高齢化と持続可能な発展
――日中韓3国の比較研究――

第1部

総論

第1章
経済発展と少子高齢化

駄田井　正（久留米大学経済学部教授）

1　少子高齢化の歴史的背景

（1）経済成長の限界と少子高齢化の必然性

人類社会は産業革命後、飛躍的な経済の発展・成長を遂げてきた。産業革命がこの発展・成長を可能にした最大の要因は、化石燃料を使用する技術を開発し、人類がそれまでの自然エネルギーに依存した体制から脱却できたことにある。また、蒸気機関の発明により熱エネルギーを動力エネルギーに転換することが可能になり[1]、石炭を燃やすことで動力を得て、人間や動物の動力に依存することから脱却できた。

ところで、最初につくられた蒸気機関[2]は熱効率の悪いものであり、輸送用でなく炭鉱の排水ポンプとして使用された。その後、改良が重ねられて SL などに使用できるようになったわけだが、この過程で「熱」に関する理論的研究が行われ、熱力学が誕生した。熱力学の基本原理は、次の二つの法則である。

熱力学の法則[3]
第1法則「エネルギー保存の法則」——宇宙における物質とエネルギーの総和は一定で、決して創成したり、消滅するようなことはない。また、物質が変化

するのは、その形態だけで、その本質が変わることはない。

第2法則「エントロピーの法則」——物質とエネルギーは一つの方向のみに、すなわち使用可能なものから使用不可能なものへ、あるいは利用可能なものから利用不可能なものへ、あるいはまた、秩序化されたものから無秩序されたものへと変化する。

　人間を含めるあらゆる生物も、まして経済活動も、この熱力学の法則に逆らうことができない。ところが、ジョージジェンスク・シーゲン（1971）は、従来の経済学はこの熱力学の法則、特に第2法則を無視してきたとする。

　もし、地球が熱的な閉鎖系であるとすると、すなわち太陽光のエネルギーが注がないとすると、第1法則によって地球全体の物質とエネルギーの総和が変化しないとしても、第2法則によって使用可能な物質とエネルギーは枯渇していく。この様子をジョージジェンスク・レーゲンに従って砂時計で表すと、**図1－1**のようになる。

　砂時計の中にある砂の量は増減なく一定である。これは、地球全体の物質・エネルギーの量を示す。砂時計の上方にある砂は使用可能な低エントロピーのものであり[4]、下方にあるものは使用不可能なものである。その間の隙間を通して絶えず砂が落下している。エントロピーの法則を比喩しているもので、上方の砂がすべて下方に落下した時が地球の熱的死であり、資源の枯渇である。

　ところで、地球は閉鎖系ではなく、太陽によってエネルギーが補給され、エントロピーの増大が抑えられている。また、宇宙に熱も放出している。この様子を再び砂時計で表現すると**図1－2**のようになる。

　図1－2では、砂時計の上が開いていて絶えず砂が補給され、底のほうも少し穴が開いていて砂がこぼれている。砂時計の上方から下方へ落下する量よりも、上方に補給される砂の量が多ければ上方の砂はなくなることはない。地球

---

(1) このことは、人類が火を使用することができるようになったことに匹敵する出来事であるという考えがある。
(2) ニュー・メコンによる。
(3) リフキン（1980. pp. 23〜24）
(4) 未使用の化石燃料、鉱物など。

図1－1　エントロピーの砂時計(閉鎖系)　　図1－2　エントロピーの砂時計(開放系)

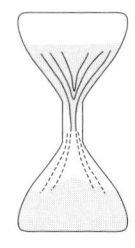
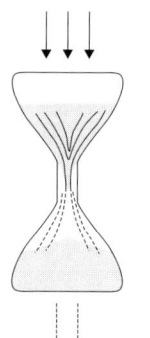

利用可能な
エネルギー・資源

利用不可能な
エネルギー・資源

宇宙からのエネルギー

利用可能な
エネルギー・資源

利用不可能な
エネルギー・資源

宇宙への排出

Georgescu-Roegen（1981, 邦訳 p.162）

の熱的死と資源の枯渇は免れることができる。この比喩から、人類社会の持続可能性は次のように解釈できる。

　文明の誕生以来、人類社会の発展・成長は、低エントロピーの資源・エネルギーを使用することで達成されてきた。すなわち、上方から下方に砂を落とす隙間を大きくすることで発展してきた。特に、産業革命は上述した熱エネルギーの動力エネルギーへ転換する技術を習得することで大きく隙間を開けた。その結果、急速に上方の砂を減少させることとなり、資源の枯渇と環境悪化に伴う生態系の崩壊が懸念されるようになった。

　従来の経済学が熱力学の第2法則を無視したのは、まだこの懸念が顕著ではなかったからである。デイリー（2005邦訳, p.69）は、従来の経済学の想定と資源の枯渇と生態系の危機が顕著になることを想定した経済学（環境の経済学）の想定との相違を二つの図で説明している（**図1－3と図1－4参照**）。

　このように、成長の限界が明瞭になった以上、人口の扶養能力にも限界があり、当然人口増加の抑制が必要である。ピラミッド型の人口構成は人口増加の場合であり、人口抑制が始まると、当然、釣り鐘型の少子高齢化社会が到来する。

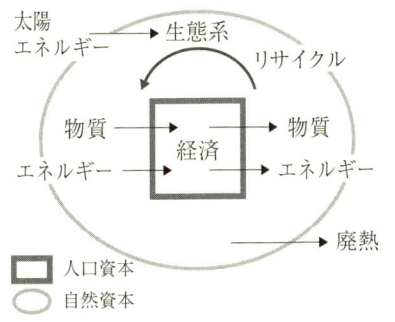
図1-3 従来の経済学の想定・空っぽの世界

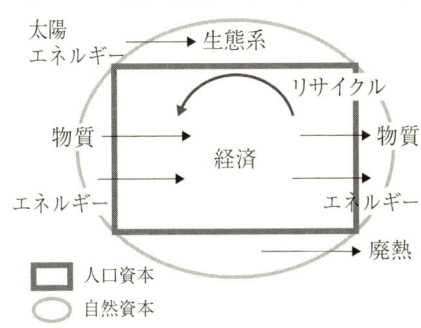
図1-4 環境の経済学の想定・充満した世界

(2) 少子高齢化のメカニズム

　人類社会が持続するには、どこかの水準にあわせて人口を抑制しなければならないが、現実には人口が増加する傾向にある国と人口減少に向かう国がある。現代社会におけるこの二つの傾向はどのように説明されるであろうか。このことについて考えてみよう。

マルサス人口論の要旨

　議論の出発点をマルサス（1798）に置くのは妥当であろう。周知のように、マルサスは人口の増減を決定する要因として次の三つを挙げた。

❶生活資料
❷積極的妨げ——死亡率に関するもの、疫病、戦争、医学の発展度合いなど。
❸予防的妨げ——出生率に関するもの、避妊、堕胎、婚期、道徳的抑制など。

「積極的妨げ」と「予防的妨げ」に関する要因が一定であれば、人口は生活資料に依存する。そして、その関係を次のように想定した。この想定を、仮に「マルサスの人口仮説」と名付けておく。なぜなら、この仮説の真偽が人口論争の核であるからである。

マルサスの人口仮説

平均生産力　＜　最低低生活水準　⇒　人口増加
平均生産力　＝　最低低生活水準　⇒　人口一定
平均生産力　＜　最低低生活水準　⇒　人口減少

人口仮説に従うならば、最低生活水準は人口の再生産を可能にする生活の最低水準ということになるが、論争の余地が多い。その水準は、生理的に人間の生存を可能にする衣食住を充足する物的水準を保障する生産水準であるばかりでなく、教育やその他の社会的な最低限の欲求を充足する水準でもなければならない。したがって、それは、その生産能力を含めた社会的諸条件の関数になり、絶対的水準に固定できるものではない。

次に人口と最低水準生産力の関係であるが、長期的な関係として、人口が比較的少ない経済発展の初期状態の時は規模の経済性が働き、収穫は逓増する。しかし、経済も発展して人口が比較的多くなると、土地や資源の制約によって収穫は逓減的になると考えられる。そうすると、人口と生産力ならびに人口の増減の関係は、最低生活水準を一定とすると図1－5のようにまとめられる。

周知のように図1－5では、最低生活水準と平均生産力曲線は2か所で交わり、二つの均衡点 E_1 と E_2 が生じる。E_1 は不安定である一方、E_2 は安定的である。したがって、人口を人為的に抑制しないで人口の原理のままに任せたならば、人類は滅亡するか最低生活の水準にとどまるかであって、いずれにしても未来は悲惨である。この悲惨さから逃れるためには、人口を平均生産力が最大になる水準[5]に人為的に抑制しなければならないことになる。

マルサスの人口仮説は現実を説明しているか？

マルサスの人口仮説は、以後の現実の世界を説明出来ているであろうか？それに関しては、否定的な事実が挙げられる。

❶現実は世界全体では人口も増加しているし、平均生産力も増加している。したがって、200年たっても人口過剰均衡 N_2 に達していない。もっともこのことは、不断の技術革新によって、長期平均生産力曲線は上方にシフトを繰り返し

図1-5 マルサスの人口仮説

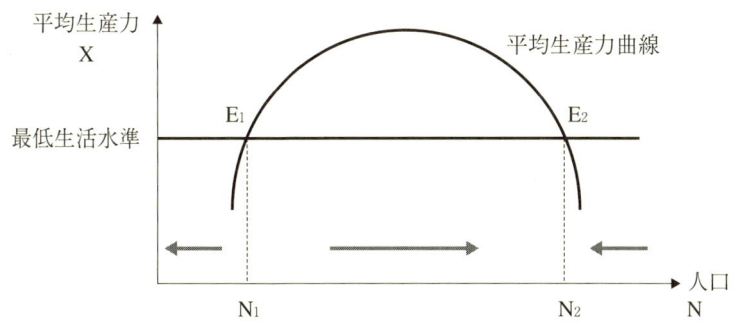

てきたとの説明が可能である。**図1-6**を参照。

しかし、以下の二つが観測されている。

❷世界全体では、一般に富んだ国が人口減少傾向で、貧しい国の人口が増加している。

❸国内では、都市化[6]で過密過疎化が進行し、所得水準の高い都市部が少子化であり、所得水準が低い田舎の出生率が高い。

所得が高くなるほど出生率が低下して人口を減少に導くということは、マルサスの人口仮説の変更を余儀なくさせ、今日における少子高齢化の要因を分析する最大の論点である。

最低生活水準の概念をめぐって

マルサスの人口仮説の基本的骨格を保持して、現実に生じている現象を説明する第一の方法は、最低生活水準の概念を明らかにすることである。それには、次の事実に注目する必要がある。

❶人口の増加の原因は、主に積極的妨げの要因にあって、医学の発達や経済成長による食糧事情の改善などにより、死亡率が低下し平均寿命が延びたことにある。

---

[5] 基本的には人口最適水準と言ってもよいかもしれないが、動態的な考察が必要である。
[6] 都市化もまた世界的傾向であり、工業化と関連する。

図1-6 平均生産力曲線の上方シフト

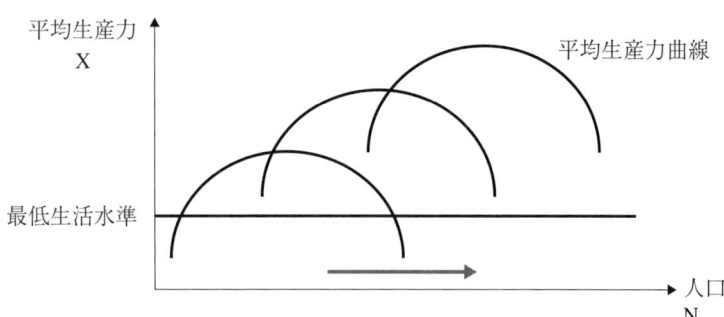

❷ここ200年の経済成長は、産業の工業化がもたらしたものである。これが社会の都市化を進行させた。

❸都市化は必然的に生活資料の市場への依存度を高め、最低生活を保障するための貨幣所得水準を高める。

❹都市化した生活様式に沿ってより快適な生活を送るためには、より高い貨幣所得が必要であり、そのためにはより高い教育が必要となり、これが家族の負担になる。

結果として、平均生産力曲線の上方シフトは、最低生活水準の上方シフトも伴うことになる。**図1-7**を参照。

先進国では経済が発展して所得水準が高いが、最低生活水準も高いので人口は減少傾向にある。一方、途上国では、所得水準は低いが最低生活水準も低いので人口は増加する。

過密過疎化の発生

図1-7は、先進経済圏における人口減少[7]と発展途上国の人口増加の概略を説明している。この状況を一国内の関係に置き直すと、過密過疎化現象を説明できる。一国内のことなので、平均生産力曲線をクロスセクション的に一本化している[8]。人口が増加し、経済成長とともに[9]都市化が進行し、都市化と共に最低生活水準が上昇する。そのことを同時的に表現すれば、最低生活水準

図1－7　先進国と途上国の人口仮説

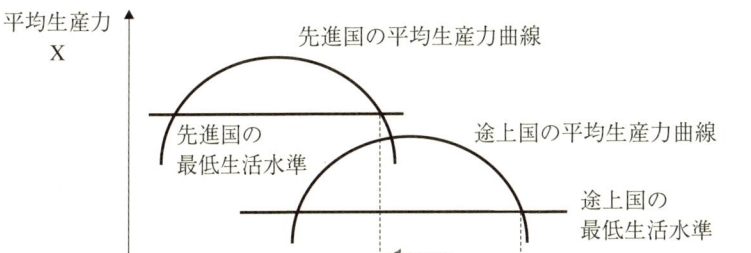

を示す直線[10]は右上がりになる。このようにして、二つの均衡点 N_1, N_2 が得られるが、N_1 は不安定で過疎地域である。したがって、過疎地域では人口が減少しだすとそれは止まらない。N_2 は過密地域で、復元力をもつ。このような状況で、過疎地に都市型生活様式[11]が入り込み最低生活水準が上方にシフトしたとすると、人口減少が始まる。**図1－8**では、均衡点 N_1 が最低生活水準の上方シフトで N_3 に移行し、N_1 は人口減少領域になることを示している。この人口減少は、もっぱら都市への社会的移動で生じる[12]。

---

(7) ただし、アメリカ合衆国など一部先進国は例外である。
(8) 例えば、次のような関係をグラフにしたものと考えてもらいたい。

地　域	人口 N 千人	平均生産力 X 千円	最低生活水準 千円	備　考
A	5	70	80	
B	10	80	80	N_1
C	15	90	85	
D	20	100	90	
E	25	95	95	N_2
F	30	90	100	

(9) 平均生産力を最低生活水準が上回る状況が生じるとすれば、収穫の逓減（平均生産力の低下）が生じるかどうかは問題ではない。
(10) 必ずしも直線である必要はない。
(11) 家庭電化製品、車、教育への関心。
(12) この場合も教育が大きな要因である。

図1-8 過密過疎化の発生

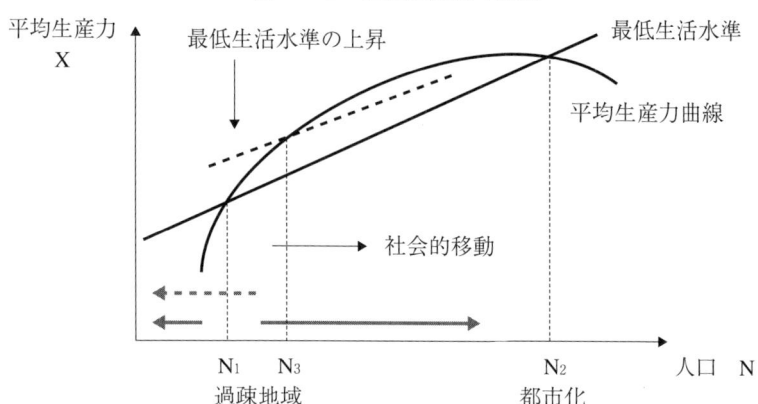

(3) 中国人口政策の世界的意義

　人類社会が持続するには人口の抑制が不可欠である。問題は、この抑制をどのように行うかである。経済先進諸国では少子化傾向にあるので、むしろ逆の手段が必要であるが、なぜ少子化なのかという理由いかんによっては、あるいはつくることができないという状況は健全な社会状況ではない。

　子どもが少ないということは、社会の活力という点で何か物足りないものになる。したがって、教育のことを考えた時、子たくさんの場合と少子化の場合では中身・内容を変える必要がある。知識の習得もさることながら他者とのコミュニケーション能力習得を重視しなければならず、そのためには人の気持ちを察することのできる感性を養うことが重要である。

　人口の抑制を単に一国の問題ではなく世界的な課題として考えた時、人口の多い国の挙動が要となる。その国が、責任ある行動をとることが望まれる。周知のように、中国は1980年から人口抑制に転じ、いわゆる「一人っ子政策」を採用している[13]。この政策に関して様々な論評があるが、次の三つの観点を挙げたい。

　①「一人っ子政策」は中国にとって意義あるものであろうか。
　②「一人っ子政策」は世界全体にとって意義あるものであろうか。

③「一人っ子政策」で採用されている手段は妥当なものであるか。すなわち、政府による強制の度合、あり方の問題である。

これらの観点についてはすでに多くの人が論じている[14]のでここでは詳しく論じないが、編者の義務の範囲において若干のコメントを加えたい。
①については、中国においての人口過剰は、貧困の原因であり結果であったことは否定できない。改革開放後の目覚ましい経済発展は、その後も続いている人口増加の抑制がなければ不可能であったにちがいない。人口抑制政策が、将来豊かになるという期待の醸成に大きく寄与している。
②の点については、従来あまり議論されてこなかったことであるが、世界全体について人口の多い国が抑制しなければ無意味であり、中国が率先して実行したことは世界的に評価されるべきである。
③の点であるが、子どもをつくるかどうかの判断が基本的には個人権限に属するもので、政府によって強制されるべきではないが、人類社会の持続性に関わることであるこのことについては個人の権限に優先されることもあってもしかるべきである。

2　社会の持続可能性と少子高齢化社会への対応

産業革命以来、人口が爆発的に増加してきた人類社会にとって、この社会が持続可能な方向へと軌道修正すると一時的に少子高齢化になるのは必然のことである。これは、世界の人口が安定的な水準にとどまるまでの過渡的期間と考えてよいように思える。もっとも、この過渡的期間は10年や20年の期間ではないことが確かで、少なくとも1～2世紀が経過するのではないかと思われる。
その最大の理由は、人口の安定的水準そのものが明確でないからである。食料の生産力、エネルギーの供給能力、環境の制約などから地球にどのぐらいの

---
[13]　この間の経緯については、田雪原（2000, pp. 23～27）に詳しい。
[14]　たとえば、柳田（2005, 2006）

人口扶養能力があるか推計がなされているが、それは様々で確定したものはない。このことに関し、地球全体についてマクロ的に推計しても意味はない。国別に最適水準を推計して合計するのが望ましい。それぞれの国がもっている特殊の事情を考慮しないと現実的でなく、単なる推計にすぎなくなる。むしろこの水準は、世界各国がそれぞれ持続可能な社会を実現するために独自に模索した結果、従属的に決まってくるのではかかろうかと思われる。

　また、人口の安定水準が明確であっても、対応はかなり早くからしておかなくてはならない。なぜなら、人口の増加は自然にまかせておけば幾何級数的に増加し、20～30年で倍になる。よって、仮に120億人が限界だとすると、現在の人口が60億人であれば20～30年で達してしまう。その時点になって人口抑制を行えば非常に極端なものとなって、人口の年齢構成がいびつなものになってしまう。したがって、目標到達人口には、ゆっくり、少なくとも100年はかけて実現にもっていかなくてはならない。環境への影響などすべて累積的変化は、このことに留意しなくてはならない。

　いずれにしても、少子高齢化社会は社会の持続可能性と密接に関連したものであり、それへの対応も社会の持続可能性の実現と一体化したものでなければならない。かねてから、私は社会が持続するには次の三つの原則[15]を尊重しなければならないことを主張してきた。

　　①社会の持続可能性を最優先すること。
　　②多様性を保持すること。
　　③地域の自律・自立を促進すること。

ところで、ここでの地域の概念ではあるが、現実にはこれも確定的ではなく、地域も排他的なものでなく重層的に考えるべきである。そして、その領域の住民が直接的な意思決定方法で自律と自立を実行する範囲が最少の単位であると思われる。

　繰り返すようであるが、少子高齢化への対応は、持続可能な社会の実現という目的の枠組みの中で実行されるべきである。しかし、その発想として少子高

齢社会という現実を特別な事情として捉えた場合、次の諸点が浮かび上がる。

　まず第一に、生産能力の問題である。少子高齢化という特殊社会では、年齢構成から来る需要面の事情がある。高齢者が多い場合は、若年者が多い場合に比べて需要構造に当然の相違が生じる。高齢者が必要とする財・サービスと若年者が必要とするものとは異なるからである。そして、総合して言えることは、全体としての需要（マクロ的総需要）は低下するであろうと予測する人が多い。

　その結果として、経済の沈滞を悲観する向きもあるがおかど違いである。需要が減ったのであるから、生産量も減少してよい。不必要な物を生産してむやみに経済を拡大する必要などない。そのようなことは資源の浪費であり、環境の悪化にもつながる。

　また、高齢者の人々の占める割合が増加したとしても総体としての需要が減少するとは必ずしも言えない。確かに、日常生活に関わる財・サービスの需要は、高齢者のほうが1人当たりにして若年者よりも小さいかもしれない。しかし、医療や福祉・サービスに関する需要は、はるかに高齢者のほうが若年者よりも大きい。したがって、問題はいずれにしても需給のバランスの問題であって、高齢化率の上昇で実際に働くものの割合が低下し、社会的に必要な需要を充足する生産能力を確保できるかどうかである。

　第二に、社会全体としての需要を充足できたとしても分配の問題が残る。高齢化率の上昇に伴って産出された財・サービスがより多く高齢者の必要を満たすことに分配され、実際に働く若年層の生活水準が低下する可能性が大である。この事態は、社会の連帯感が低下している場合、若年層の不満となって現れるであろう。特に、少子高齢化が人口の安定的水準を実現するまでの過渡的なものとすると、この時期にあたった若年層は不運を嘆くにちがいない。

　したがって、持続可能な社会の実現という観点から少子高齢社会への対応となると、次のような視点が重要になる。

❶少子高齢社会に遭遇している若い世代はその不運を嘆くであろうが、彼らの子孫のことを考えると耐えなければならない試練であるとの自覚がもてるかど

---

(15)　駄田井（2000, 2001）

うかである。つまり、少子高齢社会の諸問題を見事に克服して、未来に希望のもてる社会環境を後世に手渡す役割に人生の意義を見つけられるかどうかである。人々がそのようなことの意思を尊重するかどうかは、人々の人生観や幸福観と関わる。そのことからの判断が求められるところであるが、社会の持続可能性を究極の目的としてすべてのことに優先するなら、少子高齢社会の問題を真摯に前向きに対処することの意義を否定できない。

❷とは言え、また若年層に多大の犠牲を強いるべきでなく、若年層の努力は単なる不遇の耐忍に向けられるべきでない。若年層の状況も改善される方向になることは望ましい。もっとも、彼らの努力の強度が、もし少子高齢社会でなくもっとバランスのとれた年齢構成の社会であったなら、その状況の改善は大きな結果をもたらすものと考えられる。

❸少子高齢社会において、高齢者の必要も満たして若年層の状況も改善に向かうには、社会全体から見たある種の総合的な生産性の改善が伴わなければならない。この総合的な生産性は生産の局面に限った狭い範囲を尺度としたものではなく、生産と消費を総合し、一体化した視点からの尺度によるものである。これは、伝統的な経済学の分野から言えば厚生経済学に属するもので、社会的厚生関数と関連づけられるものである。したがって、その路線に従った議論を展開する必要はないとは言えない。しかし、その展開は迷路に導く恐れがあり、非現実的な仮設を連続的に採用することで若干意味のある結論を導くことに終わってしまうことになりかねない。従来の厚生経済の体系的枠組みから外れて、もっと概然的な規範から出発して、実践的な意味のある結論を得る方法を採用することにする。そこで、生産性の究極の尺度として「生活の豊かさ」という漠然たる規範によることにする[16]。

❹このようにすることで、総合的な生産性の内容を私が「文化経済学の基本公式」と名付けた関係から明らかにすることができる。すなわち[17]、以下の式の関係から議論を展開することにする。

$$生活の豊かさ = \frac{生活の豊かさ}{物の豊かさ} \times 物の豊かさ = 文化力 \times 経済力$$

ここで、物の豊かさが経済力と関係するということについては多くの説明を要しない。しかし、実際の測定となると、詰めなければならない論点は少なからずある。ここではこの議論に深く立ち入ることなく、経済力は GDP 概念で補足されるものとする。

　右辺第 1 項の（生活の豊かさ／物の豊かさ）を文化力とすることについては多くの説明を要する。
　文化力が高まるということは、同水準の物の豊かさであってもより生活が豊かになるということであるので、言わば富（物の豊かさ＝経済力）の幸福（生活の豊かさ）への転換能力であると言える。
　一般に、少子高齢社会を迎えると生産年齢の人口割合が減少するので、経済力が低下することが様々な面から指摘される。このことについても議論の余地があるが、それはそうとして、経済力の面での生産性が低下しても文化力が向上すれば生活の豊かさという規準からの生産性は低下しない。したがって、高齢者が経済力の向上に寄与できなくても、文化力の向上に寄与できるならば社会全体としての生産性は低下しないし、場合によっては高まることになる。
　以上のことは、理論的な可能性としてあり得ることを指摘しているが、現実問題としてはかなり錯綜した問題である。
　第一に、文化とはどう考えるのか。そして、文明的な要素とどう区別するのか。
　第二に、経済力と文化力は独立的な要素でなく、相互に影響しあい、可能性としては経済力の低下が文化力の低下に導く場合がある。もちろん、文化力も経済力に影響を及ぼし、文化力の向上が経済力を高める場合もある。

　以上のように、文化力と経済力の相互関係は複雑であって、その社会が置かれている状況がどのようなものであるかをよく分析して判断しなければならない。その場合の規準は次のようである。

---

(16)　駄田井（2008）
(17)　駄田井（2006）

❶経済力と文化力は無関係である。
❷経済力が上昇すれば文化力も向上する。
❸経済力が上昇するが文化力は低下する。
❹文化力が向上し経済力も上昇する。
❺文化力の向上にともなって経済力が低下する。

したがって、我々が目指さなければ政策は文化力を低下させず、あるいは向上させるようにいかに経済力を向上させるかであり、また経済力を低下させずにあるいは向上させるように文化力を向上させるかである。

少子高齢社会において、この目標を達成させるように具体的な政策をどうするかが第5章の課題である。

参考文献一覧

・Cohen, Joel E. (1995), How Many People Can Earth Support? W. W. Norton & Company Inc.（重定南定子・瀬野裕美・高須夫悟訳『新人口論、生態学的アプローチ』農文協、1998）
・Daily, E. Herman(1996), Beyond Growth, the Economics of Sustainable Development, Beacon Press.（新田功・蔵元忍・大森正之訳『持続可能な発展の経済学』みすず書房、2005年）
・駄田井正（2000）「持続的地域再生産論（1）」『産業経済研究』〈久留米大学〉第41巻3号、pp. 421～446。
・駄田井正（2001）「持続的地域再生産論（2）」『産業経済研究』〈久留米大学〉第42巻1号、pp. 87～103。
・駄田井 正（2006）「文化経済学の視点と方法」「産業経済研究』第47巻第2号、pp. 229～252。
・駄田井正（2008）「少子高齢化と生産性の概念」『産業経済研究』第49巻第3号〈久留米大学産業経済研究会〉pp. 31～52。
・田雪原（2000）『大国の難――21世紀中国は人口を克服できるか』筒井紀美訳・若林敬子解説　新曜社。

- Georgescu-Roegen, Nicholas(1971), The Entropy Law and the Economic Process, Harvard University Press.
- Georgescu-Roegen, Nicholas(1981), Economics and Natural Resources － Myths and Facts,（小出厚之助・室田武・鹿島信吾『経済学の神話』東洋経済新報社）
- 石南国（2001）『人口論』創成社。
- 西川潤（2008）『データブック 人口』岩波ブックレット（No. 733）。
- 大友篤（2006）『続 人口で見る世界——人口変動とその要因』古今書店。
- 佐和隆光編（2000）『21世紀の問題群——持続的な発展への途』新曜社。
- 柳田芳伸（2005）「経済改革下での一人っ子政策の在り方」『調査と研究』〈長崎県立大学国際文化制裁研究所〉第36巻第1号。
- 柳田芳伸（2006）「マルサス『人口論』からみた現代中国の社会流動——中産階級形成論からの視角から」マルサス学会年報第15号。

第2章 少子高齢化の国際的背景と国内的背景

田 雪原(中国社会科学院人口・労働経済研究所研究員)

1 国際的背景について

　日中韓3国の少子・高齢化と経済社会の発展を研究する際、その時代を背景にして考えなければならない。21世紀に入ってからのグローバル時代という背景の下で、最も影響力があるのは情報化と経済のグローバル化である。

(1) 情報化

　20世紀の後半に、国際学術学会はグローバル化、工業化とポスト工業化、都市化、情報化、地区経済一体化などにおける重要な発展の成り行きを提出し、しかも論証も行ったが、全世界の発展にとって最も影響力があるのは情報化と経済のグローバル化となった。

　1963年、日本の学者である梅棹忠夫は『情報産業論』という文章を発表し、その後にKamishima(上島)は『情報社会の中の社会学』の中で初めて「情報社会」という概念を使い、その後の討論では、「情報化」を工業化から情報化社会への移行する中で、情報産業が次第に主導的かつ支配的な地位を占有する過程であると解釈した。実践の中で情報化に対する研究は絶えず広く、深くなり、コンピュータ化、通信の現代化、ネットワーク技術の現代化を含める「3

C」情報化というコンピュータ化をすすめるとした（Computer, Communication, Control）。その後に、また交換と伝送のデジタル化、通信とネットの管理サービスとの「融合」（Convergence）などを含める「４C」の情報化に発展してきた。

さらに、情報環境、有形情報産品から模擬情報産品への転化する過程の情報化などを含めている。

異なる学科、それぞれの部門で情報化に対する定義が違っているが、多くの基本的な共通点があり、特に以下の３点が強調された。

❶情報技術、情報産業が、社会経済発展の中での地位と役割が絶えず強くなると強調している。情報化の過程の中で、伝統的な物質生産部門が占める比重の低下は情報部門が占める比重の上昇と互いにインタラクティブになり、情報の生産とサービスを営む情報産業の価値が確立され、昇格され、独立的、代替不可能な産業となり、社会経済発展の中で主導的かつ決定的な役割を果せるものになる。情報産業が創造する価値と資産は日増しに増加し、これは今の世界の富豪ランキングを見れば明らかなことである。

雑誌『フォーブス』が公布した2006年度世界富豪ランキングの中で、アメリカのマイクロソフトの創始者であるビルゲイツは500数億ドルで一番の金持ちという地位を得てから連続12回の世界富豪第１位となり、2007年に状況は少しだけ変わった。第２位は、アメリカの420億ドルの資産を有する投資家ウェーレン・バフェット（Warren Buffett）となる。第３位は、メキシコの電気通信業のトップで、300億ドルの資産を有するカルロス・スリム（Carlos Slim Helu）となり、これで元の第３位であったインドの鋼鉄王であるラクシュミ・ミタル（Lakshmi Mittal）は第５位になった。

歴史は今日に進み、巨額の財産は鋼鉄王、自動車王、石油王などの手の中からIT業、電気通信業などの情報産業の支配者へ移転するようになり、情報産業に次第に多くの資産が集中した。

❷情報資源の価値が絶えず上昇すると強調している。情報化によって、財・サービスの中での物的財の消費は下がり、情報サービスの占める割合は高く上がり、情報市場の規模は広がり、しかも全市場経済の中でますます重要な取引になり、最後に情報資源の価値の値上がりを招くことを意味している。情報化は

時間的な距離を大きく短縮させ、空間的な距離を縮小させた。1台のコンピュータはインターネットを利用してニューヨーク、ロンドン、東京、香港などの金融市場の指標変動を把握でき、先物のオファーをつかみ、世界の主要国家の経済、科学技術、文化、社会発展の動態まで検索でき、経済と社会の発展に必要な情報とデータを提供できるので、情報資源の価値の上昇は必然的な結果となる。

情報化が深く進行するにつれ、近代的な電子技術などの手段を利用して情報資源を開発・利用し、情報資源の共有を実現でき、社会の知能と潜在的なパワーを高める趨勢は留まるところがない。

❸情報化が、迅速に工業と農業の物質生産部門およびサービス部門の効率と利益を上昇させていると強調する。情報化は情報産業の発展を急速に進めると同時に、先進的な情報技術は工業と農業の物質生産部門、サービス業の非物質生産部門、労働と管理などの国民経済と社会の発展に関わる部門に使われ、それによって、労働の生産性、公的サービスの能率と利益を全面的に高めることになる。これに伴う経済の成長は、主に人に依存するソフト投資と人的資本の蓄積によるもので、産業構造は情報産業と密接に関連し、低い消耗率と高い効率を主とする産業に移転し、経済成長の方式は根本的に変化した。

上述した情報化および社会経済の発展がもたらした一連の革命的性質をもつ変革は、必然的に高齢化を含めた人口の変動と発展に深く影響を与えることになる。

情報化は人類の現代化を大きく推し進めた。周知のように、何かを生産することで経済の時代を区別することではないが、どのように生産をするか、どのような手段で生産を行うのかによることができる。これで人類の480数万年の発展歴史をおおざっぱに分けると、「手製用具時代」、「機械用具時代」、「知力用具時代」に区分することができる。

手製用具時代に対応するのは農業社会と農業社会以前の諸社会形態であり、その基本的な特徴は手製用具を使って生産活動を行い、動力は主に人、家畜と原始の自然エネルギーからなる。機械用具時代は18世紀の半ばに産業革命が発

生してから始まった。紡績機械、蒸気機関の発明と使用はその典型である。この二つの時代の生産用具には本質的な違いがあり、機械による大規模な工業と手製用具による生産とでは極めて大きな差がある。しかし、人間本位の観点から見ると、手製用具と機械用具とに関わらずすべて人体のエネルギーを延長することであり、身体能力の物質化と外在化である。シャベル、鍬は人手の機能の補強と物質化であり、シャベルカー、パワー・シャベルは同様に人手の機能の補強と道具化である。馬車は人の足の機能の補強と道具化であり、自動車、列車、飛行機は同様に人の足の機能の補強と道具化である。両者の間には補強の強さ、科学技術のレベル、道具化のレベルに大きな比較的差異があるだけにすぎない。

　しかし、20世紀半ばの第2次世界大戦後に発生したマイクロエレクトロニクスが先導者となった、新しい材料、新しいエネルギー、宇宙航空、海洋、バイオロジカルエンジニアリングなどを含める新技術革命は、生命科学を主導する遺伝子の技術やクローンの技術、そしてナノテクノロジーなどを含める新しい段階に進展した。その結果、コンピュータ技術はすでに人の脳が持つ記憶、思考機能を備え、「コンピュータ」(中国語で電脳)に含まれる意味を正確に表現することになった。

　それは、すでに人体のエネルギーの補強、道具化と外在化でなくなり、人間の知力におけるある方面の機能を有し、その発展の方向は人間の知力を補強させ、道具化と外在化し、それによって人類を知力道具の時代に導き込むことである。無論、知力道具時代の進展が順調かどうかについての肝心な点は、人間の知力の発達する程度、人的資本の蓄積するスピードにあり、人口の科学、教育、文化、モラルの向上が前提となる。

　情報化は、人口の就業構造を変える。情報技術が進歩するにつれ、情報資源の開発、情報器財と設備の生産、情報サービスの発展などを含める情報産業は迅速に発展している。情報産業は情報のハードウエア製品の生産、例えばコンピュータ、通信設備などの生産(ソフトウェア製品の生産、主に各種のソフトウェアの開発、生産とサービス)、システムの集成とインテグレーションネット集成のつくりあげおよび運営からなる。その中にマイクロエレクトロニクス

を主導とする電子情報産業の部門があるほか、また伝統的な紙による情報を伝達する産業部門もあり、郵便・電信の通信、放送、テレビ、データベース、広告、相談サービスなどの業界と部門を含む。これらの業界と部門の急速な発展と迅速的な拡張は、必然的に従来の経済構造と就業構造を打ち破り、情報産業の就業者が大量に増加し、占める割合が迅速に上昇し、伝統な産業の就業者が明らかに減少し、占める割合を下げる。

　情報産業の発展は当産業の就業者の割合を大幅に上昇するほか、情報産業の労働者には年齢、性別、知識構成に対する明確な条件があるため、それによって全体人口と労働年齢人口の就業率、就業の性別と年齢の構造、人口の都市・農村の構造は影響を受ける。農業人口、工業人口、「第3の波人口」の間の矛盾を複雑、激化させることになる。

　中国は、今世界で人口が最も多く、発展も最も速く、伝統的な工業化と情報化が先導する下で近代的工業化を同時に進める発展途上国として、情報化の発達レベルは西欧の先進国に遅れている。比較的に発達した東部とあまり発達していない中部および西部との違いは大きく、情報化の進展スピードも大きいので、高齢化を含めた人口の変動と発展に与える影響はよりいっそう複雑かつ深刻になる。特に、当面の経済発展の方向転換（経済体制が計画経済から市場経済へ転換、経済発展の方式が外延型から内包型へ転換することを含める）、社会タイプの変化（政府主導タイプから社会サービスタイプへ転換）、人口の転換（一般的な意味での高出生率・低死亡率・人口の高成長から低出生率・低死亡率・低成長への転換に加えて、低出産率の下で人口の年齢、都市と農村、地域の構造の転換）という時期にあり、情報化は「三つの転換」が急速に進む下で誕生したものであり、人口の変動と発展に巨大で深い影響を与えることになる。

（2）経済のグローバル化

　考証によると、T・レビー（Laiwei）は1985年に初めて「グローバル化」の概念を提出し、それで過去の20年間に国際経済で発生した巨大な変化、近代的

な技術、資本、商品、市場、サービスなどが、世界の投資、生産、消費の領域に拡散することは避けられない発展の成り行きになることを説明した。このような拡散する方向は非対称的国際労働分業を生じたが、生産と市場活動の分業と拡散には、企業、特に多国籍企業は主要な役を演じている。

専門分野が異なると、「グローバル化」の位置づけに対する解釈も異なる。

まず、政治学者は、国際関係の拡散、国家間の関係の深まりに重点を置き、世界の新しい構造と新しい国際秩序の創立に着眼する。次に、社会学者は、社会現象の変動する過程、一つの国に発生する重大な事件と活動がその他の国の人々、グループと社会全体の変動に影響を及ぼすことを重視する。そして、人文学者は、文化の視角を重視し、異なる文化が相互に影響し合い、感染から主流文化の変動と発展の成り行きを捉える。最後に、経済学者は、資本、技術、貿易、労働力の移動などの経済要素における新しい変動、国境、障壁の除去による経済のグローバル化、市場の一体化、金融の一体化に関する新しい発展の構造を把握することを重視する。

経済のグローバル化は一種の発展の動向であるということに関し、第2次世界大戦の前後における経済グローバル化とは本質的な不一致があるが、産業革命の発生後まで遡ることができる。

周知のように、18世紀半ばに産業革命が発生してから、5回の重大な革命的変革を経過した。通常、18世紀半ばに発生した産業革命は、紡績機械と蒸気機関の発明と使用を主軸として、イギリスからフランス、スペイン、ポルトガル、ドイツ、アメリカ、日本などに波及し、またヨーロッパのからアメリカ、アジア、オーストラリアなどに波及する機械制大工業が手工業と取り替わる新しい時代、機械制大工業が主軸産業となるグローバル化の時代を切り開いた。

その後に発生したのが、鋼鉄が主軸産業とする第2次産業革命のグローバル化である。それに引き続き発生したのは、石油、重化学工業、電力を主軸産業とする第3次産業革命のグローバル化である。さらに、それ以後発生したのは、自動車を主軸産業とする第4次産業革命のグローバル化である。そして、第2次世界大戦の後に発生したのは、マイクロエレクトロニクスを主軸産業とする第5次産業革命のグローバル化である。また、ここ数年来、遺伝子研究、クロ

ーン技術などの迅速な発展によって発生したのが、生命科学とその周辺産業を主軸とする第6次産業革命のグローバル化であると思われる。

これらの異なる時期、異なる主導産業によるグローバル化は、特定の新しい材料、新しいエネルギー、新しい技術などの新しい技術革命と関係があるだけではなく、生産、交換、分配、消費における管理と制度上の革新を引き起こし、「ハード」と「ソフト」がすべて同時に外へ拡散するグローバル化であった。しかし、この第6次の主導産業のグローバル化は違った性質をもっている。第2次世界大戦の前、すなわち前4回の主導産業のグローバル化は資本集約型のグローバル化であり、鋼鉄、重化学工業にしろ、あるいは自動車産業の拡散にしろ、基本的に第1次産業革命の機械制大工業と異なる分野への進出と拡張であり、異なる主導産業のグローバル化が機械制大工業と異なる資本集約上の進出と拡張を表している。

第2次世界大戦後に発生したマイクロエレクトロニクスを先導者とする技術革命および現在進展してきている生命科学が主導する技術革命が生み出したIT技術、遺伝子技術、クローン技術や関連産業は、最終的には目に見える具体的な形になるが、物的なものでなく人の知力、知識力、知恵を結集するものである。このような結合力は、時間と空間の距離が縮小したことで、人と自然、人と人の関係が変化したことにより形成された。

なぜ、第2次世界戦争以後の経済グローバル化は国家と民族の境界線を越えて急速に進み、しかも避けられない成り行きになるのか？　最も重要なことの一つは、マイクロエレクトロニクスが今の生命科学を主導とする新しい技術革命に発展してきたことである。新しい材料、新しいエネルギー、宇宙航空、海洋の技術などを含めるマイクロエレクトロニクスを先導者とする新技術革命と、遺伝子、クローン、ナノテクノロジーを含める生命科学を主導とする最新の技術革命は、ハイ・テクノロジーの情報、交通、通信などの部門と産業での大規模な応用が実現でき、コストを大いに下げるようになり、それによって情報化で工業化を動かすための広大なプラットフォームを提供した。また、効率の向上と時空を前例のないほど短縮したため、各国市場の世界での融合はさらに容易になり、貿易、投資と技術の移転は容易になり、提携国間の技術、製造、管

理、販売などの拠点における相互的な依存性を大いに強めた。

　多国籍企業はこの機会を利用し、資金、技術、人材および生産、出荷、販売などの一連のサービス面の優位性を発揮し、買収と合併を加速させ、最後に国際的な巨大企業に成長して経済のグローバル化の主役を演じるようになった。中国の経済発展の実情に基づき、当面の経済グローバル化の主要な特徴および発展への影響について、以下のように解明する。

①自由貿易は趨勢になり、世界規模での市場は急速に形成されている

　経済のグローバル化が市場経済の体制を基礎とすることは誰でも分っていることであるが、計画経済をグローバル化の範疇に組み入れることができない。市場経済の基本的な特徴とは、市場主体の法人化、要素移動の市場化、マクロコントロールの間接化、経済運営の法制化であるとまとめることができるが、その核心は市場によって資源の合理的、効果的な配置を実現することである。この点をやり遂げるために、市場つまりこの「見えざる手」はまず流通の流域に伸ばさなければならなくて、市場を通じて生産、出荷、販売を調整する必要がある。

　経済のグローバル化も同様に、さらに大規模な全世界的な市場の形成を求める。この方面で、「世界貿易機関（WTO）」の設立と発展は十分にこの点を証明している。WTOは国連から独立した恒久的な国際組織で、世界の経済と貿易秩序を管理し、本部はスイスのジュネーブに設置され、1995年1月1日に正式に運営が始まったものである。2001年12月11日、中国は正式に加盟し、WTOの一員になった。その後5年間、WTOへの加入のおかげで中国は経済のグローバル化へ邁進する歩みを加速し、経済の急速な発展を促進した。WTOは国際貿易およびそれに関わる各領域を多角貿易の体制に組み入れ、国民市場の関税障壁・保護を取り除き、40％の商品に関する貿易は免税とし、残る部分は関税を大幅に下げ、それによってサービスと技術貿易はさらに速いスピードで増加し、国際市場の主要な貿易方式になるようになった。

　中国がWTOに加盟してから5年間で、対外貿易は大いに増加し、輸出の総額は2001年の22,024.4億元から2005年の62,648.1億元になり、184.4％増加し

た。年平均では29.9％の増加である。そして、2005年の7,620億ドルの輸出額は、ドイツの9,707億ドル、アメリカの9,043億ドルに並んで世界第3位となった[1]。今の外国貿易と固定投資の増加は、共に経済成長を牽引する主因となる。

WTOに加入してから輸出商品の中の未加工製品が占める割合は下がり、2001年の9.9％から2005年の6.4％となり、3.5％下がった。工業完成品の割合はそれに応じて上昇し、その中で機械と運送設備は10.5％高くなり、紡織製品、ゴム製品、冶金製品などの工業製品の割合は少し下がることになった。同時期の輸入産品の中の未加工製品は18.8％から22.4％になり、3.6％高くなった。また、化学製品および関連製品、紡織製品、ゴム製品、冶金製品とその製品などの工業完成品の割合はそれに応じて下がった[2]。

このような情況は、外国貿易の構造はある程度変わったが始まったばかりの段階にあり、全体的に科学技術のレベルは依然としてあまり高くないことを表している。

②資本の国際間移動は加速し、金融体制の国際規準化は必然的な成り行きになる

1990年代以来、いくつかの西側諸国は資本の国際間での自由移動を提唱し、しかも関連する政策も登場したので、国際資本はさらに広い範囲、さらに高いレベル、さらに大きな流量とさらに速い流速で国際間で移動するようになり、商品形式での財の移動とサービス形式での労働力の移動の成長速度をはるかに超えた。

国際通貨基金（IMF）が提供する資料によると、当面、通貨経常項目における両替可能な国家は80％ぐらいを占め、少数の固定為替相場制を実行する国家の為替レートは市場に従って調整され、実際、本当に固定為替相場制を実行する国家はほとんど存在していない。

当面の金融市場の国際化は、国内の金融統制を緩めて国際的に開放し、外国の銀行、企業あるいは住民に金融市場での経営活動に従事するための各種の条件と便宜を提供しただけではなく、オフショア市場（国境外の金融市場）の発展も迅速にした。国外の金融市場が国家の金融管理部門の制約を抜け出したため、国際通貨管理機構の関与には限界があり、所在地区の管理は国際慣例によ

って行うしかできないので地域の制限を突破することができ、無制限の資本の自由移動を実現できる。この過程の中で、各種の金融派生商品、例えば先物取引、オプション取引、交換取引、先物の先物取引などの形体が絶えず現れ、仲介としての作用を果たし、金融リスクの回避と資本移動の自由化に相応するプラットフォームと手段を提供した。

近代的なマイクロエレクトロニクスが高度に発達している状況で、これらの金融派生商品は絶えずモデルが変わり、タイプも次々に変化するので、現行の不合理な管理方法の制約を突破しやすくなり、国際資本の多国籍取引は簡単になり、全世界の金融市場の一体化を進めた。

国連貿易開発会議が全世界FDI状況年度報告『2006年世界投資報告』の中で、2005年に全世界の外国への直接投資（FDI）の流入量は9,160億ドルで大幅な増加となり、2004年と比べて3分の1近く増大し、その中で先進国の流入量は59％を占め、発展途上国は36％を占めて、南東ヨーロッパと旧ソ連国家は4％を占めることを披露した。発展途上国の流入量と総額の成長率はすべて先進国に及ばないが、主に少数の先進国に流れる構造を打ち破り、歴史的な意味のある新しい変革を実現した。

発展途上国FDIの流入量の大幅な増大に関して、発展途上国FDIの流入量が首位となる中国は重要な役割を果たした。資料統計によると、2001年に中国が実際に利用した外資は496.72億ドルで、2005年は638.05億ドルになり141.33億ドル増加し、年平均は6.5％増大した。中国がWTOに加入した後、承諾を忠実に守り、一方では外資を引き続き引きつけ、もう一方では金融体制の改革を加速し、中国で人民元の業務展開の許可を得た外国銀行は何社もあり、中国は急速に国際金融市場に溶け込んでいる。

当面、重視する必要があるのは、①いっそう金融体制の改革を行い、金融業の健全で急速な発展を促進する、②過剰な外貨準備高のさらなる上昇傾向を変え、合理的な備蓄の比率を求める、③科学的に人民元切り上げの圧力を評価し、価値が上昇するリズムをよく把握する、である。

---

(1) 『中国統計年鑑　2006』中国統計出版社、2006年、p.1030。
(2) 『中国統計年鑑　2006』中国統計出版社、2006年、p.756。

客観的に言えば外貨準備高が次第に上昇し、人民元価値の上昇が絶えず新高値を突破することは必然的なことであり、規則にあっていることでもあり、内外の経済発展のアンバランスによる相互作用の結果である。

　先に述べたように、第2次世界大戦後に先進国は産業転換の歩みを加速させ、全世界の産業構造調整の最盛期を迎え、中国の改革開放はこのような調整のニーズに応じたこそ「世界の工場」になったのである。しかし、これがもたらした結果の一つは、加工貿易が輸出に占める比重が大きすぎ、絶えず増大する輸出超過と外貨準備高になったことである。過去の輸出を奨励し、特恵を与える輸出税還付政策の実行に加えて、相当規模な「加工－輸出－外国為替－加工」という循環的な「外需依存」型の経済を形成し、経済の急速な成長を支える一つのてこになった。このような「外需依存」型の経済が消費に与える刺激は限定的で、国内消費需要の不足をもたらしたので、経済の高速成長を成し遂げるために投資方面の発展を求めなければならない。

　統計によると、1989年に全国の固定資本投資がGDPに占める割合は25.9％で、1997年は32.1％まで、2004年は44.2％まで、2005年はさらに48.3％の高い値[3]になったと表明している。投資と消費との割合はどのくらいで適当であるかにつき、1950、1960、1970年代の経験によると、通常は30％を上回らないほうがよくて、それを超えたら国民経済の「過熱」になり比率が不均衡になる可能性がある。その時は計画経済の時代であったが、市場経済に入ってからの状況はどのようになるかについてさらに研究をする必要がある。

　しかし、いずれにしても、現在の投資のGDPに占める割合が45％以上、50％に近くなることは無論高すぎるであろう。経済は、投資率が異常に高い値で運行しているため消費需要の不足が深刻で、外国に需要の動力を探すのは自然的なことである。それ故、国内経済の不均衡が国際経済を不均衡にするが、逆に輸出超過と外貨準備の累積増加は国際経済の不均衡となって、国内経済の不均衡を拡大する。双方の不均衡は相互に影響しあう。

　国際資本は規模が大きく、投機性が高く取引リスクが最も高い資本であり、高い移動性を有している。経済開放という背景の下で国際資本と国内資本とは一定の条件の下で互いに転化し、国際資本の価格と国内資本の価格とは相互に

影響し合い、国際資本の移動は為替レート、収支、備蓄によって国内の通貨供給と価格に影響を与え、金融と財政政策に影響を与えることになる。国際資本の移動は、経済の景気、経済の周期、国際収支の状況、金融市場の発展レベルなどの経済要素から制約を受けるほか、政治、軍事、外交、文化などの影響を受けるので高い移動性と不安定性があり、リスクは国内の資本よりも高くなる。我々は、各国の成功した経験を参考にし、メキシコ、特に東アジア金融危機の教訓を吸収し、中国の実情に応じて着実に改革を進め、穏やかに金融国際化の新しい天地に踏み込む必要がある。

③産業転換が急速に進み、多国籍企業を主体とする国際協力体系が形成されている

先に述べたように、紡織、鋼鉄、重化学、自動車、マイクロエレクトロニクスと生命科学を主導産業とする第6次産業革命の発展により、産業の技術革新、構造の調整、産業の拡散と移転が同時に進行している。第2次世界大戦後、このような産業の技術革新、調整、拡散と移転はかつてなかった規模で拡大し、スピードはさらに速くなり、国際間の分業と協力を促進し、世界規模での生産体系は次第に形成されている。主要先進国の生産能力移転の割合は高まり、アメリカの多国籍企業の輸出製品の中で、国外で再加工する必要のある中間製品が占める割合は今すでに70％以上になり、日本における占める割合も高まり、EU国家の上昇は少し遅いが、全般的な成り行きは高まっている。

21世紀に入ってから、国際間の産業移転には以下のような新しい特徴が現れている。

❶過去の紡織、服装、靴と帽子、初級電子製品などの労働集約型の産業から電子、化学、機械、交通機関などの労働集約と資本、技術の集約が結合する産業に変換し、これらの産業が生産する部品、半製品と少数のセット製品は対外貿易額の中で40％以上の割合を占め、我が国では外国貿易輸出の中で60％以上占め、対外貿易の主産業となった。

---

(3) 『中国統計年鑑 2006』中国統計出版社、2006年、p. 27。

❷多国籍企業の主導の下、グローバルな生産のネットワークにのって、明確な分業と提携、生産、出荷、販売が一つになるスーパー多国籍グループを形成して産業転換の内包を深化させたほか、一部の企業間の競争は経済グループ間の競争に変わり、競争は広くなり深化した。

❸多国籍企業は、主要でない生産技術、生産と販売の管理、プロジェクトの研究と開発、設計の権利などを発展途上国へ移転し、コストを有効に下げ、資源の合理的配置を実現した。

これで、世界範囲内で規模のわりに大きい生産体系を形成し、国際分業を垂直から水平方向に発展し、多国籍企業のグローバル化の戦略を発揮できるようになった。今のところ、Google、ウォルマート、マイクロソフト、コカ・コーラ、マクドナルド、GE（ゼネラルエレクトリック）、ノキア、インテルなどの世界ブランド10大企業、50大企業、500大企業が経済を占める割合は絶えず高くなり、買収、合併、資産のリストラなどの手段を用いて世界的に経営規模を拡大し、国民経済からなる世界経済の体系を多国籍企業が支配する世界経済体系の骨組みに改造し、いくつかの企業の海外での利益は本国の親会社を超え、多国籍企業は文字通り経済グローバル化を実践している。

❹国内外の経済発展の不均衡は相互に影響を与え、富の分配の不平等は拡大している

各国の経済は、交換、分配、消費などそれぞれの結節点での連携を強化し、多国籍企業は経済グローバル化を強力に進め、世界経済発展の不均衡はますます明瞭になった。主要な先進国は、知的所有権の保護によって最先端技術とその産品を管理し、経済のグローバル化、一体化の中で利潤を得るように努めている。一方、発展途上国は、労働力の安値という優位を利用してコストダウンで国際市場に入り、外国為替を取得し、国際投資を引き寄せ、急速な発展の目的を実現するようにしている。しかし、各国の状況は千差万別で、国内の経済発展も不均衡である。例えば、我が国の場合では、主に投資と外国貿易に依存して経済成長を牽引し、輸出超過と外貨準備高は増長しつつある。

アメリカの場合では、国際市場を利用して外国の貯蓄を貸借し、消費に回して経済の発展と繁栄を維持している。このような国内外が互いに関連しながら互いに制約する経済は、内外の発展の不均衡をもたらした。国内経済の不均衡が足かせになって国内経済の不均衡を引き起こすことになる。国際経済の不均衡が足かせとなって、国内経済の不均衡を調整する有効な措置を実施できず、内外の不均衡の交互作用を激化させることになるかもしれない。

　経済のグローバル化は国際一体化市場の形成を加速させ、市場は常に資本が充実する一方に傾き、市場は富の分配の不平等を変えることができなくて、かえって富の不平等による分化を激化させることになる。
　フィンランド連合大学世界経済研究所などの調査によると、全世界の50％の財産は約２％の最も富んでいる人口に支配され、最も貧しい人口の半数は全世界の１％だけの富を有している。アメリカの人口の10％を占める最も富んでいる者は約70％の富をもち、フランスとイギリスは少し低いが50％以上にはなる。
　ここ数年来国連が発表したいくつかの報告と経済学者の分析によると、経済のグローバル化の進展は、工業化を達成した国の労働者に雇用不安定を感じさせ、発展途上国では熟練労働者と非熟練労働者との賃金格差はさらに大きくなり、貧富の差はさらに深刻になるとしている。
　人は富の生産者でありまた消費者でもあるが、上述の経済のグローバル化は出生と将来の人口戦略に対して必ず相当な影響を与えることになる。例えば、経済のグローバル化と国際市場が、我が国の社会経済の発展と人口の変動に与えた影響、および外国貿易の構造が反映する産業構造と未成熟型経済の基本的な特徴は就業者構造に現れている。
　2005年の就業者構造の状況について述べると、第１次産業の就業者の比率は44.9％で、第２次産業は23.8％、第３次産業は31.4％である。2001年と比較すると、第１次産業は5.2％下がり、第２次産業は1.5％上がり、第３次産業は3.7％高くなった[4]。このように変動は、産業構造が労働集約型から資本集約型、

---

[4] 『中国統計年鑑　2006』中国統計出版社、2006年、p. 125。

技術集約型に転換し、経済成長は「量」の拡張型から「質」の向上型に転換していることを反映しているが、労働集約型と数量拡張型が依然として経済成長の方式における主導的地位を占めていることは一目で分かろう。

　国外の商品市場では、1970、1980年代においては日本、韓国と台湾などが明らかに優位に立っていた。1990年代から、特にWTOに加盟してからの中国がそれを取って代わって目立っている。その原因は商品価格が安いためで、その他の国が及ばないほど優位となる位置を占めている。安い価格の裏にあるのは、労働力の豊富さと費用の安さである。

　改革開放以来28年間およびWTOに加盟してから5年間の発展は、以下のことを証明した。

　経済のグローバル化と国際市場の開発は、中国人口の就業に大きな機会をもたらし、新たな就業人口は1年当たり約900万人増加し、世界の就業の歴史に優れた業績をつくった。この点については、輸出の構成を見るだけで明らかに分かる。2005年、普通貿易は輸出の41.3%、加工貿易は54.7%、その他の貿易は4.0%[5]を占めていたわけだが、労働集約を主とする加工貿易は絶対的な優位を占め、ある人物に中国は「世界の加工工場」であるとまで称されている。この意義において、経済のグローバル化と中国のWTOの加盟は人口と労働の就業問題の解決に新しい機会と挑戦を与え、人口の発展戦略に関連していると言えよう。

2　国内背景について

　21世紀の中国の高齢化が経済社会の発展に影響を与える国内背景を考察すると、最も注目すべきなのは経済の軌道転換、社会モデルの変化、人口の転換ということである。

（1）経済の軌道転換について

経済の軌道転換について言えることは次の二つである。以下で、それぞれについて説明していく。

①体制の変換——計画経済体制から市場経済体制への転換

1949年、中華人民共和国創立後、当時のソ連が実施していた計画経済体制を参考にし、高度に集中的、統一的な計画経済をつくりあげた。一方、国家は、毎年または5年ごとに年度計画および5ヶ年計画を編成して下達し、地方の政府、部門と企業は必ず期間内にそれを達成しなければならないとした。その一方で、食糧の統一買い付けと統一販売および生活日用品の定量供給に関する厳格な計画を実行した。その結果、集中統一を強調すればするほど経済の活力は減退した。少し緩和すると、経済秩序は混乱した。結果は資源の効率的分配を阻害し、経済発展を妨げ、30年間の計画経済は歴史の袋小路に入り込んだ。

1978年末に開催された中国共産党第11期第3次中央委員会全体会議は、計画経済から市場経済へ転換する幕を開けた。「計画に基づく商品経済」、「計画調節と市場調節との相互組み合わせ」から「マクロ管理下での市場経済」、「社会主義の計画に基づく市場経済」、最後に「社会主義市場経済」を提出するまで20年近い時間を経て「漸進式改革」の特徴を体現した。一方、このような「漸進式改革」は市場経済を導入する過程で常に新たな認識上の深化を必要とすることが明らかになった。市場経済体制への改革は、絶えず実践的経験に照らしながら「模索しながら進む」結果の結晶であると証明された。

市場経済と計画経済との最も明らかな違いと特徴は、以下のように表現されている。

第一に、市場主体の法人化である。すなわち、市場で経済活動に従事する組織と個人、主に企業は、住民、政府、非営利組織を含めてすべて独立する法人の資格を有し、その資源に対する所有権、受益権、譲渡権を有している。市場

---

(5) 『中国統計年鑑　2006』中国統計出版社、2006年、p.735。

経済と計画経済との一番大きな違いは、資源の所有制度、経営権、使用権に関して明確な規定があることで、そこで法人代表は市場で処置する自主権がある。「3権」が明確にされたために受益権も明確になり、これは計画経済とのもう一つの違いであると言える。

計画経済は、資源を統一的に分配、使用、管理し、受益も計画的に分配することになる。市場経済の主体は市場に従って取引を行い、損益を自ら負担し、生産、経営、受益を有効に結び付け、資源の効率的配分の優位性を発揮できることになる。

第二に、要素移動の市場化である。計画経済は生産要素の計画的、優先的供給を実行し、資金、労働力、技術、情報などを統一的に配分して、社会全体の経済要素を統一的に「計画的、比率に基づく」分配の中に組み入れる。政治経済学の基本的原理によると、計画経済は、市場経済の対立物として一部の生産の組織性と社会全体の無政府状態との間の対立を除去するために生まれたものである。つまり、計画経済は全社会の最終消費に応じて交換、生産、分配を計画することになり、主導的なのは販売予定数量に応じて生産を行うことである。しかし、実際の社会の消費需要は確定しにくい数量であり、年度ごとに人為的に計画を行うしかできない。そして、上から下に通達する計画の方式と方法では実際に生産予定数量による販売の計画分配になり、資源の有効配分にならないことになる。

市場経済とは、販売予定数量による生産を調整するための一つの熟知したノウハウがあり、市場を通じて商品価値を実現し、市場を通じてニーズの情報を順次に伝え、生産に必要な動力を提供することである。

第三は、マクロ管理による間接化である。市場経済が効率的に資源を配分し技術の進歩と経済発展を進めるとしても、決して市場経済が完璧で欠点がないのではなく、経済を管理する必要がないことを意味していない。市場経済は、人々に利潤の最大化という目標を求めるように誘う一定の盲目性をもっており、この種類の盲目性を克服するために政府の「見える手」の助けは必要となる。

しかし、独占を主導的としながら競争も激しいアメリカの分権型市場経済、効率と公平を提唱するドイツ社会の市場型経済、それとも集中方策と分権方策

を組合せたフランスの混合型市場経済、市場主体のマクロ管理を重視する日本の社会型市場経済にしろ、すべて政府のマクロ管理の方面での役割は必要となる。

政府の管理手段は、経済、法規、行政の手段を含めてすべて市場経済を基礎とし、市場原理によって政府の間接的マクロ管理の原則に従わなければならない。つまり、①主に経済手段で、価格の梃子によって市場の供給と需要を調節する、②税収の梃子によって収益の分配を調節し、公平な競争を促進する、③信用の梃子によって貨幣の流通量と貸付けを調節し、投資、生産と流通に影響を与える、④為替レートの梃子によって対外貿易と国際資本の流動を調節し、国内と国外の市場をつなげることになる。

第四は、経済運営の法制化である。経済関連の法律を制定、執行することを通じて、法的手段で企業、家計、政府の間の経済関係を調節して矛盾と対立を解決し、法的に保護される市場経済秩序をつくりあげて、市場の平等、公開、公正、規範化の運行を保証する。

では、市場経済体制をつくりあげることは人口とどのような関係をもつだろうか。人口の発展戦略はどのような市場経済体制下で実施できるかについて、当面3種類の異なる観点がある。その一つは、市場経済と人口の変動と発展は「二つの道を走る車」のようにそれぞれは自分の道を走り、互いに関係がない。もう一つは、人口の変動と発展が市場経済と統合する必要があり、「指導的計画」を実行して人口統制を「市場化する」ことを主張する。そして最後の観点は、人口の変動と発展は市場経済と関係があるが、本質的な不一致もあって簡単に「二つの道を走る車」と言えないが、盲目的に「市場化にする」、市場経済の体制、規則、方法で人口を管理するとも言えない。

筆者は三番目の観点に賛成し、しかも具体的な問題に対して分析を行い、市場経済が人口の変動に与える影響を重視し、市場経済の体制に適応する改革の構想を求めることを主張する。

例えば、経済主体の法人化は市場経済体制の基礎と前提であり、もし「国際規準化」の意見に従うならば、人口の出産、特に子どもの出産数と構造は、完

全に家庭に自主的に決定されるべきではないかということになる。

　しかし、当然、そうしてはいけない。産児制限の実行は我が国の一項の基本的国策であり、我が国の人口問題の本質は人口と労働力が過剰である性質に属するので、人口戦略の第２目標（人口のゼロ成長）、および第３目標（諸条件を考慮した最適人口）を実現するために、一定期間生育率と出生率を管理しなければならず、完全に個人と家庭に任すことはできない。同時に、個人と家族の出産願望と決定権への関心を見逃してはいけないが、出産・育成政策を制定する際、国家と個人・家族との利害を配慮し、市場経済の条件の下でこのような利害関係の変動をさらに合理的、現実的に執行可能にするよう努める必要がある。

　また、要素移動の市場化に関し、もし資本、商品、技術、情報などの物的要素と金融要素の自由移動と市場化だけがあり、人口と労働力の移動が市場化しないならば、物的要素と金融要素は本来の自由移動ができ難くて本来の市場化も実現しにくくなる。その上、根本的に労働力を市場の主体的独立法人の地位につけずに、労働力移動とその他の経済活動の関与が不十分であると、労働力市場をつくりあげることはできなくなる。市場経済体制のさらなる改善につれて市場経済が人口の変動と発展に与える影響はますます大きくなるので、我々は積極的にこのような影響に適応する改革を推し進める必要がある。

②**発展方式の軌道を変える──数量拡張型から品質利益型への転換**について

「不断に経済効率を高める」ということを前提にして、1980年代初めに、工業と農業の生産額は2000年には1980年の２倍になると推定された。しかし、経済効率が上昇しないということは、国民経済の発展過程における古い難問であって、長期的に有効な解決策が得られていない。GDPの増加を主目標とし、固定資本投資の増加を主な手段とし、外延型の拡大再生産を主要な方式とする伝統的な経済発展方式には二つの著しい特徴がある。一つは、経済的効率は高くなく、高投入、高支出、低効率、低収益として表れている。二つ目は、社会的な効果を重視しない、あるいは損なうことを代価として経済方面の効果と利益に取り替えることである。

経済発展方式を転換することは、この二つの方面での転換を行い、低消耗率、高効率と経済の利益、社会の利益、環境の保全を一体にする新しい文明的発展の道を歩むことである。

中国経済の高投入、高支出、低効率、低収益の外延式拡大再生産は、すでに続行できない事態となっている。2005年に固定資本投資がGDPに占める割合は48.3％で、投資総額は183,084.8億元まで達したが、やっとGDPは10.2％増加した。高支出と低効率は、一つの問題の表裏である。現行の為替レートで計算すると、当面我が国のGDPはおよそ世界の6％を占めるが、消費した石油は約8％、鉱物の資源は約10％、電力は約13％、石炭は約30％を占めている。GDP一単位当たりのエネルギーと原材料の支出はアメリカの2.7倍、日本の3.4倍になる[6]。

この種の粗放的数量拡張型の経済成長の方式は、必然的に資源の効率的利用と環境を損ない、最後に経済発展の社会的効果を損なうことになる。2005年における全国の廃水の排出総量は525億トンで、化学工業における酸素の排出量は1,414万トンで、工業排気ガスの排出量は268,988億立方メートルで、二酸化炭素の排出量は2,549万トンであり[7]、世界各国の中で一番あるいは二番目になっている。そのために、経済発展の方式の転換は資源の節約、環境の保護と緊密に関わり、「十一五」（第11回五ヶ年計画）および調和社会づくり、全面的小康社会づくりにおいて非常に切実な任務となる。

経済発展の方式を転換し、資源の節約型、環境共生型社会を建設することに新しい理念を確立しなければならないので、政府のマクロ管理を強化すると同時に、十分に市場調節の役割を発揮し、新しい利益目標に進める規制を改革、つくりあげ、利益の向上と仕組み調整の着実的な推進を確保する必要がある。また、人口の環境を望ましい状態にするために、経済、法律、行政などの手段のほかに人口の変動と発展の関係を重視する必要もある。

第1次産業としての農業収益を向上するために、現代の半数以上の人口が食

---

(6) 田雪原「人与自然和階的問題（人と自然の調和をめざす問題）」＜人民日報＞2006年12月22日。
(7) 『中国統計年鑑　2006』中国統計出版社、2006年、p.406。

べ物のために働いている状況を変え、農業人口と労働力の都市と町への移動を加速させ、農村に残される人口と労働力にさらに多くの資源を占有させ、農村の人的資本、自然資本、経済資本、社会資本の合理的かつ効率的な配置を実現させ、大幅に農業の労働生産率を向上させ、農民の収入を増加させる必要がある。

第2次産業としての工業のエネルギーと原材料の投入を下げるために産業構造を最適化する必要があり、情報化で工業化を推進し、次第に科学技術のレベルが高い、資源の消耗が低い、環境汚染が少ない、人的資本が十分に発揮できる品質利益型の発展への道を歩む必要がある。

結局、国民経済的福祉の向上は主に人的資本の蓄積と増加によるものになり、全民族の健康、科学、文化、思想と道徳素質の高まることによるものになる。この多方面における人口素質の高まりは、経済の発展をその基礎とした、社会の全面的な発展となる調和社会づくりによることになる。ここで見逃してはいけないのは、科学、文化、教育、衛生、スポーツ、コミュニティなどの公共事業への投資が消極的な役割をもつものでないことである。表面的に財政支出の一部を占め、経済活動への投資に影響を与えるように見えるが、これらの財政支出は人民の全面的発展のニーズを満足し、絶えず人口の素質を向上し、最後に経済の継続的成長方式の転換を進める効果を果すことになる。

「福祉の向上」は経済の領域に限るべきでなくて、教育と科学事業の発展に力を入れ、先進的文化を発展させ、精神文明の建設などの全面的な社会発展を強化させることが発展の駆動力となる。我々は、物質文明による福祉を向上させる動力と手段を探すだけではなく、政治文明、精神文明による動力と手段を探し、「三つの文明」発展をスピードアップし、福祉を向上させるように努める必要があろう。

(2) 社会タイプの転換について

社会発展の全局から観察をすると、改革開放以来の発展の趨勢を「1本3化」で概括することができる。「1本」とは、すなわち人を本にし、人に関わる全

面的な発展を本にすることである。一方「3化」とは、すなわち市場化、都市化、現代化のことである。

「市場化」は、先に述べたように、計画経済体制から市場経済体制へ転換することである。経済体制のこのような転換は、必然的に人々の価値観、政策と措置、社会規範、制度の方向などの変化をもたらし、効率的に競争する方向に転化し、国家の機能はサービス型政府に転化するようになる。

人口学の視角から「都市化」を観察すると、これは農村の人口と労働力が都市と町へ移転する過程であり、経済学の視角から観察をすると産業構造が転換する過程である。また、社会学の視角から観察をすると、都市の理念、生活様式と管理方式が拡散と昇格する過程である。この過程は、社会タイプの転換の主な方向を構成し、社会階層の変動を推進するものになる。

「現代化」は、経済、科学技術、社会などの多様な領域の現代化を含めるが、経済の現代化がその基礎となり、核心は情報化で工業化を推し進めることである。現代化は経済技術の構造と産業構造を先端的に邁進するように、貧しい社会は豊かな社会に転換することを促すため「第3の波人口」の構造と矛盾はそれに応じて変わり、社会のタイプ転換は必然的に発生することになる。

1990年代の前期、改革は社会主義市場経済体制の目標を創立した後に行うべきだと明確にされてから「社会タイプの転換」という言葉が提出され、メディアに頻繁に現れる語彙の一つになった。しかし、今までのところ、社会タイプの転換に対する解釈は異なっている。

ある学者は「社会タイプ転換とは、中国社会が伝統的な社会から近代的な社会、農業社会から工業社会、閉鎖的社会から開放的社会への変遷と発展のことである」[8]とした。またある学者は、「社会タイプの転換」とは一つの特定の意味をもつ社会学の用語であり、社会は伝統型から現代型への転換、あるいは伝統型社会から現代型社会への転換する過程を指しているが、「社会タイプの転換」は「社会の現代化」とほとんど同義であると考えている[9]。

---

(8) 陸学芸・景天魁『転型中的中国社会（転換期の中国社会）』黒竜江人民出版社、1994年。
(9) 鄭杭生・李強など『当代中国結構和社会関係研究（現代中国社会構造と社会関係）』首都師範大学出版会、1997年。

中国科学院中国近代化研究センター、中国近代化戦略研究課題グループが完成した『中国近代化報告（2006）』は、この先50年の間に中国社会の近代化は2度の社会タイプの転換が必要となり、一つは農業社会から工業社会へ、田舎社会から都市社会へのタイプ転換は必要となる。そしてもう一つは、工業社会から知識社会へ、都市社会から都市郷村動態平衡社会へのタイプ転換は必要となる、と報告している。

当面、我が国の社会タイプの転換に対する認識と観点に違いがあるが、抽象的に社会タイプの転換を考えると、依然としてその特定な意味がある。筆者は、一般的な意義での社会タイプの転換は、主に三つの方面の転換からなると考えている。

第一は、社会体制の転換である。すなわち、所有制度、労使関係、分配制度などの経済体制、国家の立法、行政、監督などの政治体制、および長期かつ伝統的な歴史文化と計画経済体制からの影響を受けて形成する政府職能の転換である。体制の転換と革新は、本源的意義をもっている。通常では、タイプの転換は常に体制の改革と革新から始まり、最後にまた体制の改革と革新に戻ることになる。

第二は、社会構造の転換である。社会構造は多方面と多段階に分けられ、核心は人口の階層構造であり、転換期における異なる階層の人口の地位、権利、利益の再編と変化である。学術界、特に社会学界ではこれに対して多くの研究を行い、「高等・中等・下等」などの収入階層に分け、すべての階層の内部をさらに「高・中・低」などの収入階層に分けて社会の異なる階層構造を構成し、社会タイプの転換する過程の中で、変動と成り行き、双方間の関係と利害衝突を研究する。

第三は、発展の目標と段階の転換である。社会のタイプ転換と言えば、必ずどの種類のタイプからどの種類のタイプへの転換なのかをはっきりさせておく必要がある。筆者は、農業型－工業型－現代型社会への転換の中で、全体的には工業型から現代型へ転換する過程にあると考えている。

資料統計によると、2005年に第1、第2、第3次それぞれの産業構造の生産比例は12.6：47.5：39.9（すなわち1.0：3.8：3.2）であった。また、就業構

造は44.8：23.8：31.4（すなわち1.0：0.5：0.7）であった[10]。このような構造は、中国は全体的にすでに工業化の段階にあり、ポスト工業化の近代社会へ転換していることを表明している。一部の地区はまだ農業型から工業型への転換する前期の段階にあるが、その比重と発展の趨勢はまだ主要、あるいは主導的な地位を占めていない。

貧困型－衣食型－小康型－富裕型－超富裕型社会と転換する過程で、全体的には「小康型」から「豊裕型」への転換する過程にある。2005年、全国の食品消費が総消費に占める割合、つまりエンゲル係数は39.0％まで下がり、都市と町は36.7％まで、農村は45.5％[11]まで下がった。少数の地区は「衣食型」から「小康型」へ移行する段階にあるが、同様に主要かつ主導的な地位を占めていない。

社会タイプが転換する中で、各階層人口の政治、経済、社会の地位は急激に変動し、人々の価値観、道徳の意識、行為などには、いずれもある種の変化が発生するようになる。人口の再生産における出産、死亡、移動、移転などに対する認識の変化、子どもの人数、性別の構成、教育のレベル、就業の方向などの価値予想、婚姻、家庭、家族、世代関係などの伝統的な観念の更新は、時間の流れにつれて人口の変動過程の中にしみ込むことになる。

その中で政府の役割も変わっている。歴史的に、伝統的に、そして半世紀近くの政治、経済、文化の発展が形成されることによって、政府は各種の矛盾の最前線に出て各種の社会運動を主導するようになった。この意味においては、我々の社会は政府が主導するタイプの社会であると言えよう。これはよい点があり、「一つ竿で最後までやり抜く」という政府の前進する方向は明確で、仕事の効率も比較的高く、力を集中して大事をやり遂げることができる。無論、欠陥もあるが、かなりの欠陥は政府が「掴んで放さない」し、政府自らが受理、解決をする。

当面、公共政策の方向と方針に関わる問題は、いかにして効率と公平の問題を解決するかである。改革開放の前期に強調した「効率が優先的、公平も配慮

---

[10] 『中国統計年鑑　2006』中国統計出版社、2006年、p.34。
[11] 『中国統計年鑑　2006』中国統計出版社、2006年、p.347。

する」ことは非常に正しくて、しかも必要なことである。当時の平等主義が根強い状況では、効率を強調しないと発展はできない。これ以上低くなれない公平はいかなる動力を発生するか？

今になると、30年が過ぎ、経済は年平均9.6％で成長する業績をやり遂げ、人々の生活は全体的に小康レベルになった。しかし、各階層間に貧富の差が大きくなったため、公平を強調しないと社会の矛盾はますます突出し、調和社会をつくるためには脅威となる。「効率が優先的、公平も考慮する」から「公平を大事に、効率も重視する」へ転換することは、経済分配領域における重大な調整であり、必然的に社会の上層領域で相応する変動を引き起こし、社会タイプを転換する上において一つの重要な方面である。

3　人口の転換について

人口の転換とは、通常、人口の再生産型が若年型から成年型へ、成年型から老年型へ転換することを指している。若年型、成年型、老年型という3種類の異なる年齢の構造を区分するために、人口学者は「少年人口」、「成年人口」、「老年人口」という3種類の人口が占める割合に対して、一定の数値および年齢の中央値などの指標を設け、それによって具体的に全体人口の年齢構造のタイプを判断している。しかし、出生率の低下と予想寿命の延長によって、相対的な意義上でこれらの境界と指標を認識、評価、使用するしかできなく、それを永久に変わらない法則にしてはいけない。

例えば、スウェーデンの人口学者G・サンドバーグの「3分法」では当時の50歳を老年人の起点年齢にしたが、彼の区別法は今の区別法と明らかな違いがある。しかし、彼は、全体人口を少年、成年、老年という三つの部分に分け、三つの部分の人口が占める割合で3種類の異なる人口構造のタイプを分け、異なる人口の態勢と成長の成り行きを確定したが、その意義は失われていない。筆者は、かつて以下のことを述べた。

20世紀は人口の爆発する世紀であり、21世紀は高齢化の世紀である。人口の

爆発から人口の高齢化になることは人口が転換する結果であり、中国の人口転換はこの結論も証明した。確かに、中国の人口転換は世界と同じようなところがあるが、また同時にいくつかの異なっている特徴もある。

1900年に中国の人口は約4.43億人で、2000年は12.67億人までになり、100年の間に8.24億人増加し、年平均の増加率は10.56‰で、同時期の世界人口の増加率である13.22‰と比較すると2.66‰低い。しかし、中国の人口変動は20世紀の前半と後半において非常に大きいな違いがある。前半期から1950年まで全国の人口は5.52億人まで増加し、50年の間に1.09億人増えて24.60％増加した（年平均は4.41‰増加）。そして、後半期は7.15億人増えて129.53％増加した（年平均は16.76‰増加）。

さらなる分析によって、もし後半期を「前期」「後期」という二つの時期に分けると、前期の25年に全国人口は3.72億人増えて67.44％増加し（年平均は20.83‰増加）、後期の25年には3.43億人増えて37.14％増加した（年平均は12.71‰増加）。後期の年平均増加率は前期より8.12‰下がっている。いっそうの関心をもつ必要があるのは、1990年代の中期にすでに転換水準以下に下がり、人口増加の状況は大いに弱くなっているということである。1950～2000年の人口数量の変動は、表2-1のようである[12]。

上述した1950年からの中国人口の変動は、五つの段階を経過した。第1段階は1949～1952年の人口再生産タイプへの転換段階、つまり高出生率、高死亡率、低成長から高出生率、低死亡率、高成長への転換段階である。算術平均値によって計算すると、この期間の人口の年平均出生率は37.0‰で、死亡率は18.2‰、自然成長率は18.8‰である。

第2段階は、1953年～1957年の第1回目のベビーブームの段階である。人口の再生産タイプは高い、低い、高いタイプに転換し、年平均の出生率は34.7‰に達し、死亡率は12.3‰まで下がって自然成長率は22.4‰に上がった。

第3段階は、1958～1961年の第1回目の出産低潮の段階である。これは一つの特殊な人口変動の段階であり、3年間の経済困難時期に出生率は下がり、死

---

[12] 『中国統計年鑑　1986』『中国統計年鑑　2004』中国統計再版社、1986年、2004年。

表2-1　1950～2000年の中国人口の自然変動について

年度	人口数（万人）	出生率（‰）	死亡率（‰）	自然成長率（‰）
1950	55196	37.00	18.00	19.00
1955	61465	32.60	12.28	20.32
1960	66207	20.86	25.43	-4.57
1965	72538	37.88	9.50	28.38
1970	82992	33.43	7.60	25.83
1975	92420	23.01	7.32	15.69
1980	98706	18.21	6.34	11.87
1985	105851	21.04	6.78	14.26
1990	114333	21.06	6.67	14.39
1995	121121	17012	6.57	10.55
2000	126743	14.03	6.45	7.58

亡率は上昇、1960年に人口のマイナス成長も現れた。4年間で人口の年平均出生率は23.2‰までに下がり、逆に死亡率は16.6‰まで上がり、自然成長率は4.6‰という低いレベルに下がった。

第4段階は、1962～1973年の第2回目の出産高潮の段階である。12年の間に人口の年平均出生率は32.7‰に達し、死亡率は8.8‰まで下がり、自然成長率は23.9‰まで達し、20世紀の中国の人口発展史において高出生率と高成長率の時間が最も長い出産ブームとなった。1963年の出生率は43.4‰まで達し、成長率も33.3‰までに達して史上最高値を示した。

第5段階は、1974年来の第2回目の出産低潮の段階である。1970年代以来、国家が強力に人口の増加を制御し、適切な計画出産の実行によって著しい成績をやり遂げ、1974～2005年に人口の年平均出生率は17.27‰まで下がり、死亡率も6.63‰まで下がったことで自然成長率は10.6‰まで下がり、「高い、低い、高い」から「低い、低い、低い」へと移行した。1990年代の中期に「低い、低い、低い」という段階[13]になると見なすことができよう。

上述の人口と転換に伴い、人口の年齢構造は根本的に変化した（図2-1を参照）。

図2-1に示されたように、我が国の人口年齢の構造はおおよそ1980年代の

図２−１　1953〜2005年の中国人口の年齢構造の変動について

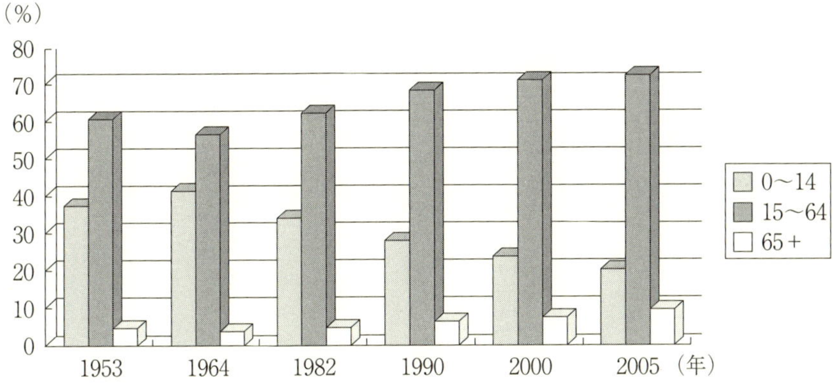

中期に成年型になり、20世紀末から21世紀に入る時に老年型になった。そして、2005年に０〜14歳の少年人口の割合が19.55％まで下がり、15〜64歳の成年人口の割合は71.38％まで上がり、65歳以上の老年人口の割合は9.07％まで上がったことになる。

　結論的に言うと、中国の人口再生産はすでに老年型、つまり減少型に転換しているが、人口の増加に慣性があるため、これからも引き続き約20〜30年は増加するようになる。中国の人口は過剰であるということからすると、我々はついに人口の「ゼロ増加」の日の到来を眺めることができるようになった。これは人口の転換がもたらす最も重要な成果と言える。

4　少子高齢化が経済社会の発展に及ぼす影響について

　21世紀の中国を展望すると、人口の高齢化はますます人口の変動、経済と社会の発展を左右するようになる。いくつかの比較的重要な問題を概略して分析すると次のようになる。

---

(13)　『中国統計年鑑　1986』中国統計再版社、1986年、p.92。『中国統計年鑑　2006』中国統計出版社、2006年、p.99。

（1）高齢化と人口戦略について

　全面的に中国の人口問題を解決する人口戦略は、「3歩で進む」で行うことができる。第1歩とは、高い出産率を下げ、人口再生産の高出生率、低死亡率、高成長から低出生率、低死亡率、低成長というタイプへの転換を実現することであるが、この1歩はすでに1990年代の中期に完成された。第2歩とは、低出産水準を安定させて人口のゼロ増加を実現することであるが、この1歩はすでに10年余りを経過し、2030年の前後に完成すると予想されている。第3歩は、人口の慣性作用があるため、ゼロ増加になってから全体の人口はある程度減少する成り行きが現れるが、その時にまた経済、社会と資源、環境の状況に応じて理想的、適切な人口政策を選択することである。

　このような認識に基づき、中国の人口戦略の次の目標は、人口のゼロ増加を主要な支えとすることにし、低出産水準の安定を実現させることである。出産水準の低、中、高に対して異なった予測方法で分析し、合理的に選択を行うことである。

　低水準予測の「ハード・ランディング」方案は、人口の増加抑制に最も効果的なものであるが、欠点は人口年齢構造の変動があまりに速すぎて、高齢化が深刻になることである。特に、これによると2045年には65歳以上の高齢人口の割合は25.62％になり、同期の先進国の25.30％より0.32％高くなるうえ、その後も引き続き高くなる。これは「豊かになる前に老いになる」国にとってはどうしても納得できるものではない。

　その他に、労働年齢人口の速すぎる減少にも注意を払う必要がある。全体から言えば、中国では労働力が不足することはないが、労働年齢人口の速すぎる減少と相対的な高齢化は労働力の構造上の不足と人的資本の活力減退を引き起こし、経済、社会の発展によくない影響を与えることになる。

　高いレベルで予測した「ソフト・ランディング」方案は、「ハードランディング」方案とは逆になり、最大のメリットは年齢構造の変動が比較的合理的で、高齢化の到来が比較的遅いことである。労働年齢人口の占める割合が高い「黄金時代」あるいは「人口のボーナス」が比較的長い時間維持でき、中国の労働

力が低廉で優勢を保持するのに有利になる。最も大きな欠点は、人口数量の抑制が控えめなため、2050年になると中、低レベル方案よりそれぞれ1.97億人、4.07億人多くなる。よって、同様に採用しないほうがよい。

それに比べて、中レベルで予測した「ソフト・ランディング」方案は、「ハードランディング」方案の人口抑制が比較的効果的であることと、「ソフト・ランディング」方案の人口構造が比較的合理的であるという二つの利点を兼ねている。それと同時に、低レベル方案の人口構造の不合理さと高レベル方案の人口抑制が不十分であるという欠点を克服している。人口は2030年の14.65億人をピークに少しずつ下がる趨勢になる。また、人口高齢化と言われる65歳以上の高齢者の割合は、2050年の23.07％をピークに安定して緩めとなり、労働年齢人口の割合と構造は比較的適当なものとなる。我が国の当面と将来の人口数と構造の合理化に適応し、人口と経済、社会および資源、環境の調和的発展に比較的合理的な方案となる。

全面的な小康社会づくりをめざす20年とさらに長期に及ぶ人口戦略は、この「ソフト・ランディング」方案という基礎の上でつくりあげるべきである。この方案の基本思想について述べると、中国の人口問題の本質は人口と労働力が過剰という性質に属しているので、効果的に人口を抑制する必要がある。そして、もう一方で、「豊かになる前に老いになる」高齢化の国が先進国を超えることはあり得ないので、極端な高齢化を防止すべきである。そのために、中国の高齢化の「警戒線」を65歳以上の人口割合が26％（先進国が2050年に到達する高齢化率）に設定する。

このような考慮に基づき、21世紀の中国の人口戦略は次のように述べられる。

全国的に、調和的、継続可能な科学的発展観を指導として、人口数、素質、構造を合理的に調整することによって、積極的かつ確実に人口ゼロ成長を達成し、人口と経済、社会と資源および環境との調和的発展を促進する。この人口戦略は、1980年代の初めに確定された「人口を抑制し、人口の素質を高め、人口構造を調整し、それと連携した数量的制御を重点にする」戦略と歴史的継承性をもつが、現代の人口変動の新しい特徴と異なる面もある。

一つは基本思想が異なっていることである。あの時は主に高成長の人口をで

きるだけ早く下げ、人口と労働力の過剰による圧力を緩和し、次第に取り除くことであった。今では、人口抑制を科学的な発展観の視野に組み入れ、人口と持続可能な発展戦略を実施することである。

二つ目は、当時は「数の抑制を重点とした」が、今は引き続き効果的に人口を抑制すると同時に、他の方面をも配慮しなければならない。特に、人口の年齢構造の高齢化を考慮しなければならない。

三つ目は、戦略的な目標が異なっている。当時は人口戦略が始まってからの「第1歩」であり、出産率が再生産水準以下に下がることを目標とした。しかし今では「第2歩」のゼロ成長で、しかも長期を視野に入れて、100年後の理想的な、適度な人口を目標として考慮しなければならない。事業を受け継ぎ、将来の発展に道を開き、前の事業に続いて未来を開拓し、正確に21世紀の中国の人口戦略を位置づけ、人口抑制の有効性と人口の年齢構造の変動における高齢化を配慮することが核心となる。21世紀の中国の人口戦略と出産・育成政策に対する合理的な選択はかなり高齢化に制約されることになる。

(2)「人口のボーナス」、「人口の損失」と経済発展について

高齢化が経済発展に直接的な制約と影響を与えることは、年齢構造の変動に現れる。最も関心を寄せる必要があるのは、1980年代から生産年齢人口の占める割合は絶えず上昇し、扶養される必要のある高齢者と未成年の人口総数は絶えず減少するという変動である。

1990年代に入ってから、15〜64歳の生産年齢人口の割合は総人口の65%以上を占め、扶養される人口の占める割合は35%以下に下がるので、人口の年齢構造の変動は経済と社会発展に非常に有利になる「黄金時代」あるいは「人口のボーナス」と言われる時期に入ったことを示している。

例えば、「従属人口指数」が0.5を超えないことを標準とするなら、この「人口のボーナス」期間は2030年前後まで続けられ、一人の生産年齢人口が扶養する必要のある人口、すなわち「従属人口指数」は1982年の国勢調査時の0.63から1990年の0.50、2000年の0.46まで下がった。中レベル予測によると、2010年

にさらに最低レベルの0.37まで下がることになるが、それから「従属人口指数」は上昇する趨勢になる。その上昇の速度はわりに遅くて2020年に0.45になり、2000年のレベルに相当することになる。そして、2030年に0.48になり、1990年のレベルに近くなる。また、2030～2040年間の上昇は比較的著しくて、2040年に0.59になる。2040年以後の変動はあまり大きくなく、2050年に0.61と少し高くなり、1980年代初期のレベルに相当することになる。

　好機を逃してはならない、過ぎればもう来ない。この先の20～30年、特に全国的な小康社会づくりに残される15年はちょうど生産年齢人口が豊富で、「従属人口指数」の谷間になる「人口のボーナス」の時期に入る。我々は「利潤」時期をうまく利用して、経済、科学技術と社会発展を加速させるべきである。と同時に、「人口のボーナス」の期間の後に「従属人口指数」の上昇がわりに速い「人口損失」の時期になることを明確に意識し、「ボーナス」の時期では「ボーナス」「損失」を補う方策を計画する必要がある。目の前の「ボーナス」ばかり見ないで今後の「損失」を考慮しなければならない。少子高齢化が、将来の経済発展に与える具体的な影響について、以下のいくつの点を重視する必要がある[14]。

①高齢化と貯蓄率、貯蓄水準について

　1978年以来の中国の1人当たりのGDP、貯蓄水準、貯蓄率、人口の年齢構造の変動などの関連データを分析すると、高齢化と貯蓄率との関係は次のようになる。

　高齢者人口の比重が1％上昇すると貯蓄率が0.37％高くなるが、生産年齢人口が1％上昇すると貯蓄率が1.47％高くなることに及ばない。国際社会のこの方面の経験に鑑みると、高齢化が深刻になるにつれて貯蓄率は下がる傾向にある。特に深刻な段階になると高齢者が貯蓄を使用することが著しくなるため、貯蓄率は下がるようになる。

---

[14]　田雪原・王金菅・周広慶『老齢化：从："人口盈利"到"人口亏損"（高齢化："人口利益"から"人口損失"）』中国経済出版社、2006年。

②高齢化と労働参加率、労働力の供給について

中国の1990年代における労働参加率の下落は、主に生産年齢人口の年齢別の労働参加の事情の変化に引き起こされたものである。特に、比較的低い年齢層の進学率の高まりと労働参加率の下落に誘発されたものである。将来、生産年齢人口の中で25～44歳の若い年齢層の人口割合が下がり、45～64歳の比較的高い年齢層の人口割合が上昇するため、たとえ将来、各年齢層の労働参加率が2000年レベルを維持できても労働参加率は下がる傾向になる。特に、2045年に高齢化が深刻な段階になってから、下がる傾向はいっそう著しくなる。

③高齢化と経済成長について

ヨーロッパの主流経済学は、出産率の低下は有効需要の不足を引き起こし、それによって経済成長に影響を与えることになると考えている。我々の研究によると、高齢化の水準がもっと高くなり、上昇速度がもっと速くなるなら経済成長に与える抵抗力はもっと大きくなり、経済成長の速度はもっと遅くなる。逆に、高齢化の水準が低くなり、上昇の速度が遅くなるなら経済成長に与える抵抗力はもっと小さくなり、経済成長の速度はもっと速くなることになる。

どのような消費関数であっても、人口の高齢化が消費に与える影響は間接的に経済成長に影響を与える。人口の低レベル予測での高度高齢化の生み出す効力は最低で、中レベル予測はこれに次いで、高レベル予測は比較的に高いことになる。タイムラグを伴わない消費関数による推計では、2020年における低、中、高レベル予測の産出水準率はそれぞれ1.00：1.35：1.35で、2040年は1.00：2.20：2.24となる。2035年になる時の低予測を中、高予測と比較すると、その産出水準は倍に近くなり、2050年になると1.5倍になり、もっと長期になると落差ももっと大きくなる。

国際社会では、通常、老齢年金などの支給額の国民所得に占める割合が10％、あるいは給与総額の29％を「警戒線」と決め、それを上回ると国家財政と経済発展は苦しい立場に追い込まれることになる。中国の退職人口の社会保険福祉費用の国民所得に占める割合は、すでに1980年の1.4％から1993年の3.7％までに上昇しており、13年間で2.3％上昇した。2025～2030年は10％を上回り、給

与総額を占める割合は約30％となり、上述の「警戒線」に近くなるか、あるいはそれを超えることになると予測されている。しかも、この時から高齢化のピーク到来まで20年余りしか残されないので、問題の深刻さは明らかであり、「人口の損失」に対して十分考慮しなければならない。

（3）高齢化と社会の発展について

人口の高齢化は、社会養老保障、科学技術の進歩、制度の制定、コミュニティの発展、文化と生活、婚姻と家庭などに対して、一定の制約と影響を与えることになる。特に、以下のいくつかの点を含めている。

①高齢化と養老保障の体制について

21世紀前半に中国の人口高齢化は速くなり、水準も比較的高くなるため、切実な問題として全国的な社会養老保障の体制をつくりあげなければならない。「豊かになる前に老いになる」という国情に対して、西側諸国のような全社会をカーバする養老保障制度を実施できる条件が備わっていない。現代の「福祉国家が福祉を抑える」の教訓に鑑み、そのようなやり方を取るべきではない。

我々は、実情に応じて漸進的な次第に拡大する養老保障の方法を提出した。将来、高齢化が時間的にＳ曲線で進む傾向、すなわち21世紀前期の20年は高齢化がゆっくり進むことに基づき、この期間では養老保険、社会福祉、社会救済を一体とする社会養老保障の骨組みを次第に形成させる。

2020～2040年は高齢化が加速推進し深刻な段階となり、この時期の主なこととしては養老保障体制をつくりあげることである。2040～2050年は高齢化が遅くなる傾向であるため、養老保障制度も比較的安定できるので、個別の不適切な部分だけの調整を行う。無論、全社会的な養老保障体制をつくるにあたっては国と地方からの財政投資を増大させ、政府が主力軍の役を演じることは必要となる。しかし、実際から考えると、各方面を積極的に生かし、各種の潜在力を開発して各方面の養老資産を活用して改革を行わなければならない。具体的に二つの提案を提出した。

第一に、農村の「責任田畑養老基地」を設ける。「五保戸」(生活保護世帯)[15]と一部の経済未発達地域を除き、広大な農村ではまだ社会化養老保障がなくて、基本的に高齢者自身の労働と家族扶養に頼っている。

長期的な展望からすると、将来の社会養老保障には農村を組み入れる必要がある。国と地方財政の支持が有限である状況で、民間の潜在力を活かして利用する必要がある。

一般に、農村の高齢者は貯蓄が多くなく、民間の養老保険に加入する人も多数ではない。しかし、農村の高齢者は責任田畑を有している。法律では、責任田畑は個人所有ではなく、使用権と経営権を有するだけである。しかし、それに利用価値があるため、この利用価値を資産化することができ、それを「資産」と看做して養老保障に役立てることができる。

具体的な方法は、地域の1人当たりの耕地面積に応じて、60歳以上の高齢者は自分の責任田畑の一部あるいは全部を株の形で農村老年責任田畑基地に持ち込むようにする。基地は社会化養老組織であり、元気な高齢者とその他の希望者を組織して生産労働と経営に従事し、事業収入で基地の高齢者の生活を保障する。

基地の目的は、農村の土地資源を流動化し、それを養老資産に変えることである。農村の高齢者の労働力資源を活用して、高齢者の中の健康でわりに低い年齢層の労働力を利用して個別の体力不足を克服し、新たな投入を必要としない基本養老組織を実現させることである。

第二に、都市と町の不動産養老保険をつくりあげる。我が国の市と町では、2元的経済社会構造に適応して、多数の高齢者はある程度の養老保障があり、また退職時に退職金を受け取ることができる。しかし、辿ってきた歴史的な理由で、一部の都市と町の高齢者人口は退職制度がなく退職金を有していない。この種の高齢者は収入が低くて貯蓄が少なく、生活が比較的困難な状態にある。いかにこれを解決するか？

調査によると、彼らの現金および貯金は少ない。しかし、家屋は質が低いが、多くの人が不動産を所有している。よって、農村の責任田畑養老基地に類似する方法を採用し、つまり都市と町は、高齢者が自分の家屋を都市と町の専門養

老保険会社に投資し、家屋の面積と品質によって値段をつけて株式に換えることで退職時から養老年金を受け取ることができるようにする。家屋に値段をつけて株式に換える方法については、以下のことが考えられる。

❶譲渡式──高齢者は、自分の財産権のある家屋に値段をつけて養老保険の専門会社に不動産を売却して養老保険に加入する。譲った後は、家屋の財産権と相続権を有しないことになる。

❷先物式──都市と町の高齢者は、財産権を有する不動産に値段をつけて養老保険会社に交付するが、ある期間（例えば、老人が亡くなるまで）居住権を留保し、家屋の財産権と相続権は留保しない。実際には、養老保険会社は家屋の所有者に一定量の資金を保険加入資金として前払いするので、先物取引に類似している。

❸抵当式──高齢者の家屋財産権を留保するだけでなく将来の相続権も留保し、ある面積の家屋だけを専門の養老保険会社に賃貸し、保険会社は養老年金の形式で老人に一定の費用を支払う。質屋で品物を抵当に入れることと似ており、高齢者が亡くなった後に家族はそれを買い戻すことができる。

不動産養老の方式は異なっているため、同じ面積と品質の家屋でも、株式の形になるかどうかによって養老保険会社からの収益率も異なる。一般に、❶は❷より高くて、❷は❸より高い。

②高齢化と科学技術の進歩について

今までのところ、人口の高齢化が科学技術の進歩に与える影響と役割に対する認識は大きく異なっている。我々は高齢化の影響が二重的なものであると考

---

(15) 農村部においては、1950年代から労働力を失った高齢者、病人、孤児、身体障害者などのうち、扶養してもらう家族がいない者に対して、①衣、②食、③住、④医療、⑤葬儀（若年者の場合には教育）の五つ（中国語では「五保」という）を保障する「五保戸」扶養制度と呼ばれる社会救済制度があった。しかし、こうした制度は、いずれも人民公社と呼ばれる農業の集団化を推し進めるための農村部の社会組織が主体となって行われていたことから、1982年の人民公社制度の廃止決定とともに、各農家による生産請負制度が導入されていくなかで弱体化した。

えている。高齢者の人材は高齢化の深まりに従って絶えず増加しているが、高齢者は長期にわたって蓄積した知識、経験、技能をもっており、育成訓練なども必要としないので費用がわりに低く実用性があるというメリットをもつ。全国的な小康社会の建設に大きな役割を果たすことができると考えられる。

とはいえ、高齢化の深化とともに高齢者への投資が次第に増加することは、科学、教育、技術革新への投資に影響を与えることになる。同時に、高齢化による知識、技術の老化も避けられないため、技術の進歩を妨害することになる。

この二つの影響をまとめると、最も重要なのは高齢者のマンパワーを十分に開発、活用し、高齢者人材の役割を十分に発揮することである。統計によると、全国の都市と町の4,000数万人の退職者の中に各領域の人材は500数万人ほどいるが、その中で各自の職場で引き続き働いている人は20％しかいない。高齢者のヒューマンリソースは活用されていない。このマンパワーを重視すべきである。

③高齢化とコミュニティの発展について

人々は生産力、居住、行政などの異なる角度からコミュニティを区別する。我が国は一般に行政区で区別をし、政府の主導的な色彩が濃厚なので、ヨーロッパの先進国と大きな違いがある。実践において証明されたように、コミュニティは家庭に次いで高齢者の社会生活において最も主要な場所であり、生活の世話、医療保健および精神的な慰めなど、文化生活はすべてコミュニティを離れられない。高齢化はコミュニティの発展を加速させることを呼びかけている。

高齢者コミュニティの加速発展ということに関し我が国の状況からは、政府が重視し、投資の増加、社会各界からの積極的な参与が必要となる。当面、解決すべきなのは、高齢者の生理的・心理的な特徴に適合するようにバリアフリー通行ができ、高齢者の活動と健康に適応する高齢者住宅の建設とコミュニティ環境の改造である。また、コミュニティのボランティアサービス事業の発展に力を入れ、ボランティアサービスの規模が小さい、サービス項目が少ない、サービス範囲が限られている、サービスが規範的ではないなどという現状を変え、国際社会の成功した経験を受け入れるべきである。

「時間積立銀行」などの改革を試験的に展開し、コミュニティの機能を強化させるために社会資源を活用し、コミュニティ養老保障事業を推し進める。

④高齢化と高齢者婚姻、家族について

　最も関心を寄せる必要があるのは、高齢者の再婚問題と高齢者家族の規模が縮小していることである。北京市などの調査によると、65歳以上の女性高齢者人口の配偶者死亡率は40％以上で、生活のためにつれあいを探すという再婚率はとても高い。しかし、結婚後に子女、財産などに関する問題が生じるため、高齢者の離婚率は持続的に上昇する傾向にある。また同時に、再婚した高齢者の多くはその手続きを取らず、同棲の形での婚姻になったり、時には同居、時には別居という「週末婚」式の婚姻になっており、不安定な状態にある。

　不安定な婚姻と関連するのは、家族の不安定と小型化の傾向である。家族の小型化と家族の扶養機能の弱体化は、独居高齢者と高齢者夫妻の家族の比例を上昇させ、伝統的な家族養老に危機を引き起こす。ある地方で、高齢者が子女からの差別待遇に耐えられなくて家を出て、多数の高齢者が河原や土手の上に集まり、自力で生活をするといった「高齢者駆け込み村」になることもある。

　崩壊に瀕する高齢者家族を救うには社会道徳からの呼びかけと、法的整備が必要な問題でもある。

⑤高齢化と文化の発展について

　少子高齢化は、必ず科学、教育、文化の発展に影響を与える。まず、高齢者の生活を反映する小説、詩歌、散文、劇曲、映画、絵画、音楽、舞踊などが増え、マスコミも高齢者生活を反映する特別テーマを設けることになる。例えば、中央テレビ局の『赤い夕日』、新聞雑誌の「高齢ホーム」、「高齢の友」のようなコラムが大量に増加する。高齢化が深刻化するに従ってこれらの高齢者文化も引き続き広がることになり、全国的な小康社会づくりの中で高齢者が新しい面目を保つことになる。

　次は、高齢化の急速な進展につれ、高齢者教育と生涯教育の迅速な発展を促す。2000年代の末にイギリスは成人教育を提出し、1960年代にフランスの教育

家ポール・ラングラン[16]が生涯教育を提出してから、高齢者教育を含める生涯教育は真っ先に先進国で発展し、我が国においても改革開放から迅速な発展が見られた。

　1980、1990年代に高齢者教育は発展し、特に雨後のタケノコように現れた高齢者大学において自然科学と社会科学の知識を学び、琴、棋、書画と音楽、舞踊を一体にする独自な風格を備える高齢者大学の文化を形成し、大きな社会影響力をもつことになった。

　三番目として、高齢化の急速的な進展は「孝の文化」の問題に対して認識を新たにし、評価をする必要を提出した。「孝」は観念上の文化としてその歴史は長く、影響力も大きい。

　我々は「孝」文化の中の「親孝行」という核心的な内容を継承、発揚し、それを現代的な理念に溶け込ませ、高い意義を与えるような回復を実現すべきである。同時に、封建的な部分を捨て去り、世代間の平等、世代間の民主、世代間の調和を実現させ、現代文明、道徳の準則と人道主義精神に適応する新たな「孝の文化」を実現させる必要がある。

---

[16] Paul Lengrand（1910〜2003）はフランスの教育思想家で、1965年にパリで開催された第3回成人教育推進国際委員会で、生涯学習に関するワーキングペーパーを提出した。

第2部

東アジアにおける少子高齢化の趨勢と推測

第3章

日本の少子高齢化の現状と今後

原田　康平（久留米大学経済学部）
山田　和敏（久留米大学経済学部）

はじめに

　本章では、まず日本の少子化を戦後の経済史とともに辿り、「少子化が経済成長段階の転換過程と密接に関わりながら進行してきた」事実を示す。すなわち、高度経済成長時代には、産業構造の転換を背景として核家族・専業主婦が一般化し、これによって2.0前後の合計特殊出生率が維持された。しかし、このような家族は世帯主の給与所得のみに依存するという意味で経済的な脆弱さを免れない。

　生活水準が上昇する一方で成長が鈍化して収入の伸びが低下すると、既婚女性の労働力率は上昇に転じた。さらに、核家族で育った女性の就労も当たり前となって、次第に晩婚・非婚が増えて出生率は大きく低下してきた。この背景として、わずか1、2世代の間に起こった変化に人の意識や社会システムが追い付いていないことが挙げられる。

　かつて日本では、女性が結婚相手に望む条件として「3高（高所得、高学歴、高身長）」が挙げられたが、昨今は「3低（低依存、低姿勢、低リスク）」と言われている。うがった見方をすれば、女性が「扶養される立場、選ばれる立場」から「選ぶ立場」に変わったということもできる。しかし現実には、旧来の家族像を想定した社会システムが根強く残っており、女性の労働力率に見られる

M字型特性はなお解消されず、若い男の雇用環境は厳しさを増している。

第6章「東アジアの現状」で示すように、東アジアの少子化国・地域も極めて類似した状況を辿りつつある。シンガポールで話題となっている「女性が結婚相手に望む5C（Cash、Condominium、Credit Card、Car、Club、あるいはCareer や Certificate）」などが、繰り返される歴史の典型と言えよう。

ここでは、このような実情を経済的な視点から見直し、さらにこれから地域格差を伴いながら進行していく高齢化問題を概観する。そして最後に、日本の少子化に関する要因分析結果を示す。

1　日本の少子化

図3-1は、1872年以降の日本の粗出生率と粗死亡率（以下、本文中では、それぞれ出生率、死亡率と略す）および合計特殊出生率（同じくTFR）の推移を示している。出生率は1870年代の25‰前後から1920年の35‰まで上昇し、それ以降は2度のベビーブームという撹乱要因はあるものの、ほぼ一貫して低下傾向を辿り、2007年には8.6‰まで落ち込んだ。一方、死亡率は、1918年のスペイン風邪流行をピークとして低下し始め、1980年頃から緩やかな上昇トレンドに転じて、2007年の8.8‰は初めて出生率を上回った。

このような長期の人口動態については、主にヨーロッパを対象として多くの研究がなされている。河野は『人口学への招待』（2007年）において、人口転換説を中心とした代表的な研究を概観した上で、イギリスの人口動態を次の4段階に区分している。

- 第1段階（～1750年）：多産多死（出生率～35‰、死亡率～30‰）
- 第2段階（～1880年）：多産少死への移行（出生率低下＜死亡率低下）
- 第3段階（～1930年）：少産少死への移行（出生率低下＞死亡率低下）
- 第4段階（1930年～）：少産少子（出生率～15‰、死亡率～10‰）

図3−1　粗出生率、粗死亡率および合計特殊出生率（TFR）の推移

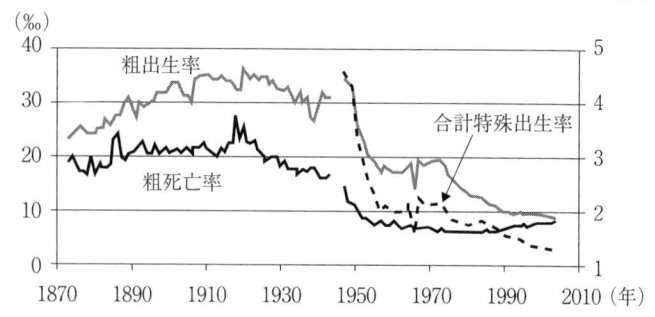

出所：総務省統計局統計センター『日本の長期統計系列』。1944〜1946年は、次の資料に拠った。B.R.Mitchell／北村甫監訳（1984）『マクミラン世界歴史統計(2)日本・アジア・アフリカ篇』原書房。

しかしながら、日本の場合、1920年以降の出生率と死亡率の低下はほぼ平行しており、少なくとも信頼できるデータが得られる範囲において、明らかに人口転換第2段階という時期は見当たらない。なお、日本の1870年以前の人口統計については信頼できる資料が少ないが、1500年から1700年まで人口が急激に増えたのに対して、1700年以降は停滞したとされている[1]。

速水は『近世農村の歴史人口学的研究』（1973年）において、諏訪地方の出生率と死亡率を1670〜1690年はそれぞれ33‰、24.5‰、1700〜1740年26.9‰、23.8‰、1750〜1790年23.3‰、20.6‰、1800〜1840年23.1‰、21.2‰、1850〜1860年22.0‰、18.4‰と推定している。最後の値は1873年の全国値とほぼ一致している。また、ハンレー＆ヤマムラ（1982年）も、岡山県および愛知県の4か村の出生率、死亡率としてそれほど変わらない数字を得ている。したがって、1700年頃から1890年までの日本における出生率は20‰台前半、死亡率は20‰弱と、イギリスの「多産多死」時代よりかなり低い状態にあったと考えられる。

ここで、改めてEU主要国と日本の出生率を比較しておきたい。図3−2は、1750年以降における出生率の推移を示している。なお、傾向を把握しやすいよう、データにはTukeyタイプの平滑化[2]を施している。

まず、EUの出生率については、1880年前後までほぼフラットな国が多く、それから1930年前後まで低下する変化は河野の指摘と合致する。一方、日本で

図3-2　日本およびEU主要国の粗出生率の推移（dk：Denmark、fi：Finland、no：Norway、se：Sweden、uk：United Kingdom（England & Wales）。

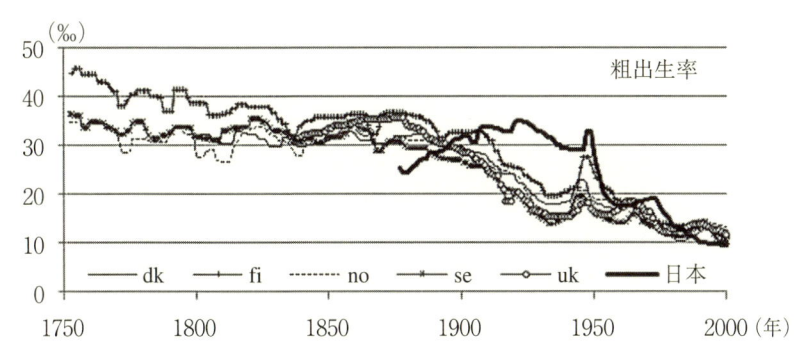

出所：EUの1959年以前は、B.R.Mitchell／中村宏監訳（1983）『マクミラン世界歴史統計・ヨーロッパ編』、原書房。1960年以降は次のWebサイトに拠った。
Europian Commision、"Eurostat"、
epp.eurostat.ec.europa.eu/portal/page/portal/population/data/database。
日本の乳児死亡率は、総務省統計局統計センター『日本の長期統計系列』に拠った。

は、1920年に36.2‰まで緩やかに上昇した後、下降に移っている。したがって、日本の人口転換第3段階の開始を1920年と考えると、EU主要国に比べて40年ほどの遅れがあることになる。

図3-3は、1925年以降における日本のTFRと出生数の推移であり、戦時中を除いて、1949年まで4～5を維持していたTFRは1950年から急速に低下し、1957年には2.04、出生率は17.2‰にまで下がった。

その後、迷信から出産が忌避された1966年を除いてTFRは安定していたが、1973年の第1次石油ショック後から再び低下し始め、1975年に2.0を割り込んで以降、すでに30年以上にわたって人口置換水準を下回っている。この結果、日本の労働力人口は1998年をピークとして減少段階に入り、総人口も2000年代半ばに減少に転じた。ちなみに、2007年時点の老年人口割合21.5％は先進国の中で最高であり、世界で初めて超高齢社会となった。

以下、1950～1957年および1975年以降と2段階で進んだ戦後日本の少子化に

---

(1) 鬼頭宏（2000）『人口から読む日本の歴史』講談社参照。
(2) 平均ではなく中央値で置き換える移動平滑を収束するまで繰り返す手法。

図3-3　合計特殊出生率（TFR）および出生数の推移

出所：国立社会保障・人口問題研究所『人口統計資料集 2009』および総務省統計局統計センター『日本の長期統計系列』より作成。

ついてその背景を検証する。

（1）1950年代の少子化

図3-4は、1930～1960年および1980年における女性の年齢別出生率を示している。戦前の年齢別出生率は20歳代半ばをピークとして40歳付近まで広がり、「比較的高齢になるまで多くの子どもを生む」スタイルが定着していた。1947

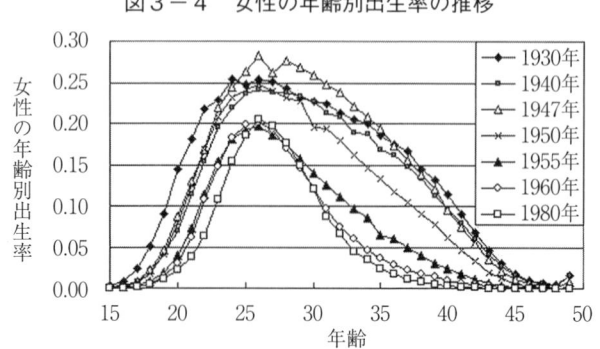

図3-4　女性の年齢別出生率の推移

出所：国立社会保障・人口問題研究所『人口統計資料集 2009』。

図3-5　出生順位別出生数の推移

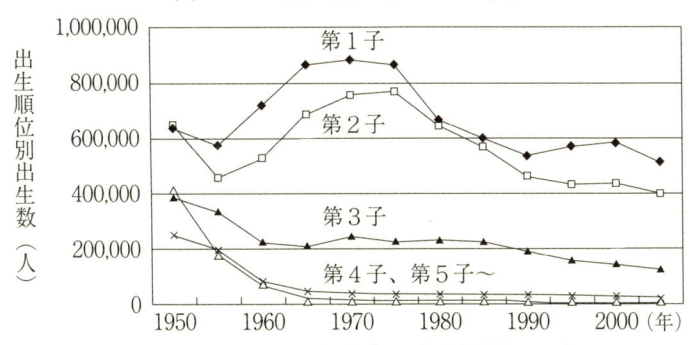

出所：国立社会保障・人口問題研究所『人口統計資料集2009』。

図3-6　出生コホート別妻の平均出生児数の推移

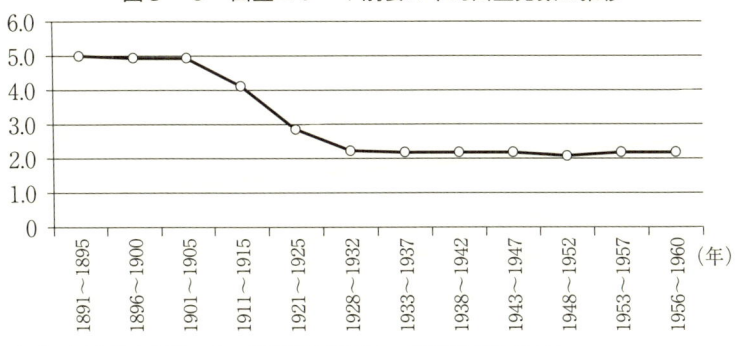

出所：国立社会保障・人口問題研究所『人口統計資料集2009』。

年は、これに加えて24～33歳の結婚・出産ブームが加わって第1次ベビーブームが引き起こされた。

しかし、1950年には27歳以上の出生率が低下し、1955年にはさらに全年齢層が大幅に下がって、1980年とほぼ変わらない水準まで落ち込んだ。**図3-5**に示しているように、この時期における高齢層の出生率低下は第4子、第5子などの出生が大幅に減ったことに由来しており、第3子も1950年から10年余りで半減している。

また、**図3-6**の出生コホート別妻の出生数を見ると、第1次ベビーブームを引き起こした特定世代が存在するわけではないことが分かる。1905年以前に

生まれた既婚女性の平均出生数が5人であるのに対して、1928年以降に生まれた女性は2人余りでしかなく、この間の世代が1920年から1957年までのTFR低下をもたらした。したがって、第1次ベビーブームは幅広い年代が同期して出産した現象であって、1950年以降の急速なTFR低下はその反動にすぎず、1920年前後から進んだ「多産からせいぜい第2子までとする少産への移行」の最終段階に位置している。便宜上、ここでは1920～1957年を「少子化第1段階」と呼ぶ。

（2）1970年代半ば以降の少子化

1973年の第1次石油ショックによって1974年の実質経済成長率は戦後初めてマイナスとなり、日本の高度経済成長はこれを機に終焉した。

1975年の女性の平均初婚年齢は24.7歳、初産年齢は25.7歳であるから、第1次ベビーブーム世代女性の多くがこの時期に結婚・出産適齢期に達して第2次ベビーブームが起こった。出生数の増加（図3-3参照）や第1子、第2子出生率の上昇（図3-5参照）は、すべて母親の数の多さに由来しており、1975年のTFRそのものは1.91に留まっている。

しかしながら、1980年以降は20歳代の出生率が低下し、その後も一貫して全体的な出生率の低下と高齢側へのシフトが続いている（図3-7参照）。特に、

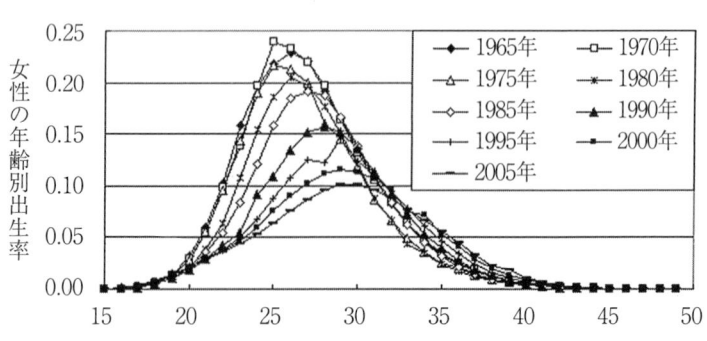

図3-7　1965年以降の女性の年齢別出生率

出所：国立社会保障・人口問題研究所『人口統計資料集2009』。

図3－8　有配偶女性の5歳階級別出生率の推移

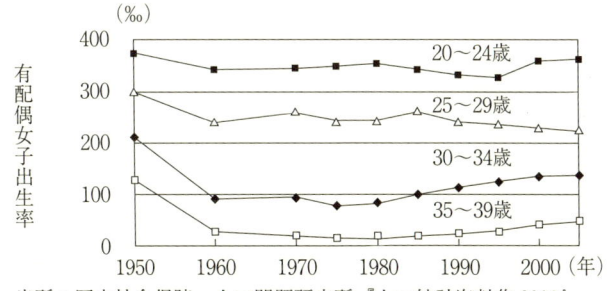

出所：国立社会保障・人口問題研究所『人口統計資料集2009』。

図3－9　出生年次別に見た既婚女性の平均出生児数の年齢変化

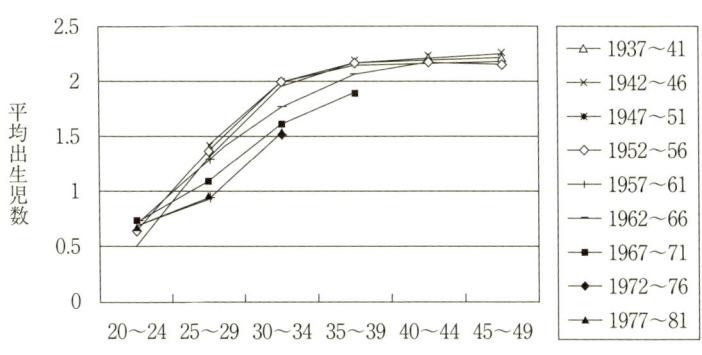

出所：国立社会保障・人口問題研究所（2006）「第13回出生動向基本調査：結婚と出産に関する全国調査——夫婦調査の結果概要」〈人口問題研究〉62巻3号、pp. 31～50。

1985年から1990年の20歳代の低下は大きく、いわゆるバブル経済期（1986～1989年）に少子化が一段と進んだことが分かる。以下、1975年以降を「少子化第2段階」と呼ぶ。

ただし、**図3－8**に示しているように、既婚女性の出生率に関する限り1975年以降それほど極端な低下が起こっているわけではない。25～29歳女性では1990年から低下傾向が続いているが、それは30歳以上の上昇で十分にカバーされている。

図3－9は、国立社会保障・人口問題研究所が調査した妻の年齢別平均出生数を、出生コホート別にプロットしたものである。すなわち、1961年以前に生

図3-10 女性の5歳階級別未婚率の推移

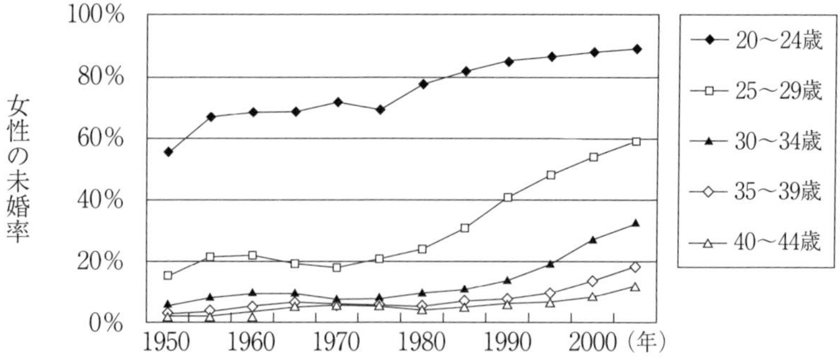

出所:国立社会保障・人口問題研究所『人口統計資料集2009』。

まれた既婚女性の出生数の推移はほとんど変わっていない。1962～1966年生まれでは晩産傾向が認められるものの、40歳代の出生数はそれ以前の水準まで上がっている。1967～1971年、1972～1976年生まれ(第2次ベビーブーム世代)ではさらに晩産が進んでいるが、この場合、調査が行われた2005年段階でまだ出産可能な年齢にあり、最終結論は待たなければならない。いずれにしても、少なくとも1990年代半ばまで少子化の原因を夫婦の出生力低下に求めることはできない。

図3-10は、5歳階級別に見た女性の未婚率を示している。1975年まで70%前後であった20～24歳女性の未婚率は1980年に10%近く上昇し、2005年には90%近くまで達した。同様に、25～29歳女性の未婚率も1980年から、30～34歳女性は1990年前後から速いペースで上がり続けている。2005年時点で、25～29歳、30～34歳および35～39歳女性の未婚率はそれぞれ59%、32%、18%となっている。

婚外子が少ない日本において、未婚率の上昇は少子化に直結する。これまで行われてきた計量分析からも[3]、1985年以降の日本の少子化には未婚率の上昇が密接に関わっていることが分かる。

2 少子化の経済的・社会的背景

前節において、戦後日本の少子化が「多産から少産へと移行した第1段階」、「主に未婚率の上昇に起因した第2段階」に分けられることを見た。ここでは、特に第2段階前後の経済的・社会的背景を検証する。

図3-11は、1885年以降の日本の実質GDP（一部GNP）を示している。いくつかの戦乱を挟んで激動の時代であった明治から昭和初期にかけて、少なくともGNPで見る限り成長率はほぼ3％という安定した推移を示した。そして、この終盤である1920年代から少子化第1段階「多産から少産への移行」が始まった。

戦後に起こった高度経済成長については、おそらく二つの理由から1955～1973年とするのが通説となっている。一つは、公式のGDP統計が1955年以降に限られること、もう一つは高度成長が1950～1953年の朝鮮特需を契機とすると考えられている点である。しかしながら、図3-11に示しているように、1946～1950年、1950～1955年の平均成長率はそれぞれ8.6％、9.1％に達してお

図3-11　日本の実質GDP（A、BはGNP）の推移（A、B：1934～36年価格、単位10万円、C：SNA68、1990年価格、単位10億円）

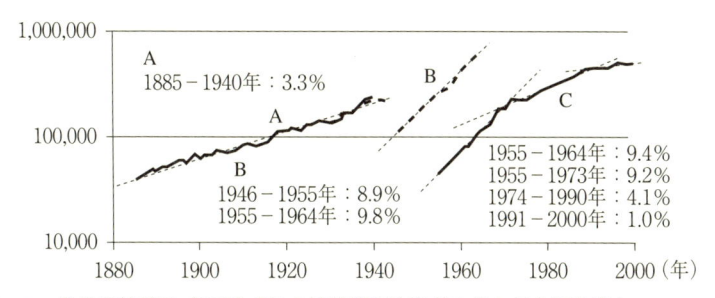

```
A
1885 - 1940年：3.3%

B
1946 - 1955年：8.9%
1955 - 1964年：9.8%

C
1955 - 1964年：9.4%
1955 - 1973年：9.2%
1974 - 1990年：4.1%
1991 - 2000年：1.0%
```

出所：A、B：総務省統計局（1987）『日本長期統計総覧 第1巻』日本統計協会。
（Aは同書掲載の大川・高松・山本推計、Bは旧SNA）C：内閣府経済社会総合研究所ホームページ www.esri.go.jp/。

(3) 例えば、国立社会保障・人口問題研究所『人口統計資料集2009』「表4-18　合計特殊出生率変化の要素分析：1925～2005年」。

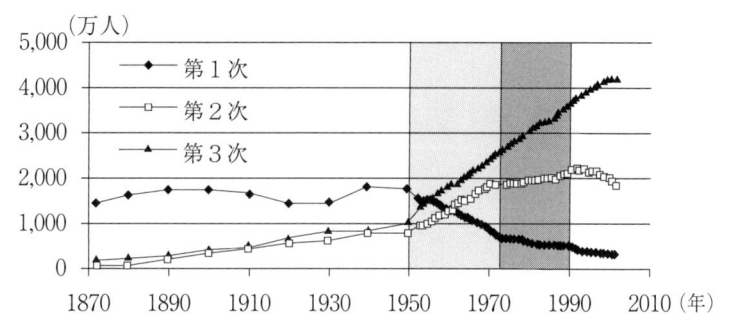

図3−12　日本の産業別就業者数の推移

出所：1950年までは、B.R.Mitchell／北村甫監訳（1984）『マクミラン世界歴史統計、Ⅱ．日本・アジア・アフリカ編』、1953年以降は、総務省統計局統計センター『日本の長期統計系列』に拠った。

り、通説よりもっと早い段階から高度成長が始まった可能性も否定できない。したがって、ここではGDP成長率から見た戦後日本経済の発展段階をおおまかに次の三つのステージに分ける。

- 高度成長段階（平均実質成長率9.2%）：1950前後～1973年
- 安定成長段階（同じく4.2%）：1974～1990年
- 低成長段階（同じく1.2%）：1991年～

以下、各段階における人口・労働などに関する指標の変化を見てみよう。図中の囲み枠は、高度成長期と安定成長期を示している。

図3−12は、産業別に見た就業者数の推移であり、1950年までほぼ安定していた第1次産業就業者数は高度成長期に入って急減し、安定成長期以降もペースを落としながら減少した。この減少分の多くを占めている離農は、土地に定着した生活からの離脱と工場や企業が集積した都市部への移動を意味している。事実、高度成長期における3大都市圏への転入超過数900万人だけでも第1次産業の減少分800万人を凌駕している（図3−13参照）。

図3−14は普通世帯の人数分布であり、1955年まで過半数を占めていた5人以上、4分の1近い7人以上の世帯はその後に減少し、1980年にはそれぞれ21

図3-13　3大都市圏転入超過数の推移

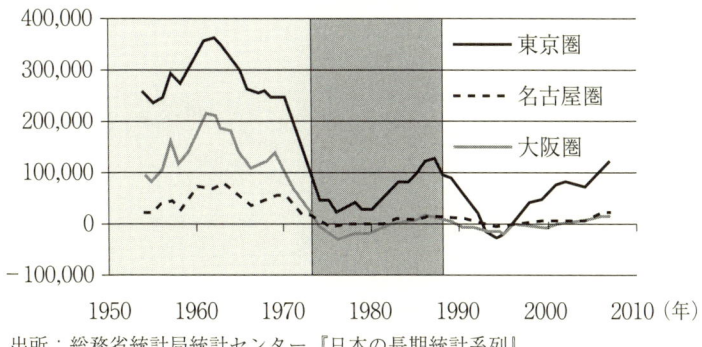

出所：総務省統計局統計センター『日本の長期統計系列』。

図3-14　普通世帯における世帯人員割合の推移

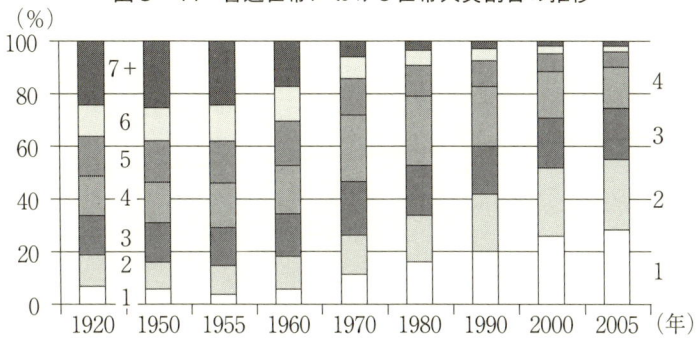

出所：国立社会保障・人口問題研究所（2009）『人口統計資料集2009』。

％、4％、2005年には10％、1％まで激減した。家族類型別に見ると、高度成長期には核家族が増え、安定成長期以降は夫婦のみと単独世帯が増えている（**図3-15**参照）。

図3-16は、配偶関係別に見た女性の労働力率であり、未婚、有配偶とも高度成長期に農林業の就業率が大きく下がり、全体の労働力率を低下させた。安定成長期になると有配偶女性の非農林業での就労が上昇し、労働力率を反転させたが、それでも有配偶女性の労働力率は50％前後に留まっている。

図3-17は5歳階級別の女性の労働力率を示しており、高度成長期に25～29歳および30～34歳の労働力率は大きく低下している。この時期、この年代の女

72　第2部　東アジアにおける少子高齢化の趨勢と推測

図3-15　家族類型別世帯数の推移

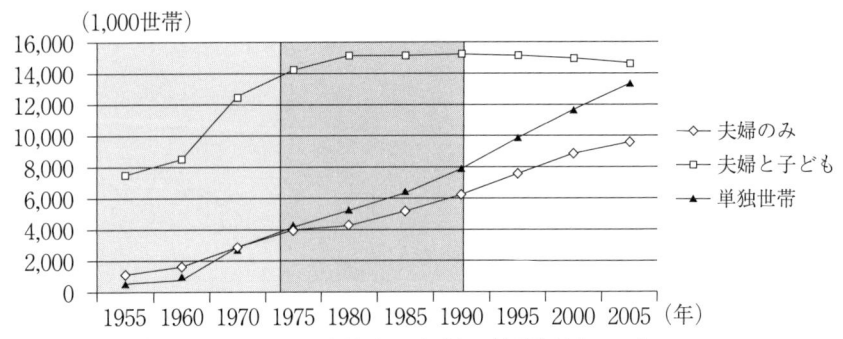

◇ 夫婦のみ
□ 夫婦と子ども
▲ 単独世帯

出所：国立社会保障・人口問題研究所（2009）『人口統計資料集 2009』。

図3-16　15歳以上の女性の配偶関係別労働力率

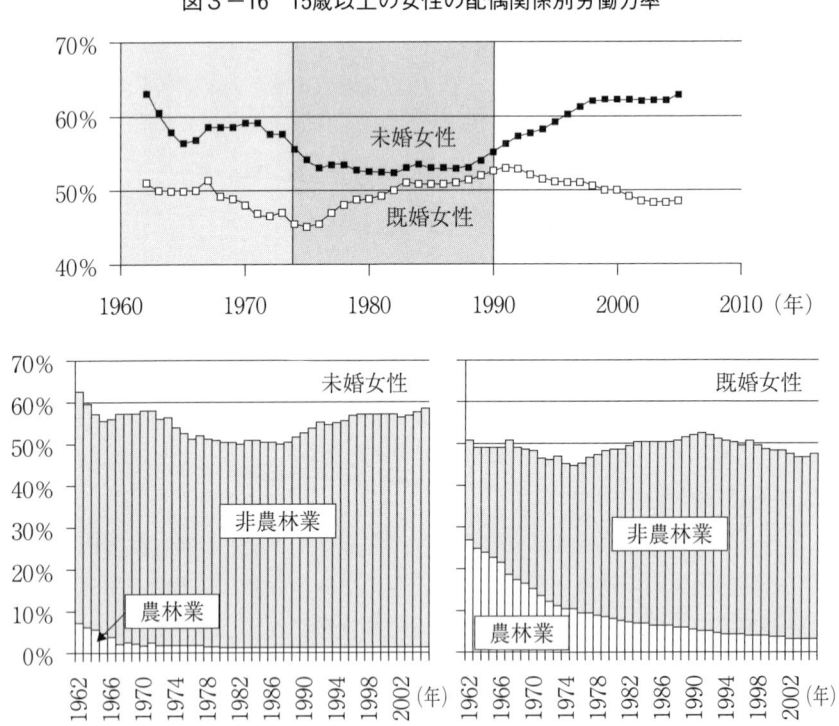

未婚女性
既婚女性

未婚女性
　非農林業
　農林業

既婚女性
　非農林業
　農林業

出所：総務省統計局統計センター『日本の長期統計系列』。

図3-17 5歳階級別女性の労働力率の推移

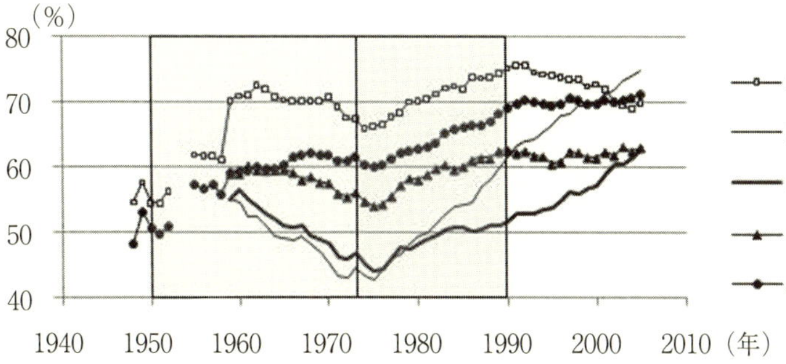

出所:総務省統計局統計センター『日本の長期統計系列』。

性の未婚率はそれぞれ20%、10%前後にすぎないから、結婚・出産を迎えた女性の専業主婦化が進んだことを示している。しかし、安定成長期に入ると、すべての年齢層で労働力率は上昇に転じ、低成長期には25～29歳層と30～34歳層がさらに上昇した。

表3-1は、厚生労働省『21世紀新生児縦断調査』[4]で得られている「母親の就業状態の変化」である。調査は2001年に生まれた新生児47,015人を追跡したもので、第7回ではおよそ37,000人が対象となっている。

出産半年前の有職54.9%は2000年における25～29歳女性の労働力率70%より低く、出産前に離職する女性が少なくないことが分かる。さらに出産1年後の有職30.4%は35～39歳女性の労働力率の半分でしかなく、2年後でも34%とわずかしか増えていないという事実は、出産による離職が常態化していることを示している。子どもが7歳になった時点で56.3%と元の水準に戻っているが、常勤は30.3%と半減し、非正規雇用が過半数を占めている。

このように、21世紀に入った現在でも「出産前後での離職」「正規雇用での復帰の少なさ」など、出産に伴う機会費用は小さくない。

次に、家計について見よう。**図3-18**は、実質および名目賃金の推移であり、高度成長段階後半の急速な伸びと安定成長段階以降の鈍化が好対照をなしてい

---

[4] www.mhlw.go.jp/toukei/saikin/hw/syusseiji/07/index.html　参照。

表3-1　出産前後における母親の就業状況（カッコ内は％）

	無職	有職	常勤	パート・アルバイト	自営業・家業、内職、その他
出産半年前	14900 (45.1)	18123 (54.9)	(59.6)	(29.9)	(10.5)
第2回調査(1歳)	23031 (69.6)	10080 (30.4)	(49.7)	(30.2)	(20.1)
第3回調査(2歳)	21763 (65.8)	11311 (34.2)			
第4回調査(3歳)	19354 (58.8)	13576 (41.2)	(37.9)	(41.9)	(20.2)
第5回調査(4歳)	17325 (53.0)	15379 (47.0)	(34.5)	(46.7)	(18.8)
第6回調査(5歳)	15909 (48.4)	16994 (51.6)	(32.3)	(50.0)	(17.7)
第7回調査(7歳)	14426 (43.7)	18561 (56.3)	(30.3)	(53.9)	(15.8)

出所：厚生労働省『第7回21世紀新生児縦断調査』
www.mhlw.go.jp/toukei/saikin/hw/syusseiji/07/index.html

図3-18　実質賃金指数、同前年比、名目賃金指数の推移（2005年＝100、製造業、事業所規模30人以上）

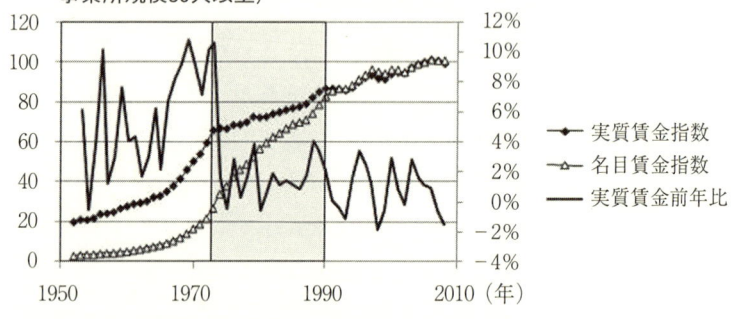

出所：厚生労働省『毎月勤労統計調査』。

る。実質賃金の対前年伸び率は、高度成長期後半1966〜1973年の平均9.0％に対して1974〜1990年には1.7％、1991〜2008年には0.8％と低下し、名目賃金でもそれぞれ15.8％、6.9％、1.1％と大幅に落ち込んでいる。経済の成長とともに生活水準が着実に上昇し、各種家電製品などが普及していた時期だけに、実質的な鈍化が与えた影響は小さくないと考えられる。

ここで、日本式雇用の特徴として挙げられる年功賃金に触れておきたい。高

図3-19　企業の年齢構成の推移

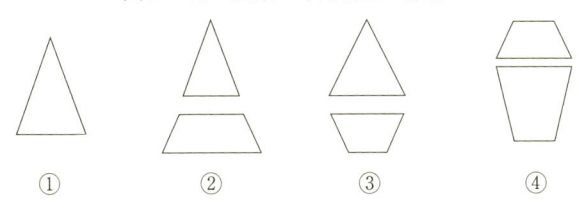

①　　②　　③　　④

図3-20　男女別に見た非正規雇用の割合の推移（2001年までは2月、2002年以降は年平均。

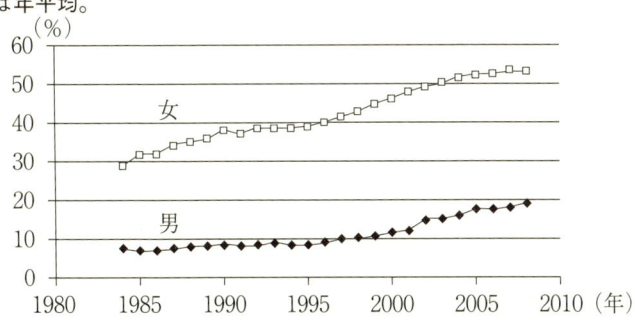

出所：総務省統計局統計センター『労働力調査-長期時系列データ（詳細集計）』から算出した。

度成長が始まる時期、日本の人口構成はピラミッド型であり、企業の年齢構成も図3-19の①のようなタイプであったと考えられる。そして、①→②という形で成長し、増える人口ボーナスがこの拡大を支え、年功賃金の維持に寄与したはずである。世帯主の給与にのみ依存する核家族の専業主婦化も、このような「将来に対する安心感」によるところが大きいと言わなければならない。

しかし、いったん成長が止まって採用が縮小されると、年齢構成は③→④と高齢化していく。こうなると、年功賃金制の維持が難しくなるのは自明であり、1990年代半ば以降のリストラ、成果主義の導入などは、まさに老化する企業の保身であったと言える。そして、その最終的なしわ寄せが若年層にもたらされた。

図3-20は、男女の雇用者に占める非正規雇用の割合を示している。女性の非正規割合はほぼ一貫して上昇しており、2003年以降は50％を超えている。男の場合は1995年頃から上昇ペースが上がり、2008年には20％近くを占めるに至

図3-21　年齢階級別非正規雇用者の割合の推移（2001年までは2月の数値、2002年以降は年間平均）

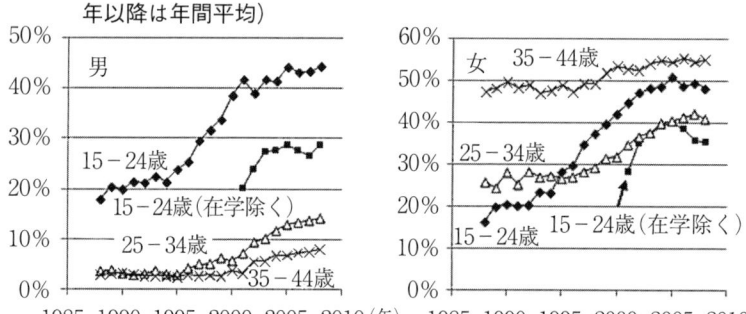

出所：総務省統計局統計センター『労働力調査－長期時系列データ（詳細集計）』から算出した。

図3-22　正規および非正規雇用の年間所得分布

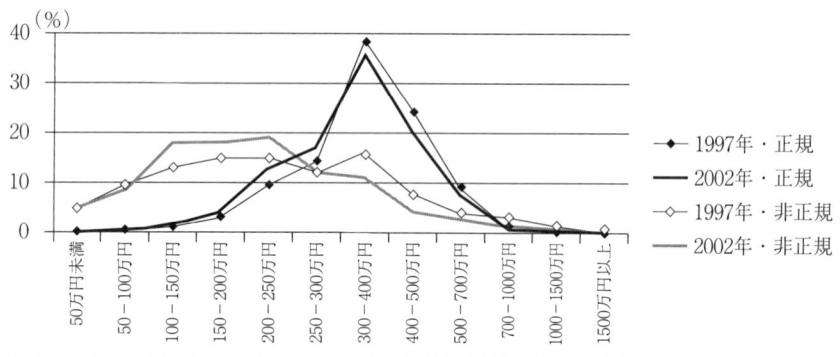

出所：太田清（2005）「フリーターの増加と労働所得格差の拡大」、ESRI Discussion Paper Series No.140。

っている。

図3-21は年齢階級別の非正規雇用の割合であり、いずれの年齢層もやはり1995年から上昇している。特に、15～24歳、25～34歳の上昇が大きく、2008年の数値は学生を除く15～24歳の男が28.8％、女33.6％であり、25～34歳の男でも14.2％、女性は40.0％となっている。正規雇用者に対する非正規雇用者の給与格差は周知のことであって、**図3-22**に示しているように、2002年における非正規雇用者の年収は100～250万円でしかない。

このように34歳以下の層において経済格差は確実に広がっており、結果とし

て未婚率上昇をもたらしている可能性は高い。この問題についてはすでに多くの議論があり、ここでは踏み込まないが、その根本に成長の鈍化と旧来型雇用システムの疲弊があることを改めて強調しておきたい。

　以上のように、若者の雇用環境悪化が結婚・出産の妨げになっている可能性は高いが、2002年に28～31歳となった未婚の第2次ベビーブーム世代についていえば、この段階で彼らの多くはなお親と同居しているケースが多い。国立社会保障・人口問題研究所が実施した第13回出生動向基本調査[5]によれば、2002年、2005年における20～34歳独身男女の親との同居率はそれぞれ70％前後、80％前後にも達しており、また正規雇用より非正規雇用のほうが高い同居率を示している。つまり、高度成長期に急増した核家族の子ども達の多くが、成人した後もなお核家族の一員として新たなタイプの経済共同体をなし、それが非婚の一因となっていることが考えられる。

　また、結婚したとしても、彼らの多くは夫婦共稼ぎを必要としており、保育所不足やM字型特性が示す雇用環境の未整備に直面している。

　極論するなら、多世代家族から核家族化した日本において、その推進力となった高度経済成長が終わり、低経済成長期に入った現在、それにふさわしい家族像を日本社会はいまだ見いだし得ていないと言うことができる。

3　今後の高齢化

（1）縮小する人口と進展する高齢化

　図3-23は、1920年以降の日本の人口推移と2006年12月に国立社会保障・人口問題研究所が発表した2100年までの推計人口および各年齢構造指標（出生中位推定）の推移を示している。すなわち、1955年に8,928万人であった日本の人口は2005年に1.43倍の1億2,777万人まで増えた。しかし、出生中位・死亡

---

[5]　金子隆一他（2006）「第13回出生動向基本調査 結婚と出産に関する全国調査－独身者調査の結果概要」人口問題研究、62巻4号、pp.61～80参照。

図3－23　日本の人口および将来推計人口と各年齢構造指標の推移

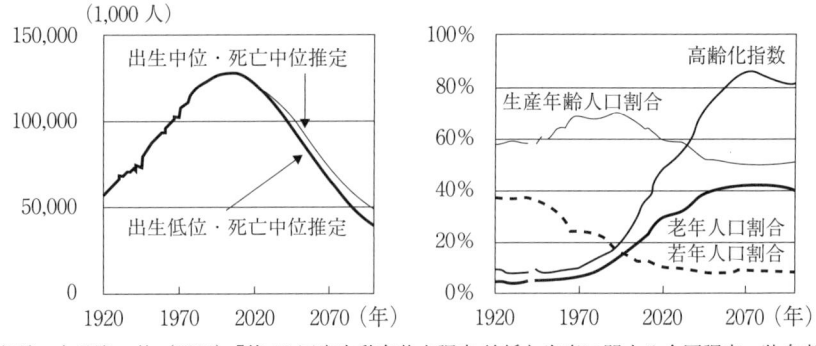

出所：金子隆一他（2006）「第13回出生動向基本調査 結婚と出産に関する全国調査―独身者調査の結果概要」人口問題研究、62巻4号、pp.61～80。

中位推定では2055年に9,000万人を割り込み、50年間で増えた4,000万人という人口がほぼ同じ期間で失われる。

　もちろん、これが単に「元に戻る」ことを意味しないのは自明であり、1955年の老年人口割合（以下、高齢率と呼ぶ）5.3％、高齢化指数（老年人口÷生産年齢人口）8.7％、同じく2005年の20.1％、30.5％が2055年にはそれぞれ39.6％、76.4％（出生中位推定）まで跳ね上がる。**図3－24**に示した人口ピラミッドは、100年間で人口構成が逆転する様を如実に示している。

　なお、人口の多い第1次ベビーブーム世代は2012年から2014年に65歳に達するが、彼らを支える第2世代のボリュームが大きく、2015年の高齢化指数は44％弱に留まる。これに対して、第2世代は彼らを支える大きい人口が存在せず、2040年以降に高齢化のペースは加速される。

（2）大きい地域格差

　高齢率が21％を超えると「超高齢社会」と呼ばれる。日本は2007年にこのラインを超え、高齢化指数も33％に達した。今後も高齢化は確実に進展し、ごく近い将来、老齢年金問題や高齢者医療問題が深刻化することは避けられない。
　しかし、ここで案外に見逃されている地域格差の問題に言及したい。若年労

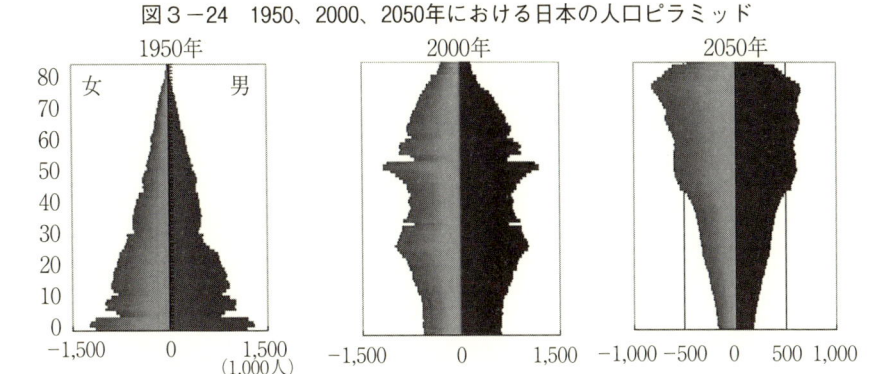

図3-24　1950、2000、2050年における日本の人口ピラミッド

出所：金子隆一他（2006）「第13回出生動向基本調査 結婚と出産に関する全国調査－独身者調査の結果概要」人口問題研究、62巻4号、pp.61～80。

働力の地方から都会への移動は世界に共通して見られる現象であり、地域の人口構成は出生動向のみならず社会移動にも強く影響される。つまり、日本全体とは別に、少子化・高齢化の様相は地域によって大きく異なっている。このことは、とるべき対策もまたそれぞれで異なる可能性を意味する。

図3-25は、2005年の高齢率を当時の市町村人口とともにプロットしたものであり、人口の少ない自治体ほど高齢化が進んでいる。逆に人口50万人以上の大都市で高齢率が20％を超えている所は少ない。

一方、最新の市町村単位での将来推計人口は2008年に国立社会保障・人口問題研究所が報告している[6]。

図3-26は、2035年の推定人口比（2005年＝100％）を2005年の高齢率とともにプロットしたものであり、2005年時点で高齢率が25％を超えている地域はほぼ例外なく人口を減らし、半減する所さえ少なくない。

このように、地方で急速に進む高齢化には、若年層の社会移動が密接に関わっている。**図3-27**は、市町村人口規模別に見た各歳人口割合と全国の各歳人

---

[6] 2006年までのデータは、総務省統計局統計センター『日本の長期統計系列』および国立社会保障・人口問題研究所『人口統計資料集2009』、2007年以降の推定値は次のWebサイトに拠った。国立社会保障・人口問題研究所『将来推計人口データベース』。

図3−25　2005年における市町村人口と老年人口割合（高齢率）

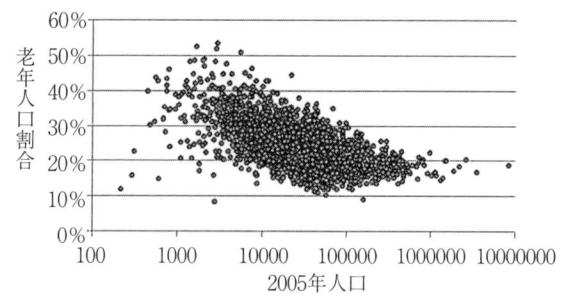

出所：国立社会保障・人口問題研究所（2008）『将来推計人口データベース』「日本の市区町村別将来推計人口」。

図3−26　市町村別に見た2005年の高齢率と2035年予測人口比

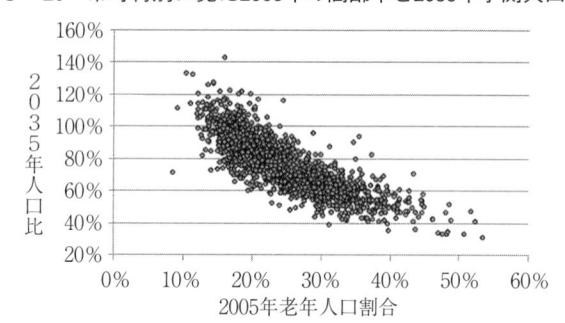

出所：2006年までのデータは、総務省統計局統計センター『日本の長期統計系列』および国立社会保障・人口問題研究所『人口統計資料集 2009』、2007年以降の推定値は次のWebサイトに拠った。国立社会保障・人口問題研究所『将来推計人口データベース』。

口割合からの乖離[7]を示しており、明らかに人口規模の小さい自治体ほど18歳から40歳半ばまでの人口が少なく、70歳以上が多い。これは、若い層が進学・就職で都会に出て、そのまま帰らないという実態を示している。

とりわけ地方で落ち込みが大きいのは30歳代前半の第2次ベビーブーム世代であり、彼らは1970年代前半に生まれ、1990年代に社会人となった。当時、日本はバブル経済の末期にあって、東京をはじめとする都会へ多くの若者が流れ込んだ。例えば、第2次世代のピークに当たる32歳は、東京で1.91％を占めるのに対して、2,000人未満では0.87％、5,000〜1万人規模でも1.07％と東京の

図3-27 市町村人口規模別の各歳人口平均割合と全国割合からの乖離（2005年）

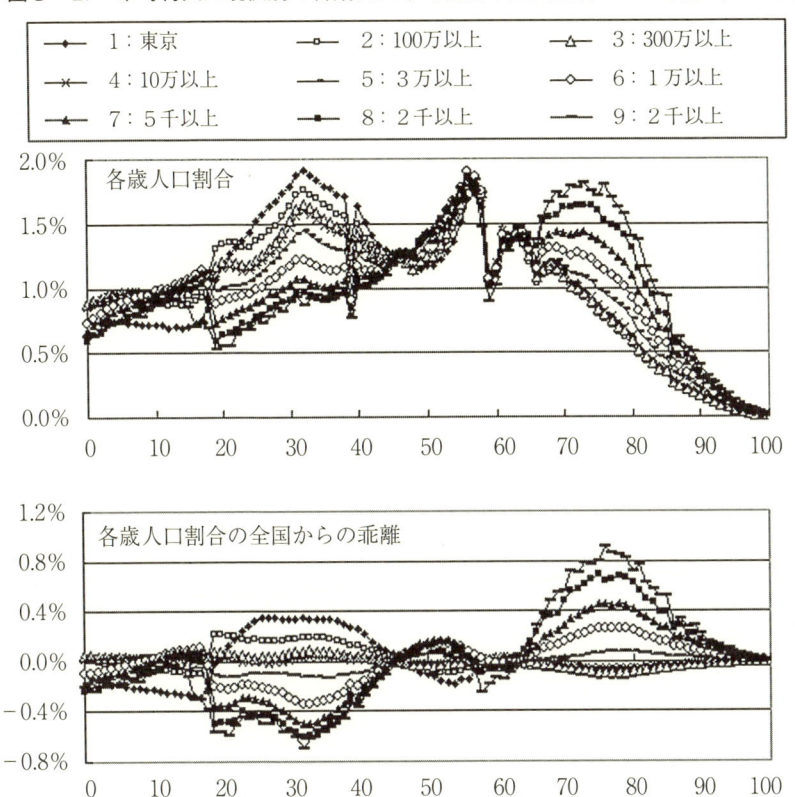

凡例:
- 1：東京
- 2：100万以上
- 3：300万以上
- 4：10万以上
- 5：3万以上
- 6：1万以上
- 7：5千以上
- 8：2千以上
- 9：2千以上

半分近いレベルでしかない。

　このような若年から壮年層における人口格差は、これからの地方の少子高齢化を一層加速させることになる。彼らはまさに結婚・出産の適齢層であり、彼らの流出は労働力と出生力の減退にほかならないからである。

---

(7) 人口規模別に各歳人口割合を求め、その平均と全国平均からの差を描いている。

（3）市町村の老化分類

図3-27は、人口規模による年齢構成の大きいギャップ、言い換えれば都市と地方の間における人口ボーナスと人口オーナスのトレードを描き出した。ただし、これはあくまで平均であって、同じ人口規模の都市がすべて同じような構成をもっているわけではない。そこで、各人口規模の平均年齢構成をそれぞれの典型タイプとし、改めて各市町村の各歳人口割合（0～85歳）との相関を調べることで各市町村の年齢構成の分類を行った。これは、年齢構成から市町村の「老化の程度」を指標化する試みにほかならない。

表3-2は、このように求めた年齢構成タイプ（以下、老化ランクと言う）の該当数を人口規模別に示している。老化ランク1は20～40歳層が多く、高齢者が少ない都市型タイプを指し、ランクが上がるほど20～40歳層が減り、高齢者が多くなる。

結果を見ると、実際の人口規模（同じく人口タイプ）より老化ランクは大きく広がっており、若い都市から老いた都市まで多様化していることが分かる。参考までに、人口タイプが2（100万人以上）で老化ランクが東京と同じ1と

表3-2 人口規模別の年齢構成タイプ

		老化ランク									合計
		1	2	3	4	5	6	7	8	9	
人口タイプ	1：東京	1									1
	2：100万以上	2	7	1	1						11
	3：30万以上			14	19	12	12				58
	4：10万以上	3	28	36	46	39	22	4			178
	5：3万以上	3	37	78	76	120	112	66	27	2	521
	6：1万以上		21	30	36	128	171	159	88	19	652
	7：5,000以上		4	5	5	43	93	131	110	38	429
	8：2,000以上	2	1		1	10	19	54	108	74	269
	9：2,000未満	1				3	1	4	14	53	76
	合計	12	112	169	177	356	418	418	347	186	2195

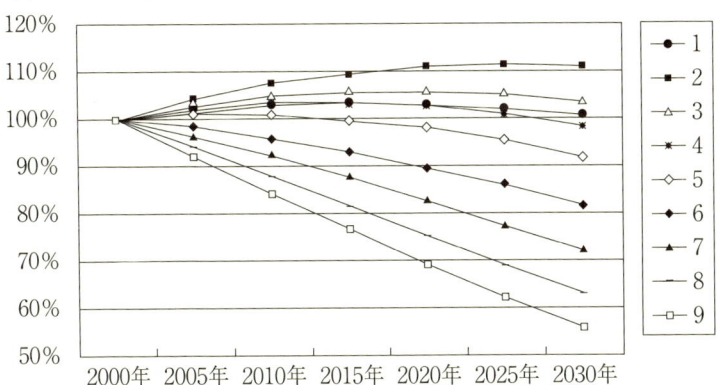

図3-28 老化ランクごとに求めた将来予測平均人口[8] (2000年=100)

出所:総務省統計局統計センター『国勢調査』「平成17年国勢調査第1次基本集計結果(全国結果)統計表」。

なっているのは川崎市と大阪市、逆に老化ランクが4(10万人以上)に上がっているのは神戸市である。人口タイプ3(30万人以上)で老化ランクが5(3万人以上)になっているのは旭川市、青森市、秋田市、いわき市、前橋市、富山市、長野市、静岡市、和歌山市、福山市、北九州市、長崎市、同じように人口タイプ4で老化ランク7(5,000人以上)は一関市、横手市、鶴岡市、大牟田市、人口タイプ5で老化ランク9(2,000人未満)は庄原市、豊後大野市であり、これらの都市はかなりの人口規模を有しながら人口流出が激しく、老化が進行している。

図3-28は、老化ランクごとに求めた2000年から2030年における予測人口(2000年=100%)である。人口がある程度まで伸びると予想されているのはランク2だけで、ランク6以降はかなり急速に人口が減っていく。ここで用いているのは2003年予測データであるから、実際の人口減少のペースはさらに速くなる可能性が高く、ランク9や8のなかには、半減以上も相当数出ると予測できる。

したがって、地方からの人口ボーナス流入が期待できる老化ランク4までの

---

[8] 2005年国勢調査時点の市町村と2008年の将来人口推計の市町村はかなり異なっているため、ここでは2003年の将来推計人口を用いている。

都市型市町村では少なくとも2030年まで人口減少は顕在化せず、人口を維持しながら高齢化が進むことになる。しかし、ランク６以上では人口減少、とりわけ20～40歳層の流出が続き、少子化と高齢化は止まらない。人口と年齢構成の地域格差はこれからさらに大きくなると言わなければならない。

4　少子化の要因分析

本節では、日本の少子化の状況に関して、数量分析の手法により各要因の効果（影響力）を検討する。具体的には、①合計特殊出生率（TFR）を２要因（有配偶者率、有配偶者出生率）に、また、②出生率を３要因（女性の年齢構成、有配偶者率、有配偶者出生率）に分解して考察する。さらに、３要因分解の結果を基に、③出生数に対する各要因の影響力をシミュレーション分析により算出することを試みる[9]。

ここで取り上げる要因は、議論されている少子化の要因の中のごく少数のものである。しかし、少子化政策を考える上で頭に入れておかねばならない要因であり、日本における少子化の特徴でもある。闇雲に補助金を増額するだけでは何の効果も得られないということを考えれば、効果的な対策を講ずる上でも必要となる基本的分析である。

（１）TFRの要因分解

図３－29は、日本の合計特殊出生率（TFR）の推移を改めて示したものである。1970年以降2.0を割り込み、かつ継続して低下傾向にある。日本では人口置換水準がTFR2.07程度と言われているので、この図は1970年以降今日に至るまで、40年の長きにわたって少子化現象が継続していることを示している。

さて、TFRは、婚外子の割合が少ない日本では、有配偶者率と有配偶者出生率を用いて次式のように表現することが可能である[10]。

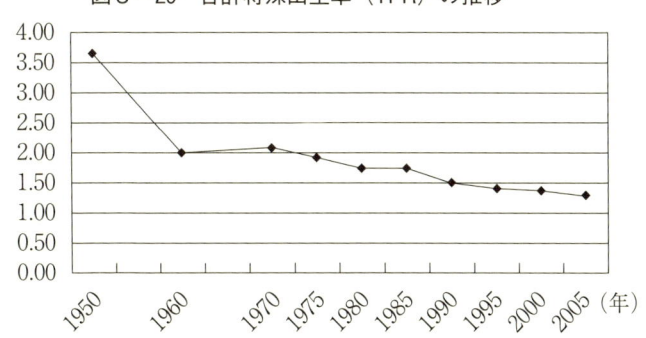

第3章 日本の少子高齢化の現状と今後　85

図3-29　合計特殊出生率（TFR）の推移

$$TFR_t \fallingdotseq \sum_{k=1}^{n} M_{tk} MB_{tk} \quad (1)$$

ただし、M_{tk}：t年第k階級の有配偶者率、MB_{tk}：t年第k階級の有配偶者出生率、t：時間、k：年齢階級、n：階級数、である。

さらに、TFRの変化量ΔTFR（$\equiv TFR_t - TFR_{t-1}$）を、以下のように分解してみよう。

$$\Delta TFR_t \fallingdotseq \sum_{k=1}^{n} (\Delta M_{tk} MB_{t-1k} + M_{t-1k}\Delta MB_{tk} + \Delta M_{tk}\Delta MB_{tk})$$

$$= \sum_{k=1}^{n}\left(\Delta M_{tk} MB_{t-1k} + \frac{\Delta M_{tk}\Delta MB_{tk}}{2}\right) + \sum_{k=1}^{n}\left(\Delta M_{t-1k} MB_{tk} + \frac{\Delta M_{tk}\Delta MB_{tk}}{2}\right) \quad (2)$$

TFRの変化に対して、(2)式の第1項は有配偶者率M_tの変化による影響を、第2項は有配偶者出生率MB_tの変化による影響を、それぞれ表している。ただし、二つの要因の変化による相乗効果は2分割して、それぞれの要因に按分している。

---

(9) ここでの要因分解は、総務省統計局統計センター『日本の長期統計系列』を参考にした。なお、利用したデータは、女性に関して5歳階級別（15歳～19歳、20歳～24歳、25歳～29歳、30歳～34歳、35歳～39歳、40歳～44歳、45歳～49歳）に集計された女性数、出生数、有配偶者数、有配偶者の出生率である。データは、国立社会保障・人口問題研究所『人口統計資料（2008）』、および総務省統計局『国勢調査』（時系列データをe-statよりダウンロード）を利用した。
(10) 5歳階級別のデータを利用しているので、(1)の右辺に5を乗じる必要がある。

表3-3は、(2)式第1項の有配偶者率 M_t の変化が TFR へ与える影響を計測した表である。同様に、表3-4は、(2)式第2項の有配偶者出生率 MB_t の変化が TFR へ与える影響を計測したものである。そして、これら2表を合計したものが表3-5である。この表3-5の最右列に ΔTFR が計算されている。各表中のマイナス値に網掛けを施している。

これらの表から以下のことが読み取れる。表3-3より、有配偶者率の変化に起因する効果は、TFR の変化に対して概ねマイナスの効果を示している。1970年以降、段階的に、年齢の若い階級から未婚率の増加が始まり、1985年以降では、ほぼ全階級で未婚率の増加が見られる（網掛け部分）。この現象は、晩婚化および（本質的な）未婚女性の増加によるものと考えられる。いずれにしても、有配偶者率の低下は TFR を引き下げることとなっている。

これに対して表3-4はマイナス値が少ない。特に、1975年以降では、20～24歳、25～29歳の数か所を除いてほぼプラスの値である。その結果、合計の欄の値が示すように、1975年以降、有配偶者の出生率の変化は TFR を押し上げるように作用している。年齢階級別に見た場合、既婚女性の出生率は低下しているわけではなく、全体としては TFR の低下を下支えしていると言えるのである。ただし、出生率の高い20歳代の女性層でマイナス値が散見されるのは気になる点である。これが20歳代既婚女性の出生率の傾向的低下を示すのか、今のところ明確ではない。

表3-3の合計欄のマイナス値が、表3-4の合計欄のプラス値を上回っているため、その合計である表3-5のなかの各値はマイナス値が多く現れている。そして、表3-5の合計欄に示されるように、ΔTFR は1か所を除いてすべてマイナスとなっている。換言すれば、有配偶者率の低下（つまり、未婚率の上昇）により TFR は低下しているのであり、有配偶者出生率（既婚女性の出生率）の変化はむしろ TFR を押し上げ方向に作用している。ゆえに、結婚や家族観に関する考え方に大きな変化がないなら、有配偶者の出生率は問題ないのであるから、TFR を上昇させる一番の策は未婚女性の割合を低く抑えることである。

表3-3　有配偶者率に起因する効果（(2)式第1項に対応）

年次	15～19歳	20～24歳	25～29歳	30～34歳	35～39歳	40～44歳	45～49歳	合計
'50～'60	-0.0357	-0.2085	-0.0372	0.0210	0.0129	-0.0005	-0.000128	-0.2482
'60～'70	0.0072	-0.0598	0.0498	0.0185	0.0046	0.0013	0.000101	0.0217
'70～'75	-0.0068	0.0460	-0.0315	-0.0007	0.0010	0.0002	0.000018	0.0083
'75～'80	-0.0067	-0.1488	-0.0402	-0.0070	-0.0003	0.0001	0.000009	-0.2030
'80～'85	-0.0020	-0.0685	-0.0862	-0.0087	-0.0017	-0.0001	0.000000	-0.1672
'85～'90	-0.0032	-0.0756	-0.1280	-0.0181	-0.0011	-0.0001	-0.000003	-0.2261
'90～'95	-0.0022	-0.0146	-0.0936	-0.0373	-0.0035	-0.0002	-0.000007	-0.1515
'95～'00	0.0067	-0.0214	-0.0709	-0.0485	-0.0098	-0.0006	-0.000007	-0.1446
'00～'05	-0.0021	-0.0171	-0.0604	-0.0419	-0.0152	-0.0016	-0.000024	-0.1383

表3-4　有配偶者出生率に起因する効果（(2)式第2項に対応）

年次	15～19歳	20～24歳	25～29歳	30～34歳	35～39歳	40～44歳	45～49歳	合計
'50～'60	-0.0099	-0.0640	-0.2384	-0.4945	-0.4146	-0.1523	-0.0093	-1.3831
'60～'70	-0.0060	0.0069	0.0849	0.0101	-0.0254	-0.0139	-0.0012	0.0554
'70～'75	0.0047	0.0051	-0.0632	-0.0804	-0.0252	-0.0031	-0.0004	-0.1625
'75～'80	0.0045	0.0029	0.0015	0.0258	-0.0095	-0.0022	0.0000	0.0230
'80～'85	0.0043	-0.0077	0.0675	0.0710	0.0250	0.0004	0.0000	0.1606
'85～'90	0.0007	-0.0097	-0.0641	0.0553	0.0167	0.0031	0.0000	0.0019
'90～'95	0.0045	-0.0039	-0.0214	0.0441	0.0305	0.0026	0.0000	0.0546
'95～'00	0.0018	0.0201	-0.0086	0.0457	0.0385	0.0055	0.0000	0.1030
'00～'05	0.0010	0.0021	-0.0096	0.0023	0.0337	0.0072	0.0004	0.0371

表3-5　表3-3＋表3-4の値（5歳階級別に見たΔTFRへの効果）

年次	15～19歳	20～24歳	25～29歳	30～34歳	35～39歳	40～44歳	45～49歳	計ΔTFR
'50～'60	-0.0456	-0.2725	-0.2757	-0.4736	-0.4017	-0.1528	-0.009436	-1.6313
'60～'70	0.0012	-0.0529	0.1348	0.0286	-0.0208	-0.0126	-0.001094	0.0771
'70～'75	-0.0021	0.0511	-0.0947	-0.0811	-0.0242	-0.0028	-0.000401	-0.1543
'75～'80	-0.0022	-0.1459	-0.0387	0.0188	-0.0098	-0.0021	0.000009	-0.1800
'80～'85	0.0023	-0.0762	-0.0186	0.0622	0.0233	0.0003	0.000000	-0.0066
'85～'90	-0.0025	-0.0853	-0.1922	0.0372	0.0156	0.0029	-0.000003	-0.2242
'90～'95	0.0023	-0.0185	-0.1150	0.0068	0.0270	0.0024	-0.000007	-0.0951
'95～'00	0.0084	-0.0014	-0.0796	-0.0027	0.0287	0.0050	-0.000007	-0.0416
'00～'05	-0.0012	-0.0151	-0.0700	-0.0396	0.0185	0.0056	0.000387	-0.1012

2002年度の内閣府『国民生活白書』によれば、未婚女性の結婚に対する消極的な理由としては、「やりたいことの実現が制約される」(50.3%)、「家事・育児の負担が多くなる」(31.4%)、「自由に使えるお金が減ってしまう」(21.7%)などが大きな理由として掲げられている。

これらの考え方は、若い世代ほど顕著であるという。そうであるなら、これらのマイナス要因を緩和することで、有配偶者率を上昇させ、TFRを上昇させることができる。また、未婚女性の結婚に対する積極的理由としては、「精神的な安らぎの場が得られる」(69.3%)、「人間として成長できる」(36.7%)、「一人前の人間として認められる」(27.0%)などとなっているので、これらの意識をさらに高めるようなキャンペーンや教育を政策的に実施することもTFRを上昇させるのに有効であろう。

(2) 出生率の要因分解

ここでも婚外子の割合が少ないということを考慮すれば、出生率 (GFR) を (3) 式のように定義し、変形することができる。

$$GFR_t \equiv \frac{\sum_{k=1}^{n} B_{tk}}{\sum_{k=1}^{n} F_{tk}} \fallingdotseq \sum_{k=1}^{n} R_{tk} M_{tk} MB_{tk} \tag{3}$$

ただし、新しく出てきた記号は、B_{tk}：t 年第 k 階級の女性による出生数、F_{tk}：t 年第 k 階級の女性数、F_t：t 年の15〜49歳の女性総数、$R_{tk} \equiv F_{tk} / \sum_{k=1}^{n} F_{tk} = F_{tk}/F_t$ である。

図3-30に見られるように、出生率は一貫して低下傾向を示しており、最近では40‰弱で推移している。今、1人の女性が出産可能な年齢を15〜49歳の35年間とし、女児の生まれる割合を50%とするなら、出産年齢の女性数 F_t を維持していくためには GFR は最低でも約57‰以上必要である[11]。しかし、実際には、近年40‰弱で推移しているのであるから、将来の人口減少は自明のこと

図3−30 出生率（GFR）の推移

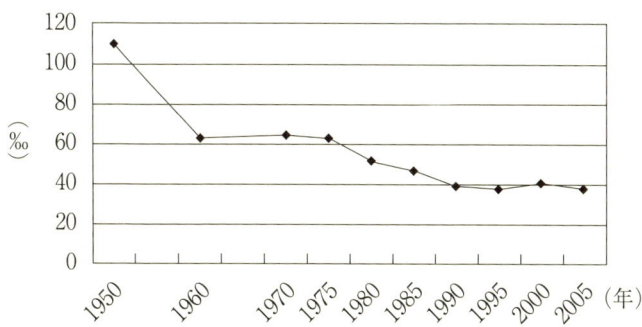

である。

さて、(3) 式は形式的には (1) 式と同じで、GFR を3要因の積和で表現した形となっている。R_{tk} は女性人口の年齢構成を表しており、有配偶者率 M_{tk} と有配偶者出生率 MB_{tk} は女性の結婚行動と出産行動を表している。つまり、(3) 式は、出生率を、(人口の) 構造要因と (女性の) 行動要因に分解して表した式と言えよう。ここでも、前回同様の手法で、ΔGFR を三つの要因に分解して表すことにする。すなわち、

$$\Delta GFR_t = \sum_{k=1}^{n} (R_{tk}M_{tk}MB_{tk} - R_{t-1k}M_{t-1k}MB_{t-1k})$$

$$= \sum_{k=1}^{n} \left((R_{t-1k} + \Delta R_{tk})(M_{t-1k} + \Delta M_{tk})(MB_{t-1k} + \Delta MB_{tk}) - R_{t-1k}M_{t-1k}MB_{t-1k} \right)$$

$$= \sum_{k=1}^{n} \left(\Delta R_{tk}M_{t-1k}MB_{t-1k} + \frac{\Delta R_{tk}\Delta M_{tk}MB_{t-1k}}{2} + \frac{\Delta R_{tk}M_{t-1k}\Delta MB_{tk}}{2} + \frac{\Delta R_{tk}\Delta M_{tk}\Delta MB_{tk}}{3} \right) \quad (4)$$

$$+ \sum_{k=1}^{n} \left(R_{t-1k}\Delta M_{tk}MB_{t-1k} + \frac{\Delta R_{tk}\Delta M_{tk}MB_{t-1k}}{2} + \frac{R_{t-1k}\Delta M_{tk}\Delta MB_{tk}}{2} + \frac{\Delta R_{tk}\Delta M_{tk}\Delta MB_{tk}}{3} \right)$$

$$+ \sum_{k=1}^{n} \left(R_{t-1k}M_{t-1k}\Delta MB_{tk} + \frac{\Delta R_{tk}M_{t-1k}\Delta MB_{tk}}{2} + \frac{R_{t-1k}\Delta M_{tk}\Delta MB_{tk}}{2} + \frac{\Delta R_{tk}\Delta M_{tk}\Delta MB_{tk}}{3} \right)$$

---

(11) 1000‰÷35年間×2≒57‰。逆に言えば、1,000人の女性から毎年57人の子どもが生まれ、その半分が女児とすれば、15〜49歳の女性人口は1,000人に保たれる。実際には、若年で死亡する女児の数も考慮する必要があるので、57‰では少ない。

と分解できる。出生率 GFR に対する3要因の効果は、(4) 式の最後の3項が表しており、順に、「年齢構成 R_{tk} に起因する効果」、「有配偶者率 M_{tk} に起因する効果」、「有配偶者出生率 MB_{tk} に起因する効果」である。ここでも、複数の変動による相乗効果は各要因にそれぞれ按分して処理した。

まず、出生率の変化 ΔGFR に対する「年齢構成 R_{tk} に起因する効果」を、表3－6および図3－31に示す。構造要因である女性人口の年齢構成は、60～70年、70～90年に掛けて ΔGFR に対してマイナスの効果を示している。年齢階級別では、50～80年で20～24歳、60～85年で25～29歳、75～90年では30～34歳の階級で（絶対値で）比較的大きな値となっている。

また、表3－6の左上から右下の斜めの領域でマイナスの値が規則的に並んでいる。時間とともに年齢で区分けされたグループは表の右下に移行するが、出生率を引き下げる効果をもつグループはいつも引き下げ、引き上げる効果をもつグループはいつも引き上げている。マイナスの値は、表の右下がりの対角線上付近と左下の部分に規則的に現れている。15～49歳の年齢層では死亡率も低く、したがって、構成比の急激な変化を伴わずに、時間の経過とともに表の左上から右下へ移動して行くためである。表3－6は、明らかな周期性を示している。

次に、表3－7と図3－32は、ΔGFR に対する「有配偶者率 M_{tk} に起因する効果」を表した図表である。TFR の要因分解の箇所と同様、表3－7のなかの多くの値がマイナス値である。プラスの値は、1980年以前の年齢の高い階級に集中して現れているだけである。その結果、合計欄の値も1975年以降はすべて大きなマイナス値であり、先と同様、有配偶者率の低下は出生率を大きく低下させることとなっている。また、マイナス効果の大きい年齢階級は、時代とともに若い層から高年齢層に移りつつあることが分かる。50～80年では20～24歳階級の影響力が大きかったが、それ以降は25～29歳へと移り、95年以降は30～34歳の影響力も徐々に高まりつつある。このような傾向は、未婚率の上昇とともに未婚者層の高齢化、晩婚化の影響であろう。

表3－8および図3－33は、ΔGFR に対する「有配偶者出生率 MB_{tk} に起因する効果」を示したものである。表3－4と同様、1975年以降、20～24歳、25

～29歳の一部を除いてプラスの値であり、合計欄も1975年以降プラスである。残念ながら、それらの値は大きなプラスの値ではないので、出生率の変動をプラスにまで押し上げるには力が足りない。しかし、有配偶者（既婚者）の出産

表3－6　ΔGFR に対する「年齢構成 R_{tk} に起因する効果」（単位：‰）

年次	15～19歳	20～24歳	25～29歳	30～34歳	35～39歳	40～44歳	45～49歳	合計
'50～'60	-0.1446	-2.2383	1.0127	1.9979	0.2613	0.0260	0.0104	0.9254
'60～'70	-0.1361	1.4875	-1.6207	-0.6037	0.1909	0.0627	0.0019	-0.6175
'70～'75	-0.1045	-3.2790	4.3688	0.7819	0.0033	0.0253	0.0017	1.7974
'75～'80	0.0147	-1.9648	-5.4854	1.6230	0.1675	0.0033	0.0009	-5.6408
'80～'85	0.0378	0.2786	-3.8133	-2.2994	0.3449	0.0209	0.0002	-5.4303
'85～'90	0.0528	0.3835	0.2470	-2.0250	-0.5819	0.0423	0.0009	-1.8803
'90～'95	-0.0815	0.7925	1.6079	0.5929	-0.4146	-0.0642	0.0022	2.4352
'95～'00	-0.0475	-0.6528	2.7041	1.7767	0.3572	-0.0401	-0.0016	4.0961
'00～'05	-0.0582	-0.4572	-1.7241	2.2054	0.6092	0.0508	-0.0017	0.6242

表3－7　ΔGFR に対する「有配偶者率 M_{tk} に起因する効果」（単位：‰）

年次	15～19歳	20～24歳	25～29歳	30～34歳	35～39歳	40～44歳	45～49歳	合計
'50～'60	-1.3686	-7.2758	-1.1935	0.5884	0.3265	-0.0114	-0.0025	-8.9367
'60～'70	0.2419	-2.0724	1.5797	0.5368	0.1239	0.0298	0.0021	0.4418
'70～'75	-0.1917	1.5125	-1.0410	-0.0197	0.0278	0.0064	0.0004	0.2947
'75～'80	-0.1760	-4.0909	-1.3007	-0.2276	-0.0091	0.0023	0.0002	-5.8017
'80～'85	-0.0549	-1.7640	-2.3450	-0.2793	-0.0537	-0.0031	0.0000	-4.5001
'85～'90	-0.0938	-2.0317	-3.2359	-0.4851	-0.0331	-0.0045	-0.0001	-5.8842
'90～'95	-0.0626	-0.4303	-2.4982	-0.9430	-0.0947	-0.0050	-0.0002	-4.0340
'95～'00	0.1726	-0.6365	-2.1605	-1.3466	-0.2588	-0.0152	-0.0002	-4.2453
'00～'05	-0.0513	-0.4619	-1.8785	-1.3440	-0.4451	-0.0442	-0.0007	-4.2257

表3－8　ΔGFR に対する「有配偶者出生率 MB_{tk} に起因する効果」（単位：‰）

年次	15～19歳	20～24歳	25～29歳	30～34歳	35～39歳	40～44歳	45～49歳	合計
'50～'60	-0.3827	-2.2372	-7.6468	-13.9782	-10.5663	-3.2863	-0.1810	-38.2785
'60～'70	-0.2011	0.2396	2.6941	0.2942	-0.6809	-0.3235	-0.0250	1.9975
'70～'75	0.1340	0.1668	-2.0918	-2.3619	-0.6977	-0.0769	-0.0096	-4.9399
'75～'80	0.1172	0.0793	0.0493	0.8420	-0.2724	-0.0604	0.0000	0.7531
'80～'85	0.1190	-0.1972	1.8417	2.2748	0.8082	0.0127	0.0000	4.8591
'85～'90	0.0203	-0.2592	-1.6211	1.4866	0.5268	0.0975	0.0000	0.2509
'90～'95	0.1293	-0.1150	-0.5713	1.1135	0.8174	0.0815	0.0000	1.4555
'95～'00	0.0456	0.5970	-0.2619	1.2685	1.0093	0.1524	0.0000	2.8107
'00～'05	0.0235	0.0556	-0.2991	0.0739	0.9854	0.1998	0.0119	1.0509

図3−31　年齢構成 R_{tk} に起因する効果[12]　　図3−32　有配偶者率 M_{tk} に起因する効果

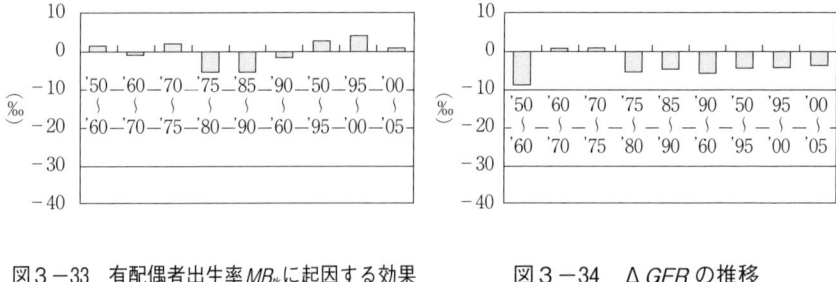

図3−33　有配偶者出生率 MB_{tk} に起因する効果　　図3−34　ΔGFR の推移

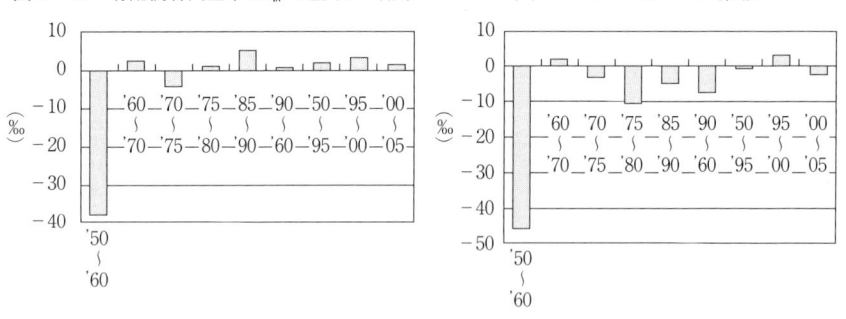

行動は、特に30歳以上の階級で出生率を引き上げるのに役立っている。

　以上の結果、出生率の変動 ΔGFR に対する三つの各要因の効果をまとめてみると、**表3−9**および**図3−34**に示す通りである。構造要因である「年齢構成 R_{tk} に起因する効果」は、75〜90年にかけてマイナス要因であったが、1990年以降はプラス要因に転じている。しかし、**表3−4**の所で述べたように、若い年齢階級でマイナス値となりつつあるので、その値は低下傾向にあると考えられる。他方、行動要因である「有配偶者率 M_{tk} に起因する効果」と「有配偶者出生率 MB_{tk} に起因する効果」の動きは、1975年以降、対照的である。すなわち、有配偶者率はマイナス要因であり、有配偶者出生率はプラス要因である。全体的には、「有配偶者率 M_{tk} に起因する効果」が大きなマイナス要因となっているため、ΔGFR の動きは**表3−9**の合計欄のようにマイナス、つまり出生率の低下を示しているのである。

表3−9　ΔGFRに対する3要因の各効果

(単位：‰)

年次	Rに起因	Mに起因	MBに起因	合計
'50〜'60	0.9254	−8.9367	−38.2785	−46.2898
'60〜'70	−0.6175	0.4418	1.9975	1.8218
'70〜'75	1.7974	0.2947	−4.9399	−2.8478
'75〜'80	−5.6408	−5.8017	0.7531	−10.6894
'80〜'85	−5.4303	−4.5001	4.8591	−5.0712
'85〜'90	−1.8803	−5.8842	0.2509	−7.5136
'90〜'95	2.4352	−4.0340	1.4555	−0.1433
'95〜'00	4.0961	−4.2453	2.8107	2.6615
'00〜'05	0.6242	−4.2257	1.0509	−2.5506

（3）出生数のシミュレーション

前節「出生率の要因分解」では、3要因（年齢構成 R_{tk}、有配偶者率 M_{tk}、有配偶者出生率 MB_{tk}）の変化がそれぞれ出生率 GFR に及ぼす影響を考察した。その際、（3）式のように出生率は近似的に三つの要因の積和で表現されることを利用した。そこで、ここでもこの関係式を用いて簡単なシミュレーションを実施して出生率を再計測し、その値から出生数の変動を導出する[13]。

例えば、年齢構成 R_{tk} の値を1970年値に固定し、他の二つの変数は現実値のままに推移すると想定する。この時、出生率の実験値は次式で計測される。

$$GFR_t^* \fallingdotseq \sum_{k=1}^{n} \overline{R}_{1970k} M_{tk} MB_{tk} \tag{5}$$

ただし、GFR_t^*：t年の出生率の実験値、$\overline{R}_{1970k}$：1970年の19〜49歳女性人口に対する第 k 階級に属する女性数の割合（$\overline{R}_{1970k} \equiv F_{1970k}/F_{1970}$）である。次に、19〜49歳女性人口 F_t に、出生率の実験値 GFR_t^* を乗じて出生数を計算する。最後

---

[12] 図3−31〜図3−34において、期間間隔が一定でないことに注意していただきたい。最初の二つは、50〜60年、60〜70年と間隔が10年であるが、それ以降は5年間隔である。50〜60年の棒グラフが大きく感じられるのは、この影響があるためである。

[13] ここでの想定は粗い想定と言えよう。何故なら、出生数の変化は出生後15年以降に女性人口に影響を及ぼすことになるが、ここでのシミュレーション分析ではこの点が考慮されていないからである。しかし、各要因の出生数に及ぼす影響の大まかな傾向はつかめるであろう。

に、出生数の変化分を求める。計算式は次の（6）式、（7）式で示される。

$$B_t^* = GFR_t^* \times F_t \tag{6}$$

$$\Delta B_t^* = B_t^* - B_t = (GFR_t^* - GFR_t) \times F_t \tag{7}$$

ただし、$B_t \left(\equiv \sum_{k=1}^{n} B_{tk} \right)$：t年の出生数。

以上の枠組みの中で、以下の三つのシミュレーションを実施した。
❶年齢構成 R_{tk} の値を1970年値に固定し、他の二つの変数（有配偶者率 M_{tk} と有配偶者出生率 MB_{tk}）は現実値のままに推移すると想定する。
❷有配偶者率 M_{tk} の値を1970年値に固定し、他の二つの変数（年齢構成 R_{tk} と有配偶者出生率 MB_{tk}）は現実値のままに推移すると想定する。
❸有配偶者出生率 MB_{tk} の値を1970年値に固定し、他の二つの変数（年齢構成 R_{tk} と有配偶者率 M_{tk}）は現実値のままに推移すると想定する。

シミュレーション❶では、15～49歳の女性の年齢構成 R_{tk} を1970年の値に固定し、その他の変数は観測値通りとして、（5）式より出生率 GFR_t^* を計測した。この値を5歳年齢階級別に計測して示したものが**図3－36（a）**である。出生率の値が大きい年齢層は25～29歳、20～24歳、30～34歳である。現実値の動きを示した**図3－35**と**図3－36（a）**とを比較すると、現実に出生率の上昇が観測されたのは30～34歳、35～39歳の2階級だけであり、それ以外の階級では

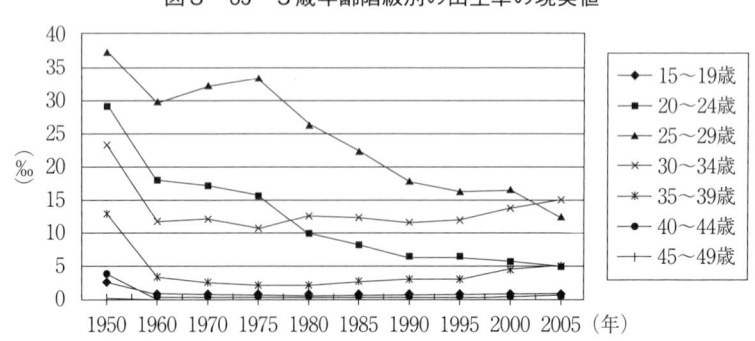

図3－35　5歳年齢階級別の出生率の現実値

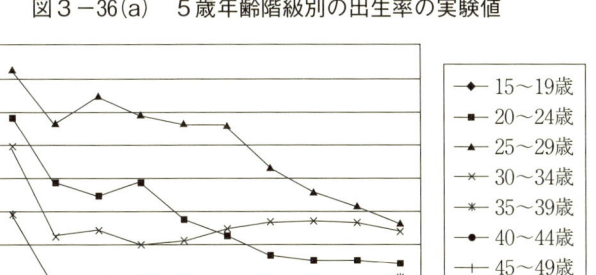

図3-36(a)　5歳年齢階級別の出生率の実験値

年々出生率は逓減している。しかし、シミュレーション❶では、1975年以降、20～24歳階級、25～29歳階級で概ね現実値を上回る実験値が計測されている。その結果、出生数は1980年で約92,000人増、1985年で約22万4,000人増、1990年で約22万7,000人増、1995年で約13万人増となった（**表3-10**、**図3-37**参照）。ただし、シミュレーションでは、出生数は2005年には減少に転じている。

1970年の女性人口構成は、『国勢調査』などのデータによれば20～24歳の割合が約18％と高く、高年齢層になるほど構成比率が低下するのが特徴である。出生率の高い若い世代の割合が大きい構造を維持できれば、やはり出生率は増加することを意味している。

次に、シミュレーション❷は、有配偶者率 M_{tk} の値を1970年値に固定して、他の変数は観測値通りに推移するとして実験を行うものである。（5）式の代わりに次式を用いる。

$$GFR_t^* \fallingdotseq \sum_{k=1}^{n} R_{tk}\overline{M}_{1970k}MB_{tk} \tag{8}$$

1970年の有配偶者率は、『国勢調査』などのデータによれば、25歳以上のすべての階層で80％以上の高い値を示している。これに対して有配偶者率は近年低下傾向にあり、2005年では45～49歳の階級がかろうじて80％以上であり、20～24歳では約10.4％、25～29歳では約38.2％と極めて低い値を示している。

さて、このように大きく変化した有配偶者率を1970年当時のまま維持できたとしたら、出生数はどう変化したであろうか。それは、**表3-10**および**図3-**

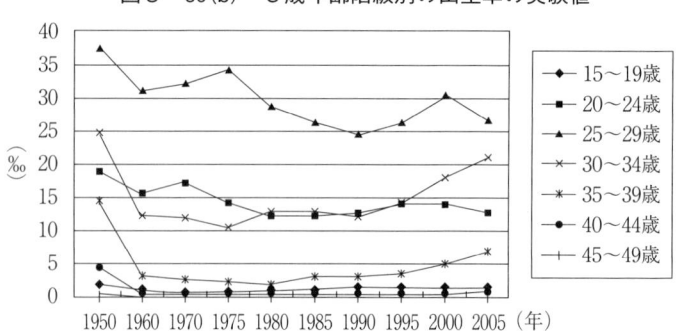

図3−36(b)　5歳年齢階級別の出生率の実験値

37に示すように、出生数の大幅な上昇をもたらすことになる。具体的には、実験により、1980年に約16万5,000人増、1990年に約48万6,000増、2005年に約85万5,000人増が計測される。逆に言えば、現実には、有配偶者率が大幅に低下したために出生数の大幅な落ち込みが生じたと言えるであろう。

5歳年齢階級別の出生率を見ると、ほぼ1980年以降、20〜24歳、25〜29歳の階級で現実値を大幅に上回る出生率を記録し、30〜34歳の階級でも出生率の上昇が見られた（**表3−10**、**図3−36（b）**　参照）。

最後に、シミュレーション❸の計測結果を見てみよう。このシミュレーションは、有配偶者出生率 MB_{tk} の値を1970年値に固定し、他の二つの変数は現実値のままに推移すると想定するものである。ここでの出生率の計算式は、以下の通りである。

$$GFR_t^* \fallingdotseq \sum_{k=1}^{n} R_{tk} M_{tk} \overline{MB}_{1970k} \tag{9}$$

5歳年齢階級別の出生率の実験値は**図3−36（c）**の通りで、30〜34歳、35〜39歳の動きが現実値と若干異なる点を除けば、他の階級の動きは現実値と似た動きをしている。**表3−10**および**図3−37**より、全体では1975〜1980年で出生数は現実値を上回るが、それ以降は下回る結果となった（1975年で約15万7,000人増、1995年で約6万人減、2005年で約18万7,000人減）。

しかし、これらの変動もシミュレーション❶やシミュレーション❷の結果と比較した時、変動幅は小さいものである。これは、有配偶者出生率の現実値の

図3-36(c)　5歳年齢階級別の出生率の実験値

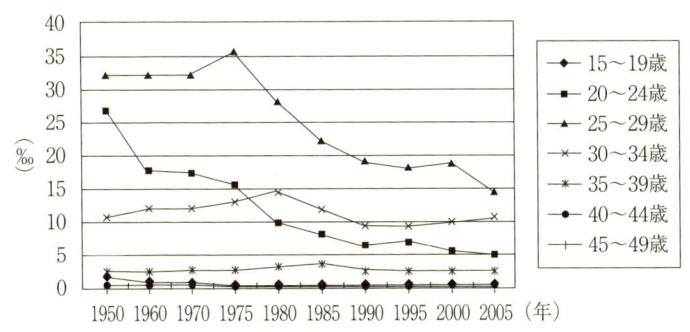

表3-10　各シミュレーションによる出生率（GFR_t^*）と出生数の変動幅（ΔB_t^*）

年次	出生率の実験値（‰）			出生数の変動幅（人）		
	シミュレーション(a)	シミュレーション(b)	シミュレーション(c)	(a) Rに起因する部分	(b) Mに起因する部分	(c) MBに起因する部分
1950	111.42	102.06	74.15	35,105	-166,439	-766,880
1960	63.14	64.10	65.59	-9,300	15,206	53,236
1970	65.32	65.32	65.32	0	0	0
1975	61.13	62.36	67.65	-40,894	-3,388	157,374
1980	54.80	57.17	56.23	92,417	164,9978	135,906
1985	53.97	56.64	46.14	233,722	303,062	-17,811
1990	46.43	54.97	38.53	227,066	485,617	-21,009
1995	43.28	60.16	37.12	130,962	654,527	-60,160
2000	41.87	69.61	36.80	4,3436	816,661	-144,030
2005	38.66	69.82	32.47	-14,067	855,196	-186,949

動きが大きな変動を経験していないため、1970年当時の値を想定しても実際の値と大きな食い違いが生じなかったためである。

　以上のシミュレーション結果から、日本の少子化の重要な要因は有配偶者率であることが推論される。この推論は、先の要因分解の部分で得た結果と同じである。つまり、現在のところ、「有配偶者率の低下が少子化の最も大きな原因である」ということである。

　シミュレーション❷で計測されたように、もし1970年当時の高い有配偶者率を維持できるのなら、2005年で85万人程度の出生数の増加も夢ではなかった（表3-10参照）。現実の出生数が2005年で約106万人であるので、この計測値

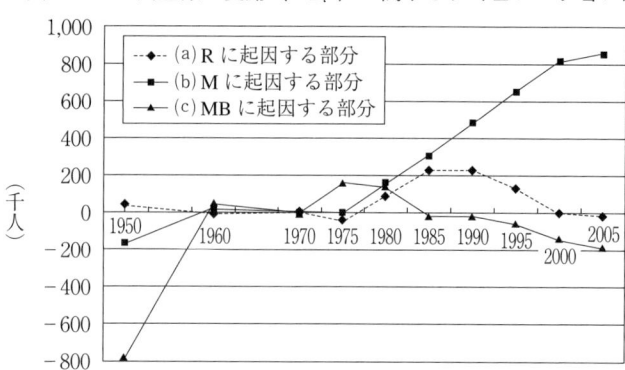

図3-37　出生数の変動（ΔB_t^*）に関するシミュレーション結果

凡例：
- (a) R に起因する部分
- (b) M に起因する部分
- (c) MB に起因する部分

（千人）

は実に出生数の75％増を意味し、1970年の出生数190万人にほぼ匹敵する。ということは、他の要因の変動による少子化への影響より、有配偶者率の低下が及ぼす影響の方が遥かに大きかったことを意味しているのである。

確かに、構造要因である女性人口構成比率も少子化に影響を及ぼしているが、積極的に移民の受入を実施していない我が国では、事後的に人口構成比を変更することは不可能である。また、有配偶者出生率の現状は少子化へのマイナス要因にはなっていない。ゆえに、本節で取り上げた3要因（年齢構成 R_{tk}、有配偶者率 M_{tk}、有配偶者出生率 MB_{tk}）のうち少子化対策として目標とすべきは有配偶者率ということになる。有配偶者率低下を食い止め、上昇させるような政策を取ることが効率的な少子化対策と言えるだろう。

おわりに

筆者の一人である原田は、1980年代半ば以降の日本の雇用を巡る動きがアンバランスな人口構成と密接に関わっている事実を指摘した[14]。すなわち、1990年代半ばから始まった雇用システムの変化には第1次世代が50歳代に達して「溢れる管理職世代」となり、同時に社会人となった第2世代が「溢れる若年労働人口」となって非正規雇用を押し上げたことも無関係ではない。1993年から2003年までの主要企業の従業員平均年齢は軒並み高齢化すると同時に、従業

員数そのものが大幅に減少している。まさに、スリム化の名の下に若年層の厳選と高齢者の切捨てが行われた。そして、これに代わる新たな産業創出も決して十分ではない。

　2004年から2007年にかけて、景気の回復とともに若年雇用は全体に改善され、同時に出生率にも改善の兆しが見られた。しかしながら、これは第2世代のキャッチアップに支えられている部分も大きく、これから母親年代の人口そのものが減少していく以上、1.3余りのTFRで「改善」と喜ぶわけにもいかない。

　ここでは、冒頭に挙げた「少子化が経済成長段階の転換過程と密接に関わりながら進行してきた」事実についてある程度まで裏付け得たと考えている。高度成長が産業構造の転換をもたらし、それが都市への人口集中を引き起こして、結果的に家族のありようを短期間のうちに変えてしまうことは必然的な帰結と言える。この流れのなかで中心となった核家族は、世帯主の収入に大きく依存することで経済体質が脆弱化し、女性の就労を後押しする結果となった。もちろん、全体的な教育水準が向上し、女性の自立が尊重される社会は歓迎されるべきである。しかし、高度成長と日本式雇用システムがセットであった時代が過去のものとなりつつあるにも関わらず女性の労働力率に依然としてM字型特性が残っている現実は、雇用システムなり家族のあり方の転換が進んでいないことを意味している。

　そして、3節、4節では、日本の少子化の最大要因が「結婚しない若者」あるいは「結婚できない若者」にあることを示した。この実態把握とそれを見据えた少子化対策こそが急務であり、最も重要な高齢化対策であることは言を待たない。

---

(14)　原田康平（2006）「少子高齢化を考える：1．雇用と人口のスケールギャップ」〈久留米大学産業経済研究〉47巻4号、pp. 21〜38参照。

参考文献・資料一覧

- 総務省統計局統計センター『日本の長期統計系列』。
- B.R.Mitchell／北村甫監訳（1984）『マクミラン世界歴史統計（2）日本・アジア・アフリカ篇』原書房。
- 河野稠果（2007）『人口学への招待』中央公論新社。
- 鬼頭宏（2000）『人口から読む日本の歴史』講談社。
- 速水融（1973）『近世農村の歴史人口学的研究』東洋経済新報社。
- S.B. ハンレー & K. ヤマムラ／速水融、穐本洋哉訳（1982）『前工業化期日本の経済と人口』ミネルヴァ書房。
- B.R.Mitchell／中村宏監訳（1983）『マクミラン世界歴史統計・ヨーロッパ編』原書房。
- Europian Commision、"Eurostat"、epp.eurostat.ec.europa.eu/portal/page/portal/population/data/database。
- 国立社会保障・人口問題研究所（2009）『人口統計資料集2009』。www.ipss.go.jp/syoushika/tohkei/Popular/Popular2009.asp?chap=0。
- 国立社会保障・人口問題研究所（2006）「第13回出生動向基本調査：結婚と出産に関する全国調査――夫婦調査の結果概要」〈人口問題研究〉62巻3号、pp. 31～50。
- 総務省統計局（1987）「日本長期統計総覧 第1巻」日本統計協会。
- 内閣府経済社会総合研究所ホームページ www.esri.go.jp/。
- 厚生労働省『第7回21世紀新生児縦断調査』。www.mhlw.go.jp/toukei/saikin/hw/syusseiji/07/index.html
- 厚生労働省『毎月勤労統計調査』。www.mhlw.go.jp/toukei/list/30-1.html。
- 総務省統計局統計センター『労働力調査－長期時系列データ（詳細集計）』。www.stat.go.jp/data/roudou/index.htm。
- 太田清（2005）「フリーターの増加と労働所得格差の拡大」、ESRI Discussion Paper Series No. 140。
- 金子隆一他（2006）「第13回出生動向基本調査 結婚と出産に関する全国調査－独身者調査の結果概要」人口問題研究、62巻4号、pp. 61～80。
- 国立社会保障・人口問題研究所『将来推計人口データベース』。www.ipss.go.jp/syoushika/tohkei/Mainmenu.asp。
- 総務省統計局統計センター『国勢調査』「平成17年国勢調査第1次基本集計結果（全国結果）統計表」。www.stat.go.jp/data/kokusei/2005/index.htm。
- 総務省統計局統計センター、『社会・人口統計体系（統計で見る都道府県・市区町村）』。www.stat.go.jp/data/ssds/index.htm。

・原田康平（2006）「少子高齢化を考える：1．雇用と人口のスケールギャップ」〈久留米大学産業経済研究〉47巻4号、pp. 21〜38。
・大淵寛・大森仁編（2006）『人口減少時代の日本経済（人口学ライブラリー5）』原書房。
・金子隆一（2004）「少子化の人口学的メカニズム」、大淵寛・高橋重郷編『（人口学ライブラリー1）少子化の人口学』原書房、所収。
・人口問題研究所編（2009）『人口問題研究』第65巻第4号。
・高山憲之・斎藤修編（2006）『少子化の経済学』東洋経済。
・内閣府『国民生活白書（2002年度版）』（国民生活白書の各年版は http://www5.cao.go.jp/j-j/wp-p/index.html よりダウンロード可）。
・和田光平（2007）「少子化の要因と人口減少の諸相」、小峰隆夫＋連合総合生活開発研究所編『人口減・少子化社会の未来』明石書店、所収。

第4章
21世紀中国における少子高齢化の発展趨勢について

田　雪原（中国社会科学院人口・労働経済研究所研究員）

1　中国の少子高齢化の現状と発展趨勢

　第2章で指摘した「一つに転換」と2回の出生ブーム、2回の出生率低下の作用によって、中国の年齢構造は20世紀半ば以降もまだ若いタイプに留まっていた。1964年の国勢調査では、0～14歳の年少人口は40.69％、15～64歳の生産年齢人口は55.75％、65歳以上の老年人口は3.56％であり、典型的な若いタイプに属している。

　1970年代に入ると出生率が長期的にわたって大幅に下がり、人口の年齢構造は若いタイプから成年タイプに移った。1990年の『第4回国勢調査』では年少人口割合が27.69％まで下がり、生産年齢人口は66.74％まで上昇、老年人口割合は5.57％まで上がって典型的な成年型人口に属している。

　さらに、10年後の2000年の『第5回国勢調査』では年少人口が22.89％に下がり、生産年齢人口は70.15％、老年人口は6.92％まで上昇してほぼ老年型（いわゆる高齢化社会）に移行した。

　中国が若いタイプから老年型に移行するまでに要した時間は30年足らずであり、これは世界中で起こった人口年齢構造の転換に比べてずっと短い。第5回国勢調査に基づく中位推計によると、将来の中国における高齢化の推移と人口ピラミッドの変化は以下の四つの図に示されたものとなる。

第4章 21世紀中国における少子高齢化の発展趨勢について　103

図4−1　2000−2050年中国老齢化の発展趨勢

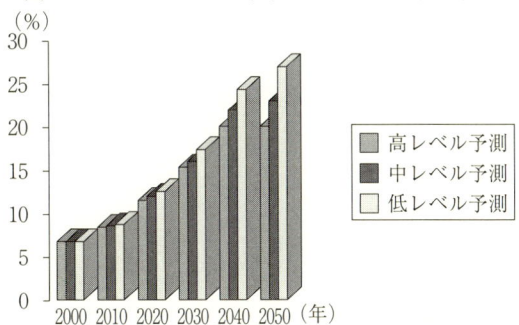

高レベル予測
中レベル予測
低レベル予測

図4−2　2000年中国人口年齢構造

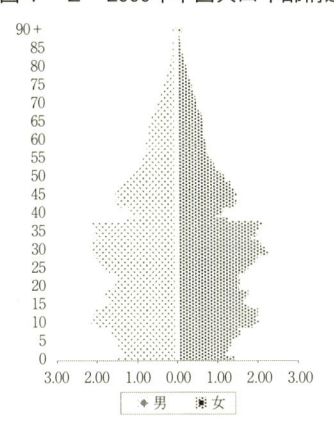

図4−3　2020年中国人口年齢構造

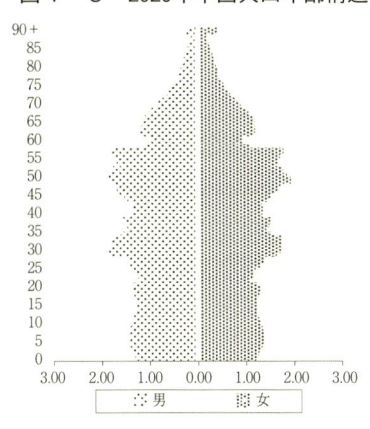

図4−4　2050年の人口年齢のピラミッド

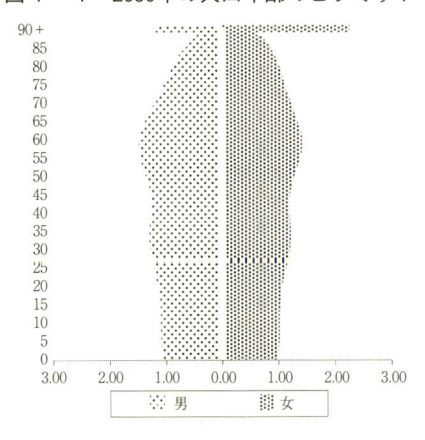

すなわち、老年人口割合は、2000年の6.92％から2010年8.59％、2020年12.04％、2030年16.23％、2040年21.96％、2050年23.07と一貫して上がっていく。その後、ほぼこのレベル前後で推移し、2100年には24％ほどに達すると推測されている。

2　高齢化の特徴

（1）中国の高齢化の特徴

これから半世紀における中国の人口高齢化を考えると、いくつかの明確な特徴が見られる。それは「高齢化の速度が比較的速く、達するレベルも高いこと」、「高齢化の過程が段階的、累進的な性格をもっていること」、「高齢化の空間分布がアンバランスで都市と農村の間に格差があること」である。

①高齢化の速度が比較的速く、達するレベルも高い

前に述べたように、高齢化のレベルは60歳あるいは65歳以上の老年人口割合、全人口の年齢中央値、老年人口と年少人口の比などの指標で評価される。これから半世紀あまりの老年人口の絶対数については、既存の各歳人口からほぼ決まっており、各年齢の期待死亡数だけを減らしていけばよい。しかし、高齢化のレベルに影響を与える要因には、将来の出生率や新生児数、死亡率、寿命なども含まれる。簡単化して、ここでは人口割合の変動だけを比較して分析しよう。

2000年末に中国は老年型年齢構造の玄関に入り、2050年に23.07％に達した後、21世紀後半はこのレベル前後で推移するが、この中国の高齢化がもつ特徴は「速い」と「高い」という二つの言葉に集約することができる。

「速い」とは、老年型年齢構造に入ってから深刻な高齢段階になるまでわずか20年しかかからないことを指す。中位推計によると、2020年に老年人口割合は12.04％まで達して深刻な段階に入るが、世界でこのレベルに移った国家では、

通常50〜60年を要している。また、中国の老年人口割合が17％に達するのは2032年と予測されており、7％から17％まで上がるのに要する時間は30年余りにすぎない。しかし、国連の推計によると、1950年に7.9％であった先進国の老年人口割合は2015年に17.4％に上がると予測されており、この間の60〜70年は中国の2倍である。

もっとも長いのはフランスで、かかる時間はおよそ1世紀半であり、国連の中位推計によれば、2013年に老年人口割合がようやく17％以上となる。人口大国では日本だけが我が国とほぼ同じく、1970年の老年人口割合7.1％が2000年に17.2％になるまで30年しかかかっていない。

もう一つの「高い」とは、高齢化のレベルが比較的高いことを指している。2050年の老年人口割合23.07％は、その時点の世界の平均15.9％より高く、発展途上国の14.3％より8.77％高くなり、先進国の25.9％よりは2.83％低いことになる。つまり、中国の高齢化は世界レベルと発展途上国レベルのいずれよりも高くなり、先進国に次いで高齢化が最も深刻な発展途上国となる。

②高齢化がもつ時間的に段階的、累進的という性格

これは、主に過去の出生、死亡という自然変動によるものである。既述したように、1949年に中華人民共和国が建国された後、人口の自然変動は、1949〜1952年の人口再生産タイプへの転換、1953〜1957年の1回目の高出生期、1958〜1961年の1回目の低出生期、1962〜1973年の2回目の高出生期および1974年以降の2回目の低出生期という五つの歴史的段階を経過してきた。

このような出生動向が若い型から成年型、さらに図4－2に示された2000年の老年型年齢構造までの転換過程を形成した。この人口ピラミッドの中で横幅が最も広いのは1962〜1973年、2回目の高出生期に生まれた27〜38歳の年齢層である。この部分の人口は今なお3億人ほどあり、中国の人口変動と人口問題の研究が最も関心を寄せなければならない世代となる。

この3億の人口は1977〜1988年に15歳以上の生産年齢人口となり、その中の圧倒的多数が1980〜1991年に正常な労働力となって、就業に対する巨大な圧力となった。同時に、生産年齢人口割合が高く、扶養される老人と子どもの割合

が低い「黄金時代」が始まり、「人口ボーナス」を享受できる経済発展に最も恵まれた時期に入った。

全国の女性の年齢別出生率が最も高い24歳で計算すると、1962～1973年生まれの出産ピークは1986～1997年に現れるはずである。しかし、すでに10年以上にわたって計画生育政策を徹底的に実行していたため、際立った出産ピークは現れず、1980年代半ばにある程度上昇しただけであった。それでもピラミッドの中で10～14歳の人口割合は割に高く、それぞれ2％前後、合わせて総人口のおよそ10％を占めている。この理由が親世代の多さにあることはすでに述べた。

1962～1973年に生まれた3億の人口が60歳あるいは65歳に達する前の段階では、中国の高齢化はそれほど問題とはならない。しかし、この巨大な世代が高齢化すると極めて深刻な高齢化のピークが到来する。

この問題こそ、これから半世紀、特に2040年までの人口問題を根本的に規定する要因であり、時間的にはまさに段階的、累進的という特徴をもっている。2040年以降は寿命の延長などによって老齢化のレベルは高いまま下がらないため、将来の半世紀あるいはさらに長い時間にわたって高い高齢率が保たれる。このように、今後の中国における高齢化は「Ｓ字型軌道」と呼び得る推移を辿る。

このＳ字型の3段階を改めてまとめると、次のようになる。

- **第１段階**（2000～2020年）：一般上昇段階であり、65歳以上の老年人口割合は年率0.26％で上昇し、6.92％から12.04％まで5.12％高くなる。
- **第２段階**（2020～2040年）：加速上昇段階であり、老年人口割合は年率0.50％で上昇して、2040年までに9.92％高い21.96％に達する。上昇速度は第１段階の1.92倍となり、累進的に増加する性質を充分に体現する。
- **第３段階**（2040年以降）：漸増段階である。老年人口割合は2050年に23.07％となり、年平均上昇率は0.11％に留まる。その後、2100年に24.41％となるが、50年間の上昇は1.34％にすぎず、基本的には安定態勢となる。

図４-５は、この3段階の高齢化曲線を示している。

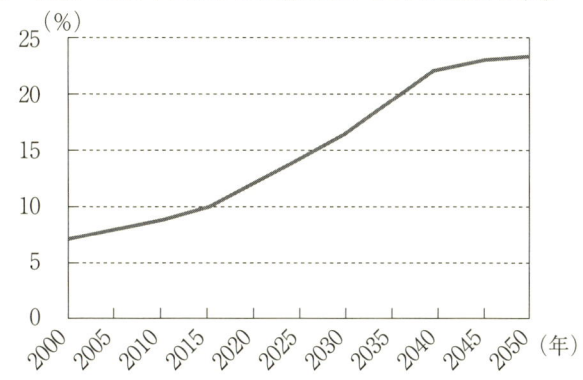

図4-5　2000〜2050年における65歳以上の老年人口割合の推移

③高齢化の空間分布がアンバランスで、都市と農村の間に格差があること

　ここまで述べてきた高齢化過程の特徴は、全体での分析についてのものである。しかし、広大な中国では地域的に大きい差異があり、経済、文化、科学技術、社会発展のレベルがそれぞれ異なっている。さらに、直接かつ重要な問題として、これまで都市と農村の間で出生・死亡という自然動態の差異が拡大したため、地区間で高齢化の様相が異なっていることが挙げられる。

　まず、都市と農村の間の差異について説明しよう。1980年代初めに中国の年齢構造は成年型に入った。続いて老年型に移行し始め、1982年の第3回国勢調査では、65歳以上の老年人口割合が4.41％と報告された。しかし、この移行過程で都市と農村の間に差が現れた。同調査において、老年人口割合は高いほうから県（いわゆる郡部）5.00％、市4.68％、鎮4.21％となっており、農村部の移行速度が少し速い。

　1990年の第4回国勢調査でもこのような傾向は続き、同年の全国老年人口割合は5.57％、県5.64％、市5.53％、鎮5.49％となって、並びは依然として変わらなかったが、その差だけはある程度縮小した。そして、2000年の第5回国勢調査では、全国の老年人口割合は6.96％、県7.74％、市7.00％、鎮6.25％となり、それぞれの差は再び拡大した。

　この3回の国勢調査における県、市、鎮の老年人口割合を比較すると、1.00：0.94：0.84、1.00：0.98：0.97、1.00：0.90：0.81と推移しており、県

の上昇幅が少し大きいように思われる。なぜ、田舎（県）、市、鎮の間で老年人口割合の差異が拡大したのか？　基本的な原因は移動人口の持続的な増加によるもので、特に1990年代半ば以降の大幅な増加に起因している。

　2000年の第5回国勢調査資料によると、その地区に半年以上居住したことを条件として計算すると全国の移転人口は1億4,439万748人になり、当該県（市）や当市街区の中での移動人口を除いて、残された9,287万183人は主要な市街区へ異郷や他省から引っ越してきた人口と言える。つまり、9,000万人余りの中の圧倒的多数は、事実上、農村から都市と町に入った人口である。

　現地を離れる人口が多かった所は、四川省693万7,793人、安徽省432万5,830人、湖南省430万6,851人、江西省368万346人、河南省306万9,955人であった。これら大量の移転人口の多くが主に若い労働力であり、老年人口の割合は非常に少ない。年少人口の割合も高くないが、都市と町に引っ越し定住してから養育を始めることで、結局、農村の老年人口割合は上昇し、農村の高齢化レベルと農村と「都市と町」との差はさらに拡大された。

　「都市と町」は都市と鎮を含む一つの集合した概念であるが、分けてみると市と鎮の老年人口割合に差異がかなりあり、ここ数年来、その差異は引き続き拡大している。また、市、鎮、県での出生率が異なるため、年少人口が老年人口割合に及ぼす分母効果によって、2003年になると状況には根本的な転換が発生した。

　同年の全国人口サンプリング調査によると、全国の65歳以上の老年人口割合は8.51％に上がり、県、市、鎮ではそれぞれ8.39％、9.31％、7.61％に変わって県と市の位置が逆転した。事実、上海などいくつかの特大都市と大都市はすでに高齢化が深刻な段階に入っており、将来も最初の超高齢都市になる。

　ここで予想できることだが、2010年に都市と町の人口が50％ぐらいになると、農村から都市と町への移転のスピードは遅くなる。2020年に都市と町の人口が60％を上回った後、移転スピードはさらにいっそう遅くなり、その結果として農村の高齢化のスピードは遅くなり、都市と町、特に比較的大きい都市の高齢化のスピードはある程度加速するようになる。

　次に、高齢化の地域差について言えば、上述の人口移動は市、鎮、県の間に

おける老年人口割合の差異を左右するだけではなく、もっと広範な地域レベルでの年齢構造の高齢化とその深刻さの進展に一定の影響を与える。2003年の全国人口サンプリング調査によると全国の老年人口割合は8.51％で、このレベル以上にあるのは上海であり、16.38％に達して全国トップとなり、通常の先進国のレベルに相当すると表明している。次いで、浙江11.49％、江蘇11.38％、北京11.20％、天津10.93％が続いており、いずれの老年人口割合もすべて10％を超えている。その後、遼寧9.70％、重慶9.22％、広西9.10％、山東9.06％、湖南8.98％、四川8.68％が全国レベルを上回り、逆に全国レベルよりわずかに低い地域は安徽8.19％、広東8.09％、河南8.04％など、最も低いのは新疆5.43％、寧夏5.70％、青海5.88％となっている。

東部、中部、西部という「3大プレート」で分けると、東部沿海の11の省、市の65歳以上の老年人口割合は9.58％で、中部の8省は7.82％、西部の12省、区、市は7.89％である。「3大プレート」を比較すると、東部は明らかに高くて全国のレベルより1.07％、中部、西部よりそれぞれ1.76％、1.69％高い。

ここで注目すべき点は、中部と西部を比較すると中部の老年人口割合が過去の西部より高くなって、その差は0.07％ともはや基本的に同じ状況となったことである。つまり、中国の人口高齢化は過去の西から東へ向かって深刻になっていく高齢化の「3大プレート」から、中西部の「二つの大プレート」が一つになって、中西部と東部の「2大プレート」へと構造転換した。

3　21世紀の人口発展戦略について

(1) 21世紀の中国人口の発展戦略について

人口の発展戦略を研究する際、まずそこに含まれる意味をはっきりとさせる必要がある。「人口 (population)」とは「全体」と同義語であり、一定の時間、一定の地域にいる人々全体を指している。「発展 (development)」とは、小から大へ、単純から複雑へ、量的な変化から質的な変化に変わる過程のことを指

している。「戦略（strategy）」とは、戦争の全局を指導する計画と策略のことを指している。つまり、人口の発展戦略とは、一定の時間、一定の地域での全体人口の変動、発展に関する計画と策略のことを指しているので、長期性、マクロ性、全体性、全局性という著しい特徴がある。

①マクロ構想について

　中国は世界で人口が最も多い発展途上国であり、中国の人口問題は人口が生産力を圧迫している、言い換えると、人口と労働力が過剰という性質がある。だから本質から言えば、中国の人口発展戦略はこのような過剰の状況を変え、人口と経済、社会と資源、環境の持続可能な発展を促進することにある。重要なのは人口の制御とその素質向上であり、人口構造の調整に力を入れ、次第に人口の数、素質、構造をできるだけ理想的な状態に調整することである。このような認識に基づけば、長期、マクロ、全体、全局という人口の発展戦略に着眼し、「3歩で進行」を実現することができる。

　第1歩は、高い出生率を置換水準以下に下げ、人口の再生産を高出生率、低死亡率、高成長から低出産率、低死亡率、低成長タイプへと転換させることである。第2歩は、低出生のレベルを人口の0増加を実現するまで安定させると同時に人の素質向上と構造を重視する。第3歩、0増加実現の後、人口の慣性作用はある程度減る傾向が現れるため、さらにその時の経済・社会の発展状況と資源・環境の状況に応じて、理想的となる適度な人口を選択する。

　このような理想的かつ適度とされる人口は広い意味をもつ。すなわち、数量だけが適切ではなく、その上に素質が比較的に高くて、年齢、性別などの構造も合理的なものでなければならない。

　上述の「3歩で進行」という人口の発展戦略の目標につき、第1歩はすでに1990年代の中期に実現され、出生率は置換水準以下に下がり、低い、低い、低い再生産のタイプへの転換を完成した。第2歩もすでに10年の道を歩いて、2030年代に達成できると見込まれている。第3歩は人口の0増加が実現された後のことであり、今できるのは、その後の人口の変動と発展の勢いを推計し、最後に全方位な理想的、適度な人口を実現するための基礎を打ち立てることで

ある。だから、当面の人口発展戦略は、人口の０増加を主な目標として、人口の数量、素質、構造の全面性と合理性を含めることにロックし、次の全方位の理想的で適度な人口目標の実現に向けた条件をつくりあげる必要がある。

②戦略の選択について

　人口の発展戦略に対する研究は、二つの段階に分けて行うことができる。一つは人口の数量、素質、構造——人口自身の調和的発展戦略に立脚する。二つ目は、人口の変動と発展を社会の経済発展の中に入れ、人口と資源、環境、経済、社会の持続可能な発展戦略を求める。まず、第一段階の人口発展戦略を討論しよう。選択については、次に挙げる３種類の方案がある。

❶**「硬着陸（ハードランディング）」（低位予測）方案**——低出生率を見込んだ戦略である。長期の出生率低下が人口の構造と経済・社会の発展に及ぼす影響をあまり考慮しないので「ハードランディング」と称している。全国の合計特殊出生率（TFR）を平均で2000～2005年は1.65、2005～2010年は1.56、2010～2020年は1.44、2020～2050年は1.32と想定した時、2010年に全国の人口は13.43億人、2020年13.86億人と推移し、2021年にピーク値13.87億人に達する。その後は次第に減少傾向に移り、2030年に13.67億人、2040年13.02億人まで減少し、2050年に11.92億まで下がる。その後も1.32のTFRを維持できるなら、2100年に全国の人口は引き続き減少して5.56億人になる。

❷**「軟着陸（ソフトランディング）」（中位予測）方案**——出生率は比較的安定し、反発があったとしても少しの上昇に留まることを見込んだ戦略である。TFRを平均で2000～2005年1.75、2005～2010年1.80、2010～2020年1.83、2020～2050年1.80と想定すると、総人口は2010年に13.60億人、2020年14.44億人、2030年にピーク値14.65億となる。その後はゆっくりと下がり、2040年に14.51億人、2050年に14.02億人まで低下する。仮に1.80というTFRをずっと維持できるなら、2100年に全国の人口は10.24億人まで下がる。

❸**「緩着陸」（高位予測）方案**——今後、出生率が少し反発して置換レベル前後で相対的な安定状態となることを見込んだ戦略で、人口の０目標の到来は遅

くなる。全国の TFR を平均で2000～2005年1.90、2005～2010年2.00、2010～2020年2.13、2020～2050年2.15と想定すると、総人口は2010年13.75億人、2020年14.90億人、2030年15.48億人、2040年15.85億人と増え、2050年にピーク値である16.05億人となる。仮に2.15という TFR をずっと維持できるなら、総人口は2100年まで16億人前後を推移する。

　上述の3種類の方案を比較すると、低位予測の「ハードランディング」方案が人口抑制に最も効果的であることは確かで、ピーク時の人口は中位、高位方案よりそれぞれ0.78億人、2.13億人減少し、時間もそれぞれ9年、29年早くなる。2050年の人口もそれぞれ2.10億人、4.08億人少なく、数字上のメリットは明らかである。

　最大の欠点は、人口の年齢構造の変動があまりに急速で高齢化があまりにも深刻になることである。2020年に65歳以上の老年人口割合は中位、高位方案よりそれぞれ0.50、0.88ポイント、2050年はそれぞれ4.07、6.91ポイント高くなる。特に、2045年に老年人口割合は25.62%まで上がり、同時期の先進国の25.30%より0.32%高くなり、その後も高い状態が続く。これは「豊かになっていないうちに老いてしまう」という意味で、我が国にとって受け入れられない事態である。

　その他、生産年齢人口の減少が速すぎることにも関心を寄せる必要がある。この低位方案によると、2020年に15～64歳の生産年齢人口は中位、高位方案よりそれぞれ488万人、864万人少なく、2050年にはそれぞれ1.21億人、2.25億人の減となる。その上、生産年齢人口の中で50～64歳が占める割合、すなわち生産年齢人口の相対的な高齢化もさらに深刻になる。

　全体的に中国で労働力不足は考えにくいとはいえ、生産年齢人口の減少の速すぎることと相対的な高齢化は、若年労働力の構造的な不足と人力資本の活力の減退を招き、経済・社会の発展に不利な影響を与えることになるため、これを採用するべきではない。

　「緩着陸」方案は「ハードランディング」方案と相反で、最大のメリットは人口年齢構造の変動が比較的緩やかで、高齢化の到来がわりに遅く、そのレベ

ルも少し低く抑えられる点である。生産年齢人口の割合もわりに高く、dependency ratio（従属指数）が低い「黄金時代」あるいは「人口ボーナス期」を比較的長く維持することができ、中国の豊富で安価な労働力という優位を維持することに有利になる。

最も際立った欠点は、人口数量のコントロールがあまり利かず、2020年には中位、低位方案よりそれぞれ0.46億人、1.05億人、2050年にはそれぞれ1.97億人、4.07億人も多くなる点である。これは、人口と労働力が過剰である我が国にとって受け入れにくいということは明らかである。

以上の比較から、「ソフトランディング」（中位）方案こそが「ハードランディング」（低位）方案の効果的な人口抑制、「緩着陸」（高位）方案の適正な人口構造という両方のメリットをもち、同時に低位方案の人口構造の不合理性および高位方案の人口過剰という欠点をよく克服したプランであることが分かる。

総人口は2030年のピーク値14.65億人から緩やかに下がり、一方、老年人口割合は2050年にピーク値23.07％からやはり緩やかに下がっていく。生産年齢人口の割合と構造も比較的に適切で、当面の人口の態勢と未来の数量的変動および構造の合理化に適応し、人口と経済、社会と資源、環境の調和的発展を促進できる比較的理想的な方案である。

したがって、『全面的小康社会20年建設』とさらに長い時間の人口発展戦略は「ソフトランディング」（中位予測）方案の基礎の上でつくりあげるべきである。この方案の基本的な思想とポイントは、次のように述べられる。

科学的な発展観の指針の下に、人口数量のコントロール、人の素質向上、人口構造の調整を組み合わせ、「コントロール」、「向上」、「調整」の調和的発展、人口と資源、環境、経済、社会の持続可能な発展戦略を促進する。

この人口の発展戦略は、1980年代の初めに確定した「人口の数量を制御し、人口の質を高め、人口構造の調整を互いに組み合わせて人口を抑制することを重点とする」という戦略と比較すると、歴史の継承性を保った上で、さらに今日の人口変動の新しい特徴にも対応している。

一つは、基本的な指導思想の進化である。当時は主に高い出生率と人口増加をできるだけ早く抑制し、人口と労働力の過剰による圧力を取り除くことが目

的であった。これに対して、今は人口増加のコントロールを科学的な発展観の視野に組み入れ、人口と持続可能な発展戦略の実施を進めることを主眼としている。すなわち、「数量を制御する」ことに留まらず、その他の方面、特に人口の年齢構造の変動にも配慮しなければならない。

さらに、戦略の目標も一歩進んでいる。当時の戦略は「第1歩」であり、出生率を置換レベル以下に下げることが第一目標であったが、今は「第2歩」の0増加の段階にあって、これから100年に及ぶ長い時間の理想的適度な人口目標を考慮しなければならない。21世紀の人口発展戦略を正確に位置づけた上で事業を受け継ぎ、将来への発展の道を切り拓くことで、この戦略を有効に実施することができよう。

③政策的提案について

「第2歩」の人口の0増加を着陸点とする「ソフトランディング」を実現する上で、経済・社会の発展がその基礎になり、資源、環境の保護がその前提になることはまちがいない。人口の数量的制御、構造調整と質的向上の議論においても、全体社会の発展を離れてはいけない。幸いなのは、中国の改革開放から28年の間に経済の高速発展の基礎がつくられ、発展の良好な形勢が引き続き維持され、それによって人口の発展戦略に対しても非常に有利な外部的環境が備えられたことである。

人口そのものについて言えば、当面の人々の出産願望と出産・育成政策の要求との間には常に一定の隔たりがあり、出生率はある程度反発するエネルギーをはらんでいる。このため、上述の「ソフトランディング」目標の実現さえかなり困難を伴う。しかし、この方案は出生率の継続的な引き下げを要求するものではなく、むしろ少し反発した後での相対的な安定を求めている。

したがって、この戦略目標の実現には信頼するに足る保証を提供できる。要は、政策が安定的に実施され、出生率の上昇を最小限に留めることができれば実現できるのである。具体的な出産・育成政策の選択については、次の通りに提案している。

❶都市と農村いずれにおいても、結婚した男女とも一人っ子である場合は2人の子どもの出産を許可する。この1歩は、今直ちに実施できる。現在、既婚の出産適齢女子が一人っ子栄誉書を受け取っている比率は22％程度であり、都市と町の方が農村より高いから「双方とも一人っ子」の結婚に2人の子どもの出産を認めたとしても出生率の上昇は限定的であり、条件を付け加えなくてもよい。

❷農村に対して、一方が一人っ子で結婚する場合、2人の子どもの出産を許し、これも今から実施してもよい。都市と町に対しては、数年遅らせ、2010年以後の実施としたほうがよい。農村では一人っ子の比率がわりに低いため、「一人っ子が2人の子どもを出産できる」ことの影響も限定的である。都市と町の場合、一人っ子の比率はとても高いが、一方が一人っ子である結婚割合はそれほど高くないため、出生率への影響はそれほど大きくない。ただし、2010年に30歳以下の出産適齢女子がさらに減少してから実施したほうがよい。しかし、「一人っ子で2人の子どもを出産できる」政策を実行することは、現実に「一方が一人っ子」である両親の家庭養老と家庭の人口年齢構造を変えることに対して極めて重要な意義をもっている。

❸効果的に3人以上の子どもの出産を禁じる条件下で、農村では性別を問わず2人の子どもを出産してもよい。現在、農村部の実際の合計特殊出生率は2.0前後であり、少数民族を除いて3人以上出産しないことを確保できるなら、生育レベルは大体今のレベルに維持をすることができる。

　私達の「ソフトランディング」方案はなお出生率上昇に多少の余裕を残しているから、本当に「3人を制限し、2人を守る」ことが実現できれば、農村と全体の出産率が大きく反発することにはならない。

第5章

韓国における少子高齢社会への新しい取り組みと課題
——低出産対策を中心に——

朴　光駿
（佛教大学社会福祉学部教授、中国社会科学院人口・労働経済研究所客座研究員）

はじめに

　1960年代以降現在までの韓国出生率の推移は、三つの時期に区分することができる。第1期は1960年以降1970年代までの時期で、1970年に4.53であった出生率は1980年に2.83に低下した。第2期は1980年代から2005年までの期間で、出生率が極端に低くなり、2005年に世界最低水準まで落ち込んだ時期である。第3期は2005年以降の期間で、2006年と2007年のわずか2年間の推移であるが、出生率が上昇傾向を見せている時期である。

　本章は、以上のような出生率の変化の背景を説明し、特に最近見られる出生率回復の背景に、韓国政府の「低出産・高齢社会対策」があるという前提のもとで、韓国において出生率を高めるために行われている中央政府政策と自治体の政策など様々な政策プログラムやアプローチを考察し、そのような政策が抱えている課題を提示することを目的としている。

1　韓国における出生率低下の動向

　1970年に4.53であった韓国の出生率は急激に低下し、1983年に人口維持水準

第5章　韓国における少子高齢社会への新しい取り組みと課題　117

図5−1　韓国における出生率の推移

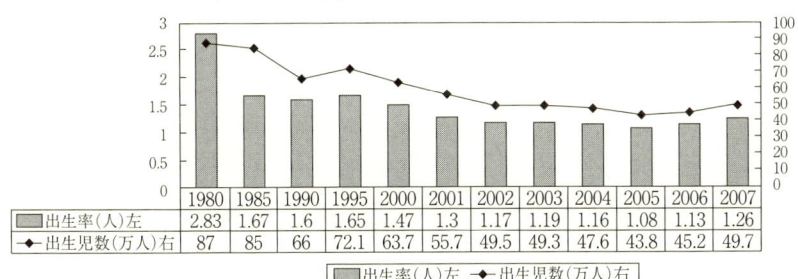

	1980	1985	1990	1995	2000	2001	2002	2003	2004	2005	2006	2007
出生率(人)左	2.83	1.67	1.6	1.65	1.47	1.3	1.17	1.19	1.16	1.08	1.13	1.26
出生児数(万人)右	87	85	66	72.1	63.7	55.7	49.5	49.3	47.6	43.8	45.2	49.7

出所：統計庁データベースに基づいて筆者作成。

と言われる2.1を下回るようになり、1985年以降1.6から1.8の水準で定着していた。しかし、1997年の経済危機以降さらに急激に低下し、2004年1.16に、2005年には1.08までに低下し、香港地域を除いては世界最低水準になった。

1970年に生まれた児童数は当時の全人口の3.2%にもあったが、2005年の出生者数は全人口の0.96%にすぎないので、過去30年間の出生率の低下がいかに急激なものであったのかが分かる［朴（2007）］。急速に進んでいる高齢化は、こうした急激な出生率低下にも大きく影響を受けている。

しかし、図5−1に示されているように、2005年以降出生率と出生児数は2年連続増加の傾向を見せている。2007年には出生率が1.26まで回復していて、出生児数から見ると2005年より5.9万人も増えていることが分かる。

図5−1の数値に基づいてみると、韓国の出生率は2005年までなぜ極端に低下してきたのか、そして2005年以降に見られる出生率の向上ないし回復の兆しにはどのような背景があるのかという二つの説明が求められる。この2点については次節において具体的に検討するが、ここにおいては1980年代以前までの出生率低下について述べておきたい。

韓国における急激な出生率低下を説明するためには、1980年代までの急激な減少と、1980年代以降出生率が極端に低くなっている現象とを分けて見なければならない。1980年代までの場合、つまり多産から少産への急速な移行については、教育水準の向上、国家の家族計画政策、急速な都市化の影響という三つの要因から説明できる。

親の教育水準の向上は少産社会に導く強力な要因であり、国連による地球規模の社会開発政策の重要な根拠にもなっているものである。例えば、ノーベル経済学者のセン（A・Sen）は、中国における急激な生率の低下は、何よりも教育水準の向上の結果であるとも主張している［Sen（1999）］[1]。

　教育水準の向上とともに韓国の少産社会への移行を説明するもう一つの要因は、1980年までの時期は急速な都市化が行われていた時期であり、安定した住宅の確保が容易ではなかった時代であったということである。農村から都市への移住など急激な生活変動の時代であっただけに、多産は考えられないものであったのであろう。

　第3の要因は、国家水準の家族計画政策である。ただ、韓国の家族計画政策については二つの点に注意しなければならない。一つは、計画出産の目標が政策初期には3人、その後は2人までの出産をすすめるものであったこと、そしてもう一つは、家族計画協会という社会団体が主体になって推し進められたものであることから、ある種の強制的性格が薄く、「少産をすすめる社会教育」の性格をもっていたことである。

　韓国において、家族計画の必要性が提起されたのは1950年代半ば頃であり、その時期は韓国（朝鮮）戦争直後のベビーブームが始まった時期でもあった。1960年10月、国際家族計画連盟（IPPF：International Planned Parenthood Federation）の特使が韓国を訪問し、家族計画の重要性と家族計画を推進する民間団体の設立の必要性を強調し、政府もその重要性を認め、1961年4月1日、大韓家族計画協会が設立された（母子保健法第16条に基づき）。以降1999年まで、家族計画事業が公式的国家政策として推進されることになるが、1999年家族計画協会は「大韓家族保健福祉協会」に名称変更され、家族計画事業が公式的に撤回されるようになった。

　1960年代には「3人までの出産」が出産抑制の目標であった。1966年に「3・3・35キャンペーン（運動）」が始まったが、それは「3人の子女を、3年の間隔で、35歳以前に出産しよう」という意味であった。その後、1970年代からは2人までの出産がその目標になった。

　1980年代になると、すでに出産率が2.1を下回るようになるにつれて、家族

計画の重要な目標は「出生性比のアンバランスの是正」に転換された。さらに、1990年代になると「性教育と母子保健事業」が家族計画の主な事業内容となり、やがて家族計画政策は撤回されるようになったのである。

2　極端に低くなった出生率に対する説明

　1980年代以降韓国の出生率は極めて低い水準を維持してきたが、そうした少子化は東アジア国家・地域の共通の現象[2]であり、その背景に教育費の高騰、女性の社会参加の増加（出産・育児と経済活動の両立の困難）などがあると指摘されている。

　韓国と日本、シンガポール、台湾、香港に見られる極端な出生率の低下には、①家族扶養優先の文化、②不十分な国家的家族支援策、③女性の社会経済参加の増加という三つの条件が揃ったことにその原因があり［朴（2007）］、その点についてはエスピン・アンデルセン（Esping-Andersen, 1990）が指摘しているように、家族指向的でカトリック信仰の根強い文化をもつ南ヨーロッパのイタリア、スペインが極めて低い出生率を示している状況と非常に似ているものである。

　OECD国家の低出産率に関するある報告書（Sleebos, 2003）は、最近OECD諸国で見られる出生率低下の決定要因として次のような五つの点を挙げている。
❶子女によって提供される精神的・物資的便益。
❷子供養育に対する直接費用および機会費用。
❸女性の経済的役割変化などの環境変化。
❹自我実現を重視することなどのライフスタイルの変化。
❺社会文化的規範。

---

(1)　しかし、中国国内外の一般的見解は、教育水準の向上より強力な出産抑制政策（1人っ子政策）の影響を強調しているように思われる。多くの学者は計画出産政策が行われなかったならば、中国の人口は現在より3億人程度多くなっているであろうと言っている。
(2)　2004年基準高齢化率を見ると、日本1.29、韓国1.16、台湾1.18、シンガポール1.24、香港0.93になっている［若林（2006）］。

表5－1　低出産の決定要因

要因別	内　容
子女要因	・子女による支援や世話に依存的にならなくなる ・他の財貨に比して、子女提供の精神的便益が低くなる ・子どもの養育費の増加、住宅費用の増加 ・女性機会費用の増加
所得要因	・女性の役割変化―家族への献身より個人経歴の重視 ・所得や経歴、未来に対する不確実性の増加 ・教育期間の延長 ・就職の困難
価値観要因	・自己満足重視の物質主義価値観 ・持続的なパートナーシップ維持の困難 ・同棲の増加 ・パートナーシップの不安定性の増加
社会・職場要因	・家族内責任の不平等な分配 ・所得と経歴における両性平等の低さ ・男性中心の福祉システムと女性の経済的役割の矛盾 ・家族と女性の役割変化に対する社会慣習の否定的態度

資料：三星経済研究所、2005年6月。

　韓国の状況については、三星経済研究所が出生率の低下の要因を**表5－1**のように、子女要因、所得要因、価値観要因、社会・職場要因の4項目にまとめている。

　韓国の出生率低下に最も大きな影響を及ぼしたのは「社会・職場要因」である（三星経済研究所、2005）。したがって、教育費など子女要因の改善に重点を置いた努力は限界があり、出産奨励政策は社会・職場要因の改善が行われなければ出生率の引き上げは困難であるという。

　より簡単に言えば、1980年代以降の出生率低下の原因は概ね二つである。

　一つは、女性の立場から見た時に、出産と経済活動が両立できる社会的支援システムが整っていなかったことである。出産・養育による休職期間中に職場保存（job protection）と賃金補填（wage replacement）が保障されない場合は出産を控えることは予想できることである。

図5-2　女性労働参加率の推移（韓国）

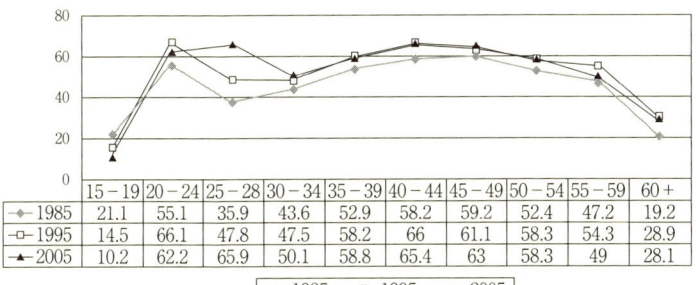

	15-19	20-24	25-28	30-34	35-39	40-44	45-49	50-54	55-59	60+
1985	21.1	55.1	35.9	43.6	52.9	58.2	59.2	52.4	47.2	19.2
1995	14.5	66.1	47.8	47.5	58.2	66	61.1	58.3	54.3	28.9
2005	10.2	62.2	65.9	50.1	58.8	65.4	63	58.3	49	28.1

出所：韓国女性開発院、『女性統計年報』各年度に基づいて筆者作成。

　もう一つの要因は、児童養育費・教育費の負担の重さである。一般に女性経済活動参加率が高ければ高いほど出産率も高くなるが、韓国はそれが52.5％（2005年、OECD 平均57.1％）で低くないにもかかわらず、出産率は OECD 会員国の最下位になっている。その理由は、女性の経済活動を制約する社会経済的事情によるものである。つまり、労働市場において女性に対する賃金差別、母性保護（出産や育児への配慮）への無関心（甚だしくは反感）が改善されていない状況のなかで女性の労働参加が増えていること、それによって女性が出産を延期・放棄していることが韓国における極めて低い出生率の原因であるということである。
　一言で言えば、女性差別こそが出生率低下の真因である。出生率が1.08になった時に、一部のマスコミはそれを女性による「出産ストライキ」と表現したが、それは女性を巡るこうした社会状況に対する現実を指摘したものである。
　女性の労働参加は1980年に42.8％であったが、持続的に増加し、2005年には50％に達している。図5-2は、1985年から2005年までの年齢別女性労働参加率の推移を示すものである。全般的に見て女性の労働参加率は過去20年間において多少増加しているが、最も注目に値する変化は25～29歳の労働参加率の変化である。25～29歳の労働参加率は1985年には35.9％であったが、1995年には47.7％へ、2005年には65.9％までに上昇し、最も労働参加率の高い年齢層になっている。この期間中に出生率は低下の一途をたどってきたので、この年齢層

の労働参加率の急増は、晩婚と出産放棄による出生率の低下を反映していることと考えられる。

3 最近の出生率上昇の背景と少子化に対する政府の取り組み

(1) 出生率回復の傾向とその背景

　2005年に1.08であった出生率が2006年には1.13、そして2007年には1.26へと2年連続上昇の傾向をみせていることはすでに見た通りである。その背景については、政府も深層的分析の上、2008年秋にはその結果を公表するとしている。ここにおいては、出生率の上昇に影響を与えていると考えられる三つの要因について検討したい。

　まず、結婚件数の上昇と離婚件数の低下がある。結婚件数は出生率の上昇に直接影響を与える要因である。2000年に韓国の結婚件数は343,030件であったが、2003年に304,932件まで減少した以降、増加する傾向を見せているが、特に2007年には2000年の結婚件数を上回る348,229件にまで上昇している。反面、離婚件数は2003年にピーク（167,096件）になって以降徐々に減っており、結婚件数の上昇現象と対比されていることが図5－3に明確に示されているのである。

　最近の出生率上昇は、経済状況の改善という観点からも説明できると思われる。韓国は1997年の経済危機以降低成長が続いているが、最近になって経済成長率も多少安定している。経済成長率は2003年に3.1％であったが、徐々に上昇し、2006年には5.0％まで回復している。また、失業率においても2006年には3.5％になっており、わずかながら減少している。こうした経済状況の改善は、経済的理由で出産を回避ないし延期していた家族に出産意欲を高めているということが考えられるのである。

　第3の説明は、出生率上昇に目的を置いた積極的政府政策である。2005年韓国の合計特殊出産率が1.08を記録したことは、韓国政府に大きな衝撃を与えた。

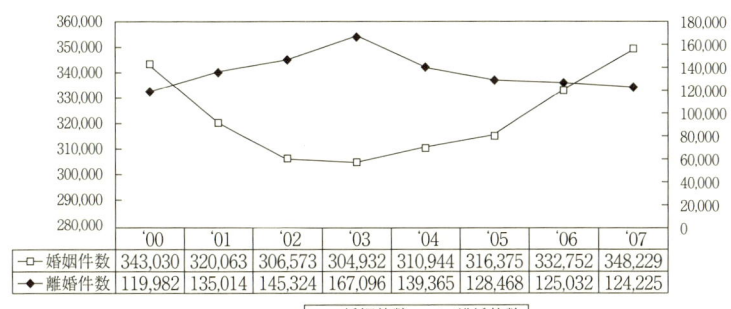

図5-3 年度別婚姻件数と離婚件数

	'00	'01	'02	'03	'04	'05	'06	'07
婚姻件数	343,030	320,063	306,573	304,932	310,944	316,375	332,752	348,229
離婚件数	119,982	135,014	145,324	167,096	139,365	128,468	125,032	124,225

出所：統計庁データベースに基づいて筆者作成。

政府はその原因を、行きすぎた家族計画政策の推進と子どもの養育費負担の増加に求めた。すでに指摘したように、出生率低下の真の原因は女性差別にあるという認識に欠けているという理由で批判も出ていたが、2005年4月「低出産・高齢社会基本法」が成立した。これは2004年に国会に提出されていた四つの関連法案のまとめたものであった。この法律の基本理念は、「人口構造の均衡と質的向上、健康で安定した老後生活の保障」である。

「基本法」とは、重要な国家政策の方向性を示し、個別の法律や制度、政策に関する基本方針を定めることによって関連法律や行政を指導する役割をもつ法律のことを言う。したがって、低出産・高齢社会基本法は、政府の各部署が推し進める低出産対策、高齢社会対策の基本的方向性を提示・規制する重要な法律である。例えば、同法第6条は、「低出産・高齢社会政策に関連する他の法律を制定または改正する時には、この法律の目的と基本理念に一致するようにしなければならない」と規定している。

低出産高齢社会基本法の内容は、大きく分けて三つである。

第一に、低出産に対応する政策である。出産と保育などの支援をその内容とする。

第二は、高齢社会対策である。高齢者の雇用、所得保障、介護保障、シルバー産業育成などがその内容である。

第三の内容は、5年単位で低出産・高齢社会基本計画を策定して施行するこ

表5－2　2008年低出産・高齢社会対策の分野別予算

分　野	2007年予算	2008年予算	増加率
低出産対策分野	3.5兆 KW	4.7兆 KW	34.3%
高齢化対策分野	2.6兆 KW	4.3兆 KW	65.4%
成長動力確保分野	1.5兆 KW	1.7兆 KW	13.3%
合　計	7.6兆 KW	10.7兆 KW	40.8%

出所：「Seromaji Plan 2010」に基づいて作成。

とである。そのための「低出産・高齢社会委員会」（委員長は大統領）が2005年9月1日に発足されている。

この法律に基づいて、「第一次（2006～2010）低出産・高齢社会基本計画」(Seromaji Plan 2010：Seromaji とは、韓国語で「新たに迎える」という意味)がすでに策定され、実行されている。この計画の分野別予算は**表5－2**に示されているが、2008年に低出産・高齢社会対策のために投資される予算は10.7兆ウォン（以下、KW）になっている。長期的には242政策課題に32.1兆 KW を投資する大型計画である。

この計画の三つの実行分野の一つが「低出産対策」部門であり、児童保育の支援、出産の支援などをその内容としている。すでに2007年に3.5兆 KW が投資され、2008年には4.7兆 KW の予算が決定されている。最近の出生率の上昇現象にはこうした積極的国家政策の影響もあると思われるのである。

（2）韓国的アプローチの特徴

次節では低出産対策の具体的内容を検討するが、その前に、低出産・高齢社会基本法のアプローチの特徴について述べておきたい。韓国政府のアプローチには次のような三つの特徴が確認される。

第一は、高齢社会に対応する政策を少子化対策と直接結び付けて取り組もうとしているところである[3]。確かに、高齢化の進展そのものも少子化によって加速されていることであり、高齢社会対策の核心たる年金制度の持続可能性を

確保するためにも、年金保険料を負担する安定した将来労働者層を確保することが不可欠であるように、少子化への取り組みと高齢社会対策が緊密に結び付けられていることを考慮すれば、その二つの問題に総合的にアプローチすることが求められると言えるのであろう。

第二の特徴としては、低出産・高齢化対策を全体としての国民経済と結び付けて推進しようとするものである。低出産・高齢社会対策は多くの保育士や介護福祉士などの雇用、「ケアマネージャ（Care Manager）」などの新しい専門職業の創出が期待される領域であることから、新しい雇用の創出と新しい産業の育成をこの対策に盛り込むことによって低出産・高齢社会対策を一つの経済投資として位置づけているのである。

低出産・高齢社会基本計画は「低出産対策部門」、「高齢社会対策部門」、「成長動力部門」という３部門からなっているが、３番目の成長動力部門は低出産・高齢社会対策を経済投資として位置づけた部門である。例えば、この法律には「高齢親和事業（シルバービジネス）」に関する規定があり、「国家・自治体は福祉商品・サービス産業の育成と福祉用具の開発・生産・普及のために努めなければならない」（低出産高齢社会基本法第19条）としている。

第三の特徴としては、この法律に基づいて策定される推進計画が一つの特定部署（保健福祉家族部）によって進められるのではなく、15の中央政府中央官庁と16の地方政府（広域自治体）が主体になって共同策定・共同推進の体制で進められることになっているということである。

2008年に低出産・高齢社会対策のために投資される予算は、中央政府事業が8.9兆KW、広域自治体事業が1.8兆KW、合計10.7兆KWになっている。**表５－３**で示されているように、保健福祉部だけでなく労働部や教育人的資源部、農林部などの官庁も低出産高齢社会に対応する独自のプログラムとその予算をもっているのである。低出産・高齢社会委員会の委員長が大統領になっている

---

(3) 日本では1995年「高齢社会対策基本法」（法律128号）と2003年に「少子化社会対策基本法」（法律133号）がそれぞれ成立している。この二つの法律は、それぞれ「高齢社会対策会議」と「少子化社会対策会議」を置くことを規定しているが、その議長はいずれも内閣総理大臣となっている。

表5-3　中央部署別低出産高齢社会対策の予算および課題内容(2008年)(単位：億KW)

中央官庁	国家予算			プログラム内容
	2007年	2008年	増加率	
合　計	59,513	89,426	50.3%	225課題
保健福祉部	12,412	32,886	165%	乳幼児健診拡大など75課題
女性家族部	17,919	23,578	31.6%	保育費支援など21課題
労働部	13,974	14,918	6.8%	産前産後休暇拡大など48課題
教育人的資源部	7,129	8,659	21.5%	3・4歳児教育費支援など30課題
文化観光部	4,357	4,919	12.9%	家族単位余暇文化支援など17課題
農林部	1,544	1,211	－21.6%	農業人乳幼児養育費支援など4課題
……				……

出所：企画予算処（2008）「2008年予算・基金案主要内容」、保健福祉部（2008）「Seromaji Plan 2010」

ことも、こうした推進体制づくりのためでもある。

4　韓国における低出産対策

（1）低出産対策における政府間(中央政府―地方政府)関係

現在、韓国には16の広域自治体と、その広域自治体に所属している234の基礎自治体の合計250の自治体がある。

表5-4は、16広域自治団体の人口、高齢化率、所得水準、財政自立度、公的扶助受給率を比較したものであるが、各自治体の間には財政負担能力等においてかなりの格差が存在している。例えば、2006年現在財政自立度の最も高い自治体（ソウル）は94.3%であるが、最低水準の全羅南道の場合は20.2%にすぎない状況にある。網掛けの自治体は農漁村地域を多く抱えている自治体であるが、都市部に比べて財政自立度は軒並み低いこと、公的扶助受給率や高齢化率が高いことが鮮明に表れている。

表5-4 自治体別高齢化率・予算・公的扶助受給者数の比較 (2006年)

自治体*	人口	高齢化率	1人当たり国民所得(US$)	財政自立度**	住民1人当たり予算(KW)***	公的扶助受給率****
広域自治体	47,041,434	9.3	18,553			3.2
ソウル (25)	9,762,546	7.3	22,390	94.3	155.6万	1.9
釜山 (16)	3,512,547	8.7	14,174	70.2	167.8万	3.7
大邱 (8)	2,456,016	8.0	11,743	70.7	141.6万	3.6
仁川 (10)	2,517,680	7.1	16,386	69.2	177.9万	2.6
光州 (5)	1,413,644	7.2	13,813	57.5	169.3万	4.1
大田 (5)	1,438,551	7.0	13,830	72.8	149.9万	2.9
蔚山 (5)	1,044,934	5.3	41,540	65.7	158.5万	1.8
京畿 (31)	10,341,006	7.3	16,847	75.2	105.3万	1.9
江原 (18)	1,460,770	13.0	16,654	26.7	273.6万	4.4
忠北 (12)	1,453,872	12.0	19,315	31.3	144.2万	3.6
忠南 (16)	1,879,417	14.0	27,563	35.3	150.8万	3.9
全北 (14)	1,778,879	14.0	15,327	23.9	156.7万	6.4
全南 (22)	1,815,174	14.0	23,718	20.2	213.2万	6.6
慶北 (23)	2,594,719	14.0	22,732	27.8	145.5万	4.7
慶南 (20)	3,040,993	11.0	19,204	38.8	141.9万	3.4
済州 (4)	530,686	10.0	14,631	33.8	425.8万	6.7

―人口統計(人口、高齢者数)は、2005年のセンサス。
―網掛けの自治体は農漁村地域を多く抱えている自治体。
* ( )の数字は基礎自治体の数。
** 財政自立度＝地方税収＋税外収入/一般会計×100(行政自治部、2007『地方自治団体予算概要』に基づいて算出)
*** 行政自治部(2007)『地方自治団体予算概要』と人口統計に基づいて算出。
**** 保健福祉部(2007)『国民基礎生活保障制度受給者現況』

　しかし、こうした財政格差は中央政府交付金によって埋められていて、住民1人当たりの自治体予算を比較してみても分かるように、実際の予算編成においては地域による格差がさほど大きな問題にはなっていない。

表5－6　社会福祉事業における政府間財政負担率　（単位：％）

社会福祉事業	ソウル			その他の地域		
	中央政府	広域自治体	基礎自治体	中央政府	広域自治体	基礎自治体
国民基礎生活保障給付	50	25	25	80	10	10
嬰乳児保育事業支援	20	40	40	50	25	25
社会福祉施設入所者支援	50	25	25	80	10	10
社会福祉施設建設・装備費	50	25	25	50	25	25
基礎老齢年金[4]	高齢化率、財政自立度によって国家負担が40～90％					

出所：補助金の予算および管理に関する法律施行令（改正、2008.1.15）。基礎老齢年金については、企画予算処（2007）。

社会福祉事業や福祉サービスにおいて、国家（中央政府）は法律に基づいて広域自治体と基礎自治体に財政負担を要求する。社会福祉事業における政府間財政負担率は**表5－6**の通りであるが、ソウルとその他の地域には負担率の違いがあるものの基本的には中央政府・広域自治体・基礎自治体の分担になっていて、地方政府も定められた分担率を負担しなければならない。

しかし、各自治体は福祉事業の義務負担金を負担することに留まらず、住民のニーズに対応して自治体独自の福祉事業を積極的に開発・施行している。この「自治体固有事業」は国家が定めた「国民最低基準」（National Minimum）の福祉事業を超えて追加的に行う福祉事業であるので、いわば「国民最適基準」（National Optimum）を目指すものとも言えるのである。その関係を示すものが**図5－5**である。

地域住民は、国家プログラムに加えて、広域自治体と基礎自治体による独自サービスを受けることになるが、独自の福祉事業を積極的に行なっている自治体の住民とそうではない自治体の住民の間には当然福祉サービスの格差が生じうるのである。したがって、本章においては中央政府の政策だけでなく、自治体のプログラムも具体的に紹介したい。そして、出生率を高めることを目的とした国民年金制度の改革内容とその事例を検討する。

図5－4　国民最適水準を目指す自治体のプログラム

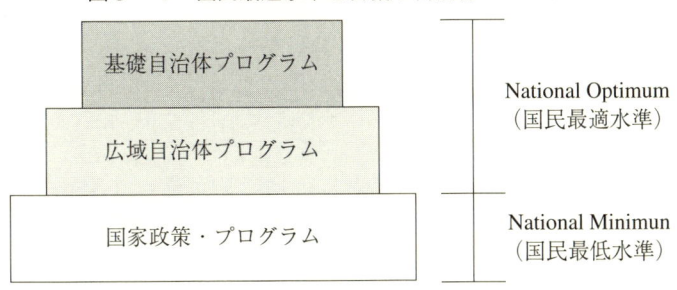

```
       ┌─────────────────┐
       │ 基礎自治体プログラム │        National Optimum
     ┌─┴─────────────────┴─┐      （国民最適水準）
     │   広域自治体プログラム   │
   ┌─┴─────────────────────┴─┐
   │     国家政策・プログラム     │    National Minimun
   └─────────────────────────┘    （国民最低水準）
```

（2）中央政府の政策プログラム

　中央政府の政策プログラムは様々であるが、大別すると、妊娠・出産にかかる経済負担を軽減するためのプログラム、児童保育支援プログラム、低所得者児童の自立支援プログラム、妊婦の雇用保障プログラムの四つにまとめられる。

①妊婦・出産費用支援プログラム

　国民健康公団（国民健康保険の保険者）が2006年時点で行った妊婦と出産関連費用の調査によると、**表5－7**で示されているように、妊婦が産前診察期間中に行う平均検診回数は7.8回、産前診察と出産にかかる総支出は185万KWである。費用の内訳を見ると、本人負担が102万KWで、総費用の55.1％になっている。特に産前検診においては、妊娠中に1人当たり約26万KWを支出している超音波検診（医師の判断による検診は例外）が健康保険給付に含まれていない理由によって本人負担が非常に多くなっている。

　政府は現在、産前診察費56万KWの30～40％に当たる20万KWを支援し、

---

(4) 基礎老齢年金とは、2007年年金改革において導入され、2008年1月1日から実行されている。社会保険ではなく、その財源は全額公費で賄われていて、いわば「老齢手当」のようなものである。この制度は国民年金の死角地帯の解消、老人貧困軽減のためのものである。大型プログラムで、2008年度の予算は1.6兆KW［企画予算処（2007）］である。65歳以上高齢者の60％（301万人）に、国民年金加入者の平均所得の5％に当たる8.4万KWが毎月支給されることになっている。2008年1月から6月までは、70歳以上の192万人の高齢者に、2008年7月以降は301万人の65歳以上の高齢者に年金が支給される。

表5－7　1人当たり妊娠と出産関連費用の支出（2006年基準）

区　分	総費用	健康保険給付の構成		費用	（%）
産前検診	70万 KW	保険者負担		14.0万 KW	(7.6%)
		本人負担	給付	7.4万 KW	(4.0%)
			非給付*	48.6万 KW	(26.3%)
出　産	115万 KW	保険者負担		69.0万 KW	(37.3%)
		本人負担		46.0万 KW	(24.8%)
合　計	185万 KW	－		185.0万 KW	(100.0%)

* 非給付の56万 KW には、平均非給付検診料と超音波検診料26万 KW が含まれている。
出所：国民健康保険公団（2008）。

妊婦の経済負担を軽減することを検討し、近日中に施行しようとしている。実際に、新政府発足後の第一次低出産高齢社会委員会（2008年4月18日開催）においては、これが正式案件になっている。

②児童保育費支援

　子ども養育に対する経済的負担を軽減するために、育児支援を強化している。2010年までに、この部門に32兆 KW の国家予算が投入されることになっている。保育支援対象の児童は2002年には19万人であったが、2007年には77万人にまで拡大され、2008年からは全体児童の70％（都市労働者平均所得の100％以下）に当たる120万人の児童に保育支援が行われることになっている。

　具体的には、都市労働者世帯の月平均所得の70％（2008年278万 KW）以下である所得の世帯児童に対して、保育費の60％を支援（2007年には50％）している。都市労働者月平均所得100％（398万 KW）以下の場合は、30％支援（2007年は20％）となっている。また、満5歳児童に対する無償保育費支援制度が設けられている。これは都市労働者月平均所得100％（398万 KW）以下世帯の5歳児童に、月157,000KW（2007年162,000KW）を支援するプログラムである［企画予算処（2007）］。

　その他、出生後6歳まで1人当たり7回の無料検診（うち2回の口腔検診含む）を行う事業、地域児童センター、放課後アカデミー、青少年読書室などの

拡充などがある。

　障害児を対象とする無償保育も2003年以降強化されている。2008年現在、父母の所得に関わりなく、障害児保育に月372,000KWが障害児保育施設に直接支援されている。2008年5月現在、全国147障害児保育所で約9,000人の障害児が保育されていて（保健福祉部、障害児保育所現況）、保育施設の施設長、保育士、特殊教師、治療士、放課後教師に対しては人件費の80～100％が支援されている。

　韓国では、障害者差別禁止法が2008年4月11日から施行され、1年後の2009年4月11日からは障害者の便宜施設提供に関する義務事項が大幅に強化されることから、障害児保育所に対する車両提供などが行われることと予測されている。

③低所得者児童の自立支援プログラム（CDA）

　児童発達支援口座（CDA：Child Development Account）は、低所得層児童の自立基盤を強化するために2007年4月から導入されたプログラムである。アメリカのIDA（Individual Development Account）など世界的に広がる傾向にある「資産形成政策」のプログラムであり[5]、韓国の「社会投資プログラム」の一つである。

　CDAは、児童福祉法の規定によってその保護義務が政府にある「要保護児童」が対象であり、対象児童の保護者あるいは後援者が毎月8万KW以内の金額を貯金した場合、毎月3万KWまで児童貯金と同額の支援金を口座に積み立てるものである。

　このように最長18年間積み立てた場合、総額3,866万KWになり18歳になってから学費、創業費、居住確保などに使うことができる。2008年2月末基準で、

---

[5] アジアの先例としては、シンガポールのCDA、台湾台北市のFDA（Family Development Account）がある。シンガポールのCDAは2001年からスタートしたもので、主に次の二つの事業からなっている。①第2子出生時に500S＄、5歳までに毎年500S＄（総額3,000S＄）、第3子にはその2倍のベビーボーナスを支給、②児童にCDAを開設させ、親が貯金した分に「1：1」のマッチング支援（年間限度1,000S＄）し、親は児童保育などの目的に何時でも使用可能にする［李テジン（2008）］。

総加入者は32,079人、貯蓄児童数はその90％の28,330人で、加入児童の月平均貯蓄額は28,893KW である（保健福祉部、内部資料）。

④妊婦の雇用保障プログラム（AA）

　女性に対する積極的雇用改善措置（AA：Affirmative Action）は韓国社会の大きな課題であるが、政府はこの分野の改善にも乗り出している。AA の対象企業を500人以上の労働者を雇用している企業にまで拡大しながら、雇用改善企業に対する支援も強化している。

　その一つである「妊娠・出産後継続雇用支援金」は、妊娠16週以上の妊娠期間中、もしくは産前休暇中に雇用契約期間が満了する非正規職女性労働者（派遣労働者、短期労働者など）を、正規職労働者として再雇用（契約変更）する企業主の雇用改善努力に対して支援を行うものである。

　この制度は2006年から施行されたが、2008年4月30日以降以上のような再契約が行われた場合、その企業主に最初の6か月に月60万 KW、次の6か月には月30万 KW、1年間合計540万 KW を支援するものである（労働部告示第2008－22号、2008：雇用保険法第23条に基づいた告示）。

（3）地方自治体の政策プログラムの事例[6]

　地方自治体が主体になって出産奨励策として行う独自事業は、多子家庭に協力的地域社会をつくることを目的とした事業、出産奨励、そして保育・養育費支援という三つに分けることができる。

①児童をもつ家庭・多子家庭に協力的地域社会づくり

　広域自治体が主体になって、児童をもっている家庭、多子家庭に協力的な社会雰囲気をつくるために行っている事業の代表的なのは「多子カード」事業である。2人あるいは3人の子どもをもつ家族にそのカードを発行し、様々な優遇を提供するものである。

　例えば、2006年からこの事業を行っている釜山市の場合、2000年以降3人子

どもをもっている1.6万世帯に「家族愛」というカードを提供している。そのカードを使用する時の優遇は「学習塾受講料の20〜50％割引、出産・幼児用品購入の時20％割引、検診費用の30％割引、遊園地利用の50％割引、児童癌保険への無料加入、定期預金の金利優遇（0.2％）」などになっている。

② 出産奨励金

　大半の広域自治体および基礎自治体は、新生児に対する出産奨励金を提供している。広域自治体の場合、忠清北道は第２子に120万 KW、第３子以上に180万 KW を支援している。大都市と農村地域の中で、それぞれ最も多額の出産奨励金を出している基礎自治体は次の二つの自治体である。
- ソウル市中区——第２子20万 KW、第３子100万 KW、第４子300万 KW……第８子1,500万 KW、第９子2,000万 KW、第10子以上3,000万 KW。
- 全南宝城郡——第１子240万 KW、第２子360万 KW、第３子以上600万 KW

③ 保育・養育の支援

　大半の広域自治体および基礎自治体は、新生児に対する保育費・養育費支援を行っている。したがって、利用者から見ると自治体の支援を重ねて受けることになる。例えば、慶尚北道英陽郡の住民の場合は表５−８のようなサービスを重ねて受けることになる。

　保育費支援としては、慶尚南道の場合、第３子以上に４歳（48か月）まで月17万 KW を支援している。

　新生児に対する健康保険料支援を行っている自治体もあるが、慶北蔚津郡の場合、第３子以上の子どもに対して、健康保険料として月10万 KW を５年間支援（18歳までの保障性保険、満期時には800万 KW の保険金が出るもの）し、満期時に学費に使うように支援している。

---

(6) 以下の内容は主に、保健福祉部（2008）「地方自治団体別低出産対策主要独自事業」に基づいている。

表5-8　慶尚北道英陽郡の住民の場合

基礎自治体（英陽郡）提供分	すべての出生児童に、第1子は月3万KW、3年間 第2子は月5万KW、3年間 第3子は月10万KW、5年間
広域自治体（慶尚北道）提供分	保育費支援：第3子から、4歳まで月20万KW 出産奨励金：第3子から、月10万KW、1年間

出所：保健福祉部（2008）に基づいて筆者作成。

（4）出産クレディット（credit）の導入——国民年金の改革

　国民年金制度においても、2007年改革の時に「出産クレディット」が導入され、2008年から実行されている。国民年金クレディット制度とは、社会的に望ましい（価値ある）行為を行った時、もしくは不可避な事由によって国民年金保険料を納付することができなかった場合、受給権の保障、適切な水準の給付保障のために該当者に加入期間を追加的に認める制度である。韓国では第2子出産時は12か月、第3子出産以上はそれぞれ18か月間国民年金に加入したものと認めるものである。また、兵役義務の履行時には、その加入期間が6か月追加的に認められて全額国庫負担になる（国民年金法第19条）。

　2008年1月1日以降に第2子以上を出産した人が対象になる。追加認定期間中の認定所得は、国民年金全加入者の最近3年間の月平均所得（2008年の場合は167万KW）として算定し、老齢年金の受給権を獲得した時にその加入期間を認める。加入期間は合意によって父か母の加入期間とするが、合意がない場合は父母均分する。その財源は国家と国民年金基金が分担する。出産の範囲については、新生児だけでなく養子も含まれる（国民年金法施行令第25条）。この制度による年金支給の事例は**表5-9**にまとめられている。

表5-9　出産クレディト適用事例

―対象者：「A氏」、57歳（1951年生）、配偶者（43歳）
―出産：2008年2月12日、第3子出産
―早期老齢年金を請求
―年金加入期間：15年11か月（実際の加入期間）＋18か月（クレディット認定）
　　　　　　　＝17年5か月
―早期老齢年金の支給率は満額の78.5％適用
　18か月の認定によって月24,420KWが多くなる
―A氏の期待余命（2008年財政計算）は23年7か月
　24,420KW×23年7か月＝6,910,860KW（2008年価値）
―扶養家族年金の加算（出産後18歳までの子ども）月11,400KW
　11,400KW×216か月（18年）＝2,462,400KW
―追加年金総額：6,910,860万KW＋2,462,400KW＝9,373,260KW
―参考に、A氏の年金額：給付額358,260KW＋扶養家族年金39,900KW＝
　398,160KW
　扶養家族年金は、配偶者1人（17,100、子女1人と親1人11,400×2）

出所：国民年金公団の資料に基づいて作成。

5　韓国低出産・高齢社会対策の課題

（1）高齢者の貧困と経済的格差

　高齢者政策の基本的条件は所得保障である。しかし、韓国は所得保障制度が立ち遅れた状況のなかで急速な高齢化を迎えていて、大規模の高齢者貧困が発生している。政府は基礎老齢年金の導入などを通じて高齢者の所得保障を強化しながら、一方では経済力をもっている高齢者層の存在を見込んで、高齢親和産業を振興することを高齢者対策の基調としている。例えば、低出産高齢社会委員会は2008年を前後とし、ベビーブーム世代の引退が始まるにつれて高齢親和産業の需要が爆発的に増加すると展望している。しかし、現実は楽観的ばかりではない。

　図5-5に示されているのは、世帯主年齢別平均資産および平均所得の比較である。所得においても資産においても60歳までに増加し、それ以降低下して

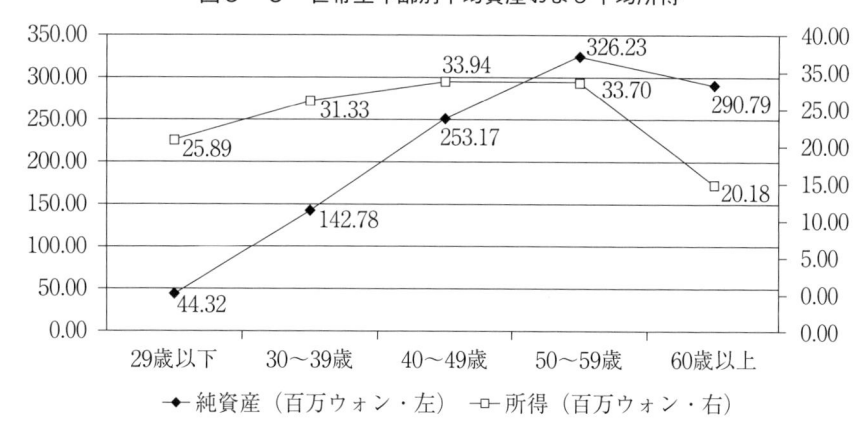

図5-5 世帯主年齢別平均資産および平均所得

	29歳以下	30～39歳	40～49歳	50～59歳	60歳以上
純資産（百万ウォン・左）	44.32	142.78	253.17	326.23	290.79
所得（百万ウォン・右）	25.89	31.33	33.94	33.70	20.18

出所：財政経済部（2007）「2006年家計資産調査分析」、統計庁（2007）「2006年家計収支動向」に基づいて作成。

いくという面においてはほとんどの国の状況と類似している。確かに、高齢者の資産は高い水準にあるが、その解釈には平均的統計には示されていない韓国の特有の事情に注意する必要がある。

一つは、資産に占める不動産の割合が極めて高いということである。アメリカ36％（2004年）、カナダ50％（2005年）、日本61.7％（2004年全国消費実態調査）に比べて韓国は76.8％（2006年）になっている［財政経済部（2007）］。これは、大半の財産を住宅に投資している韓国特有の事情を反映しているが、この事実は資産を生活費として活用することが難しくなっていることを意味している。

もう一つ考慮しなければならないのは、高齢者間の格差である。中高年の資産分布調査によると50歳以上の世帯主の世帯において、上位10％が全資産の49.3％を保有している［南サンホ・権スンヒョン（2008）］。

このような事情から、サービス利用に伴う自己負担のために介護サービスの利用を断念する高齢者も少なくないと推測される。2009年5月末現在、韓国の老人療養施設は2,016か所で定員76,216人であるが、実際の入所者数は62,677人であり、入所率は82.2％である（韓国健康保険公団への聞き取り調査）。低

い入所率の重要な理由が経済的負担にあるということは、筆者の現地調査でも確認されている。高齢者の貧困問題が解消されない限り、高齢親和産業の活性化も期待できないのである。

　夫婦の場合、基礎老齢年金の最高額は14万KW程度であるが、これは長期療養保険サービスの100万KW分の本人負担金に当たる。基礎老齢年金の実施に伴って、長期療養サービス利用の需要も多少は上昇するかもしれない。全国民を対象とする国民年金制度が成熟し、本来の役割を果たすようになるまでの当分の間でも、基礎老齢年金のような所得保障プログラムを強化していくことが求められているのである。

（2）出生率低下の真の原因の追及

　韓国において2000年代に入ってからの福祉拡大をもたらした最も重要な要因は、少子化であると言われている。そして、出生率を高めるための様々な試みが中央政府のレベルで行われ、自治体も競って出産・育児支援プログラムを打ち出している。しかし、低出産対策は出産率低下の真の原因に関する正確な認識に基づいたものでなければならない。さもなければ、政策の実効性が期待できず、財政的負担だけが膨らむ可能性があるからである。

　出産奨励金の支給などの直接的支援に対しては、疑問の声も出ている。例えば、アメリカは特別な出産奨励政策をとっていなく、出産による女性有給休暇もない［対外経済研究院（2009）］にもかかわらず高い出生率を示しているからである。

　このような指摘は、出産に対する直接支援ではなく、労働市場政策を通じて出産率の増加を目指すことが正しいアプローチであるという主張の論理的根拠になっている。女性の「就業、出産、再就業」の過程をより容易にする政策を通じて、女性の労働市場参加率を高める政策が正しいアプローチであるということである。しかし、こうした政策にも条件があり、それは育児サービスの供給の確保である。したがって、育児サービスの充実と公的支援は少子化対策の基本とも言えるのである。

社会・家族の不平等、つまり女性の出産と育児に配慮しない社会文化・企業文化、家事や育児負担の大半を女性に押しつける家庭環境の下で出生率の回復を期待することはできない。社会文化の見直しが求められる。また、平等で理想的な家族の姿とは何かについての社会的合意づくりも重要である。

ここで指摘しておきたい最も大きな課題としては、「出生率をなぜ高めなければならないのか、という問題に対する理念的裏づけを提示すること」であると指摘したい。その課題をクリアするためには、まず1960年代以降行われてきた家族関連の国家政策に対する反省が必要である。

前述のように韓国では、1960年前後から家族計画に対する社会的キャンペーンが行われた。当時の理念とは「経済発展のためには出産を抑制しなければならない」というものであった。「小さな家族のサイズ」があたかも「望ましい家族形態」であり、また「経済社会発展の条件」であるというような雰囲気を国家自らが国民に押し付けていたのであり、その反面、望ましい家族とは何か、なぜ望ましい家族形態が経済発展に貢献できるのか、そのために何をしなければならないのかという疑問に答えられる政策理念の開発を看過していたのである。

その結果、韓国の家族には量的な変化（少産）は行われたものの質的な側面においては大きな変化が見られないまま1980年代を迎えるようになる［Park KJ（2007a）］。つまり、出産が減少し家族のサイズは、小さくなったものの男女が共同で家事・育児を行う家庭内の男女平等文化、男児・女児を同等に尊重する男女平等意識の成熟といった「家族の質における変化」までには至らなかったのである。

ところが、1980年代以降になると韓国社会において極端な出生率の低下が起きるようになったが、その真の原因は「家族・社会における女性差別」であったことは指摘した通りである。韓国に出生児の男女比率のアンバランスが一時期見られたのは、こうした現象の証になるのであろう。つまり、家庭内では、出産・養育・家事・介護などの大半の負担が女性にのしかかる現実が依然として存在するなかで、経済活動に参加している女性は出産の放棄を余儀なくされたのであり、それこそ出生率低下の真因であったのである。

出生率上昇を目指す政策を推進して行くためには、以上のような歴史的経緯に対する正確な認識が前提されなければならないのである。

　韓国の歴史上、平等な家族への合意づくりの機会がなかったわけではない。1960年代以降家族計画政策においては「近代的家族像」が叫ばれていたが、近代的というものの中身は「小規模の家族」とされ、その理由は「社会経済発展に有利であるから」というものであった。

　本当に重要なのは子どもの人数といった形式的な変化ではなく、男女平等意識の成熟、男女が共同で家事・育児を行うことといった「家族の質における変化」であるという社会的共感を広げようとする努力を怠っていたのである。しかし、不幸にも家族計画政策以降も変化が見られなかった根深い男女不平等の現実こそ、今日韓国の出生率を世界最低の水準までに追い込んだ真の原因になっている。にもかかわらず、最近の政府政策を見ると、過去の過ちを繰り返しているような印象さえ受ける。というのは、出生率が世界最低水準になるや、政府は今度「複数の子供の家族が理想的である」という宣伝に乗り出しているからである。

　過去と比べると政策内容は、子どもを減らす方向から増やす方向へと正反対に変わっているが、その根底にある考え方はまったく同じで、それは「社会経済発展に貢献する家族がよい家族である」というものである。発展主義福祉レジームの特徴が明らかに映し出されている場面である。つまり、「経済社会発展のために」という理由をもって、今度は「出生率を上げてください」と訴えているのが現状である。筆者は、こうした現象を「理念の変化なき政策の変化」［Park KJ（2007a）］と名づけている。

　東アジア国家においては、経済発展優先主義が長期間追い求められてきたことなどから、東アジアの社会政策を経済中心主義、発展主義、そして最近では「生産主義（Productivism）」［Holliday and Wilding（2003）］と表現する研究者もいるが、韓国少子高齢社会対策にはこうした生産主義的傾向からの脱却が求められていることを率直に認めたい。

　韓国政府の新しい取り組みに女性に対する積極的雇用改善、子どもを持っている家族に対する協力的コミュニティの建設などの政策が多く含まれているの

も事実であり、その点については評価しなければならない。しかし、「少子社会危機論」を公然に広げることよりは、「なぜ、出生率を上げなければならないのか」という質問に答えられる「政策理念の開発」と、それに対する「国民の合意」を得ることが大きな課題であると思われる。

参考文献一覧

・「国民年金法」
・「低出産・高齢社会基本法」
・企画予算処（2007）「2008年予算・基金案主要内容」
・保健福祉部（2007）「2006年国民基礎生活保障受給者現況」
・保健福祉部（2008）地方自治団体別低出産対策主要独自事業。
・保健福祉部（2006）第一次低出産高齢社会基本計画（2006～2010）
・朴光駿（2004）『高齢社会の老人福祉政策：国際比較的観点』ヒョンハク社
・三星経済研究所（2005）『外換危機以降低出産原因分析』
・李テジン（2008）韓国型資産形成支援プログラム、韓国保健社会研究院。
・統計庁『高齢者統計』（各年度）人口統計データベース。
・行政自治部（2007）『地方自治団体予算概要』
・国民健康保険公団（2008）「妊出産関連医療利用形態および費用分析」
（以上、韓国語文献）

・Esping-Andersen, Gosta（1990）The Three World of Welfare Capitalism、Polity Press.
・Fukuyama, F.（1995）Trust: the social virtues and the creation of property、Free Press.
・Holliday, I. and Wilding, P.（2003）Welfare Capitalism in East Asia、Palgrave Macmillan.
・Park Kwang Joon（2007）Family Ideology of East Asian Countries and the Social Policies for the Low Fertility-Aged Society in Korea、International Scientific Symposium between Three Countries、South Korea、China and Japan、15-16 November、2007、Dongguk University Seoul
・Sleebos（2003）Low Fertility in OECD Countries。
・OECD（2007）OECD Health Data.
・Sen, Amartya（1999）／大石訳『貧困の克服——アジア発展の鍵は何か』集英社新書、2002年。

・朴光駿（2004）「社会政策の評価研究――韓国生産的福祉政策を素材に」第110回社会政策学会。
・朴光駿（2007）「東アジアにおける公的年金制度改革の比較」社会政策学会編、社会政策学会誌18号『経済発展と社会政策』。
・若林敬子（2006）「近年にみる東アジアの少子高齢化」『アジア研究』.Vol. 52 No. 2

第3部

東アジアにおける少子高齢化の原因と問題点

第6章 東アジアの現状

原田　康平（久留米大学経済学部教授）

はじめに

　筆者は第3章「日本の少子化の現状と今後」において、日本の少子化が高度成長に始まる経済の変遷と密接に関わりながら進んできたことを示した。すなわち、経済成長は産業構造の転換をもたらし、日本の家族の有り様を短期間のうちに変貌させた。例えば、1950年の日本では45％が農業に従事し、5人以上の世帯が54％を占めていたが[1]、そのわずか35年後の1985年、農業従事者は8％、5人以上の世帯は20％まで減少した。

　そして、バブルが崩壊した1990年代になると経済は長期にわたって停滞し、若者をめぐる雇用環境は激変した。このようななか、女性のライフスタイルも大きく変わらざるを得ないが、雇用システムや育児環境など社会システムがその変化に追い付いていているとは言えない。このことが、日本の少子化の背景となっているものと考えられる。

　しかしながら、少子化は日本のみならず、韓国や香港など東アジアでも著しく進行している。ここでは、韓国、香港、シンガポールおよび中国における少子化と経済社会の関係を検証し、これらの国・地域の現状を考える。

1　東アジアに共通する少子化

　図6－1に示しているように、東アジアの各国・地域は、全域を覆った戦争の影響によってかなり共通した人口特性をもっている。

　日本の各歳人口は1947～1949年生まれの第1次ベビーブーム世代、1971～1974年生まれの第2次ベビーブーム世代の突出を特徴としている。一方、韓国は朝鮮戦争が終わった1954年から出生数が増え、1982年前後の生まれまで幅広い団塊世代が存在する。また、香港とシンガポールは1946年から出生数が急増し、1955～1965年生まれが高い山をなしている。そして、中国の場合は、1949年までの内戦と1950年代終わりの大躍進運動の影響から、出生増は1962年に始まり、1962～1976年および1982～1991年生まれが2,000万人を超えている。

　このように、個別要因による違いはあっても、人口構造がかなり突出したベビーブーム世代をもち、明確な釣鐘型をなしているという点で変わりはない。

　この背景に、近年の少子化があることは言うまでもない。図6－2は、各国・地域の粗出生率と粗死亡率(以下、本文のなかではそれぞれ「出生率」、「死亡率」と略す)の推移を示している。日本の少子化が1957年までの第1段階、

図6－1　中国、韓国、シンガポール(以上2000年)、香港(2001年)および日本(1985年)の各歳人口

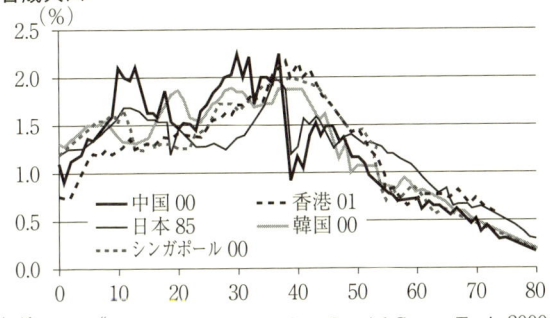

出所：UN, "Demographic Yearbook — Special Census Topic 2000 Round"。

---

(1)　総務省統計局（1987）『日本長期統計総覧（第1巻）』日本統計協会、参照。

図6−2　東アジア少子化地域の粗出生率（左）と粗死亡率（右）の推移

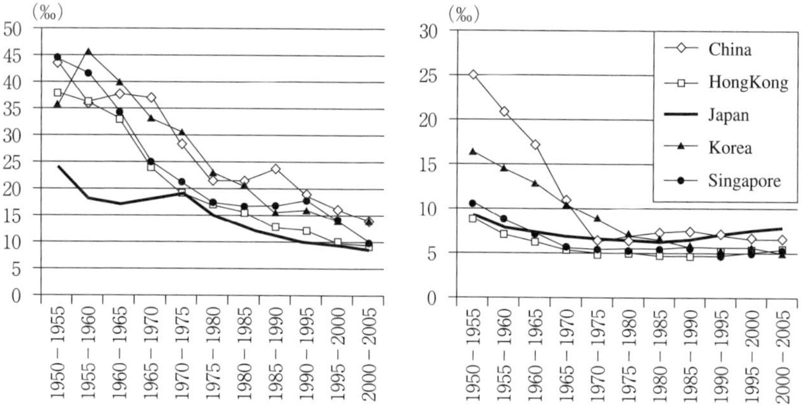

出所：UN, "World Population Prospects：The 2008 Revision Population Database", esa/un.org/unpp。

すなわち多産から少産への移行（出生率35‰前後→17‰前後）と、1975年以降の第2段階、人口置換水準を大幅に下回る少子化（出生率17‰前後→9‰前後）に分けられることを第3章で指摘した。同じ視点で見れば、各地域の1960年前後から1970年代までの少子化は、出生率が35〜45‰から始まっており、日本でいう少子化第1段階に相当している。

さらに、1990年以降もすべての国・地域で出生率は下がり、2005〜2010年の推定値は香港、シンガポールが日本と同じ8.2‰、韓国9.5‰、中国13.5‰となっている。したがって、中国以外は明らかに第2段階に入ったものと考えられる。

同じように、今日まで少子化が進んでいる地域としてマカオ（2007年の合計特殊出生率0.95[2]）、台湾（同じく2007年1.12[3]）、タイ（同じく2000〜2005年1.81[4]）が挙げられるが、これらの国・地域は十分な統計データが入手しにくく、ここでは中国、韓国、香港、シンガポールを対象として東アジア少子化地域と総称し、現状を個別に検証する。

2　韓国の少子化と経済成長

　図6-3は、韓国の合計特殊出生率（以下、TFRと略す）と出生数の推移、および2000年における各歳人口の差分を示している。後者で大きいマイナスを示している56、57歳（1943年、1944年生まれ）は太平洋戦争中、50、49歳（1950年、1951年生まれ）は朝鮮戦争による減少であり、一方プラスでは45歳が大きいピークとなっている。またTFRは、1955年頃から1960年前後までが高く、それから1984年の1.76まで緩やかに低下した。出生数は1971年まで100万人を超え、そのあとの低下も緩やかであるため、2000年で言えば20歳代半ばから40歳代半ばまでかなり広いベビーブーム世代が存在する。

　その後、1990年代前半に出生数が増えているが、これは先のベビーブーム世代が出産年齢に達したことによっており、1993年からTFRは再び低下、2005

図6-3　韓国の合計特殊出生率（TFR）と出生数（1969年以前の出生数は前後5年間の中間値）（左）および2000年における各歳の人口差（右）

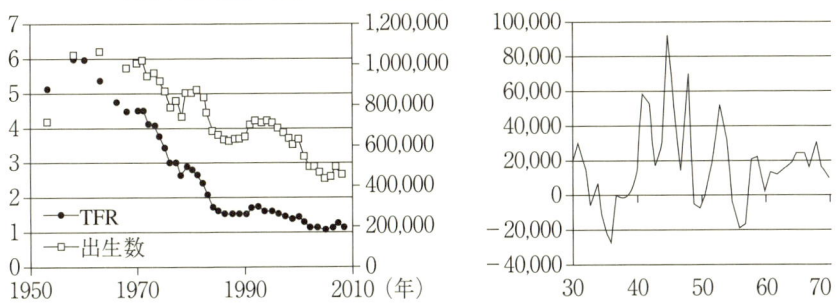

出所：1969年以前のTFRは、UN, "Demographic Yearbook - Historical Supplement 1997"。1969年以前の出生数は、UN, "World Population Prospects：The 2008 Revision Population Database", esa/un.org/unpp。1970年以降は、Statistics Korea, "Korean Statistical Information Service", www.kosis.kr/eng/index.html。

---

(2)　UN, "Demographic Yearbook 2007" 参照。
(3)　Office of the President, "The Republic of China Yearbook 2008", www.president.gov.tw/en 参照。
(4)　UN, "World Population Prospects：The 2008 Revision Population Database", esa/un.org/unpp 参照。

図6-4 韓国の実質 GDP および年成長率の推移（1970年以降は SNA93、1990年価格、1969年以前は SNA68、1975年価格）

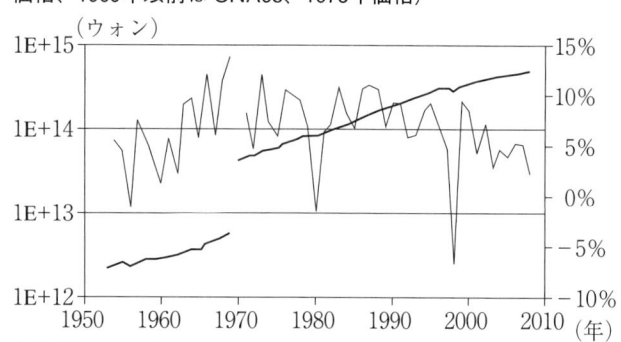

出所：1969 年以前は、UN, "UNdata National Accounts Official Country Data", data.un.org。1970 年以降は、UN, "National Accounts Main Aggregates Database", unstats.un.org/unsd/snaama/resQuery.asp。

年には日本を下回る1.08まで落ち込んだ。

以上のことから、ここでは韓国の出生動向を次のように分けたい。

- 少子化第1段階（1960年前後～1980年前後）──TFR 6→1.76，出生率45‰→16‰
- 少子化第2段階（1993年以降）──TFR 1.78→1.1～1.2，出生率17‰→9‰

次に、韓国の経済成長を見よう。**図6-4**は、実質 GDP と年成長率の推移を示している。韓国の高度経済成長は1960年代半ばに始まったというのが通説であり、GDP 成長率も1963年の9.1％に始まって、1969年までの平均は9.7％に達している。その後、第2次石油ショックやアジア通貨危機などの影響を被りながらも、2002年まで平均して高い成長率（7.2％）を実現してきた。しかし、2002年から2008年までの平均成長率は4.0％まで下がり、減速傾向が明確となってきている。

そこで、ここでは韓国の経済段階を次のように分ける。

- 1963～2002年──高度成長段階（平均成長率7.2％）
- 2003年以降──安定成長段階（同じく4.0％）

図6-5 韓国の人口、生産年齢人口および従属人口指数の推移

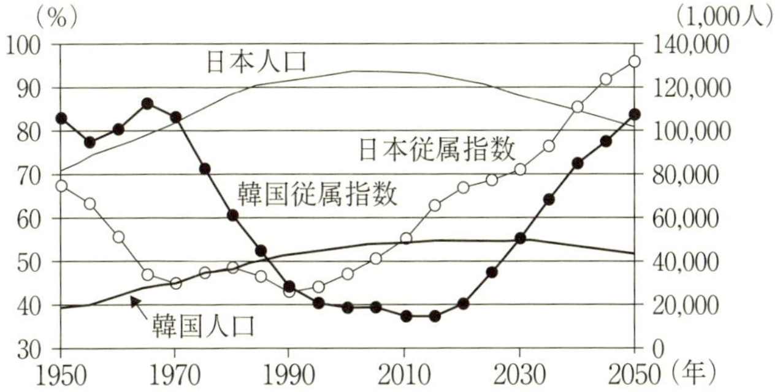

(グラフ：日本人口、日本従属指数、韓国従属指数、韓国人口の推移、1950年～2050年)

出所：UN, "World Population Prospects：The 2008 Revision Population Database", esa/un.org/unpp。

このように、韓国では少子化と高度成長の開始時期がほぼ重なり、また少子化第2段階に入った10年ほど後に成長が鈍化したなど、日本と時期的なずれはあるものの、「少子化第1段階→第2段階」と「高度成長→安定成長」が前後して進行した点は変わらない。

次に、経済成長と人口ボーナスの関係を見てみよう。

図6-5は、韓国の人口、生産年齢人口および従属人口指数(従属人口÷生産年齢人口。以下、従属指数と略す)の推移と将来予測を日本のデータとともに示している。韓国では、1955年から1965年までベビーブームによって従属指数は上昇し、その後、ベビーブーム世代の成長と緩やかに進んだ少子化により低下に転じた。従属指数は「1人の生産年齢人口で何人の従属人口を養うか」であるから、「人口ボーナスの多さ(の逆数)」と解することができる。この値が低下する時期と低いレベルに留まっている時期を「人口ボーナス期」と呼ぶなら、韓国の人口ボーナス期は1970年から2015年までが該当する。

日本の場合、高度成長期の大半は従属指数が低下する時期、安定成長期は従属指数の底から底まで、低成長期は上昇期にほぼ対応している。韓国の場合は、1965年から1995年までが従属指数の低下期であり、これはほぼ高度成長期と重なっている。また、従属指数が平坦となった時期と成長が鈍化した時期が近いという点でも日本と共通する。なお、韓国の従属指数上昇は2010年代と予想されている。

図6−6 韓国における産業別就業者数の推移（電気・ガス・水道業は第2次産業に分類）

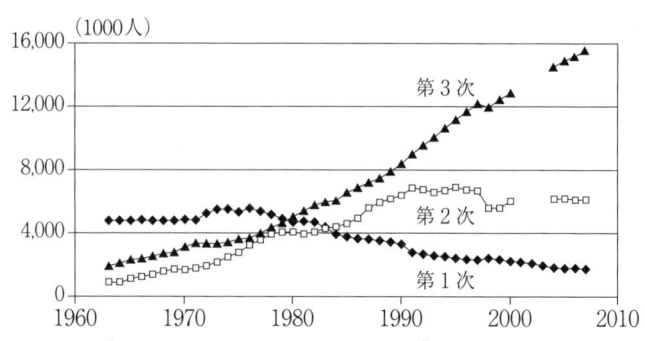

出所：Statistics Korea, "Korean Statistical Information Service", www.kosis.kr/eng/index.html。ただし、2004年以降の第2次、第3次就業者数は次のデータを用いて推定した。ILO, "LABORSTA internet, Labour Statistics Database", laborsta.ilo.org。

図6−7 産業別就業者割合

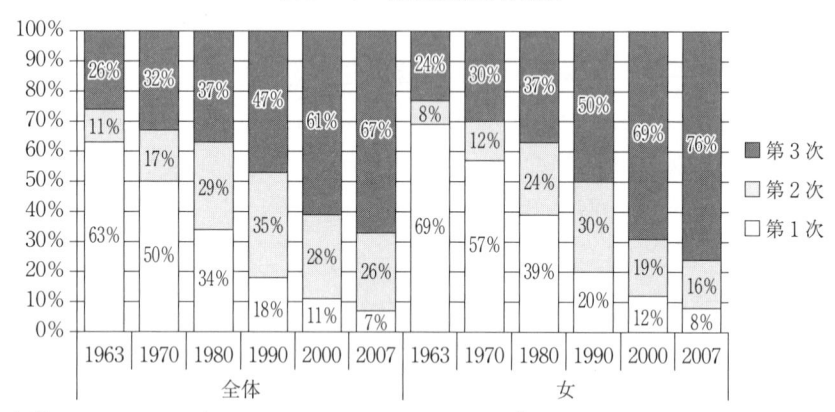

	全体						女					
	1963	1970	1980	1990	2000	2007	1963	1970	1980	1990	2000	2007
第3次	26%	32%	37%	47%	61%	67%	24%	30%	37%	50%	69%	76%
第2次	11%	17%	29%	35%	28%	26%	8%	12%	24%	30%	19%	16%
第1次	63%	50%	34%	18%	11%	7%	69%	57%	39%	20%	12%	8%

出所：Statistics Korea, "Korean Statistical Information Service", www.kosis.kr/eng/index.html。ただし、2004年以降の第2次、第3次就業者数は次のデータを用いて推定した。ILO, "LABORSTA internet, Labour Statistics Database", laborsta.ilo.org。

図6−6、図6−7は、それぞれ韓国の産業別就業者数および割合の推移を示している。1963年における第1次産業の割合63％は1910年の日本の水準に等しく、就業者数は1977年まで緩やかに増加した。この点、高度成長期に入ると同時に第1次産業の就業者が減少した日本とは様相が異なっている。第2次産

図6-8 日韓の産業分類別就業割合（2007年）

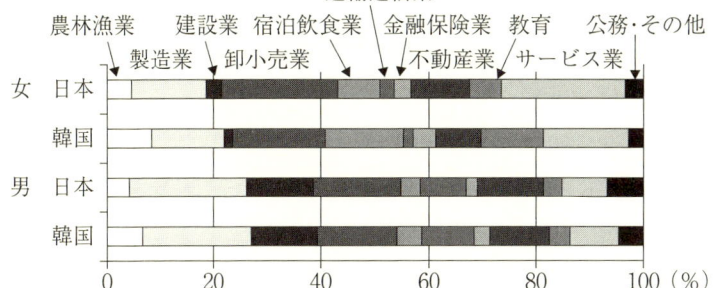

出所：ILO, "LABORSTA internet, Labour Statistics Database", laborsta.ilo.org。

図6-9 2007年における韓国の産業分類別月収（製造業・男＝100）

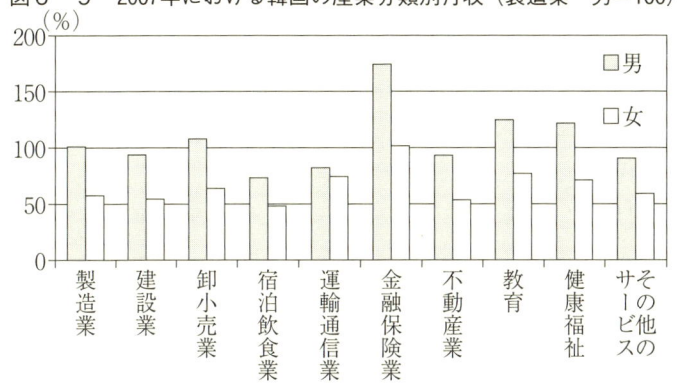

出所：ILO, "LABORSTA internet, Labour Statistics Database", laborsta.ilo.org。

業は1990年まで増加してから減少に転じたのに対して、第3次産業は1980年に最大産業となった。

　図6-8は、日韓における2007年の産業分類別就業割合を男女別に示している。男は日韓でそれほど大きい差異は見られないが、韓国の女性では、農林漁業、宿泊飲食業、教育が多く、卸小売業、サービス業が少ない。

　図6-9は、2007年における製造業・男を基準とした産業分類別男女別の月収である。なお、製造業・男の平均月収は約312万ウォンとなっている。

　まず目につくのが、全産業に存在する明らかな男女格差であり、第1次産業

図6-10 ソウルおよび全羅南道における5歳階級人口割合の推移

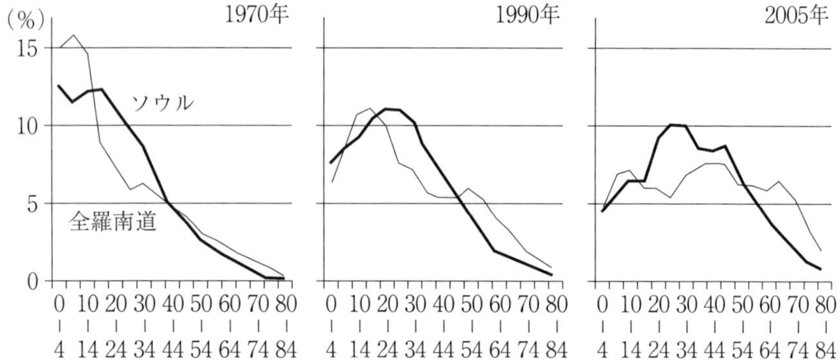

出所:Statistics Korea, "Korean Statistical Information Service", www.kosis.kr/eng/index.html。

を除く産業平均で、女性は男性の63%しかない。最も高い金融保険業の男に比べると、女性の収入は多くの産業で3分の1以下に留まり、女性の就業比率が高い宿泊飲食業が最も低い。

次に、韓国の地方格差と家族の変貌を示す。

図6-10は、中心都市であるソウルと典型的な地方である全羅南道の年齢構成であり、すでに1970年の段階で全羅南道では20〜34歳層が少なく、若年人口が多いという格差が見られる。さらに、1990年には全羅南道の年少割合も落ち込み、2005年には高齢層の割合だけが高くなっている。このように、韓国では若者の都市への流出が激しく、地方で高齢化が著しく進んでいる。

図6-11は、同じくソウルと全羅南道における世帯人数の推移であり、いずれも世帯人数は速いペースで少ない方にシフトしている。1980年に全羅南道で56.8%であった5人以上世帯、38%の6人以上世帯は2005年にそれぞれ10%、3%まで激減し、5%でしかなかった単独世帯が25%に増え、2人世帯と合わせて55%に達した。わずかに1世代を経ただけで、韓国地方部の家族像は激変したことになる。また、中心都市ソウルでも基本的な傾向は変わらない。

図6-12は、女性の労働力率を5歳階級で示している。1960年の労働力率はすべての年代が30%前後と低く、高度成長期に入っていずれも上昇しているが、25〜29歳、30〜34歳の伸びは鈍い。後述するように、1980年の女性の未婚率は

図6-11　ソウルおよび全羅南道における世帯人数分布の推移

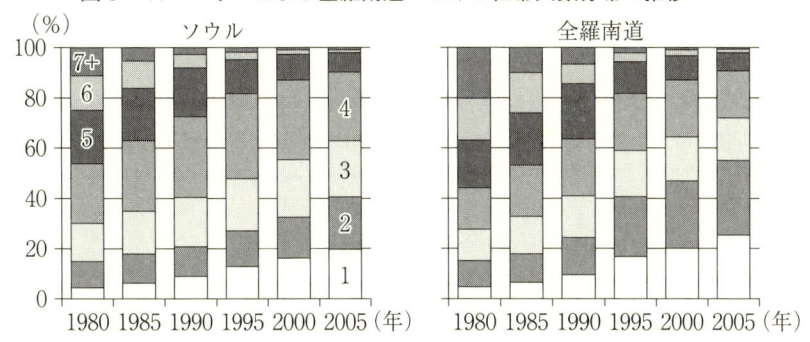

出所：Statistics Korea, "Korean Statistical Information Service", www.kosis.kr/eng/index.html。

図6-12　韓国における女性の労働力率の推移

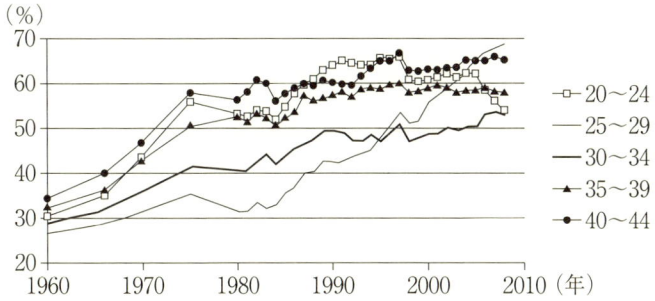

出所：1975年以前は、ILO, "LABORSTA Internet, Labour Statistics Database", laborsta.ilo.org。
　　　1980年以降は、OECD, "OECD.Stat Extracts", stat.oecd.org/Index.asp。

25～29歳で14.1％、30～34歳で2.7％にすぎず、1980年代までこの年代の女性の実に多くが専業主婦であったことが分かる。その後も30～34歳層の伸びは緩やかで、2008年でも53％に留まっている。

　一方、1980年代半ばから25～29歳の労働力率はかなり速いペースで上昇し、特にアジア通貨危機の後に大きく伸びた。1980年代半ばに25～29歳とは、韓国の386世代（1960年代生まれ、1980年代の大学紛争時代を経験し、1990年に30歳代）に相当し、女性の社会進出の先鞭とされることが多い。

　図6-13は、高等教育機関への進学率であり、1990年から2000年の間に80％以上まで急上昇している。この水準は日本の50％台をはるかに超え、家計の教

図6-13 高等教育⁽⁵⁾進学率

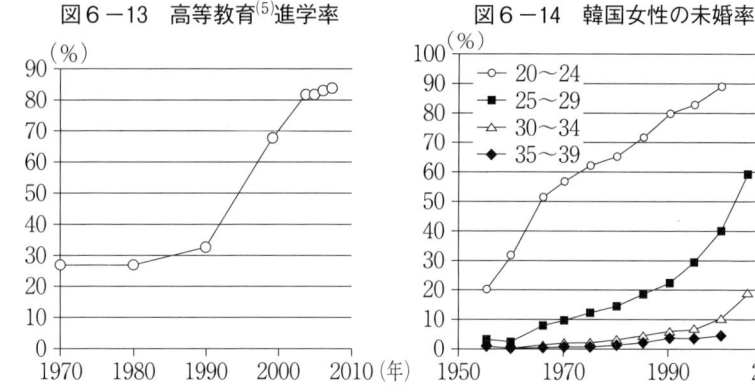

出所：労働政策研究・研修機構「データブック国際労働比較2009」。

図6-14 韓国女性の未婚率

出所：UN, "Demographic Yearbook - Historical Supplement 1997", 2005年のデータは韓国女性政策研究院発表新聞報道。

育費負担の重さを示唆している。

図6-14は、女性の未婚率の推移を示している。比較的低かった25～29歳、30～34歳の未婚率は2000年、2005年に急上昇し、25～29の未婚率59.1％は日本の59.0％と変わらない水準に達した。このような動きは、**図6-12**で指摘した25～29歳層の労働力率急上昇と密接に関わっているものと考えられる。

図6-15は、平均月収の推移を示している。あくまで名目賃金であるが、アジア通貨危機までほぼ年率10％を超える高い伸びであったものが、2004年以降は明らかな減速傾向を示している。したがって、「成長鈍化→所得の伸び鈍化」は1970年代半ばの日本と変わらないが、韓国の少子化第2段階はもう少し早い時期に始まっている。

図6-16は、OECDが報告している日韓の所得格差であり、韓国では1990年代に入って格差の拡大、とりわけ上位の上昇が目立っている。韓国が日本より格差社会であるとはよく指摘されることであるが、現実には1990年代後半以降にしか当てはまらず、この時期は少子化第2段階とほぼ重なっている。

以上のように、韓国の少子化と経済社会の変遷は、時間的なずれを別として多くの点で日本の推移と酷似している。すなわち、経済の急速な成長とともに産業構造が変化、都市への人口集中が進み、伝統的大家族が分解されてきた。

図6-15　男女の平均月収（名目）と男の伸び率の推移

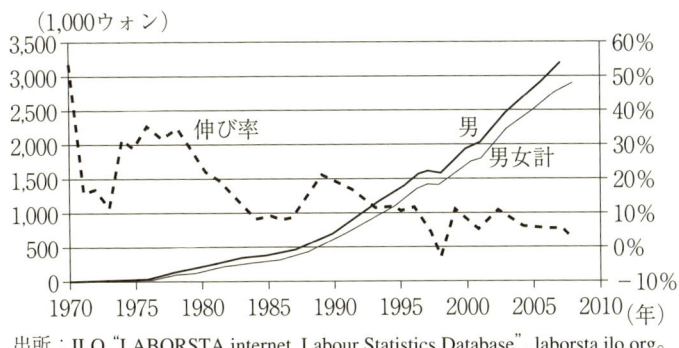

出所：ILO, "LABORSTA internet, Labour Statistics Database", laborsta.ilo.org。

図6-16　日韓の所得格差の推移（D9／D1：第9十分位÷第1十分位、D9／D5：第9十分位÷第5十分位、D5／D1：第5十分位÷第1十分位）

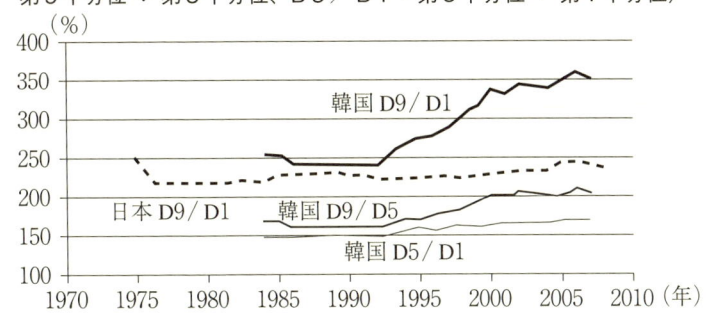

出所：OECD, "OECD.Stat Extracts", stat.oecd.org/Index.asp。

　また、本論では触れなかったが、1997年の通貨危機以降、韓国でも年功賃金制が崩れつつあることや非正規雇用が増加していることが指摘されている[6]。例えば、既述した386世代のほか、韓国では「88万ウォン世代」という言葉がある。1980年前後に生まれ、アジア通貨危機後に社会人となったものの、厳しい雇用環境により88万ウォン程度の収入しか得られない非正規雇用者を指している。

---

(5)　2年生専門大学などを含む。
(6)　例えば、黄秀慶／友岡有希訳（2006）「韓国の賃金構造」大原社会問題研究所雑誌、No.571、pp1～15や、横田伸子（2003）「韓国における労働市場の柔軟化と非正規労働者の規模の拡大」大原社会問題研究所雑誌、No.535、pp36～54など。

彼らは1950年代のベビーブーム初期世代の子ども達であり、その境遇は日本のジュニア世代とよく似ている。

したがって、韓国においても、ベビーブーム・高度成長の過程で産業構造の転換と人口移動に伴う家族像の変化が進み、女性の就労も上昇して、これらが成長の鈍化とともに少子化の要因となっていることが考えられる。

3　香港の少子化と経済成長

図6-2に示したように、香港とシンガポールは日本より15年余り遅く、しかし韓国と中国より10年ほど早く少子化第1段階に入った。ここでは香港、次節でシンガポールを検証した後に中国に触れたい。

まず、経済成長の面から見ると、公式統計がある1962年からすでに年率10％を超える成長を実現している（図6-17）。上下は大きいが、1989年に急落した後に10％を超えた年はない。したがって、ここでは香港の成長段階を次のように区切る。

- 高度成長段階——1961年前後～1988年（平均成長率8.5％）
- 安定成長段階——1989年以降（平均成長率4.2％）

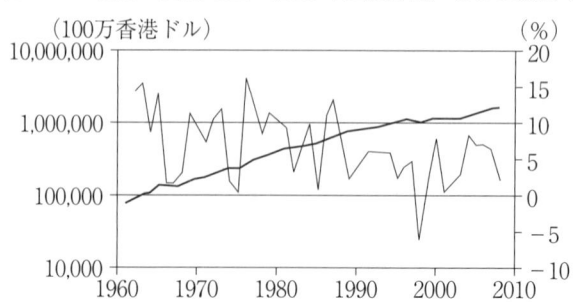

図6-17　香港の実質GDP（2007年連鎖方式）および成長率の推移

出所：Hong Kong Census and Statistics Department, "Hong Kong Statistics", www.censtatd.gov.hk/hong_kong_statistics/index.jsp

図6-18 香港のTFRおよび粗出生率（CBR）の推移

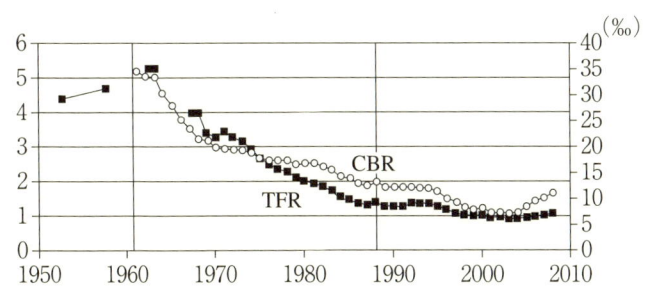

出所：粗出生率および1971年以降のTFRは、Hong Kong Census and Statistics Department, "Hong Kong Statistics", www.censtatd.gov.hk/hong_kong_statistics/index.jsp。1963年のTFRは、UN, "World Population Prospects：The 2008 Revision Population Database", esa/un.org/unpp と UN, "Demographic Yearbook - Historical Supplement 1997"。

図6-19 1986年および2001年における香港の各歳人口

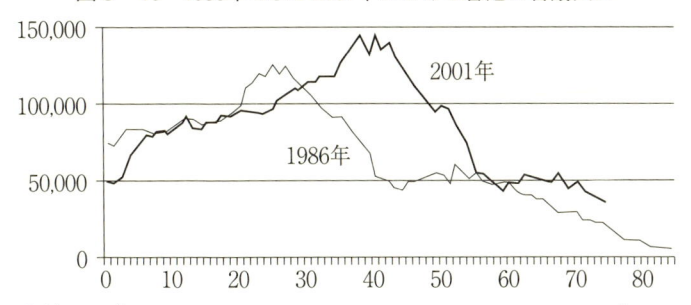

出所：UN, "Demographic Yearbook — Special Census Topic 2000 Round"。

なお、日本と異なり香港の外需依存度は高く、GDPに占める輸出入総額は1961年で96％、2008年には405％にも達している。香港経済を域内市場だけで論じることはできない。

図6-18は、香港のTFRと出生率であり、いずれも1963年前後から急速に下がっている。1986年の各歳人口（**図6-19**）を見ると、日本の占領下にあった1941年から1945年まで（1986年時点で41～45歳）の出生数が大きく落ち込み、1961年（同じく25歳）を中心に1955～1965年（21～31歳）生まれが突出して多い。つまり、1955～1965年にベビーブームがあったということであり、この後のTFR急落が少子化第1段階と見なされる。

一方、いつまでを少子化第1段階とするかの判断は難しいが、一応1986年のTFR1.37まではほぼ同じペースで低下しているように思われる。出生率の低下は1970年あたりから緩くなっているものの、これは親世代（ベビーブーム世代）の人口増加に由来している。その後、1995年からTFR、出生率とも低下を再開し、2003年のTFR 0.90を底として、わずかに回復傾向を示している。

以上のことから、ここでは香港の出生動向を次のように分類したい。

- 少子化第1段階――1966～1986年
- 少子化第2段階――1995年以降

既述したように、高度成長段階は1961～1988年までと考えられるから、少子化第1段階が高度成長段階とほぼ重なり、少子化第2段階は安定成長段階の半ばから始まっている。

なお、1986年と比べて2001年の各歳人口は全体に上にシフトしている。この間にかなりの人口流入があったということであって、中国本土と隣接している香港の人口問題は単純ではない。

図6-20は産業別就業者数の推移であり、後述するシンガポールとともに、香港では第1次産業の就業者がもともと極端に少ない。高度成長末期に当たる1980年代には第2次産業も頭打ちとなり、第3次産業だけが増え続けている。したがって、高度成長とともに多くの就業者が第1次産業から第2、3次産業に流れた日本および韓国と、そもそも第1次産業が少なかった香港、シンガポールではかなり様相が異なっている。

図6-21は、産業別就業者の割合をもう少し細かく示したもので、男女とも製造業の割合が急速に減少し、男性は卸・小売・飲食・宿泊業、運輸・通信業、金融・不動産業に、女性は卸・小売・飲食・宿泊業、金融不動産業、サービス業にシフトしている。このように、2008年段階で香港の就業者は90％以上が第3次産業に集中している。

図6-22は香港の製造業従事者の所得の推移であり、1994年まで10％台を維持していた収入の伸びはその後にほぼ一貫して低下している。

第6章　東アジアの現状　159

図6-20　香港の産業別就業者数の推移

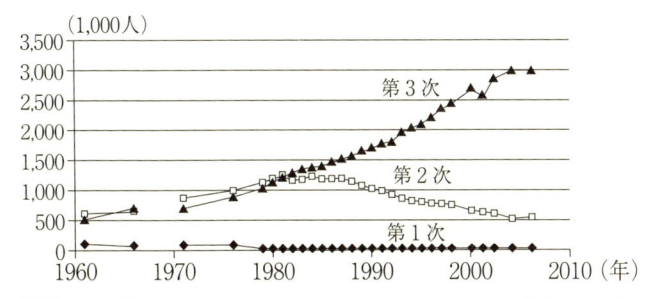

出所：ILO, "LABORSTA internet, Labour Statistics Database", laborsta.ilo.org。

図6-21　男女別主要産業就業割合の推移

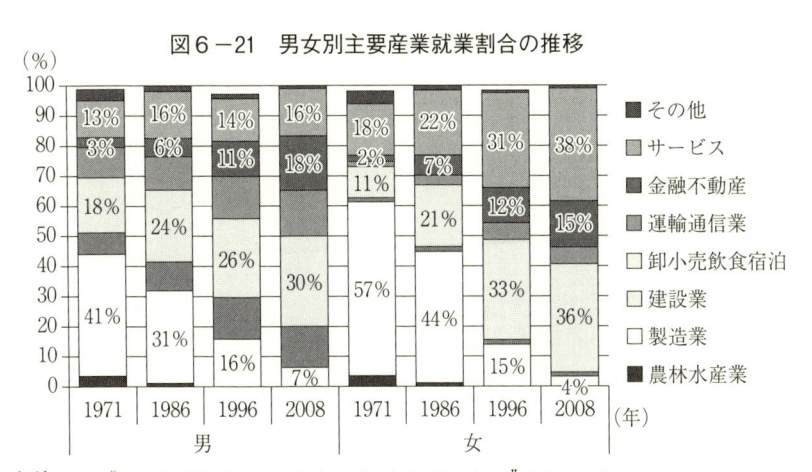

凡例：
- その他
- サービス
- 金融不動産
- 運輸通信業
- 卸小売飲食宿泊
- 建設業
- 製造業
- 農林水産業

出所：ILO, "LABORSTA internet, Labour Statistics Database", laborsta.ilo.org。

図6-22　香港の製造業従事者の平均日給の推移

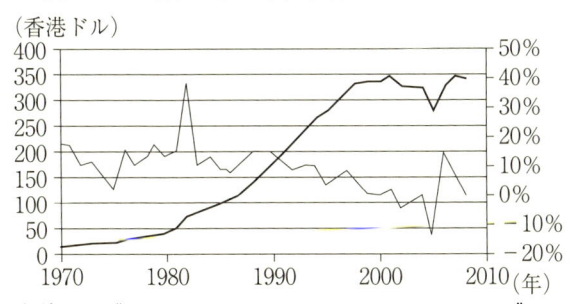

出所：ILO, "LABORSTA internet, Labour Statistics Database", laborsta.ilo.org。

160　第3部　東アジアにおける少子高齢化の原因と問題点

図6-23　2008年の香港における産業別男女別平均月収

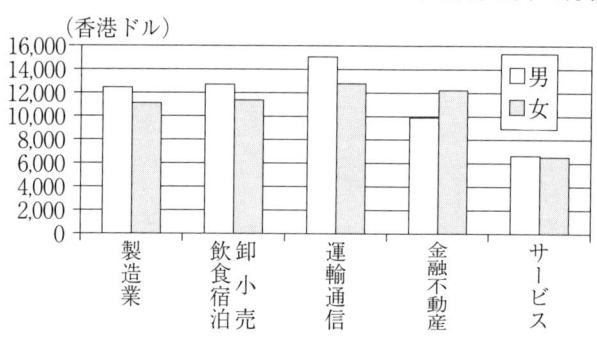

（香港ドル）

□男　□女

製造業／飲食宿泊／卸小売／運輸通信／金融不動産／サービス

出所：ILO, "LABORSTA internet, Labour Statistics Database", laborsta.ilo.org。

図6-24　1990年、2005年における香港および日本の世帯人員数分布

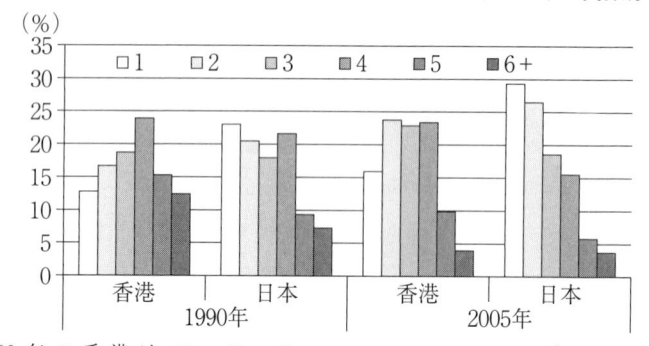

（%）

□1　□2　□3　■4　■5　■6+

香港　日本　　　香港　日本
　　1990年　　　　　2005年

出所：1990年の香港は、Hong Kong Census and Statistics Department, "Hong Kong Socail and Economic Trends 2001 Edition"。2005年の香港は、Hong Kong Census and Statistics Department, "Hong Kong Socail and Economic Trends 2009 Edition"。日本は、国立社会保障・人口問題研究所（2009）『人口統計資料集2009』。

　産業別に見ると、**図6-23**に示しているように、サービス業の収入は他産業に比べて大幅に低い。これらのことは、香港でも所得の伸びが止まるとともに、格差も広がっていることを示している。

　図6-24は、香港の世帯人員数の分布を日本とともに示している。1990年と比べると、香港の2005年は5人以上が減り、単独と2人世帯が増えているが、日本と比較すれば世帯人数は少なくない。なお、日本の平均世帯人数1980年3.2人、1990年3.0人、2005年2.6人に対して、香港は1982年3.9人、1990年3.5人、

図6−25 香港における女性の年齢階級別労働力率

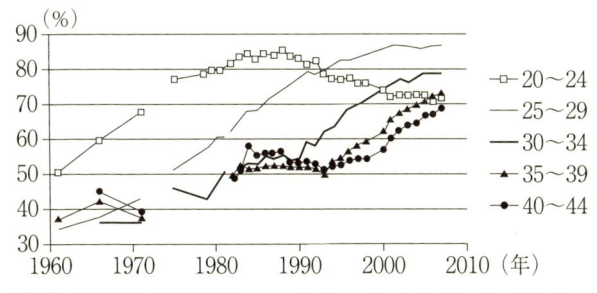

出所：ILO, "LABORSTA internet, Labour Statistics Database", laborsta.ilo.org.

2005年3.0人となっている。

　香港の世帯人数が日本より多い理由としては、香港の狭さと人口密度の高さが考えられる。就学にせよ就職にせよ、子どもが遠くに離れることはあまりなく、また住居費の高さもあって、成人しても親と同居する子どもが多いと言われている。日本と同様に、これが未婚率の高さに貢献している可能性も否定できない。

　図6−25は女性の5歳階級別労働力率であり、年代とともに興味深い変化を示している。高度成長初期と考えられる1961年では20〜24歳が50％、25歳以上は40％以下とかなり低い。しかし、25〜29歳は1970年代、30〜34歳は1990年代、40〜44歳は2000年代に入ってから速いペースで上昇している。

　言い換えれば、就労した25〜29歳の女性が年を経ても就労を継続し始めたということであり、半分近くの女性が専業主婦化していた香港において、1960年前後に生まれたベビーブーム世代から社会進出が一般化したと言える。さらにうがった見方をするなら、30歳前後の時期に起こった安定成長への転換と1997年のアジア通貨危機が彼女たちを職場に留めたと言えるかもしれない。

　とはいえ、**図6−26**に示しているように、2006年における女性の配偶関係別労働力率を見ると、25歳以降の既婚女性は未婚者より20％前後低くなっている。結婚あるいは出産により離職する傾向が、なお根強いことが分かる。

　図6−27は、5歳階級別の女性の未婚率である。香港でも高度成長末期から未婚率の上昇が激しく、25〜29歳および30〜34歳女性の労働力率アップと並行

図6−26　配偶関係別女性の労働力率（2006年）

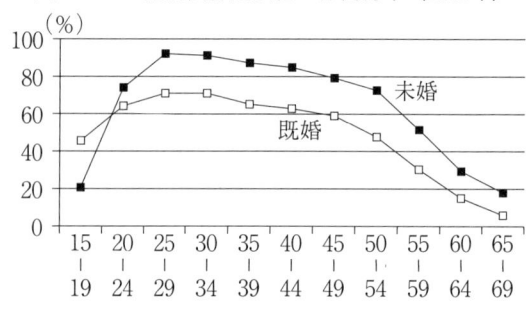

出所：Hong Kong Census and Statistics Department, "Hong Kong Statistics", www.censtatd.gov.hk/hong_kong_statistics/index.jsp

図6−27　香港女性の5歳階級別未婚率の推移

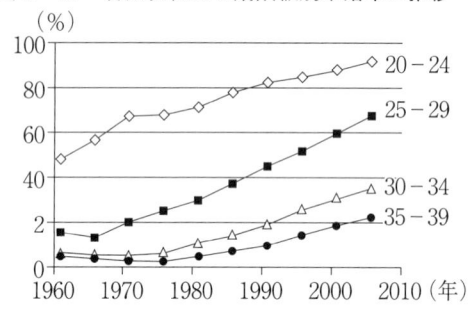

出所：1991年以前は、UN, "Demographic Yearbook — Historical Supplement 1997"。1996年以降は、Hong Kong Census and Statistics Department, "Hong Kong Statistics", www.censtatd.gov.hk/hong_kong_statistics/ index.jsp。

している。2006年の値20〜24歳92.4％、25〜29歳67.7％、30〜34歳35.0％、35〜39歳22.6％は、2005年における日本の値（それぞれ89.4％、59.9％、32.6％、18.6％）を全年齢層で上回っている。この点、安定成長から低成長段階で女性の未婚率が上昇した日本、通貨危機で未婚率が急上昇した韓国と状況はよく似ている。

最後に、香港の従属指数を図6−28に示している。図中の枠は高度成長期であり、従属指数の低下が鈍化したところで高度成長が終わった日本、韓国の結果と基本的に変わらない。

図6-28　香港の人口と従属指数の推移と予測

出所：UN, "World Population Prospects : The 2008 Revision Population Database", esa/un.org/unpp。

4　シンガポールの少子化と経済成長

　図6-29は、シンガポールの実質GDPと年成長率の推移である。年成長率は1961年にすでに8％に達し、1960年代後半は13％を超える高い成長と遂げている。いつまでを高度成長期とするかの判断は難しいが、成長率の5年移動平均は1996年に6.9％に低下して以降、比較的低いレベルにある（1995年から2008年までの平均成長率は5.4％）。あるいは、1998年のアジア通貨危機による低下を例外とすれば、2001年を成長率鈍化の転換点と考えることもできる

図6-29　シンガポールの実質GDP（2000年価格、連鎖方式）と年成長率および5年移動平均

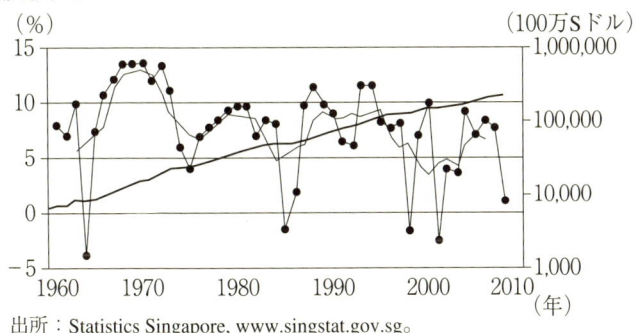

出所：Statistics Singapore, www.singstat.gov.sg。

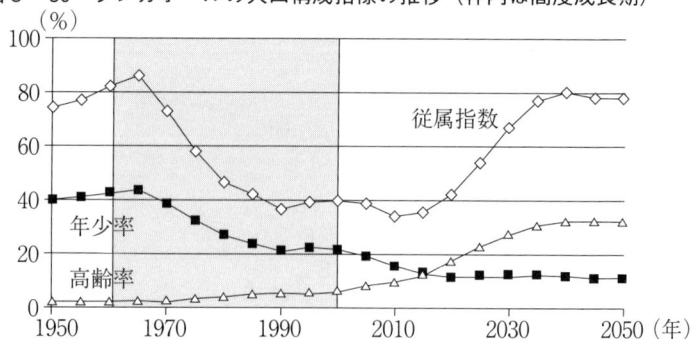

図6-30 シンガポールの人口構成指標の推移（枠内は高度成長期）

出所：UN, "World Population Prospects：The 2008 Revision Population Database", esa/un.org/unpp.

(2000～2008年の平均成長率4.9％)。

そこで、ここでは次のように分類したい。

- 高度成長期——1960年（？）～2000年（平均成長率8.2％）
- 安定成長期——2001年以降（平均成長率4.9％）

人口構成指標の推移は図6-30の通りであり、従属指数と高度成長の関係は韓国とかなり類似している。

図6-31はシンガポールのTFRを、図6-32は2000年における各歳人口を示している。1958年に6.0であったTFRは、1977年の1.77まではほぼ一貫して低下し、その後は比較的安定していたものの、1998年から再び低下、2002年から低下ペースを速めて、2007年の1.29は日本を下回る水準にある。

一方、2000年の各年齢人口では、53歳から55歳の間に大きいギャップがあり、シンガポールでも太平洋戦争終了から2年後にベビーブームが起こったことが分かる。その後のTFR低下が日本より緩やかであったことから、ベビーブーム世代の幅は広く、40歳を中心に極めて大きい団塊が存在する。

図6-33は、1980年、1990年および2000年における40～44歳他の既婚女性の子ども数分布、図6-34は、これから算出した近似的な平均子ども数の推移を示している。

第6章 東アジアの現状 165

図6-31 シンガポールのTFRの推移

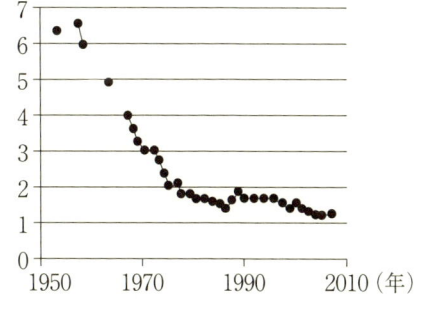

図6-32 2000年におけるシンガポールの各歳人口

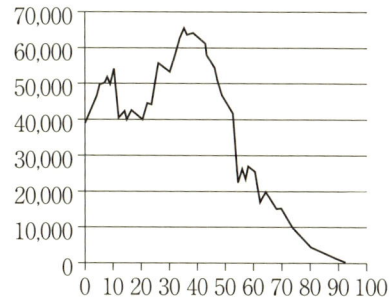

出所：1997年以前は、UN, "Demographic Yearbook — Historical Supplement 1997"。1998年以降は、UN, "Demographic Yearbook" 各年版。

出所：UN, "Demographic Yearbook — Special Census Topic 2000 Round"。

図6-33 各年代における40〜44歳既婚女性の子ども数別割合

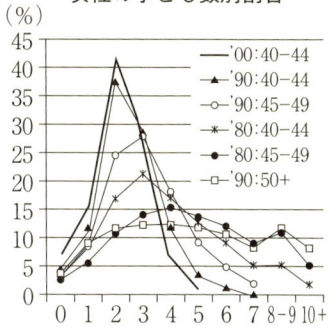

図6-34 出生年別平均子ども数の推移

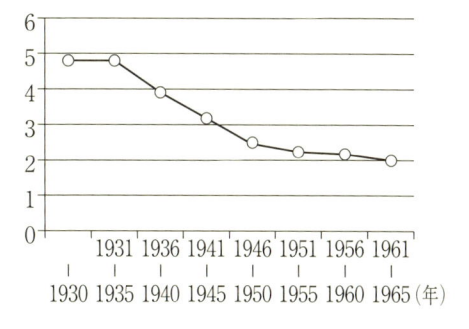

出所：1990年以前は、UN, "Demographic Yearbook — Historical Supplement 1997"。2000年は、UN, "Demographic Yearbook — Special Census Topic 2000 Round" より算出した。

出所：UN, "Demographic Yearbook — Special Census Topic 2000 Round"。

図6-35　シンガポールの産業別就業者数の推移

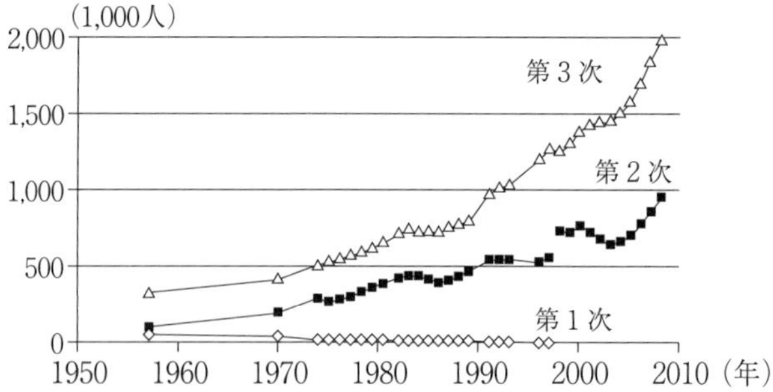

出所：1997年以前は、ILO, "LABORSTA internet, Labour Statistics Database", laborsta.ilo.org の ISIC-2分類で集計。1998年以降は、Statistics Singapore, www.singstat.gov.sg のデータから、Manufacturing と Construction を第2次、Services を第3次とした。

　1980年の50歳以上の子ども数は1人から10人以上まで広がっていたが、時代とともに次第に少ない人数にシフトしながら分布の幅が狭くなっている。1990年と2000年の40～44歳は2人が40％前後を占め、多産が激減した。平均子ども数は1935年生まれまで5人前後、1951年以降の生まれが2人前後で、出産時期から言えば1960年から1970年代半ばまでが「多産から少産への移行」時期に相当する。

　以上のことから、シンガポールの少子化に関しては次のように推定される。
- 少子化第1段階──1960年～1977年
- 少子化第2段階──1998年あるいは2002年以降

　したがって、シンガポールの場合、高度成長の前半と少子第1段階がほぼ重なり、高度成長末期ないし安定成長期に少子化第2段階に移ったと言える。

　図6-35はシンガポールの産業別就業者数であり、香港と同じくシンガポールも高度成長前から第1次産業の就業者が少なく、高い成長は第2次、第3次産業が人口ボーナスを吸収することで実現された。

　図6-36は平均月収（名目）とその伸び率をプロットしたもので、伸び率は2000年、つまり高度成長の終わりまで比較的高い水準で推移し、2001年から男女とも急落した。また、ほぼ一貫して男女間にかなりの格差がある。

図6−36　男女別平均月収（実線）および対前年伸び率の推移（製造業、1982〜1985年の伸び率は時給より計算）

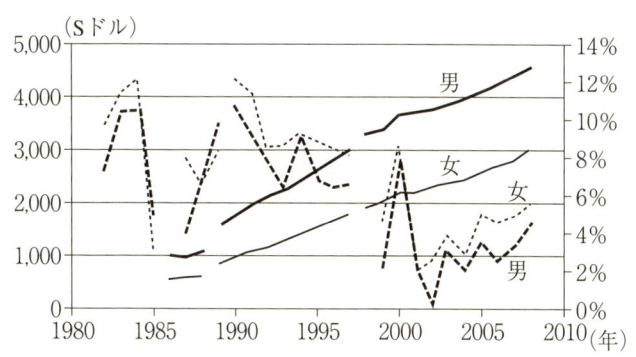

出所：ILO, "LABORSTA internet, Labour Statistics Database", laborsta.ilo.org

図6−37　2007年における主な産業の月収（製造業・男＝100）

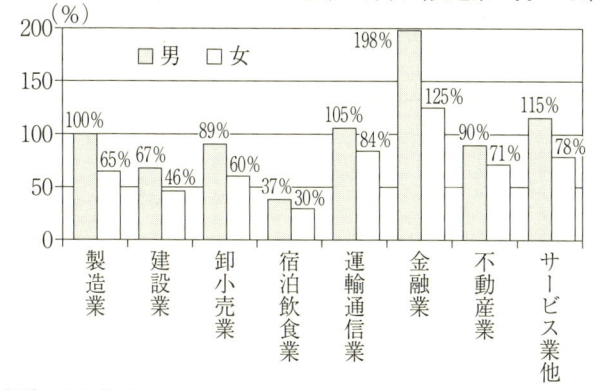

出所：ILO, "LABORSTA internet, Labour Statistics Database", laborsta.ilo.org

　図6−37は、2007年における産業間の給与格差を示している。製造業に比べて金融業が2倍近く、一方、宿泊飲食業が大幅に低い。年齢層の影響があるにせよ、業界で大きい格差があることは否めない。なお、2007年における就業者の割合は製造業17％、卸小売業15％、運輸通信業15％、不動産業12％、宿泊飲食業7％、金融業6％となっている。

　図6−38は女性の年齢階級別労働力率であり、香港と同じような変化を示している。すなわち、1960年代にはすべての年齢層で極端に低かった労働力率が、

図6-38 シンガポールにおける女性の5歳階級別労働力率

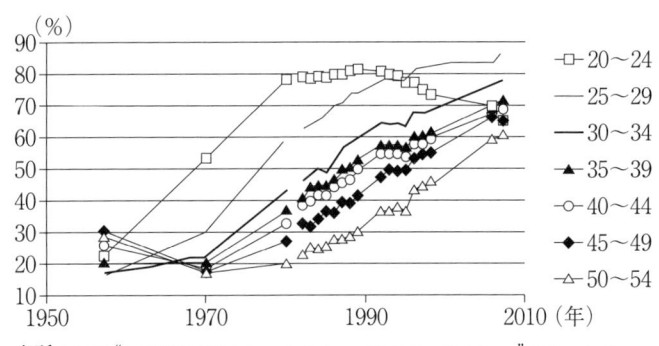

出所：ILO, "LABORSTA internet, Labour Statistics Database", laborsta.ilo.org

図6-39 シンガポールにおける女性の未婚率の推移

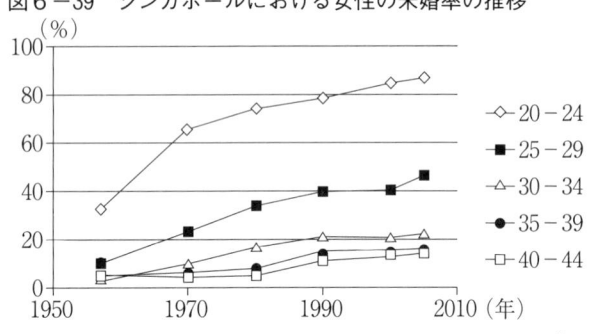

出所：1990年以前は、UN, "Demographic Yearbook — Historical Supplement 1997"。2000年は、UN, "Demographic Yearbook – Special Census Topic 2000 Round"。2005年は次の資料に拠った。Statistics Singapore, "General Household Survey 2005 Statistical Release 1: Socio-Demographic and Economic Characteristics"。

まず20〜24歳層で上昇し、10年ほど遅れて25〜29歳層、さらに5〜10年遅れで30〜34歳層と、後になるほど高齢層が上昇している。

図6-39は女性の年齢階級別未婚率であり、25〜29歳、30〜34歳層で上昇の兆しは見られるが、水準自体は日本や韓国、香港に比べて少し低い。

以上のように、大幅な未婚率の上昇を背景とする日本、韓国、香港の少子化と異なり、シンガポールではそれほど極端な非婚化あるいは晩婚・晩産化は見られない。しかし、2000年の35〜39歳既婚女性の平均子ども数は1.5人に下が

っており、まだ出産可能年齢だけに明言できないが、夫婦の出生力低下と非婚の両方が少子化第2段階に関わっている可能性がある。

5　中国の少子化と経済成長

　中国の少子化は世界でも例を見ない「一人っ子政策」と密接に関わっており、社会・経済的背景だけから論じることはあまり意味がない。ここでは、中国の少子化と経済成長について簡単な紹介に留めたい。

　図6-40は中国のTFRであり、1970年の5.78から1979年の2.31まで急速に下がった後、若干の上下を経て1987年から緩やかに低下している。2006年でも1.78に留まっているため、少子化第2段階は確認できないが、2001年段階で北京および上海の粗出生率はそれぞれ6.1‰、5.0‰まで下がっており[7]、これは2007年の日本の8.6‰よりはるかに低い。したがって、都市部ではすでに少子化第2段階が進行している可能性が高い。

　図6-41は、中国の実質GDPとその成長率の推移を示している。成長率の5年移動平均は、1979年に8.0％となってからほぼ8％以上のレベルを保っており、ここでは1979年以降を高度成長段階としたい。1979年から2007年までの平均実質成長率は10.2％となる。

　図6-42は、産業別就業者数の推移である。2007年でも第1次産業はなお40％と最大産業の位置を占めており、13億人の構造転換が容易には進まないことを示している。中国にはまだ開発の余地が少なくないとも言えるが、2007年の第2次産業就業者数2億人はOECD全体の1億3,000万人をすでに超えている点に留意しておきたい。人口13億人のインパクトはそれほどに大きい。

　表6-2は、2000年の国勢調査による世帯類型別の割合を示している。都市部でも農村部でも2代3人世帯、両親と子ども1人が最も多く、都市部では1

---

[7] 中国国家統計局（2002）『中国統計年鑑2002』参照。

170 第3部 東アジアにおける少子高齢化の原因と問題点

図6-40 中国のTFRの推移

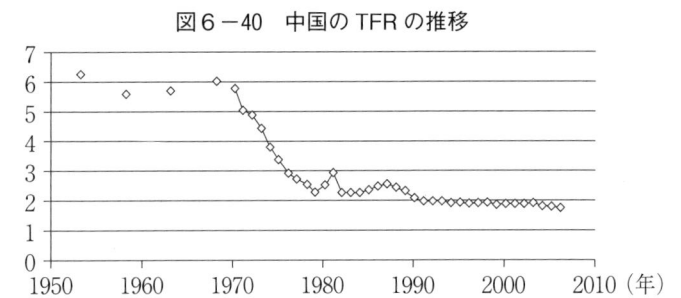

出所：1968年以前は、UN, "Demographic Yearbook — Historical Supplement 1997"。2005年のデータは、韓国女性政策研究院発表新聞報道。1970年以降は、OECD, "OECD Factbook 2009：Economic, Environmental and Social Statistics"。

図6-41 中国の実質GDP、成長率および5年移動平均（1990年価格）

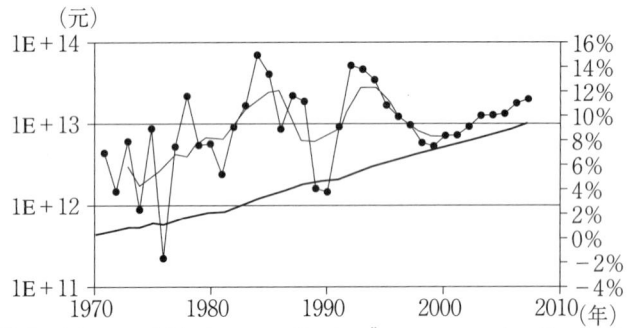

出所：UN, "National Accounts Main Aggregates Database", unstats.un.org/unsd/snaama/resQuery.asp。

図6-42 産業別就業者数の推移

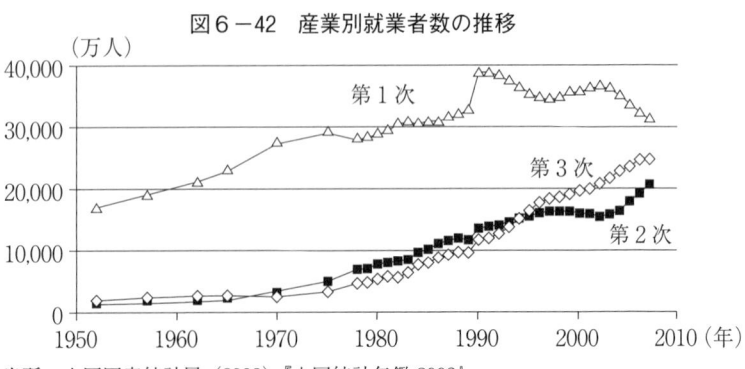

出所：中国国家統計局（2008）『中国統計年鑑2008』。

表6-2 2000年の中国における世帯類型別割合

	都市部（城市）			農村部（郷村）		
	一代戸	二代戸	三代戸	一代戸	二代戸	三代戸
一人戸	10.7%	0.0%	0.0%	6.9%	0.0%	0.0%
二人戸	16.6%	5.0%	0.0%	10.8%	4.0%	0.0%
三人戸	0.7%	38.9%	0.6%	0.3%	23.9%	0.7%
四人戸	0.2%	11.0%	4.5%	0.1%	21.5%	4.9%
五人戸	0.1%	2.5%	5.1%	0.1%	7.8%	8.6%
六人戸	0.0%	0.5%	1.7%	0.1%	1.8%	4.3%

出所：中国国家統計局『第五次人口普査数据（2000年）』。

代2人世帯、2代4人と合わせて3分の2に達する。3代以上は、都市部で13.5％、農村部で22.0％であり、高齢率そのものがまだ7％だけに高齢者が同居する世帯は少ない。

　日本の現状からも明らかなように、核家族化はいずれ高齢夫婦や高齢単身者の福祉や介護の問題につながっていく。ちなみに、2040年、中国の65歳以上は3億2,000万人に達すると予想されている。

　図6-43は、日中韓3国の年齢階級別女性の労働力率を示している。日本と韓国では、次第に谷が浅くなりつつあるとはいえ、30歳前後で労働力率が低下するM字型特性が依然として残っている。一方、中国では、この特性がまったく見られない。ただし、55歳以上の労働力率は日韓より低く、リタイアが早い。

　日本では女性の社会進出が進んだにも関わらず、出産・育児に際して離職を余儀なくされるケースが多い。韓国にも同じような事情があり、結婚・出産・育児に伴う機会コストが未婚率の上昇や少子化に影響しているという議論は多い。しかし、このようなコストがないと思われる中国で、上海など大都市部の出生率低下が伝えられている。このことは、M字型特性だけで少子化を説明しきれないことを示唆している。

図6-43　日中韓3国の女性の年齢階級別労働力率

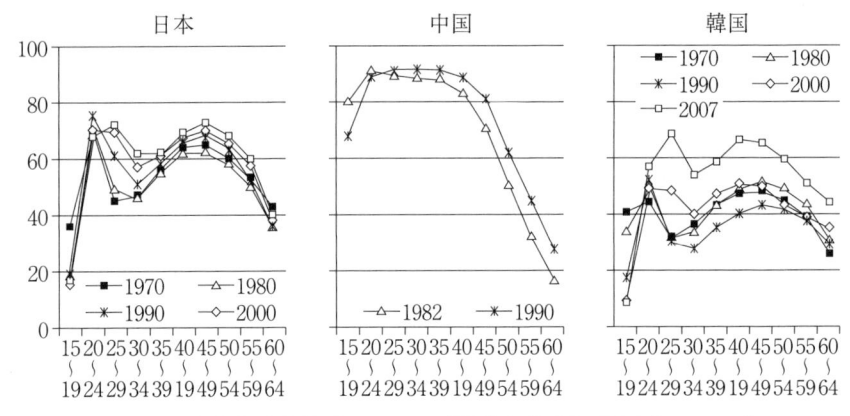

出所：日本は、総務省統計局統計センター『労働力調査』。韓国は、OECD, "OECD.Stat Extracts", stat.oecd.org/Index.asp と、ILO, "LABORSTA internet, Labour Statistics Database", laborsta.ilo.org。中国は、ILO, "LABORSTA internet, Labour Statistics Database", laborsta.ilo.org。

図6-44　中国の人口と従属指数の推移

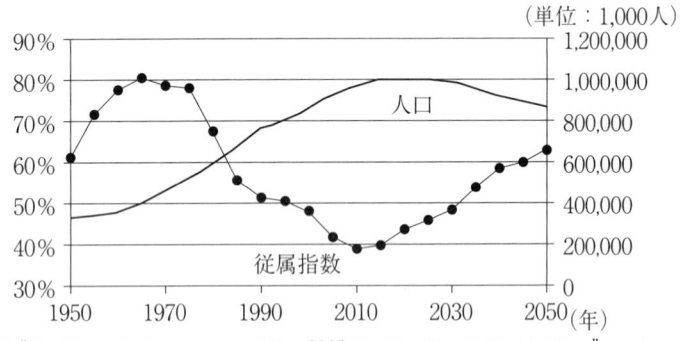

出所：UN, "World Population Prospects：The 2008 Revision Population Database", esa/un.org/unpp。

　急速な経済成長とともに、都市化や大学進学率の上昇、所得格差の拡大などが進む中国の状況はかつて日本が辿り、今、韓国や香港などが辿っている過程でもある。中国の将来は、これまで繰り返されてきた少子化論争の厳しい検証の場となるように思われる。

　最後に、中国の従属指数を図6-44に示している。2010年現在、すでに従属

指数は底に達しており、これから緩やかに上昇していく。中国にはなお地方で第1次産業に従事する膨大な人口があり、そもそも人口規模の小さい香港やシンガポールと同列に論じる意味はないとしても、やはりその将来は不透明と言わざるを得ない。

6　まとめにかえて

ここまで示してきたように、中国を除く東アジア少子化地域は「戦争等の終結」、「ベビーブーム」、「少産への急速な移行」、「従属指数の急速な低下」、「高度経済成長」、「人口置換水準を下回るTFRの低下」、「経済成長の減速」という点で極めて似通った経緯を辿ってきた。

すでに第3章「日本の少子高齢化の現状と今後」で触れたように、急速な経済成長は産業構造の転換と不可分であり、都市への人口移動や伝統的大家族の分解を招く。日本の都会では核家族という比較的経済基盤の弱い単位が中心となり、経済成長の鈍化とともに女性の就労が増加した。さらに、所得格差の増大などが相まって、非婚・晩婚が進行したと考えられる。このような推移は韓国にそのまま当てはまり、香港、シンガポールも似た状況にあるように思われる。

最近の韓国の少子化については日本でも多くの研究結果が報告されており[8]、少子化の要因としては、おおむね次のようなことが指摘されている。

- 低い女性の労働力率、およびM字型特性
- 非正規雇用の増加
- 極めて高い高等教育進学率による教育費負担の増加

---

[8] 例えば、金明中・張芝延 (2007)「韓国における少子化の現状とその対策」海外社会保障研究、No. 160, pp. 111～129や、高安雄一 (2008)「韓国における少子化進展の要因と少子化政策」ERINA Discussion Paper, No. 0801や、向山英彦 (2007)「経済再生と少子化対策の鍵を握る韓国の非正規労働問題」環太平洋ビジネス情報、第7巻25号、pp. 5～33。

表6-2　東アジア少子化地域の少子化と経済に関する比較

	日本	韓国	香港	シンガポール	中国
最低TFR	1.26 （2005年）	1.08 （2005年）	0.90 （2003年）	1.26 （2004年）	1.78 （2006年）
高度成長期	1950年～ 1973年	1963年～ 2002年	1961年～ 1988年	1960年～ 2000年	1979年以降
安定成長期	1974年～ 1990年	2003年以降	1989年以降	2001年以降	
少子化 第1段階	1920年～ 1957年	1960年～ 1980年	1966年～ 1986年	1960年～ 1977年	1970年～ 1979年
少子化 第2段階	1974年以降	1993年以降	1995年以降	1998年又は 2002年以降	
ベビーブーム	1947年～ 1949年	ピークは 1955年～ 1971年	1955年～ 1965年	1947年～ 1970年	1963年～ 1970年
従属指数が最低となる時期	1992年	2010年～ 2015年	2010年	2010年	2010年
25～29歳女性の未婚率	59.0% （2005年）	59.1% （2005年）	67.7% （2006年）	46.3% （2005年）	

注：西暦年は個人的な判断による参考であり、厳密な基準に基くものではない。

　その典型的なケースとして、高安氏は韓国における「結婚・出産調査2005」の結果から、結婚しない理由が男は「所得不足・雇用不安」36.5％、「結婚費用」21.3％、女性は「適当な相手」24.4％、「仕事と家庭の両立」17.8％であったこと、また30.8％の未婚女性が結婚相手に望む最も重要な条件として「経済力」を挙げたことを指摘している。

　シンガポールでは、女性が結婚相手の男性に求める条件として「5C (Cash, Condominium, Credit Card, Car, Club あるいは Career や Certificate)」が流行語となっており、ここでも、経済発展を遂げた国では経済的条件がより強く意識されていることを示している。また中国でも、極端な性比が若い伴侶を望む男性にとって結婚相手の絶対的不足を招き、所得や教育の格差問題とも絡んで、少子化の要因となる可能性が強い。

結局、東アジアにおいては、急速な経済発展がもたらした産業構造の変化、その結果としての人の移動と家族の変貌、女性の社会進出、そしてこれらに追い付いていない社会システムや格差の拡大などが少子化第2段階と密接に関わっているものと考えられる。

　日本と韓国において、第1次産業割合が3分の1に低下するのに20年余り、つまり1世代間の時間しか要していない。繰り返しになるが、このわずかな間に家族が土地に依存して生活するスタイルが少数派となり、多くは都会に出て核家族化した。そして、その子ども達がまた新たなライフスタイルを模索するなかで少子化が確実に進んでいる。

　このような経済社会システムの変化と少子化の関わりについては、同じく少子化が進展している東欧諸国との比較などを通して、さらに検証していく必要があろう。

　この20年から30年で進行した変化が一過性のものにすぎないとしても、その結果としてもたらされた年齢構成の歪みを正すには1世紀近い時間が必要となることを最後に銘記したい。

参考文献・資料一覧

- 総務省統計局（1987）『日本長期統計総覧（第1巻）』日本統計協会。
- UN, "Demographic Yearbook ― Special Census Topic 2000 Round"。
- UN, "World Population Prospects：The 2008 Revision Population Database", esa/un.org/unpp。
- UN, "Demographic Yearbook 2007"。
- Office of the President, "The Republic of China Yearbook 2008", www.president.gov.tw/en。
- UN, "Demographic Yearbook ― Historical Supplement 1997",
- Statistics Korea, "Korean Statistical Information Service", www.kosis.kr/eng/index.html。
- UN, "UNdata National Accounts Official Country Data", data.un.org。
- UN, "National Accounts Main Aggregates Database", unstats.un.org/unsd/snaama/resQuery.asp。

- ILO, "LABORSTA internet, Labour Statistics Database", laborsta.ilo.org。
- OECD, "OECD.Stat Extracts", stat.oecd.org/Index.asp。
- 労働政策研究・研修機構（2009）「データブック国際労働比較2009」。
- 黄秀慶／友岡有希訳（2006）「韓国の賃金構造」大原社会問題研究所雑誌、No. 571、pp. 1〜15。
- 横田伸子（2003）「韓国における労働市場の柔軟化と非正規労働者の規模の拡大」大原社会問題研究所雑誌、No. 535、pp. 36〜54。
- Hong Kong Census and Statistics Department, "Hong Kong Statistics", www.censtatd.gov.hk/hong_kong_statistics/index.jsp
- Hong Kong Census and Statistics Department, "Hong Kong Socail and Economic Trends 2001 Edition"。
- Hong Kong Census and Statistics Department, "Hong Kong Socail and Economic Trends 2009 Edition"。
- 国立社会保障・人口問題研究所（2009）『人口統計資料集 2009』。
- Statistics Singapore, www.singstat.gov.sg。
- Statistics Singapore, "General Household Survey 2005 Statistical Release 1:Socio-Demographic and Economic Characteristics"。
- 中国国家統計局（2002）『中国統計年鑑 2002』。
- OECD, "OECD Factbook 2009：Economic, Environmental and Social Statistics"。
- 中国国家統計局（2008）『中国統計年鑑2008』。
- 中国国家統計局『第五次人口普査数据（2000年）』。
- 総務省統計局統計センター『労働力調査』。

第7章 中国の人口構造の変動による影響とその問題について

司　秀（中国社会科学院人口・労働経済研究所研究員）

1　総人口の年齢構造の変動と人口の高齢化について

（1）中国の総人口の年齢構造の変動について

　最近の数回の全国国勢調査データによると、中国人口の年齢構造の変動はますます少子高齢化に向かっているようである。

　中国の出生率の速く持続的な減少につれ、人口高齢化のレベルは途切れない上昇の勢いを現し、2002年末には65歳以上の人口割合が8.2％に達した。

　国際的には、通常65歳以上の人口が総人口に占める割合が7％を上回った時に「高齢化社会」あるいは「老年型国家」に入ったことになり、14％以上になった場合、「高齢社会」あるいは「老年国家」になったと称する。そのため中国は、21世紀の初めにすでに高齢化社会に入ったことになる。

　0～14歳の年少人口が総人口に占める割合は、絶えず下がる傾向にある。15～64歳の生産年齢人口が総人口に占める割合は、1960年から持続的に上昇している。

　中国の第5回の国勢調査の人口年齢構造は表7－1のようになっている。

表7-1　中国第5回国勢調査の人口年齢構造表

(単位:%)

調査年度	0〜14歳	15〜64歳	65歳+
1953	36.28	59.31	4.41
1964	40.69	55.75	3.56
1982	33.59	61.50	4.91
1990	27.69	66.74	5.57
2000	22.89	70.15	6.96

出所：毎回の全国国勢調査の資料により計算。

(2) 中国の高齢化のいくつかの特徴について

中国の高齢化には、以下に挙げるように比較的際立った特徴がある。

- 中国の高齢化のスピードは、世界の発展中の人口大国の中で最も早く、しかも世界で高齢化のスピードが最も早い国の中の一つである。
- 中国の老年人口数、規模の巨大さは、世界中のすべての高齢化の国家を超えた。
- 中国では、経済が発達していない条件の下で高齢化が進んだ。
- 中国農村の高齢化程度は都市より高くて、すでに「峰を削って谷を埋める」余地がない。
- 長期的に見ると、極めて注目すべき問題として、中国では高齢化とともにいわゆる後期高齢者の数が大きく膨れあがることがある。推測によると、2050年になると80歳以上の高齢者の数は1億人近くになる。

結論としては、中国の人口の高齢化は全面的小康社会の建設に対する厳しい挑戦になる。中国が高齢化問題を克服できるかどうかは、主に次の二つのことにかかっている。

第一に、中国の経済が今後引き続き安定的、健康的、比較的速い成長を維持することができるかどうか。この点については、改革開放30年間の中国の発展と進歩の事実、また発展に必要な潜在的な能力から比較的肯定的な答えを出すことができる。

第二は、中国が社会的な養老保障の体制をつくりあげることができるかどうか。中国は、今まだ全面的で完全な養老保障の体制をつくりあげていない。広大な農村の高齢者はほとんど社会保障がなくて、都市と城・鎮の養老保障の制度は計画体制から市場体制への改革が進行している段階にある。

当面、都市と城・鎮人口の基本養老年金は、都市と城・鎮の中の一部だけの人が享受できる。その中で離職・退職人員が保険に加入する率がわりに高くて、都市と城・鎮の就業人員の加入する率はわりに低い。その他、都市と城・鎮の中に農村から移転してきた労働力がたくさんいるため、できるだけ早く彼らを都市と城・鎮の養老保障の体制の中に受け入れる必要がある。

2 生産年齢人口の就業と育成訓練について

(1) 中国の従属人口指数の変動について

中国人口の年齢構造は、少子・高齢化が進展する中で15～64歳の生産年齢人口が総人口に占める比重は絶えず上昇し、従属人口指数（［年少人口＋老年人口］÷生産年齢人口）は早いスピードで下がっている。表7－2は、国勢調査で得られた従属人口指数である。

表7－2 中国の国勢調査による従属人口指数

(単位：％)

年度	従属人口指数	年少従属人口指数	老年従属人口指数
1953	68.61	61.17	7.44
1964	79.95	73.02	6.93
1982	62.60	54.62	7.98
1990	49.89	41.52	8.37
2000	42.86	32.71	10.15

注：年少従属人口指数＝年少人口÷生産年齢人口。
注：老年従属人口指数＝老年人口÷生産年齢人口。
出所：毎回の全国国勢調査の資料により計算。

(2)「人口ボーナス」期の就業構造の矛盾について

　中国において、当面および今後のしばらくは、最も充分な労働力が供給される。この時期は、人口経済学者達が言う「人口ボーナス期」であるため、中国社会の経済発展の歴史上、千載一遇のチャンスと言える。

　予測によると、中国人口の従属人口指数は2013年に最低点の約38.77％になるとしている。もし、現在の生産年齢人口が人口ボーナス期に比較的充分に就業できないならば、労働力資源に対して極めて大きな浪費になるだけではなく、長期的に見ると、彼らの将来の養老に基本となる蓄積を提供できなくなる。このように、莫大な量の生産年齢人口は一転して巨大な扶養される群体に変わり、社会の養老保障体制はそれを支えることができなくなる。

　当面、労働力の就業の面においては、労働力の需給総量の矛盾と就業構造の矛盾が共存する局面になっている。しかし、構造的な矛盾は、今後、就業が直面する一つ大きな挑戦になる。いくつかの地区で見られた「出稼ぎ農民が足りない」という現象は、現実には「技術工が足りない」ことに属する。

　企業では国内外の市場に応じて製品の品質への要求が厳しくなり、比較的新しい技術を採用する時、労働者の技能に対する要求も厳しくなる。しかし、多くの労働者は、このような日増しに高くなる素質と技能を備えていない。そのため、就業問題の解決にとって積極的な構想は、いかに高素質、適切な労働者を多く育成するかということである。労働者の素質と技能を向上させ、それによって労働の有効供給を拡大すれば、就業の増加と失業の減少を必ず促進できる。

　一方、労働力市場の構造上の矛盾と密接に関わる、農村から来た臨時就労者達の就業問題に対しても関心をもつ必要がある。

　『人口と労働緑皮書（人口労働白書）2006』が提供した資料によると、農村から来た臨時就労者は主に男性であり、およそ全体の3分の2を占める。年齢構成は、主に40歳以下の人口であり、教育レベルは農村労働力の平均レベルよりは高い。

ここ数年来、農村から来た臨時就労者達は一定の専門的技能を身に着け、技能の育成訓練を受けた人の比率は高くなっている。しかし、それでも70％の農村から来た臨時就労者は、一度もいかなる技能育成訓練も受けたことはなく、体力だけでお金を稼いでいる。しかし、これらの臨時就労者の約4分の3に当たる人は技能養成訓練に参加したいと表明している。これは、これらの人達がすでに専門技術を身に着ける切実性を意識したことを表している。

　仮に、これらの人達に技能養成訓練を受けさせることができたら、農村からの臨時就労者個人の将来に対しても、あるいは国家の経済社会の発展に対しても非常に有利になる。このため、政府の部門はもっと努力をする必要がある。当面、市場の差し迫ったニーズを満足させ、効果的で短期の、訓練費用をあまりかけずに実用性のある技能養成訓練プロジェクトを発展させるべきであろう。
　農村から来た臨時就労者に対する技能養成訓練プロジェクトを発展させるために、社会の各方面の積極性を充分に発揮し、政府部門は資源配置の調達、機構の設置、教師と訓練教材の編纂などを積極的に指導し、管理とサービスを行う必要がある。これらの仕事をしっかりと行うと、今後、中国の社会・経済発展に多大な影響を与えることになる。

3　農村の労働力推移と養老責任

（1）政策を回顧する

　1980年代の半ばから農村の余剰労働力は都市と城・鎮へ移転し、就労者になる人が徐々に多くなった。中国農村の労働力が絶えず都市と城・鎮に移動することは、中国社会の経済近代化過程の中で必然的なことである。
　改革開放の前、計画経済体制の下で都市と農村の間には厳格な戸籍管理制度が実行され、農村の労働力が自ら都市と城・鎮に移動することは許されず、農村地区での余剰労働力は次第に蓄積して多くなった。しかし、1980年代の半ば

から、国家の農村労働力の移動を制御する政策は緩み始めた。

1984年10月、国務院が出した『農民の町での定住に関する通達』は、農民が自分の食糧問題を自分で解決する状況下で小さな都市と町に移住し、就労や商業行為、およびその他のサービス業に従事することを認めると公布した。

1985年、公安部は『都市と城・鎮での一時滞在人口に関する臨時規定について』を公布し、都市と城・鎮の戸籍をドッキングする流動人口の管理制度を確立し、正式に「農民に城・鎮で店の開業、工場の設立、サービス業の従事、各種の労務の提供などを許可する」政策をとり、農民人口の移動に対して具体的な法規と政策的な根拠に基づいて、農村労働力の都市と城・鎮での就労、また商業活動を次第にオープンなものにした。

1990年から各都市と城・鎮では、続々と計画経済時期の生活必要品の販売に関する配給券制度（例えば、食糧、食用油など）を取り消し、都市と農村の城壁を打ち破るために良好な条件を備えた。

（2）転出した農村臨時就労者の養老責任について

『人口と労働緑皮本 2006』が提供したデータによると、全国の農村の転出就労労働者数は、2004年にはすでに1.2億人近くに上った。農村の転出就労労働者の年齢構造は、青年・壮年を主として平均年齢は30歳になっていない。大量の若い農村労働力の転出就労は、人口が移転した所と移出した所の人口の年齢構造に相当な変化を引き起こした。

先に述べたように、2000年の全国国勢調査のデータによると、田舎の人口の中で年齢が65歳およびそれ以上の人口の割合は約8.1％に達して、すでに鎮人口の6.0％と都市人口の6.7％より高くなっている。人口の移動は、都市と農村との高齢化の差異を拡大させただけではなく、農村の高齢化を激化させたことも示している。

1990年代から、農村労働力の移転は次第に「家族化」傾向を現した。すなわち、就労する夫妻は子女もつれて城・鎮に行くようになった。もし、このよう

な状況がますます普遍的なものになるなら、農村の中での「少子高齢化」の深刻さは、農村に残された老人の生活および心理面で大きな衝撃を与えることになる。

都市の老人より農村地区の老人のほうが弱い地位にある。彼らの文化レベルはわりに低くて、しかも農村の医療衛生の施設と社会養老施設および文化・娯楽生活などは都市よりかなり遅れているため、家庭養老の子女に対する依存性はさらに強くなっている。

農村家庭における若い人は、家庭養老の主な保障を提供するものである。農村の若い労働力が都市などに出て就労し、その収入で農村に残る老人の経済生活を改善することができるが、老人達の日常生活の世話をし、老人達の精神的なニーズを満足させることはできない。

一部では、すでに都市で安定な仕事が見つけた農村からの就労労働力が老人を都市に連れてきてともに生活する場合も見かけるが、恐らく圧倒的に多数の農村からの就労者はそのような経済力を備えていない。大多数の農村からの就労者がそのような経済力を備えることは、各方面にわたる様々な問題に関わるため、短期間で達成できることではない。

4　出生人口の性比の上昇について

（1）出生人口の性比の概況について

生育率が下がり、人口構造の高齢・少子化の発展につれて我が国における新生児の性比（女児100人に対する男児数）の上昇は際立ったものとなり、世界の人々が高く関心をもつに至った。

1980年代以前は、我が国の産児性別の比率は、まだ国際社会が認める正常値の範囲内にあった。それが1980年に入ってから産児性別の比率は持続的に正常値の範囲を超え、そして次第に上昇傾向を示し、すでに産児性比の乖離が世界の中で最もひどく、持続時間が最も長い国家になった。

このような現象の発生は、人口の自然発展法則に背離していることは明らかである。産児の性比に影響を与える諸要素から見ると、生物学の要素と自然な要素（例えば、気候、海抜の高さなど）からの影響を排除できる。

産児の性比の統計データが比較的高いことの真実性に関して、統計の誤差と虚偽報告および申告漏れを見積もったが、人口学界では産児の性比データが比較的高いことの真実性、重大性と持続性の面に対してはすでに共同認識となっており、疑う必要のない事実だと思われている

事実、政府は人口統計の作業に対して統計・審査作業に力を入れ、統計データの正確性の確保に各種の措置をとって誕生の申告漏れを減少させたところ、出来上がった産児の性比データは下がることはなく、かえってある程度上昇した。

「中国計画生育実行効果に関する研究」グループの調査によると、女性の赤ちゃんの申告漏れがほとんどない状況の下で、生存する赤ちゃんの性比は依然として128.09に達した、と表明した。国家統計局が公布した2004年人口変動状況サンプリング調査の結果に関する報告によると、0歳組の人口性比は121.18に達している。

（2）産児性比が高い原因の探索と分析

中国の産児性別の比率が高くなる直接的な原因は、以下のように考えられる。

B型超音波による鑑定技術が広く普及される今日、我が国における産児の性比の持続的な上昇は、男児を望んで、産前の胎児性別の鑑定技術と人口流産で性別を選択することによる。

それと同時に、一部地区の政府部門の人口に関する仕事が単なる人口の数量抑制、特に出生率を下げることだけを重視し、産児の性比を軽視した。また、末期の妊娠産婦に対する監視・管理が厳しくないのは、性別選択による人工流産の重要な原因になる。妊婦、特に妊娠の中・末期における追跡サービスをきちんと提供していないことが妊娠産婦に妊娠停止を選択する機会を提供した。

現象から見ると、出生人口の性別比率の高さは、出産・育成政策と一定の関

連を有している。まず、時間から見ると、性比の著しい上昇は1980年代初期に始まっており、計画生育政策を厳格に実行した時とほとんど同時ある。

次に、出生した子どもの順番から見ると、第1番目の子どもの産児性別の比率は少し高いが、第2番目の子どもの性比は正常値より何倍も高くなっている。出生の順番に従って産児の性比が高くなっているわけだが、出産児数を制限すれば性別の選択はもっと強烈になる。

しかし、根本から言えば、決して計画生育政策の厳格な実行がもたらした必然的な結果ではなく、様々な要素が交互に作用した結果である。考えられるのは、産児の性比が高いのは、男児を求めるという社会観念が主導した下で低出産率とともに現れた人口現象である。

一般に、社会の経済発展につれ、人々の家族の理想像が「少なく産んで健康に育てる」というものに変わり、それでも男児への執着が存在し、また関連技術（産前の性別鑑定技術と安全な人工流産技術）で性別の鑑定を確保できるなら、すべてのこれらの要素は出産率が下がる中で人々の出産願望に影響を及ぼすことになる。だから、出生レベルが下がると同時に出生性比の上昇は免れにくいことになる。

計画生育政策が直接的に産児の性比を高くしたわけではないが、その規定の厳しさゆえに夫婦の出産面における選択幅が非常に少なくなり、ある程度このような成り行きを助長したと言える。

さらに、社会の現実から言えば、1980年代に入ってから我が国の農村では農家連合生産請負制を実行したため、家庭経済に占める男性労働力の意義は明らかに大きくなっている。また、我が国の農村での家庭を主とする養老様式は、子女に養老に対する責任があるとしたわけだが、伝統的には息子が嫁を迎え入れ、娘は嫁に行くという婚姻形式によって息子が両親の老後の面倒を見ることを決定した。現段階の農村における社会保障はとても不完全なもので、そのために農民の生育行為の中で男児を求めるというのは現実的な選択でもある。

それ以外に、一部の農村地区では、地方土地の経営請負制、集団経済組織の収益分配、土地の徴収あるいは徴収補償金および宅地の使用などの方面に関する具体的な規定は、すべて女性および女の子しかいない家庭にとって有利なも

のとなっていない。

　現実社会と経済生活の中での男女不平等は、農村地区に限ったものではない。我が国のいくつかの法律政策の制定と実施も、ある程度男女不平等の思想を助長した。例えば、男女の公務員の定年年齢に関する規定のなかで、女性は男性より5年ぐらい早く定年・退職すると規定されている。また、労働就職市場においても性の差別が存在し、求人する時の性別に対する制限があったり、実際に男性が優先されている。いくつかある女性の求職においても、「単身条項」、「妊娠禁止条項」などの条件が付けられている。

　それ以外にも、業界や職種の中には比較的深刻な男女格差が存在している。その結果、男性は比較的社会的な評価が重要な、技術性がより高く、また収入が高い仕事に従事している。大多数の女性の職務は、評価が低いサービス業か収入が低い仕事に従事している。

　これらのすべてが、多くの女性の生存と発展に多くの障害を与え、女性の社会的地位と各種の権益を損なった上、いっそう「男の子を好む」という意識を強化した。

（3）出生人口の男女のバランスが取れないことに対する総合整備

　出生人口の性比のアンバランスに対する総合整備において肝心となるポイントは、具体的、現実的に各種の有効措置を組み合わせて実行する必要があり、また着実に実行することである。

　もちろん、経済を発展させることは総合整備に良好な物質的基礎を与えることになるが、経済発展が自ずと性別上の不平等を取り除くことにはならない。また、宣伝、教育の強化は人々の生育観念に影響を与えることにはなるが、具体的な一連の措置からの支持がない場合、女性の地位向上、女性の権益の保護において実際的な著しい効果は得られない。

- 現行の各種の法律法規の中で女性の発展および女性の地位に不利になる条文に対しては改正すべきで、女性の就業と定年退職の面に関する平等待遇に対しても法律的な保障が必要である。

- 女児の出生と成長が有利となる利益誘導システムと社会保障制度を早目につくりあげ、計画生育の実行による女の子しかいない家庭における各種の心配事を取除き、貧困地区の女の子も教育を受けられるなどの問題について重視すべきである。
- 生育行為を厳格に管理すると同時に、出産適齢の人々のニーズに応じて、計画生育と妊婦の健康に関するよいサービスを提供し、妊娠・産婦の妊娠期間の保健に対する全行程の追跡を強化し、出産適齢夫婦の様々な実際的問題を解決し、管理とともにサービスを行うように努める。

参考文献一覧

・国家人口発展戦略研究グループ（2007）『国家人口発展戦略研究報告』中国人口出版社。
・黄栄清（2004）『モデルチェンジ時期中国社会の人口について』遼寧教育出版社。
・田雪原・王国強（2004）『全面的に小康社会の中の人口と発展を建設しよう』中国人口出版社。
・蔡昉・顧宝昌（2006）『人口労働緑皮本（2006）』社会科学文献出版社。
・蒋正華・張羚広（1997）『中国人口報告について』遼寧人民出版社。
・湯兆雲（2005）『現代中国の人口政策に関する研究について』知的所有権出版社。
・現代中国叢書編集部（1992）『現代中国の計画生育事業について』当代中国出版社。
・現代中国叢書編集部（1988）『現代中国の人口について』中国社会科学出版社。
・中国1982年度国勢調査北京国際討論会論文集『10億人口への全面調査について』国務院国勢調査事務室、国家統計局人口統計司編印。

第8章
韓国における少子高齢化の原因と問題
——出生率の低下を中心に

呉　英蘭（韓国、東明大学校社会福祉学部教授）

はじめに

　韓国の高齢化は世界でも例を見ないほどの速いスピードで進行しているが、その背後には何よりも急激な出生率の低下がある。1970年に4.53であった韓国の出生率は急速に低下し、1983年にすでに人口置換水準と言われる2.1を下回るようになった。その後、1985年から2000年までは1.4～1.7の水準で小動きを見せていたが、2000年以降はさらに低下し、2005年には1.08と世界でも最低水準になっている。

　図8－1は、1970～2000年間におけるOECD会員国の出生率低下状況を比較したものである。過去30年間OECD諸国のなかで出生率の低下率が最も大きいのが韓国で、同期間中の出生率は3.7も低くなっている。

　高齢化の背景については、主に死亡率の低下と出生率の低下という二つの観点から考察することができる。本章においては、出生率の低下という観点から、そして出生率低下の要因については主に家族をめぐる環境の変化を中心に分析することにしたい。そして、韓国において急激な少子高齢化がもたらす多様な社会的問題について検討する。

図8-1 1970年～2000年間における OECD 会員国の出生率低下の比較

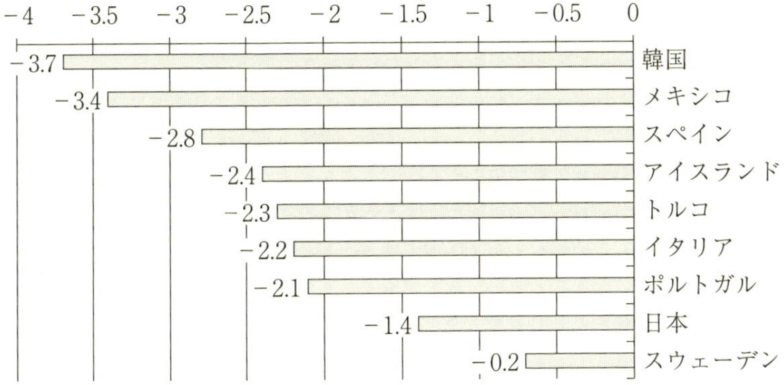

国	低下率
韓国	-3.7
メキシコ	-3.4
スペイン	-2.8
アイスランド	-2.4
トルコ	-2.3
イタリア	-2.2
ポルトガル	-2.1
日本	-1.4
スウェーデン	-0.2

出所：OECD, 2003, Health at a Glance に基づいて作成。

1　少子高齢化の原因——出生率の低下を中心に

　表8-1は1970年から2005年まで韓国の出生率の変化を示すものであるが、急激に低下してきていることが示されている。2005年には1.08までに低下し、香港地域を除いては世界でも最低水準になっている。

　この結果、1970年と2005年の間には出生者数、全人口に占める出生者の割合においても急激な低下が見られる。表8-2に示されているように、1970年の出生者は全人口の3.2％に当たるもので100万人を超えていたが、2005年の出生数は全人口の0.96％にすぎず、44万人を下回っている。出生者数と出生率の低下がいかに急激なものかが分かる。

　こうした出生率の低下の原因については、多様な観点からの説明がなされている。例えば、保健社会研究院（2002）は、出生率低下の現状を直接的な要因と間接的な要因とに分けて説明している。直接的な要因としては、結婚年齢の上昇による未婚率の増大と既婚女性の少子観の定着があると指摘している。また、間接的な要因として挙げられているのは次の通りである。

❶急速な産業化と都市化
❷家族計画事業

表8－1　韓国における出生率低下の推移

年度	1970	1975	1980	1985	1990	1995	2000	2005
出生率（％）	4.53	3.47	2.83	1.67	1.59	1.65	1.47	1.08

出所：統計庁データベースに基づいて作成。

表8－2　韓国出生率・出生数の変化

	1970年	2005年
総人口（A）	31,345,000人	45,985,000人
出生数（B）	1,006,645人	438,062人
B／A	3.2%	0.96%
出生率	4.53	1.08

出所：統計庁データベースに基づいて作成。

❸女性の経済活動参加の増大と女性地位の向上
❹教育水準の向上
❺結婚と子どもに関する価値観の変化
❻子ども養育負担の増大

［金スンキョン他・保健社会研究院（2002）］

　また、出生率低下の原因を女性の社会経済的役割の変化と子ども養育に対する負担の増加に求める研究［孫スンヨン（2005）］もあり、最近では、女性の役割変化による仕事と家庭の両立の困難さという要因に注目しなければならないという指摘が多くなっている。
　以下では、韓国の出生率の低下現状に対する要因を多様な側面、特に女性の仕事と家庭の両立支援の視点から検討したい。

（1）未婚率の増大と結婚年齢の上昇

1960年代以後の韓国の結婚年齢の変化を見ると、男性の場合は1960年の25.4歳から2002年の29.8歳へと4.4歳が上昇し、女性の場合は21.6歳から27.0歳へと同じ時期に5.4歳上昇していて（**表8－3**参照）、男性より女性の結婚年齢が比較的早く上昇しているのが分かる［韓国保健社会研究院（2003）「保健福祉指標」］。

結婚年齢の上昇は出生率の低下と直接的な関わりをもつものであるが、それは女性の出産可能期間を短縮すると同時に高齢妊娠による非自発的な不妊が発生するなどの要因になって、結果的に出生率に減少につながるからである。

1960年代から1980年までの合計出生率低下の要因を分析したある報告［Choe（1998）］によると、1959～1969年代までの出生率減少はその90％が有配偶女性の出生力の減少によるものであり、残りの10％ぐらいが結婚年齢の上昇によるものであることとされている。しかし、1980年代と1990年代になると、結婚年齢の上昇という要因が出生率の低下をもたらす重要な要因になってきたのである。つまり、1980～1990年代の出生率低下の背景には結婚年齢の上昇という要因が低下分の38.5％まで上昇しており［朴シュクザ（2003）p.129］、こうした要因は2000年代初期までその影響を残している。

また、女性の平均出産年齢・第一子出産年齢の変化（上昇）も出生率の低下に影響を与えている。1995～2005年の間、平均出産年齢は28.0歳から30.2歳に上昇し、第一子出産年齢は26.5歳から29.1歳へと上昇している。（**図8－2**参照）

表8－3　性別平均結婚年齢

区分	1970年	1990年	2000年	2002年
男性	27.1	27.8	29.3	29.8
女性	23.3	24.8	26.5	27.0

出所：朴シュクザ（2003）「保健福祉指標2003」韓国保健社会研究院。

図８－２　韓国における平均出産年齢・第一子出産年齢の年次別推移

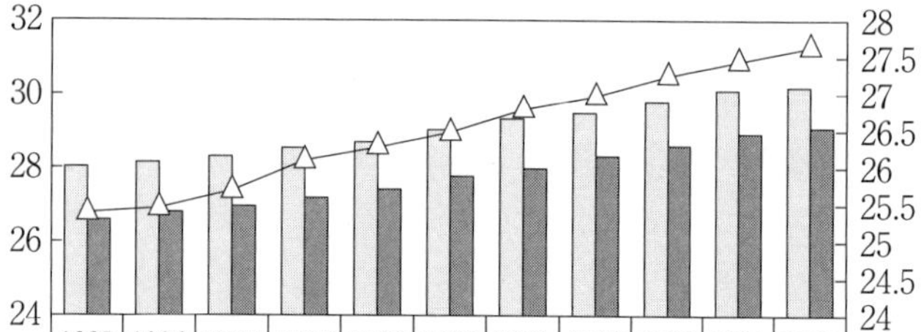

	1995	1996	1997	1998	1999	2000	2001	2002	2003	2004	2005
平均出産年齢	28	28.1	28.3	28.5	28.7	29	29.3	29.5	29.8	30.1	30.2
第一子出産年齢	26.5	26.7	26.9	27.2	27.4	27.7	28	28.3	28.6	28.9	29.1
平均初婚年齢(女子)	25.4	25.5	25.7	26.1	26.3	26.5	26.8	27	27.3	27.5	27.7

平均出産年齢　第一子出産年齢　平均初婚年齢(女子)

出所：統計庁データベース（2007年）に基づいて作成。

（２）　結婚および出産に対する価値観の変化

韓国の状況において、最近の低出産を説明する要因の一つとして、結婚と子どもに関する価値観の変化ということが挙げられている。未婚男女の結婚観に関する調査によると、未婚男女の29.1%が「結婚しなくてもよい」と答えており、特に男性に比べて２倍以上の女性が結婚に対して否定的な価値観をもっている傾向が見られる［孫スンヨン（2005）p. 12］。また、韓国保健社会研究院の調査（2005）においても、「必ず結婚する」と回答した女性の割合が12.8%にすぎない状況である(1)。つまり、女性の教育水準の向上や経済活動参加の増大などの要因によって結果的に結婚と出産は女性にとっては高いコストとして認識され、それが出生率の低下という現状をもたらしていると言える［李サンシク（2006）p. 8]。

韓国は、西欧に比べて子どもと家族を中心にする家族主義的な価値観が強い社会として認識されてきた。しかし、最近では、それが出産に直接的な影響は与えられず、むしろ弱化されているとも言える。実際に、多くの若い夫婦らは

表8-4 韓国婦人の子女必要性に対する態度の変化　(単位：%)

年度	必ず必要である	必ずしも必要ではない				分からない	計(回答者数)
		小計	あったほうがよい	なくてもかまわない			
1991*	90.3	8.5	−	−		1.2	100.0 (7,448)
1997**	73.7	26.0	16.6	9.4		0.3	100.0 (5,409)
2000***	58.1	41.5	31.5	10.0		0.4	100.0 (6,408)

*：孔セゴン他（1992）「韓国における家族形成と出産形態」韓国保健社会研究院。
**：趙ナムフン他（1997）「1997年全国出産力および家族保健実態調査報告」韓国保健社会研究院。
***：金スンゴン他（2000）「2000年全国出産力および家族保健実態調査報告」韓国保健社会研究院。

出産を忌避する傾向さえもっていて、自分の意志で子どもをもうけない現状も見られる。

　表8-4は、既婚女性を対象にして、「結婚した夫婦が必ず子女をもうけた方がよいのか」という質問に対する回答の時期別変化を示しているものである。1991年、1997年、2000年の調査結果を見ると、この10年間、子女の必要性に対する女性の急激な態度変化が確認できる。

　「必ず子女をもうけた方がよい」という回答は、1991年の調査では90.3％に達していたが、1997年には73.7％、2000年には58.1％までに減少している。その反面、「必ずしも必要ではない」という回答は同期間中8.5％から26.0％、41.5％へと急増していることが示されている。

　要するに、若い世代においては「子ども中心の家族観」から「夫婦中心の家族」へと価値観の変化が進行しており、それが出生率低下の要因の一つになっているということである。

　こうした価値観の変化は、教育水準の向上という要因とも深く関わっている。金ハンゴン（1993）は、1990年代における出生率低下の要因として教育水準の

---

(1) 未婚男女の結婚についての調査の内容であるが、「結婚する方がよい」という回答は男性42.1％、女性36.3％であり、結婚時期を延期する理由としては雇用及び所得不安定（男性36.5％、女性10.8％）、仕事と家庭との両立の困難（男性5.3％、女性17.8％）があった（韓国保健社会研究院、「全国結婚及び出産動向調査」、2005；李サンシク2006から引用）。

向上とその影響力を指摘している。女性の出産に影響を与える要素としては教育水準という要因に注目しなければならないとされていたが、それは教育水準が高くなればなるほど小規模家族に対する新たな価値観や態度を受け入れることがより容易になっているからであると説明している［金ハンゴン（1993）p. 93］。

（3）教育費および養育負担の増大

出生率の低下を引き起こす要因としては、社会文化的な要因以外に経済的な要因も影響を与えていると考えられる。特に、私教育費の支出の割合が非常に高い韓国の状況を考慮するとなおさらそうである。つまり、子どもの養育費用および教育費の負担によって出産を控えるようなことがあるということである。例えば、シンユンジョン（2008）、朴セキョン（2006）などは、子どもの教育費用や保育費用と関わる負担が低出産減少と深く関連していることを指摘している。

伝統社会における子どもの出産は、家族が生産的な経済機能を遂行するのに必須的な労働力の創出という意味合いがあったが、現代社会になってからは、子どもの出産はむしろ養育費や教育費の消費だけでなく、情緒的・心理的・時間的な費用負担というコスト的な側面が強調されるようになった。つまり、産業化と都市化の変化のなかで全般的な生活水準が向上されることによって養育の質的な側面が強調され、高費用の構造が普遍化されることになり、これが出生率の減少にも影響を与えるようになったのである［朴セキョン（2006）p. 34］。

実際の調査などにおいて、既婚者を対象として「今後の出産意思がないとすればその理由は何か」という質問に対する回答を見ると、主に「子どもの教育費用の負担（28.0％）」、「経済力がない（27.8％）」、「養育費の負担（13.3％）」が挙げられている［孫スンヨン（2005）p. 14］。2003年に行われた韓国女性民友会の調査においても類似な結果が出ているが、それによると、私教育費を含めた子育てに関わる費用負担の増加に対しては、89％以上が「子どもの養育費

に負担がかかる」と答えている［韓国女性民友会（2003）］。また、2003年の韓国保健社会研究院の調査では、全家計消費支出のなかで養育費が占める割合が、子ども1人の場合は42.2%、2人の場合60.7%、3人の子どもの場合は69.7%にまで至っているという結果になっていて［韓国保健社会研究院（2003）、朴セキョン（2006）p.35から引用］、実際に養育費の上昇による家計負担がいかに重いものなのかをうかがわせている。同じように、2004年社会統計調査結果を見ても、全体調査世帯の77.2%が「現在の子どもの教育費が負担になっている」と答えている。

2007年、韓国政府（保健福祉部）は主な可妊年齢層をなしている25歳から39歳までの1,500人の女性を対象として保育の状況とともに、それと出産との関連について調査を行った。それによると、保育費と教育費が出産に与えた直接的な影響は少なかったが、出産意思の転換には影響を与えたものになっている。

具体的な質問から見ると、現在は出産の意向がないと答えた女性のなかで、現在支出している保育費と教育費が少なくなる場合には「子どもをもうける」という意向転向が見られた。すなわち、保育や教育費用の負担は低出産の現状をより深化する要因になっていると言えるのである［シンユンジョン（2008）韓国人口学会学術大会、pp.60～65］。

（4）女性の労働参加率の増大による仕事と家庭の両立の困難

1970年代に30%の割合を占めていた韓国女性の労働参加率は、徐々に上昇して2005年50%に至っている。特に、妊娠可能年齢期とも言われる25歳から29歳までの女性の労働参加率は1985年に35.9%であったが、1995年には47.7%、2005年には65.9%まで増加していて、最も労働参加率の高い年齢層になっている［朴光駿（2007）］。

可任年齢女性の労働参加率が増大しているという事実は、女性の仕事と出産・育児が両立できるように支援するシステムの必要性を高めている。実際、いち早くこうした必要性に注目して対応策を打ち出してきた西欧福祉国家は、結果的に女性の労働参加率と出生率がともに高いという経験をしているのであ

る。

　現在、韓国の女性労働参加率は52.5％（2005年 OECD 平均57.1％）で決して低いものではないが、出生率は OECD 諸国の最下位になっている。韓国の労働市場では、就労女性が結婚や出産の時期になると就労を中断する場合が多いのが実際の状況である。

　2003年、韓国女性民友会が仕事と子育てを並行している女性を対象として実施した調査によると、対象者の34.4％が仕事のために子どもの人数や出産時期などを自ら調節したことがあると答えていた［韓国女性民友会（2003.9）www.womenlink.or.kr/list2004-a.php］。また、保健社会研究院の2005年調査によると、有配偶者女性が結婚によって経歴断絶の経験をもつ比率は60.6％に至っており、出産による経歴断絶も41.2％で高い。就労を中断した女性の場合は、子どもが成長した後に再び再就労を期待しても、以前と同一水準の就業へ復帰するのは難しい［保健社会研究院（2006）、李サンシク（2006）p.10から引用］。結局、これは家庭内の所得の減少と結びついて、結婚と出産は機会費用（opportunity cost）として認識され出産を延期、あるいは放棄する選択をするようになる。

　このような事実から分かるのは、韓国において女性が仕事と家庭を両立することができる社会的システムや制度的インフラの構築が極めて劣悪な状況である。実際、乳幼児の保育施設利用率に対する充足率は60.4％に留まっていた。また、2003年の出産休暇の場合を見ると（表8－5）、制度の施行率は92.9％、利用経験率は72.7％で、高い比率を示しているにもかかわらず、その具体的な内容においては、女性勤労者の12.5％は「休暇使用が自由ではない」と答えるとともに機能職など、一般に女性が多く働いている職種においては50.7％が「自由に休暇を利用するのが困難である」と言っている。

　育児休暇においても制度の施行率は73.5％であるが、実際の利用率は12.2％で極めて低い水準である［金スンキョン（2004）韓国人口学会学術大会］。これは、制度がつくられていても、それを労働者の権利として認識して利用することを社会や企業の認識、あるいは環境などが支えていないことを示している。

　最近になって、女性の労働参加率と出生率とは正比例の関係を見せている世

表8-5　職場特性別育児休暇制度の利用率　　（単位：％）

区分	施行率	利用経験率
全体	73.5	12.2
公務員	94.1	11.0
政府投資公共機関	79.4	22.2
大手企業	66.2	13.3
中小企業	41.9	-

出所：金スンキョン（2004）韓国人口学会学術大会資料。

界的な動向も現れている。特に、出生率の回復と維持が可能であるヨーロッパ地域の国家の場合、育児休暇および出産と子育てに対する経済的な支援を強化し、仕事と家庭両立のための所得保障体系などを充分に整えている特性をもっている。

　例えば、フランスの場合は、1980年代以降から持続的に出生率増加のための政策を行ってきたが、その内容には出産女性の雇用支援、直接間接的に仕事と養育の両立を支援する政策が多く含まれている。その結果、2002年には1.89といった出生率の回復をなしており、女性の労働参加率と出生率がともに高い国として注目を浴びている［低出産高齢社会委員会（2005）：www.precap.go.kr/index.jsp］。

　女性に対する教育水準の向上によって女性の労働参加率が増大し、それにつれて性役割意識も変化して、以前の個人が抱えていた伝統的な家族責任は社会的な責任に転換しなければならないという認識が強くなった。こうした労働参加率と意識の変化は、子どもの出産と養育は多くの機会費用を必要とするものと思われて、出生率の低下と直接に結びつく。したがって、仕事と家庭の両立支援政策は出生率向上のためには核心的な政策として認識しなければならない。

3　労働力の問題

（1）生産年齢人口の減少と労働力の高齢化

人口の高齢化は、公式的には全体人口のなかで高齢層の割合が一定の基準より高くなるということを意味する。それは、生産可能年齢層の縮小や高齢勤労階層、リタイアした非経済活動人口の相対的な割合が多くなるという意味でもある。こうした現状は、ただ人口の数字が変わるということに留まらず、生産と分配に関わる全年齢層に影響を及ぼす社会の構造的変化として見る必要がある［バンハナン他（2004）p.140］。実際、韓国の労働市場は中高齢労働者の増加とともに20代新規労働力の参入が減少するなど、労働力の構造変化を伴っている。

高齢化が労働市場に及ぼす影響として代表的なものは、労働力人口の減少と労働力人口の高齢化などであり、特に生産年齢人口の減少が挙げられる。

表8-6によると、15歳以上65歳未満の生産年齢人口は2000年の3,370万2,000人から2030年には3,129万9,000人、2050年には2,242万4,000人へと減少し、総人口の中で生産年齢人口の割合は71.7％から64.6％、55.1％へとそれぞれ下落する［李ヘフン（2002）p.28］。

（2）女性労働力の増加および女性高齢労働力の増加

女性労働力は、1970年代以後持続的に増加している。1995年には韓国の総就業者の2,037万7,000人中40.4％である822万4,000人が女性であり、2005年度は50％を上回る水準へと上昇した。特に、人口高齢化による労働力の高齢化現象が進んでいるなかで女性高齢労働者の増加も著しい。

女性高齢者の労働参加率を見ると、1980年と2000年の間に55歳以上の高齢者の場合、10.3％から17.1％へと増加していて、これは同時期に男性高齢者の労働参加率が10.4％から15.4％へと増加したことに比べてその増加幅が大きい

表8-6 生産可能人口の変動：15歳から64歳までの年齢増加率

(単位：千名、％)

年度	1980	1990	2000	2005	2010	2020	2030	2050
＜生産可能人口＞								
15～64	23,717 (62.2)	29,701 (69.3)	33,702 (71.7)	34,530 (71.7)	35,611 (72.9)	35,506 (72.0)	31,299 (64.4)	22,424 (53.0)
15～24	8,613	8,784	7,697	6,879	6,515	5,552	4,086	3,291
25～49	11,812	16,148	19,816	20,587	20,196	18,078	15,494	9,957
50～64	3,292	4,768	6,189	7,064	8,900	11,877	11,718	9,176
＜構成比率＞								
15～64	100	100	100	100	100	100	100	100
15～24	36.3	29.6	22.8	19.9	18.3	15.6	13.1	14.7
25～49	49.8	54.4	58.8	59.6	56.7	50.9	49.5	44.4
50～64	13.9	16.0	18.4	20.5	25.0	33.5	37.4	40.9

出所：統計庁、将来人口推計、2006。

［朴キョンシュク（2003）p.76］。また、2003年と2008年の女性高齢者の労働参加率の変化推移を見ると、55～59歳の年齢層は50.5％から55.3％へ、60～64歳の場合は44.7％から44.8％、65歳以上においては22.9％から24.5％をそれぞれ占めていて、持続的に増加していることが分かる［統計庁・KOSIS（2003）（2008）］。

一方、**表8-7**は高齢者性比の変化推移を示したもので、女性高齢者の増加を通じて女性高齢労働力の増加を予想していることが分かる。高齢者の性比は年齢が上昇するにつれて深化されている。しかし、2000年を基点にして加齢による性差は徐々に縮小されていくことも確認できる。80歳以上の高齢者の性比は1970年44.2人から2000年の39.0人へと減少したが、2010年には43.7人へと上昇して継続的に回復される。それは、子どもの出生性比の差が今まで徐々に縮まってきた現象とつながっている。

表8－7　高齢者の性比推移　（女性100人当たり男性数）

年齢	1970	1990	2000	2010	2020
60歳以上	69.8	67.3	71.0	78.0	83.4
60～64歳	83.3	74.7	89.5	94.0	95.4
65～69歳	71.6	71.6	76.8	87.9	90.0
70～74歳	62.1	64.5	62.0	78.2	83.2
75～79歳	53.2	51.3	55.2	64.2	74.9
80歳以上	44.2	34.1	39.0	43.7	56.0

出所：統計庁（2007）「人口住宅総調査」。

（3）高齢者経済活動の変化

　韓国における労働力の変動は全体人口のなかで、65歳以上の人口の比重が増加すると同時に生産可能人口の構成も急スピードで高年齢化されている。今までは、すなわち経済活動が最も活発な25歳から49歳の年齢層は、2005年、全体生産可能人口の59.6％（2,058万7,000人）を占めていて、わりと若い国に属すると言える。しかし、2005年以降は、50～64歳人口層が生産可能人口の20.5％水準から2020年には33.5％、2050年になると40.9％へと増加することが予測される。こうした問題は、中位年齢（Median Age）を見るとより明らかになる。

　1980年には21.8歳であった中位年齢が、2005年には34.8歳まで増加している。これは、2020年になると43.8歳で先進国の平均（42.0歳）を上回るようになり、2050年には56.7歳で先進国平均を相当超えることになる。先進国の中位年齢が今後20年の間に平均7歳増えることに比べて、韓国の中位年齢は16歳増えるという解釈である。OECDは、2050年には韓国が日本以外の国のなかでは最も高齢化された国になろうというように予測している［統計庁・将来人口推計（2006）、Keese and Lee（2002）、張ジョン他（2002）p.2から引用］。

　高齢者の経済活動参加率の変化を見ると、一般に55～64の人口層を中心にしてその割合を見ているが、その場合、男性が70.8％、女性が48.2％を占めている。より具体的に年齢別労働参加率を見ると、国民年金研究院の調査（2005）

表 8 − 8　性別年齢別就業実態
(単位：人、%)

	全体					男性					女性				
	全体	未就業	就業			全体	未就業	就業			全体	未就業	就業		
			賃金	自営業	無給			賃金	自営業	無給			賃金	自営業	無給
全体	6943	52.0	19.5	20.3	8.2	3060	37.1	28.6	33.5	0.8	3883	63.8	12.4	9.9	13.9

出所：国民年金研究院（2005）、ウォムドンウク（2008）から再引用。

による50歳から74歳までの中高齢者の就労実態においては、全体6,943人のなかで未就業者は52.0％、就業者は48.0％で、高年齢であればあるほど未就業者の比率が高いことが分かる［ウォムドンウク（2008）p. 21から引用］。

表8−8から見るように、就業者中賃金勤労者は19.5％、自営業者の割合は20.3％、無給家族従事者は8.2％をそれぞれ占めている。賃金勤労者の大半は男性であり、無給家族従事者は主に女性である。

性別による特性を分類してみると、男性高齢者は全体63％の就業者のなかで自営業者が33.5％、賃金勤労者が28.6％、無給家族従事者が0.8％を占めている。女性の場合は就業者の割合が36.2％で、賃金勤労者は12.4％、自営業者は9.9％、無給家族従事者が13.9％を占めていて男女の差が見える。

上記から中高齢者の労働参加率をより具体的に見たが、実は、韓国は高齢者の労働参加率は高い国に属している。男性高齢者の労働参加率はスウェーデンやノルウェーなどの国と類似な水準であり、女性の場合はスウェーデンやノルウェーなどに比べると低い数値であるがフランスやドイツよりは高い。国際的にも韓国は日本と同様に、OECD諸国のなかで高齢者の労働市場参加率が高い国として認識されている。しかし、こうした現状が、高齢者の労働市場環境がよいということを意味しているわけではない。

（4）引退年齢の分析

高齢化の進展によって国際的にも高齢者に対する労働政策が注目をあびてお

り、OECD諸国の間には1990年代後半から早期定年制などの高齢者労働縮小政策から拡大政策へと転換する方向を示してきた。それは、人口の多数が高齢層で構成される社会においては早期定年制などは生産人口の扶養負担を深化させる結果になり、労働可能な人的資源の損失であるという認識から起因すると言える。

韓国における引退は、上記でも言及したように、他国に比べて高い引退年齢をもっている。韓国の引退年齢を分析した張ジョン他（2002）によると、2001年に15歳の男性は60.9歳に、同時期に45歳の男性は63.8歳に引退することが予想された。15歳の女性の場合は平均的に47.5歳まで働き、45歳の女性は58.7歳まで働くことが分析された。

また、農家の引退年齢は2001年77.4歳で、非農家の65.3歳より12歳以上高い。賃金勤労者の引退年齢は、1997年以前には平均65歳で上昇したが、経済危機をきっかけに減少して2001年63.6歳であった［張ジョン他（2002）p. 19］。

同研究で韓国のこうした引退年齢が高いのは、いくつかの要因によって解釈していた。第一は、自営業者の引退年齢が賃金勤労者に比べて遅いことが全体的な引退年齢を高くする。これは他の研究からも指摘されている部分である。例えば、バンハナン他（2004）によると、韓国はOECD諸国のなかで自営業への就労率が最も高い（全体就業者の40％）比率であり、その割合は高齢層へ移動すればするほどもっと高くなると報告している。農家就労と無給家族従事者を含めた比率として、55歳から64歳の高齢者の場合は55～60％、65歳以上の場合は75％以上が自営業に従事していると指摘している［バンハナン他（2004）pp. 152～153］。

第二は、韓国の引退自体は完全な引退ではなく、引退以降も非賃金勤労の形態や若干の経済活動に再就業する場合も多く見られるので、こうした活動全体を終了する時点を引退年齢として分析したためである。これは、朴キョンシュク（2001）が指摘したように、韓国の引退過程は労働市場からの完全な退出（complete exit）ではなく、正規職から非正規職へ、常用職から臨時職へ、公式部門から非公式部門へと労働機会が移動される特性をもっていることと関わる［朴キョンシュク（2001）p. 181］。すなわち、韓国の高齢者は一応、労働市場

から引退したとしても再就業や所得創出の必要性によって労働市場へ再進入するケースが多く見られるということである。

韓国の引退過程を類型化した朴キョンシュク（2003ｂ）の分析によると、以下の四つの形態で説明している。
❶安定された雇用経歴をもち、定年制や年金保障制によって安定的に引退する上層正規職賃金勤労者。
❷公式的な引退定年から制限されない高所得自営業者の引退。
❸子どもからの扶養が可能な状態での引退。
❹個人資産や年金資産のない状況で就業と非就業を繰り返す形態の引退。

このなかで、❹の類型は過去の職業が単純労務職であり、社会保険の受給を受けない高齢者が多く含まれている［朴キョンシュク（2003ｂ）p. 127］。

このように、韓国の高い引退年齢や引退後の労働市場への再進入などの現象は、高齢者の引退以降の老後生活に対する社会的な保障体制が整備されていない状況が影響を与えたと言える。

4　敬老年金と基礎老齢年金

（1）敬老年金

韓国の公的年金制度は、段階的に改訂を経て1990年代末に完成したが、これは将来の高齢者を対象としたものであり、制定時点での高齢者は対象とされない。このため、1997年８月、国民年金から適用除外された65歳以上の高齢者のなかで低所得者を対象として「敬老年金」制度が発足した。これは、老後所得保障のための公的扶助の補完的な性格を帯びている。ちなみに、敬老年金の支給対象者は、所得基準などを適用して以下のように規定している。
❶65歳以上の基礎生活保障受給者
❷1998年現在65歳以上の高齢者のなかで、本人と配偶者の所得総額が一定基準以下であるもの。つまり、敬老年金の対象者は公的年金を受ける者でなく65歳

表 8-9　敬老年金支給現状

(単位：千人)

	基礎生活対象者			低所得者			総計
	計	80歳以上	80歳未満	計	全額支給	減額支給	
支給人数	403	99	304	207	167	40	610
支給金額	−	50,000	45,000	−	35,000	26,250	−

出所：保健福祉家族部 (2008)。

以上であり、一人暮らし高齢者の場合は、月平均所得額が都市労働者世帯1人当たり月平均所得額の60％以下である者と、高齢者資産が4,000万ウォン以下である者。[朴光駿 (2004) p.196]

　敬老年金受給者は、基礎生活保障対象者の場合は1998年264,000人から2007年には404,000人へと持続的に増加する傾向を見せているが、低所得者の場合は、1998年287,000人から2007年の207,000人へと減少傾向を見せている。
　低所得者の場合は、敬老年金が1998年度に国民年金に加入できなかった当時の65歳以上の高齢者を対象としており、制度の成熟のためその該当人員が減少していることと解釈できる。表8-9は、2007年の敬老年金の支給現状である。
　予算的に見ると、敬老年金の支給金額は2,153億ウォンで2005年度の2,126億ウォンに比べると1.3％増加しており、カバー率は13.4％である。
　しかし、2007年現在65歳以上74歳未満の高齢者の場合、上記したように年齢上制約条件のある制度の設計によって敬老年金支給対象から除外されるものの、特例老齢年金への加入が低迷しているなど、公的年金体制の未成熟による所得死角世代が発生する可能性が高い。したがって、急速な高齢化に対応できる持続可能な年金制度の整備が必要である。このような脈略から、2008年度から全体高齢者の60％を対象とする基礎老齢年金制度が施行されるようになった。

(2) 基礎老齢年金

1998年国民年金改革の問題は財政の安定化という課題として始まったが、そ

の成果は極めて限定的であった。以後、その課題は持続的に議論され、2007年国民年金改正を行うことによって同年7月、基礎老齢年金制度が導入された。国民年金改正の内容としては、国民年金の保険料率を現在の9％に維持しながら給付水準は2008年に60％から50％へと下方調整後、2028年まで漸進的に40％まで下方調整する計画である。

国民年金の基礎給付になる老齢年金は、国民年金加入者が高齢になって所得活動に従事することができない場合に生活安定と福祉増進のために支給される給付である。加入期間（年金保険料納付期間）が10年以上であり、60歳以上になると毎月受給できる。

老齢年金は加入期間、年齢、所得活動などによって「完全老齢年金」、「減額老齢年金」、「早期老齢年金」などがある。完全老齢年金は、加入期間が20年以上で60歳に至った時に基本年金額と扶養家族年金額を計算して支給する年金であり、減額老齢年金は加入期間が10年以上20年未満で60歳に至った者に、加入期間によって一定率の年金額を支給するものである。

国民年金制度の成熟によって、老齢年金受給者数は2010年23.9％、2020年34％、2030年には48.3％へと65歳以上の高齢者のなかで漸進的に増加して、2050年には65歳以上の高齢者63％以上が老齢年金を受給されることが予想される（表8-7参照）［金ワォンショプ・カンンションホ（2008）p. 265］。

2007年の年金改正を基準として65歳以上の老齢年金受給者の月平均給付額は2005年には160,000ウォンであるが、2020年には220,000ウォン、2030年318,000ウォンと上昇する見込みである。

また、基礎老齢年金制度は2008年1月から始まり、65歳以上の全体高齢者のなかで所得と財産が少ない70％の高齢者に支給する制度である。2008年1月からは70歳以上の高齢者を対象としてスタートして、2008年7月には65歳以上の高齢者まで拡大して支給された。対象の選定基準に対しては、所得認定額の基準を備えて、一人暮らしの高齢者は68万ウォン以下、夫婦世帯の場合は108.8万ウォン以下の金額を定めている。

年金額は、国民年金加入者の平均所得月額の5％基準で策定される。2009年1～3月には、一人暮らしの高齢者は毎月84,000ウォン、夫婦世帯は134,160

表8−10　65歳以上老齢年金受給者数および給付額の推移

年度	65歳以上の人口（千人）	65歳以上老齢年金受給者数（千人）	老齢年金給付（10億ウォン）	老齢年金受給率（％）
2005	4,366	405	776	9.28
2010	5,302	1,265	3,028	23.86
2020	7,667	2,611	12,389	34.06
2030	11,604	5,607	57,004	48.32
2040	14,533	8,374	154,095	57.62
2050	15,271	9,714	301,323	63.61

出所：金ワォンショブ他（2007）（2008）に基づいて再構成。

ウォンである。そして、2009年4月からは毎月87,000ウォン、夫婦世帯は139,000ウォンを支給する予定で、この支給額は、2028年まで国民年金平均所得月額の10％水準まで上方調整する予定である。

　上記から見たように、老後の所得保障のための多様な形態として行っている年金制度は、人口構造の高齢化によって年金支出を上昇させる要因として働く。2000年の国民年金加入者のなかで老齢年金受給者の割合は2％に留まっているが、2030年には41％へと急増すると推定されている［朴キョンシュク（2002）pp. 157〜158］。

　また、平均期待寿命の上昇とともに年金受給の期間が長くなることも年金支出を増大させる要因になる。つまり、年金支給の対象者が60歳から該当すると平均寿命が75歳と仮定する場合、およそ15年間年金が支給される。しかし、2006年統計庁によると、2005年の期待寿命は78.6歳、2030年には83.1歳、2050年には86.0歳になると推定しており［統計庁（2006）］、こうした平均寿命の上昇は、結果的に平均年金受給期間が2000年の15年から2005年には18年、2030年と2050にはそれぞれ23年と26年と延長されるようになる。

　高齢化の進展による年金財政の加入者と受給者の変化を見ると、加入者数は初期には多少増加するが、2020年を基点にして減少し始める様相を見せている。2050年になるとおよそ82％水準で下落することが予想されるが、これは生産年齢人口の減少と一致している。

一方、公的年金受給者数は、人口構造が高齢化されることによって急増することが予想される。2020年になると2000年に比べて受給者が4.6倍増加し2030年には7.1倍程度増加すると推定されている。また、受給者および加入者展望を土台にする年金財政の変化を見ると、2020年頃になると給付支出額が保険料収入を上回るようになることが予想される。

　年金財政支出に及ぼす影響を年金制度の成熟と高齢化と区分して調べた李（2002）によると、韓国の場合は、年金制度の成熟度による受給者の増加が年金財政支出増加に影響を与える程度が68.8％、高齢化の影響は47.6％で、年金制度の成熟による要因は制度導入初期から成長していく過程であるが、高齢化の影響が半分を占めるのは注目に値することである［李ヘフン（2002）pp. 40～41］。

5　農村と都市の格差

（1）農村の人口移動——農村人口の減少現状

　産業化が本格的に始まった1970年代以後韓国は、人口規模自体の増加と地域間の人口移動によって急激な人口変化を経験している。特に、表8－11に示されているように、都市人口は持続的に増加する反面、農村人口の減少はより深化された。

　農村地域の人口変動は1970年度の1,850万人（58.8％）から2000年度930万人、2005年度には876万人（18％）へと、年平均2.3％減少した。これは、同期間の韓国人口が1970年3,144万人から2005年4,727万人に増加したことと比べると急激な減少であると言える［統計庁（2005）p. 23］。

　農村地域の人口減少の要因のなかで主に指摘される問題は都市への移動である。都市人口の構成は1960年代に28.0％から1990年74.4％まで急増しており、このような増加傾向は以後も継続されて都市への集中化が続いている［金テヒョン（1996）p. 80］。これは、農村人口の急激な流出が相対的に都市化を進展

表8-11 年齢別農村地域の人口構成比

(単位:%)

年齢		0-14		15-64		65歳以上	
		農村	全国	農村	全国	農村	全国
1990	男性	24.0	26.5	68.8	69.7	7.2	3.8
	女性	23.3	24.7	65.8	68.8	10.9	6.4
	合計	23.6	25.6	67.3	69.3	9.0	5.1
1995	男性	20.9	24.4	69.9	71.3	9.2	4.3
	女性	19.4	22.3	66.3	70.2	14.3	7.5
	合計	20.2	23.4	68.1	70.7	11.8	5.9
2000	男性	19.6	22.2	69.0	72.3	11.4	5.5
	女性	17.6	20.0	64.4	71.0	17.9	9.0
	合計	18.6	21.1	66.7	71.7	14.7	7.2
2005	男性	19.3	20.6	66.0	72.3	14.7	7.2
	女性	17.4	18.7	60.1	70.4	22.5	10.9
	合計	18.4	19.6	63.0	71.4	18.6	9.0
2010	男性	18.1	17.9	65.2	73.3	16.7	8.7
	女性	16.3	16.6	57.7	70.8	26.0	12.7
	合計	17.2	17.2	61.4	72.1	21.4	10.7
2015	男性	16.5	15.8	65.3	73.6	18.3	10.6
	女性	14.7	14.7	57.0	70.6	28.3	14.6
	合計	15.6	15.3	61.1	72.1	23.3	12.6
2020	男性	14.8	14.3	65.2	72.7	20.1	13.0
	女性	13.1	13.4	56.3	69.3	30.6	17.3
	合計	13.9	13.9	60.7	71.0	25.4	15.1

出所:韓国農村経済研究院(2003) p.31。

させる要因と関わっていると指摘している。

こうした事実は、都市化の程度(都市人口／全体人口×100)がどのぐらい進んだのかを通じてより具体的に見ることができる。

韓国の都市化の程度は、1950年代には世界平均に及ばない21.4%に留まったが、1970～1980年代の経済成長を経る間に都市化が進み、2000年頃に都市化の程度は80%に至っていた。内容的には1995年から2000年の間に、全国の人口成

第8章　韓国における少子高齢化の原因と問題　209

表8-12　農村地域の年齢構造指数
(単位：％)

年度	1990	1995	2000	2005	2010	2015	2020
<老齢化指数>							
農村	38.3	58.4	78.7	101.4	124.6	149.8	182.1
全国	20.0	25.2	34.3	45.9	62.0	82.6	109.0
<従属指数>							
農村	48.5	46.9	50.0	58.7	62.7	63.6	64.7
全国	44.3	41.4	39.5	40.2	38.8	38.6	40.9
<年少従属指数>							
農村	35.1	29.6	28.0	29.2	27.9	25.5	22.9
全国	36.9	33.0	29.4	27.5	23.9	21.1	19.6
<老年従属指数>							
農村	13.4	17.3	22.0	29.6	34.8	38.2	41.8
全国	7.4	8.3	10.1	12.6	14.8	17.5	21.3
<高齢化指数>							
農村	9.0	11.8	14.7	18.6	21.4	23.3	25.4
全国	5.1	5.9	7.2	9.0	10.7	12.6	15.1

出所：韓国農村経済研究院（2003）p.34。
＊老齢化指数：(65歳以上人口)／(15歳未満人口)×100。＊年少従属指数：(15歳未満人口)／(15～64歳人口)×100。＊高齢化指数：(65歳以上人口)／(全体総人口)×100。＊老年従属指数：(65歳以上人口)／(15～64歳人口)×100。

長率に対する都市地域人口成長率は1.4倍で、全国人口が1％増加するごとに都市地域人口は1.4％増加することから、都市人口の40％が農村地域から流入された部分であると指摘している［韓国農村経済研究院（2003）pp.6～7］。

また、農村地域の年齢別人口構造においても多くの変化が見える。特に、10代後半から30代後半までの青・壮年層が減少し、60歳以上の高齢層が持続的に増加することである。2002年の場合、20代が人口総移動者の24.3％を占めており、その次が30代として21.9％を占めていて、20～30歳代が全体移動者の45.2％に至っている［韓国農村経済研究院（2003）pp.30～31］。

表8-12からも分かるように、農村地域の多様な高齢化指数が全国平均を相当上回っているのが確認できる。特に、農村と都市間の格差の幅がだんだん拡大している事実に注目しなければならない。老年従属指数の格差は2000年の12％ポイントの差から2005年には17％ポイントまで増加していて、農村地域の生

産可能年齢層の人口比率がどのぐらい減少しているかが予想される。

　農村地域の都市との格差というのは、他の領域からも展望できる。例えば、高齢化指数の場合は、1990年農村の老齢化指数が38.3％を占めているが、全国地域の統計を見ると農村の1990年代と類似な数値を表せたのが2000年度から2005年度の間で、それぞれ34.3％、45.9％を占めていた。これから、農村地域の高齢化が全国平均に比べて15年程度早いということを予測することができる。農村地域の高齢者従属指数においても2000年に22.0％で、全国平均10.1％より2倍以上高い。

（2）出生性比における地域間格差

　少子観による低出産の現象は、男の子を選好する男児選好思想を強化して、出生性比（出生女児100人当たりの男児数）の不均衡という新たな人口問題を呼び起こした。韓国の性比不均衡の問題は、家族計画政策の成功によって出産力が急激に低下された1980年代から始まったと言える。低出産の時期には少子に対する価値の選好や経済的な要因のため多くの子どもを産むのが困難であるため［張ヨンヒ他（1996）p.64］、できるだけ男の子を出産するために胎児の性別検査など、望ましくない方向で男児の性比が増加することになった。

　韓国の出生性比は、1980年に105.3人から1993年に115.5人へと継続に増加して、1995年には113.4人で多少減少傾向を見せている。統計庁（2007）によると、2007年の出生性比は106.1人で、1982年以後25年ぶりに正常性比を回復したと報告した[2]。しかし、第2子の場合は1990年の117.0を定点として減少傾向を見せているが、第3子以後は依然として正常出生性比である106人を上回っている（表8-13参照）。

　出生性比の不均衡によるより普遍的な社会的問題は、結婚年齢期の性比不均衡である。1990年に6～10歳の男の子が成長して20年後、3歳ぐらいの年齢差のある女の子（1990年現在3～7歳）を結婚相手にする場合に、最も性比不均衡の問題が深刻になることが予想されている。数値としても、2010年の結婚適齢期の性比不均衡は123で、男性20％以上が新婦不足の困難さをもつようにな

表8-13 出産順位別出性比

年度	Total	出生順位			
		第1子	第2子	第3子	第4子
1980	105.7	107.3	105.3	105.1	105.3
1985	109.5	106.0	107.9	129.2	149.5
1990	116.5	108.5	117.0	188.8	209.2
1995	113.2	105.8	111.7	177.2	203.9
2000	110.2	106.2	107.4	141.7	167.5
2005	107.7	104.8	106.4	127.7	132.6
2010	108.2	105.8	106.7	128.4	136.1
2020	106.4	105.0	105.4	122.1	127.0
2025	106.0	105.0	105.2	120.2	124.1

出所:統計庁(2006)『将来人口推計』p.31。

る[張ヨンヒ他(1996)p.67]。

　韓国の出生性比の特性のなかで著しい点は、地域別出生性比の差異である。表8-14で見るように、大邱(テグ)地域および慶南北地域の性比は1980年代から深刻な様相を見せており、特に都市部より農村の性比が高いことなど、地域別に出生性比に関する価値観の差異を見ることができる。

おわりに

　冒頭に述べたように、韓国の低出産と高齢化問題は例のない早いスピードで進展していた。本章では、こうした低出産と高齢化問題に対するより根本的な問題の要因を検討するために、低出産の多様な要因を分析した。韓国の低出産現状は、以下に挙げる四つの多角的な側面が結び付いていると言える。
❶女性の教育水準の向上と意識の向上による結婚年齢と未婚率の上昇が、出産の時期を延長するためである。

---

(2) 全ての人間社会の自然的性比は女児より男児がより多く生まれる。これは部分的には男性の高い死亡率を補完するための生物学的な次元の適応であると推測されており、多くの社会で平均的に女児100名当たり105名の男児が生まれる。

表8-14 地域別性比

	1980	1985	1990	1995	2000	2005
全 国	108.3	110.4	116.5	113.2	110.2	107.7
ソウル	107.9	109.25	113.3	110.8	108.9	106.6
釜 山	109.56	111.30	118.4	117.2	112.8	107.3
大 邱	-	123.1	129.7	116.9	113.4	110.7
仁 川	-	109.3	111.9	112.6	108.7	106.4
光 州	-	-	113.3	107.5	110.0	110.0
大 田	-	-	122.7	114.4	107.2	107.4
蔚 山	-	-			112.6	113.2
京機道	107.5	107.6	111.3	111.5	109.4	106.7
江原道	106.6	107.9	113.0	112.3	110.7	107.7
忠 北	108.4	108.4	117.0	114.7	112.5	107.8
忠 南	108.3	109.8	116.6	111.5	109.9	106.1
全 北	110.3	107.6	113.8	112.3	108.1	111.5
全 南	107.4	108.0	114.1	111.7	109.3	105.2
慶 北	109.6	118.8	130.7	118.3	113.6	110.6
慶 南	107.4	111.8	124.7	119.2	112.7	110.0
済州島	106.0	109.1	118.8	112.0	105.6	113.1

出所：統計庁「人口住宅総調査」。2001、2006、1980～1990年統計は、文サンシク他、1995年の資料参照。

❷結婚と子どもに対する価値観の変動で、以前の結婚を通じて安定的な生活を維持しようとした伝統的なライフスタイルから自律的な生活を志向する意識の増大が要因である。

❸教育費および養育費用の重さが負担になることである。これは、出産を放棄、あるいは延期する要因になる。

❹最近になって政策の焦点にもなっている、仕事と家庭の両立支援政策がうまく整備されていない点が挙げられる。

こうした側面は、低出産の問題を呼び起こすより直接的な要因になっている。女性の労働参加率が増大することにつれて出産と養育が仕事とともに両立できるような社会的システムやインフラの構築が何よりも必要であり、またつくら

れた制度が実質的に施行できるように支える社会的環境も重要であることが強調されなければならない。

　韓国の低出産高齢化の現状は、それによる多様な社会的問題と連動している。特に、人口高齢化による生産労働力の減少と労働力の高齢化問題に対応しなければならず、また女性高齢者の増加や女性労働力が増大することにつれてこれらの労働力を活用していく戦略などは、将来の生産性向上のためにも必要な部分である。

　また、高齢労働者の増加による引退年齢の調整や高齢者を対象とする老齢年金の財政問題、特に農村地域の高齢者が増加することと、出生性比の地域差などによって発生する都市と農村地域の格差に対しても対応しなければならない。

　少子高齢化の問題は、もうすでに他国の問題ではないということはよく知られている事実であり、韓国も例外ではない。しかし、西欧の先進国などのように経済的成長と社会的環境が人口構造変化に対応できる条件をある程度整備した以降に現れたことと比べて、韓国の低出産と高齢化の早い進展の問題は、そうした社会的条件などが完備されていない状態で出現していたと言える。よって、それに対する対応の問題は、より具体的かつ実質的に樹立されなければならないという課題を抱えていることになる。

参考文献一覧

- 姜キョンシュク、邊ミヒ、ジョンウンミ（2005）「時系列資料を活用した低出産要因分析」、『韓国家族福祉学』（第10巻3号）韓国家族福祉学会。
- 金スンキョン他（2002）「低出産の社会経済的影響と長短期政策方案」韓国保健社会研究院。
　　　　　　　　（2004）「低出産時代の新人口政策」韓国人口学会前期学術大会。
- 金ウォンショプ、カンスンホ（2008）「老後所得保障のための個人年金活性化政策に関する研究」、『社会福祉政策』（第32巻）韓国社会福祉政策学会。
- 金テヒョン（1996）「農村人口の特性とその変化　1960～1995」、『韓国人口学』（第19巻2号）韓国人口学会。
- 金ハンゴン（1993）『韓国出産力低下の原因と展望』嶺南大学校出版部。
- 孔セゴン他（1992）「韓国における家族形成と出産形態」韓国保健社会研究院。
- 文サンシク他（1995）「韓国の出生性比に対する推定分析」、『韓国保健社会研究院研究論叢』（Vol.5、No.1）。
- 朴キョンシュク（2001）「中壮年期従事上地位と引退過程の多様性」、『労働経済論集』（第24巻1号）韓国労働経済学会。
　　　　　　　（2002）「労働市場の高齢化と業種、職種における年齢分離現状」、『労働政策研究』（第2巻2号）韓国労働研究院。
　　　　　　　（2003）『高齢化社会もうすでに進行された未来』ウアム出版。
　　　　　　　（2003ｂ）「55歳以上高齢者の労働市場脱退過程」、『労働政策研究』（第3巻1号）韓国労働研究院。
- 朴光駿（2004）『高齢社会の老人福祉政策』現学社。
　　　　（2007）「韓国における少子高齢社会への新しい取り組みと課題」未刊行資料。
- 朴セキョン（2006）「低出産時代の子ども養育費負担と政策課題」、『保健福祉フォーラム』韓国保健社会研究院。
- 朴シュクザ（2003）「低出産現状の原因と対策方向」、『東徳女性研究』（第8号）東徳女子大学校。
- バンハナン他（2004）「人口高齢化と労働力及び労働市場の変化」韓国開発研究院。
- 孫スンヨン（2005）「低出産高齢化社会と家族関係の変化」、『東徳女性研究』（第10号）東徳女子大学校。
- シンユンジョン（2008）「保育、教育費が出産意向に及ぼす影響分析」韓国人口学会前期学術大会。
- 李サンシク（2006）「低出産原因構造と政策方向」、『保健福祉フォーラム』韓国保

健社会研究院。
・李ヘフン（2002）「高齢化の経済的影響に対する小考」、『労働政策研究』（第2巻2号）韓国労働研究院。
・ウォムドンウク（2008）「中高齢者の就業決定要因」、『労働政策研究』（第8巻3号）韓国労働研究院。
・張ジヨン・ホジョンハ（2002）「就業者平均引退年齢の変化と人口特性別差異」、『労働政策研究』（第2巻2号）韓国労働研究院。
・張ヨンヒ他（1996）「新人口推計による人口規模及び構造変動と政策課題」韓国保健社会研究院。
・趙ナムフン他（1997）「1997年全国出産力および家族保健実態調査報告」韓国保健社会研究院。

・韓国開発研究院（2004）「人口高齢化と巨視経済」
・韓国農村経済研究院（2003）「農村地域の人口移動」
・韓国保健社会研究院（2003）「韓国の保健福祉指標」
・韓国女性民友会（2003）www.womenlink.or.kr
・低出産高齢社会委員会（2005）www.precap.go.kr
・保健福祉家族部（2008）www.mw.go.kr
・ソウル大学女性研究所（2003）www.igender.snu.ac.kr
・統計庁（2005）将来人口特別推計結果
　　　　（2006）2005人口住宅総調査標本集計結果
　　　　（2006）将来人口推計
　　　　（2007）人口住宅総調査

第4部

経済・社会・文化・教育・生活への少子高齢化の影響

第9章
東アジアにおける少子高齢化がもたらす経済的影響

松石　達彦（久留米大学経済学部准教授）

はじめに

　日本において、少子高齢化の影響への対処方法、あるいは少子高齢化そのものを止める対策の必要性が叫ばれて久しいが、有効な対策が講じられないままズルズルと今日に至った感は否めない。そして2005年、ついに日本政府が人口動態統計をとり始めてから初めて総人口が前年比マイナスに転じた。当初の予想より1年早いターニング・ポイントの到来であった。
　これまで人口増加は当然の与件として日本経済に成長をもたらしてきたが、それが減少に転じた今、マクロ経済にどのような影響を及ぼすのか、様々な議論や憶測が飛び交っている。また、日本に続いて韓国、中国も少子高齢化を迎え、その進行スピードは日本を凌ぐと予測されており、少子高齢化が経済・社会に与える影響は東アジア全体の課題となっている。
　本章では、東アジアにおける少子高齢化がもたらす影響を、早くも人口減少時代に突入した日本を中心に、特に経済的視点から考察する。これまでのマクロ的視点の議論では、少子高齢化に伴う労働力人口の減少が経済成長の妨げになるかもしれないという問題と、少子高齢化に伴う社会保障費の増大を従来のようなシステムで支えきれるのかという問題の2つが大きな論点であった。その2点に加え、貯蓄率の低下がもたらす問題についても触れる。

1　労働力人口減少と経済成長

(1) 成長会計から見る経済成長の寄与要因

　少子高齢化の影響として、多くの人が危惧するのは、仕事をする現役世代が減り、その分 GDP が減少するだけでなく、それによって社会の活力が失われ、日本経済が停滞するのではないかという点である。つまり、労働力人口の減少が経済成長の停滞に直結するのではないかという論点である。この論点に関しては、他の条件が何も変わらないとした場合、労働力人口の減少が経済成長率を押し下げる要因になる可能性が高いと大方のコンセンサスが得られている。ソロー（Solow）の成長会計では、経済成長率は以下のように表せる[1]。

経済成長率（実質 GDP 伸び率）＝ $\triangle$L × 労働分配率　　L：労働力
　　　　　　　　　　　　　　　＋ $\triangle$K × 資本分配率　　K：資本ストック
　　　　　　　　　　　　　　　＋ $\triangle$TFP　　　　　　TFP：全要素生産性

　上式において、経済成長を促す3要素のうち、労働投入量の減少は、他の2要素が変わらなければ、当然、経済成長率を押し下げる要因となる。したがって、そうならないようにするには、他の2要素、つまり資本ストックを増加させるか、TFP（全要素生産性）を上昇させればよいということになる。
　このうち後者は、「労働力人口の減少は生産性の伸びで補える」という、少

---

[1] 投入要素である労働や資本の質的向上、すわわち、労働に体化された知識や技術進歩や労働者の教育水準の上昇、生産設備の高度化などは、TFP と区別することが難しい。TFP は、「ソロー（Solow）の残差法」と呼ばれるように、経済成長のうち、労働、資本という生産要素の投入増加では説明のつかない残差の部分であり、その大半は技術進歩によるものと解釈される。TFP に労働や資本に体化された技術進歩を含めるか、あるいは労働と資本にあらかじめその質的向上を含めるかによって、その推計値が大きく変わってくる。クルーグマン（Krugman）がアジアの経済成長に関して引き金を引いたいわゆる「TFP 論争」もこの計測法の違いに大きく起因する。ここでは、労働や資本に体化された技術進歩を TFP に含めて考察する。

子高齢化に対する最も楽観的な見方の単純な根拠となっている。また、TFP がもし向上するなら、期待資本収益率の上昇を通じて資本ストックの増加になり、経済成長を促すかもしれない。

（2）労働力人口減少を生産性上昇で補えるか

日本

　日本において、生産年齢人口の減少は1995年から、労働力人口の減少は2005年から既に始まっている[2]。労働力人口の減少は労働者1人当たりの資本装備率を上昇させるから、労働生産性を上昇させるとする主張がある[3]一方で、逆に労働生産性は低下するという主張もある。後者は、クズネッツ（Kuznets）に依拠している。

　クズネッツによれば[4]、人口が多いほど技術革新を生む優れた発明や発案が多く、それらが融合することによる相乗効果もあり、技術進歩も早くなる。これは逆に言うと、人口減少は技術革新を生む土壌の量的質的悪化をもたらし、生産性を低下させるということである。

　まったく新しい消費財や資本財を生み出すイノベーション（プロダクト・イノベーション）や、生産現場や組織のイノベーション（プロセス・イノベーション）などによって、まだ生産性を上げる余地は残されてはいるものの、プロセス・イノベーションに限ってみた場合、日本の生産現場では、国際語になっている「KAIZEN」や Just in time を実現するための「KANBAN」方式を生み出したように、世界に模倣されるほど効率的な生産ライン・システムをこれまでも漸進的に向上させてきており、これ以上大きく生産性を上げるイノベーションを期待する余地は小さいと思われる[5]。

　一方で、生産性が低いと指摘されるサービス業、ホワイトカラーの仕事であるが、日本ではサービスが短期間で真似されやすく差別化が難しいことや、きめ細かいサービスを要求する顧客が多く、規模の経済性を発揮しにくいことなどがその要因として指摘されている。また、サービス業においては、外国では有料で行うようなサービスを日本では無料で行っているケースが多く、それが

生産性を押し下げている側面もある。

　しかし、これはあくまで供給者側からの見方で「非効率」なのであって、消費者側から見れば最高のサービスを受けていることになる。よって、その最高のサービスを放棄して生産性を追求するべきなのかどうかということは、日本国民のサービスに対する価値観の問題でもある。生産性の向上一辺倒でサービスの質の低下をやむなしと割り切れるのかは、生産者側の判断だけでできるものではない。

　実際には、近年の日本において、様々なサービスの質は消費者側から見て低下してきていると感じられる。しかし、生産性を優先するがゆえに消費者にとってサービスの質が低下したのかと言えば、そうとは言いきれない。

　2008年の『労働経済白書』は、競争力を高めるために企業が進めた非正規雇用の拡大が、労働生産性の上昇の停滞に結び付いていると論じている[6]。つまり、生産性の上昇率が低いまま、消費者側から見ればサービスの質が悪くなっているということである。しかし、一企業からしてみれば、非正規雇用の拡大が労働生産性の伸び悩みにつながったとしても、非正規の拡大による大幅な賃金コスト削減を実現でき、利潤最大化に結び付くならそれは合理的選択をしているにすぎない。

　このように、企業が規制緩和をきっかけに非正規雇用の拡大を続け、利潤の

---

[2] 生産年齢人口は、総人口のうち15歳から64歳までを指し、労働力人口は、15歳以上の人口のうち就業者と完全失業者の合計。

[3] 例えば、内閣府（2005）。

[4] Kuznets, S., (1960)。

[5] OECDの調査（2005年のデータ）では、製造業に限ってみれば、日本の労働生産性は世界4位となるが、全体では19位で主要先進7か国では最下位となっている。ただし、労働生産性はGDP／就業者であるため、不法労働者が多い国では不法労働自体はGDPに反映され、就業者数には反映されないことから労働生産性がかさ上げされる。一方で、日本は不法就労者の絶対数が少ないので、このかさ上げ部分が少なく、結果として相対的に他国より低く出る傾向があることが指摘されている。

[6] 白書によれば、製造業は生産性の上昇率は、1990年代の2.3％から4.5％に改善したが、サービス業は逆に1.9％から0.5％に低下した。全体では1％から1.7％へと改善されたが、その要因は就業者の削減によるところが大きく、このような生産性上昇の持続性を疑問視している。

最大化に努める際、労働生産性の伸び悩みを解消しようとするインセンティブがうまく働かないことこそが問題ではないだろうか。

バブル崩壊後、不況下の企業を救済するため、非正規雇用の拡大を促す規制緩和を進めた結果、非正規雇用が拡大した。労働コストの削減に成功した企業は、業績が回復した後も非正規雇用の活用を拡大した。労働力人口減に対してマクロレベルでの生産性上昇目標がありながら、財界にそれを促すようなインセンティブを供与できず、包括的ビジョンが欠けたまま労働分野での規制緩和を進めた結果が今日の状況を招いた。

さらに、昨今多く指摘されているのが若者の学力低下、仕事遂行能力の低さ、責任感の低さ、離職率の高さであり、労働力人口の減少を生産性の向上で補うという目論見は容易ではない。

ただし、経済成長への寄与要因のうち、労働投入増加の寄与は資本やTFPに比べ小さいことが救いである[7]。実際、労働力人口は2005年の6,793万人をピークに漸減傾向にあるが、今のところそれが経済成長の大きな足かせにはなっていない。しかし、それでも少子高齢化の進み具合によっては大きな足かせになる可能性はある。

韓国・中国

韓国においても、労働力人口の減少および総人口の減少がともに2020～2025年のうちに始まると予測されている。したがって、日本と同じように労働力人口の減少を生産性の上昇で補えるかという大きな問題を抱えることになるが、日本と違いまだ少し時間的猶予があるため喫緊の課題とまではなっていない。しかし、2000年に高齢化社会に入り、2018年には高齢社会、2026年には超高齢社会に入ると予測され、そのスピードは日本や中国より早い。よって、少子高齢化が経済に与える影響に関して、韓国政府の危機感は強い。

一方、中国では、労働力人口の減少が2015～2020年の間に、総人口の減少が2030年～35年の間と予測されている。しかし、日韓と違い中国では労働力人口の減少はそれほど問題ではない。労働力人口の絶対数が日韓よりはるかに多い上、大卒の4割が就職できない現状を考えると、むしろ労働力人口のなかの失

業者の割合をいかに減らしていくかが社会の持続的発展にとって最大の問題であり、労働力人口減少自体が経済成長の足かせになる状況ではない。

また、中国経済においては、労働生産性向上の余地も大幅に残されている。よって、中国においては労働投入増による経済成長も、生産性の上昇による経済成長の余地もまだ十分残されていると言える。しかし、そのためには過剰な労働力を吸収できる雇用の創出が不可欠であり、それは世界一の人口を抱える中国ならではの課題であって、少子高齢化に伴う課題とは言えない。中国では、実質経済成長率8％以上を維持していかなければ雇用の安定供給ができず、社会が不安定化すると言われている。

（3）労働力人口減少を資本投入増で補えるか

日本

一方で、労働力人口の減少を資本投入増で補えるかということも考察しなければならない。近年、非正規雇用の拡大などによって労働者の賃金を抑制したため労働分配率は低下傾向にあるが、その分企業の内部留保は増えている。内部留保が投資に向かえば資本投入増となる。また、資本投入を増やす要因としては貯蓄率の増減がある。

後に少し触れるが、少子高齢化社会においては、それを支える社会保障費が増大することから従来の社会保障制度のままでは成り立たず、高齢者にもある程度自己負担してもらわなければならない。しかし、高齢者が自己負担により貯金を取り崩し、また貯蓄率の高い現役世代が減少することにより一国の貯蓄率は低下する。実際、1990年代から日本国内の貯蓄率は大きく低下した[8]。貯蓄率が低下すると、投資のための原資が減るので資本投入増の阻害要因となる。

少子高齢化による貯蓄率の低下という見解は、ライフサイクル仮説[9]に基づ

---

(7) 加藤久和［2007］によれば、1993～2003年度にかけては、経済成長への労働投入増加の寄与はほぼゼロである（p.115）。
(8) ただし、1990年代以降の貯蓄率の低下は、少子高齢化の影響よりも不況によって可処分所得が減少したことが主因であるいう見方が多い。

いている。ライフサイクル仮説は、現在所得が現在消費を規定するのではなく、生涯所得を予想して現在の消費を抑え、一部を貯蓄し、仕事を引退した後に貯蓄を取り崩して消費をするという考え方である。

このように、労働力人口減は単に労働投入減をもって直接的に経済成長に影響をもたらすだけでなく資本投入にも作用し、間接的に経済成長に影響するため、3要因のうちの一番影響の少ない単なる1要因というわけではないことに留意する必要がある。また、貯蓄率の低下を補うものとして、政府は対日直接投資の活性化を唱えている。実際、多くの先進国、途上国で貯蓄・投資ギャップを対内直接投資で補っている。

図9-1は、政府の対日直接投資残高の目標と達成状況である。第1ステージでは、2001年から2006年の5年間で対内直接投資残高を倍増させるのが目標であった。結果は、目標達成には少し届かなかった。次の第2ステージでは、2006点時点での対内直接投資の対GDP比2.5％を2010年までに5％に倍増させようとする目標である。

対日直接投資の増加は、単に3要因のうちの資本ストック要因を増加させるというだけでなく、海外からの新しい技術や経営ノウハウの導入が日本経済に刺激を与え、競争を促進し生産性の向上をもたらすことも期待されている。

しかし、一方で日本は、海外のファンドによる日系企業の敵対的買収への防衛策を講じたように、外資を牽制している側面もある。対日直接投資は増やしたい[10]ものの、敵対的買収による乗っ取りの形での対内直接投資は避けたいのが実情である。また、日本の対内直接投資の対GDPの水準自体、諸外国と比べてとても低い水準にある。

各種のアンケート結果では、日本市場では日本の優れた企業が激しいシェア争いをしていて、外資の参入する余地が少ないことが対内直接投資の少なさの主な理由として挙げられている。実際、日本メーカーの寡占状態が続く自動車市場では、東京モーターショーに出展する外資系企業が激減している。これは、単に日本市場が縮小しているからということではなく、アジアのなかでも日本市場への参入が容易でないことを示している。

図9−1 対内直接投資残高と GDP 比

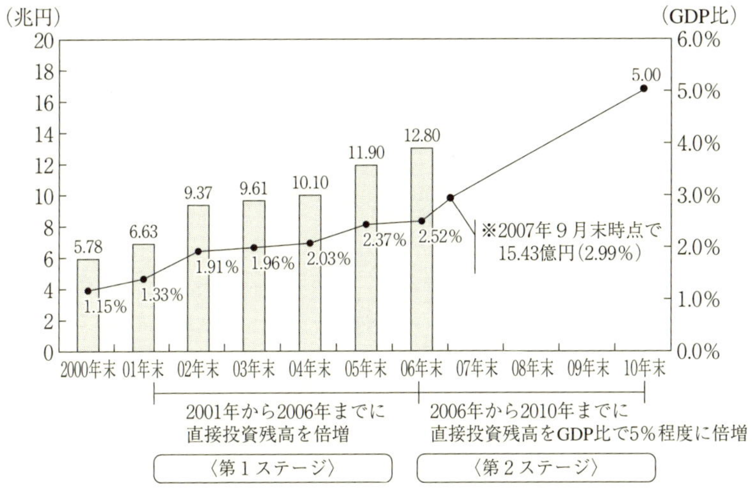

（兆円）
- 2000年末: 5.78 (1.15%)
- 01年末: 6.63 (1.33%)
- 02年末: 9.37 (1.91%)
- 03年末: 9.61 (1.96%)
- 04年末: 10.10 (2.03%)
- 05年末: 11.90 (2.37%)
- 06年末: 12.80 (2.52%)
- 10年末: 5.00%

※2007年9月末時点で15.43億円（2.99％）

2001年から2006年までに直接投資残高を倍増〈第1ステージ〉
2006年から2010年までに直接投資残高をGDP比で5％程度に倍増〈第2ステージ〉

出所：内閣府（2008）「対日直接投資の現状」。

韓国・中国

　韓国では、貯蓄率、投資率ともに1990年代後半から低下傾向にある。よって、労働投入の減少を資本投入の増加で補うというのは容易ではない。一方、中国では2000年代初頭から貯蓄率、投資率の上昇が見られ、資本投入の増加による経済成長は今後も期待できる。製造業における日系企業の対中直接投資は一巡したと言われる上に、リスク分散の観点からも「チャイナ＋1」が好まれ、ベトナムなどがその恩恵を受けているが、「世界の工場」から「世界の市場」になりつつある中国への直接投資は今後も高水準で続くと予想される。また、アメリカ発の金融危機と世界同時不況への対策として、中国政府が打ち出した3年で54兆円の財政出動も公共投資の増大を促すのは必至である。

---

(9) ライフサイクル仮説を最初に提唱したのは、Franco Modigliani（1954）。
(10) 政府が2006年に策定した「対日直接投資加速プログラム」では、世界との投資誘致競争に打ち勝つ環境整備が盛り込まれているが、ジェトロ（2004）の「第9回対日直接投資に関する外資系企業の意識調査」では、税負担の軽減、商法等の制度改革、労働市場の改革などが在日外資系企業からの日本政府への要望として上位にランクされている。

2　社会保障費増大の問題

日本

　労働力人口減少の問題と並んで、社会保障費の増大が少子高齢化社会の大きな問題となっている。課題の緊急性にこそ差があれ、日・中・韓共通の課題である。いわゆる「人口ボーナス期」は、従属人口指数[11]が低下傾向にある時期であり、高度成長期と重なるのが一般的である。日本の人口ボーナス期は1950～1990年までの40年間であり、既に従属人口指数が上昇する「人口オーナス（負荷）期」に入っており、この負荷は現役世代にとってますます重たいものとなるのが不可避である。

　日本における社会保障給付費は一貫して右肩上がりで伸び続け、2007（平成19）年度で91兆4,305億円を計上している。国民所得に占める割合も特に1990年代から顕著に上がってきており、約24％となっている[12]。

　図9－2は部門別の社会保障給付費であるが、年金が52.8％を占め、次に医

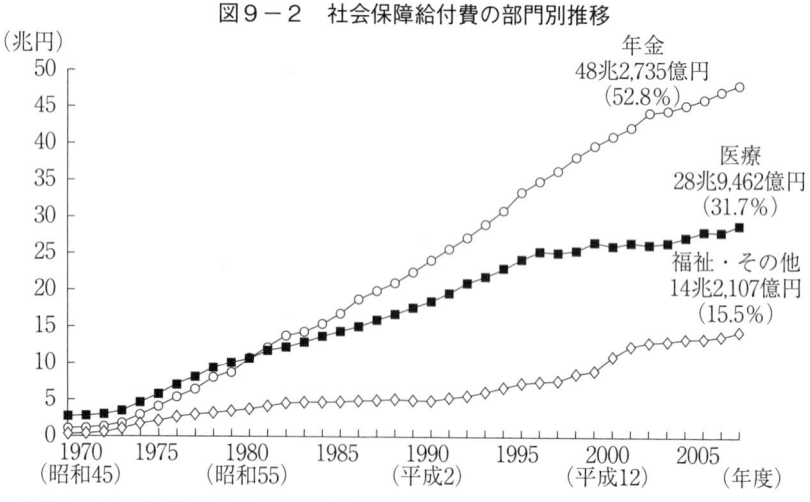

図9－2　社会保障給付費の部門別推移

年金　48兆2,735億円（52.8％）
医療　28兆9,462億円（31.7％）
福祉・その他　14兆2,107億円（15.5％）

出所：国立社会保障・人口問題研究所ホームページ http://www.jpss.go.jp/

図9-3 高齢者関係給付費とそれが社会全体に占める割合の推移

(兆円)
凡例:
- 高年齢雇用継続
- 老人福祉サービス
- 老人保健(医療分)
- 年金保険給付費
- 社会保障給付費に占める割合(右軸)

出所:国立社会保障・人口問題研究所 HP http://www.jpss.go.jp/ より作成。

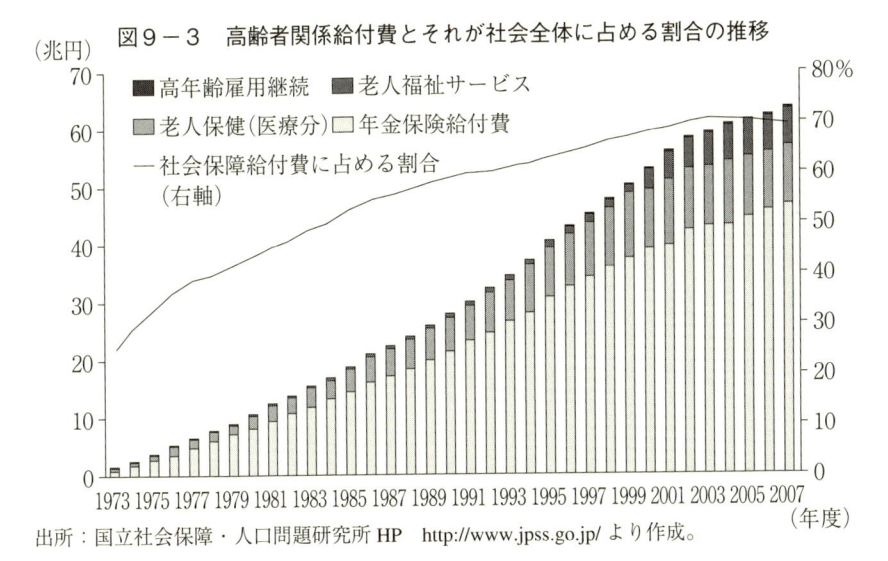

療が31.7％を占めている。そして**図9-3**は、高齢者関係の給付費が社会保障給付費全体に占める割合であるが、少子高齢化に伴って右肩上がりで上昇し、70％前後で高止まりしている。その高齢者関係給付費のなかでも、年金保険給付費は70％以上を占める。現役世代が引退世代を支えるこれまでの年金システムのままでは、立ち行かなくなるのは明白だ。

社会保障費増大の問題は、単に世代間の負担の問題でなく、前節の経済成長とも密接に絡んでいる。少子高齢化社会でも安定した経済成長を維持できるなら、誰がいくら負担するかという問題はあるものの、社会保障制度自体は維持しやすくなる。しかし、それでも国民負担率の上昇は、消費、貯蓄を抑制することから経済成長率を押し下げる要因となる。そして、実際に経済成長が停滞したり、マイナス成長に陥った場合は、増大し続ける社会保障費によって少子高齢化社会を支える公的な年金制度や医療制度の質の低下は避けられなくなる。したがって、社会保障制度の質をある程度保つには、持続的な経済成長が不可欠になる。

⑾ ｜年少人口（0〜14歳）＋老年人口（65歳以上）｜／生産年齢人口（15〜64歳）
⑿ 社会保障給付費の数字は、国立社会保障・人口問題研究所 http://www.ipss.go.jp/ による。

韓国・中国

　韓国の「人口ボーナス期」は、1965年から2015年までの50年間と推測されており、その後の「人口オーナス期」への突入まで待ったなしの状況となっている。特に韓国では、「高齢化社会」から「高齢社会」までの移行期間（倍加年数）が18年と見込まれ、日本や中国の24年に比べて短いため、「負荷」が急速に増してくることが懸念されている。

　中国の「人口ボーナス期」は1965～2010年までと推測され、1979年からのいわゆる「一人っ子政策」により、韓国よりも早く終わると見られている。したがって、中国においては社会保障費の増大が少子高齢化の大きな課題となっている。しかし、中国では、2011年以降に「人口オーナス期」を迎えるにもかかわらず、社会保障のシステム自体が整備されていないことが大きな問題である。

　中国の年金制度である「社会養老保険制度」[13]では、都市部での加入率は45％、農村も含めた全体での加入率は20％にも満たないのが現状である。よって、60歳以上の養老年金の受給率も19.6％に留まっている。また、医療保険も一部の企業、機関にしか普及しておらず、自営業や農民工の8割は自己負担している現状であり、医療格差は深刻な問題となっている。

3　おわりに

　他にも、少子高齢化が国内における人口移動にどう影響するか、また地方財政にどのように影響するか、地方社会の持続可能性にどう影響するか、また、少子高齢化は国内市場を縮小させるのか、などの問題もある。本章では、紙幅の関係ですべてについて触れられないが、最後の問題に関して付言すると、仮に総人口が減って国内市場が縮小したとしても、輸出立国の日本は外需の拡大によりこれを補うことが可能である。

　リーマンショックの前まで、日本の経済成長は外需頼みで、GDP成長の約6割は輸出に頼る構図であった。しかし、外需に頼って利益を上げる企業が労働分配率を下げて内部留保を溜めこみ、その結果として労働者の可処分所得が

減り、市場が縮小するというサイクルは、国内市場のさらなる縮小をもたらし、より一層外需頼みの経済となる。そうなれば、日本市場の縮小により、対内直接投資が抑制される可能性もある。

リーマンショック後は、これまでのアメリカの浪費頼みという構図からの脱却として、内需拡大とアジア市場の需要頼みへと構図がシフトしてきている。とりわけ、大国中国とインドの潜在成長力に期待する声が大きい。ASEANも含む広義の東アジアにおいて日本や韓国で国内市場が縮小しても、中国やASEANの市場拡大がそれを補うことになるだろう。

また、日本や韓国における労働力人口減少の影響であるが、これも労働力過剰の中国などから積極的に労働者を受け入れることで調整可能であると楽観する向きもある。東アジアにおいては日本を先頭にNIES、ASEAN、中国と、発展段階の違いに応じた分業体制が築かれてきており、これを「雁行形態的発展」と言う。労働力の問題も、労働力過剰国から労働力不足の国へと労働供給することである程度バランス調整ができるかもしれない。しかし、労働力不足の国から「労働者」を求めて仕事が国境を超えるグローバル・アウトソーシング（オフショアリング）も同時に進行している。いずれにしても、東アジア内における持続可能な発展のための「連携」が1つのキーワードになるだろう。

東アジアにおける少子高齢化が経済に与える悪影響に対しては、まずはそれぞれの国において、市場経済の活性化による経済成長の維持と、市場の失敗をうまく補えるような公的サービスとのバランスのよい包括的な対策が必要になる。とりわけ、労働供給過剰で社会不安の大きい中国では、市場の失敗を政府がどこまでカバーできるかが重要なポイントになる。さらに、各国が市場原理と公的サービスの組み合わせを行うだけでなく、東アジア地域として少子高齢化という共通の課題に対し、いかに「連携」して対処していけるかも今後重要になってくるだろう。

---

(13) 都市部に戸籍をもつ人対象の「企業職工養老保険」、「幹部養老保険」と、農村に戸籍をもつ人対象の「農村養老保険」に分かれる。

参考文献一覧

- 大島寧子・上村未緒(2007)「少子高齢化・人口減少時代に日本は成長を確保できるか～求められる「バランスのとれた危機意識」～」『みずほ総研論集』(2007年Ⅱ号)。
- 大淵寛(2005)「少子化と人口政策の基本問題」、大淵寛・阿藤誠編著『少子化の政策学』原書房。
- 加藤久和(2007)『最新 人口減少社会の基本と仕組みがよ～くわかる本』秀和システム。
- 経済同友会(2006)『「人口減少社会にどう対応するか」－2050年までの日本を考える』
- 厚生労働省(2005)『平成17年版 労働経済白書——人口減少社会における労働政策の課題』
  　　　　　　(2008)『平成20年版 厚生労働白書——生涯を通じた自立と支え合い～暮らしの基盤と社会保障を考える～』
- 国立社会保障・人口問題研究所編(2008)『日本の人口減少社会を読み解く——最新データからみる少子高齢化』中央法規出版
- 小椋正立監修、イ・チョルヒ、シン・クァンホ編(2009)『韓国における高齢化研究のフロンティア』ミネルヴァ書房・
- 高橋伸彰(2005)『シリーズ現代経済学 少子高齢化の死角——本当の危機とは何か』ミネルヴァ書房
- 内閣府(2007)『高齢社会白書 平成19年版』
  　　　(2008)『高齢社会白書 平成20年版』
  　　　(2008)『平成20年版 少子化社会白書』
- 額賀信(2005)『需要縮小の危機——人口減少社会の経済学』NTT出版
- 橋本択摩(2006)『人口減少と格差社会』秀和システム
- みずほ総研(2008)「東アジアにおける高齢化の進展と政策的対応の課題」『みずほ総研論集』(2008年Ⅳ号)
- 八代尚宏(1999)『少子・高齢化の経済学』東洋経済新報社
- 若林敬子(2005)『中国の人口問題と社会的現実』ミネルヴァ書房
- Krugman, P., (1994) "The Myth of Asia's Miracle," *Foreign Affairs* (Nov. / Dec.)
- Kuznets, S., (1960) "Population Change and Aggregate Output," *Demographic and Economic Change in Developed Countries*. Princeton University Press, Princeton.
- Modigliani, F., (1954) "Utility Analysis and the Consumption Function: An interpretation of cross section data", with Brumberg, 1954, in Kurihara, editor, *Post Keynesian Economics*.

第10章
中国の少子化が家庭と社会に与える影響について

孫　征（中国社会科学院人口・労働経済研究所研究員）

1　中国の少子化が家庭に与える影響について

（1）中国の少子化の進展について

　中国の少子化には明確な政策的な時点がある。1980年に中央が5回ほど人口座談会を開き、「1組の夫婦に1人だけの出産を提唱する」という計画出産政策を確定してから全国人口の出産レベルは次第に下がり、中国人口の少子化はまず家庭というミクロの面から実際に始まった。
　女性の合計特殊出生率は家庭内の生育率の変化を比較的正確に反映でき、**表10-1**に示したように、全国の女性の合計特殊出生率は1980年代から多少上下に変動しながら、しかし比較的明確な低下傾向を示している。
　このほか、0〜14歳の人口が総人口に占める比重も、別の側面から社会の少子化の成り行きを反映することができる。国家統計局の推計によると、0〜14歳の人口が総人口に占める比重は1982年に33.59％、1988年に28.05％、1990年に27.69％、2007年に17.88％まで下がった。1982年から2007年までの25年間における0〜14歳の人口比重の下落幅はとても大きく、少子化の成り行きは非常に明らかなものである。
　しかし、長い時期に出産年齢に入った人口の数量は非常に巨大なものであり

表10-1　1981～1990年合計特殊出生率の変動

(単位：%)

年度	1981	1983	1985	1987	1989	1990
全国	2.63	2.42	2.20	2.59	2.35	2.31
城鎮	1.40	1.34	1.21	1.36	——	——
農村	3.04	2.78	2.48	2.94	——	——

出所：田雪原『中国の人口政策の60年』社会科学出版社、2009年。

表10-2　生育適齢女性人数の変動について

年度	15～49歳（万人）	20～29歳（万人）	20～29歳（%）
1982	24,849	8,130	32.72
1988	29,744	10,018	33.68
1990	30,634	11,228	36.65
2001	34,970	10,401	29.74

出所：各回国税調査。

(表10-2参照)、特に建国初期の出生ブームの時に誕生した人口が続々と出産年齢に入ったので、1980年から始まった出産ラッシュを招いた。そのため総計の出産率は下がり始め、すべての母の子女の出産数も減少しているが、1990年半ばに至って、全国毎年の新生児数はまた大幅に増加した。

したがって、社会の面から見ると、中国人口の出産態勢は1980年に計画生育を実行し始めてから10年余り、全国人口の出生率は下がるどころかえってある程度上昇することになった。1980年の出生率は18.21‰、1982年22.28‰、1984年19.90‰、1986年22.43‰、1988年22.37‰、1990年21.06‰、1994年18‰、2001年15‰、2007年12.10‰である。

人口の基数の増加と出生率の上昇は、毎年の新生児の絶対的数量が絶えず増加していることを意味する。そのため、少子化の進展は1980年代からすでに始まったが、少子化がもたらした影響は1990年の半ば頃にやっと社会面に現れ、そして引き続き今日まで影響を与えている。実際には、中国家庭が少子化の影響を深く受けた時、社会上では急速に増加する児童のニーズを満たすためいかに関連サービス施設を増やすかと困っている段階である。

要するに、少子化がもたらした影響はまず家庭から現れ、その後に関連する

社会部門へ波及し、そして社会から広範な関心を引き起こした。

（2）少子化は子どもを家庭の中心とする

　中国の少子化は、基本的に国家の改革開放と同時に発展したものである。国家の経済発展と国の開放に従って、人々の関心は次第に政治と社会から経済、娯楽と家庭に変わった。若い両親達は、自分の両親よりさらに家庭生活と育児を重視し、ほとんどすべての感情を彼らの「一人っ子」に傾け、「頼まれれば必ず承諾する」ことになる。また、祖父、祖母達の「孫世代をかわいがる」行為は、さらに一人っ子を家庭全体（核家族かどうかに関わらず）の物質的資源の主な消費者および家族のなかの「司令塔」に変え、かなりの祖父、祖母達は彼らの孫、孫娘を「小さい祖先」と呼んでいる。

　社会では、これらの子どもは家庭のなかの「小皇帝」と称され、溺愛する環境のなかで成長する子どもが成人になってから、自分の引き受けるべき社会と家庭の責任を負えるのかと人々に心配されている。

　実際には、中国すべての都市の若い両親達はただ1人の子女だけを出産するのではなく、またすべての一人っ子が家庭のなかで甘やかされて育てられるものでもない。しかし、このような一人っ子を中心とする潮流のなかで、多くの家庭の中心人物は、次第に成人、年長者から子どもに変わった。

　改革開放という大きな背景の下で、このような子女を中心とする家庭の様式は従来の中国の家庭内部の厳しい上下関係という伝統的な家長式様式を大きく弱化させ、子女は家庭のなかで比較的十分な発言権を獲得し、子女と年長者との関係は平等（以前はそうでもなかった）になりつつある。

（3）家庭関係と親族関係は簡略化された

　第1期の一人っ子の誕生に従って、中国従来の複雑な大家族の親族関係は単純になり始めた。以前の大家族のなかでよく見られた兄、姉、弟、妹は次第に消えた。

一人っ子は成長して成人になり、両親になり、叔父や叔母、父方の伯母と伯父なども次第に消えてしまい、「義理」の叔父と叔母に取って代われた。しかし、この現象は中国の都市部だけでよく見られることで、広大な農村地域では、多くの家庭において1人以上の子どもがおり、家庭の関係と親族の関係はある程度簡略化されたが、その程度は都市部ほど高くはない。

都市と農村の核家族化およびこのような家庭、親族関係の簡略化は、大家族の構成員の間の付き合いに関する伝統な家庭倫理を淡泊化して、なかには消えてしまったものもある。いわゆる、「依存するものがなくなったら付随していたものも消滅する」ということである。

（4）男の子が大好きという観念の淡泊化と強化について

一人っ子時代の到来に従い、伝統的な男性を重んじて女性を軽んじる観念は分化し始めた。多くの都市部では、人々はわりと高いレベルの教育を受けたために考え方は比較的開放的で、また養老年金などの経済的な保障があるので、若い両親達は「一人っ子」に対して男女に関わらず寵愛し、両親が子女性別にはこだわらなくなった。しかし、子どもが生まれる前には、男の子が大好きということは都市部でもよく存在しており、これは近年生まれた赤ん坊の性別比率が持続的に上昇するという状況からも実証が得られる。

今になると、第1期の一人っ子が両親になった時、彼らの性別に対する好き嫌いは、彼らの祖父母、父母よりさらに淡泊なものとなった。

広大な農村地域では、生産様式と生活様式の特殊性、および養老年金の保障がないので、人々は依然として男の子の出産を渇望している。たくさんの子どもを産むことができないため、多くの家庭が男の子を望む度合いがさらに強くなり、様々な方法を駆使して男の子が生まれるように努力している。若い両親達、特に祖父母達の、男の子を望む意識は以前より強烈なものになっている。

新生児の性別比率の統計数字は、中国人の子女性別の好き嫌いがなお強まっていることを反映した。北京、上海のような特大都市のほか、貴州、雲南などの地域でも、この20年近くに生まれた新生児の性別の比率は絶えず上昇し、そ

の原因は統計上の申告漏れ、虚偽報告などを除いても、妊娠期間中の選択的な堕胎ということが非常に重要な原因の一つになっている。

　東アジア地域の産児性比が高い問題については、国内外のたくさんの学者が研究している。国連人口基金の統計によると、日本、韓国などいくつかの東アジア国家では、出産率が短時期に大幅に下がる時には新生児の性比が上昇する傾向があり、その程度がやや低いだけにすぎない。中国政府も含めて多くの国が胎児の性別検査を予防する措置を強化したが、実際的な効果は得られていない。これを見ると、孔子の「親不孝は三あり、跡継ぎのないことが最大の不孝」という伝統的な生育観念は、東アジアの国々における産児性比の上昇に重要な作用を発揮している。

　いずれにしても、人々の出産願望はやはり陰陽平衡という説に従う。いくつかの出産願望に関する調査によると、もし２人の子どもを出産できるなら、多数の人は２人の男の子を選ぶのではなくて、男の子が１人と女の子が１人を選んだ。もし、１人だけを出産するなら、ある程度の両親は「どちらでもよい」を選択したが、多くの両親達は「男の子がほしい」と回答した。なぜ、このような出産願望があるのか、そのなかの一つの原因としては、今後男子が家庭財産の承継あるいは親の面倒を見ることに必要だと考え、また伝統的な観念からの影響および面子などということも原因と思われる。

　人々の出産願望と生育行為については、通常、男の子を重視するが、実際の生活を観察すると、両親が生まれたの子女の性別に対する好き嫌いは、未出生の子女の性別に対する期待より強烈なものではない。ほとんど、性別の好き嫌いはないようである。

　全体的に見れば、出産率が下がっているこの大きい背景の下で、まだ出産したことのない両親のなかで男の子がほしいという傾向は非常に明らかで、むしろ強まったとも言えよう。しかし、すでに子女を出産した両親のなかでは、男の子が好きだという傾向は弱くなっており、特に女の子が好きな両親もかなりいる。

　広大な農村地域で、「男の子が老後の面倒を見る」という考えは、依然として男の子がほしいという重要な原因となっているが、都市では社会保障が比較

的完全で、「晩年に、息子から経済的な援助を受ける」形式は一般的なものではなく、「男の子が老後の面倒を見る」からといった影響は少なくなり、男の子が好きになる理由の一つは、伝統的な「代々血筋を継ぐ」という生育観念でしかない。

（5）家庭のなかで男女を区別した育て方の弱化と強化について

　社会学の研究を見ると、伝統的な家庭では男児と女児に対する待遇が異なり、これが彼らの社会行為と自我意識が異なってくる基本的な原因の一つとなり得る。中国の家庭では子どもが1人であるため、子女への待遇が異なるといった問題は存在しない。一人っ子が男である家庭では、自らの理想を息子に託すのは父親だけでなく母親も託し、逆に女の子である場合は、母だけでなく父も自らの理想を娘に託している。そのため、伝統的な家庭で見られた差別待遇現象は、一人っ子の家庭のなかで弱まっている。

　一人っ子の場合、男の子と女の子に関わらず、彼らは多くの面で同じように振る舞い、専門と職業の選択にも個人の興味に基づく時が多いので、性別要素から受けた影響は親の世帯より比較的少なくなっている。

　近年、中国の大学生のなかで、従来では男性に多い専門——数学、物理、化学、建物、機械、電子、コンピュータ、哲学など——を学ぶ女子大生と女性大学院生の割合が以前より高くなっており、これもある面、家庭のなかでの子女待遇上の差別化が弱まり、伝統な性別による役割分担が自我意識へ及ぼす影響が衰えたことを反映している。

　しかし、広大な農村地区での家庭では、通常2人の子女がおり、一人っ子の家庭は比較的少ない。それでは、農村家庭での子女への待遇はどのようなものであろうか？

　数多くの小規模な社会調査によると、農村家庭（貧困地区でも）における女の子と男の子の服飾や食事および初級の正規な教育面での待遇はほぼ同じで、高校に入るかどうかについて違いが見られる（中国の義務教育の範囲は初級中

学まで)。男の子の場合は、成績が普通でも高校まで進学でき、通常の場合、親はこれを支持している。そして、女の子の場合は、成績が優秀の上、大学に入学する可能性があるならば高校まで進学でき、そうでない場合は高校への進学は親に支持されていない（これは、ただ北方の貧困地区の状況であり、南方の家庭は、通常、子女にできるだけ教育を受けるように力を入れている）。

ある調査によると、通常の場合、農村の女の子の成績は男の子よりよいが、これは恐らく、女の子が家庭のなかで学習できる権利を得るために大きな努力を払っているからであろう。

要するに、男の子が非常に好きな家庭を除いて、農村家庭のなかでは子女の性別による待遇の差別化は弱くなった。これは子ども数の減少と関係があり、また社会の進歩、家庭の生活レベルの上昇、養老観念の変化などとの関係もあるため、単なる少子化という一つの要素によるものだけではない。

（6）少子化、世代間のギャップと家庭内部の世代関係について

周知のように、中国の社会にはこの30年来急激な変化が発生し、これによって若い世代と親世代との考え方、生活様式などが異なってきて、２世代の間にはいわゆる世代ギャップが現れた。このギャップは、年配の人達と若い人達との間だけでなく若い人同士にも存在し、中国の歴史上珍しいことと言える。

少子化の影響で多くの家庭では子女を中心にすることになったが、世代ギャップは常に、子女と年長者とがコミュニケーションをとれないことや、家族間にある程度の隔たりが生まれることにあるため、家庭内部の伝統的な倫理の伝承にも影響を与えた。

実際には、若い世代は常にマスコミと同世代の人々から必要な情報を得て、その影響を受け入れるという形が好きなようで、親世代からの経験と教訓が「時代に遅れ」と思われているため、高齢者は昔のように家庭のなかで年長者に対する尊重と理解を得られず、彼らにとって伝統的な「年長者の楽しみ」を享受する機会も次第に少なくなっている。

家庭のなかにおいて子どもが中心となる現象は、子ども達、特に一人っ子達

の自己を中心にする意識が強くなり、年長者達が子どもの面倒を見るのは当然とされ、年長者の面倒を見ることについては充分に考えず、また必要な生活技能が不足するという状況を形成してしまった。

　新らしい世代の人々は西側諸国の生活様式と考え方から強い影響を受け、独立、民主と自由に憧れるが、そのなかの一部の人は実践生活において独立することができず、成年になってからも経済・生活面で親に頼っている。このような状況がひどくなる場合、いわゆる「スネかじり族」が大量に現れることになる。

　「スネかじり族」とは、文字通り、すでに成年になって単独の生活をするはずの子女が、依然として両親の家に住んで、未成年の子女のように両親に生活の面倒を見てもらい、親から経済的な援助をもらうことを指している。このような両親とともに居住する生活様式は、形式上で言えば、伝統的、理想的な家庭のモードを維持しているように見える（成年になった後も両親と共に居住しているが、その中身は伝統的な家庭の倫理道徳と矛盾している）が、親を養い、両親に経済と生活の援助を提供するのではなくて、逆に両親が引き続き成年の子女の日常生活の世話をし、経済的な援助を提供しているのである。

　また、未成年の時と違うのは、これらの「スネかじり族」は両親との交流がとても少なくて、年配の両親は子女から経済的な援助を得られないほか、彼らからの精神的なサポートも得にくい。その上、一部の「スネかじり族」は自分の両親を「かじる」だけではなく、祖父母をも「かじっている」。

　これに関連する法律がないため、これらの状況はすべて家庭の問題だと思われ、家族のなかで解決するしかないため、たくさんの家庭構成員間に矛盾を引き起こした。この種の問題は、都市において比較的目立った現象である。

　社会の発展は都市よりも農村のほうが少し遅れ、しかも家庭にいる子女の数量はある程度減少しているとはいえ、通常は一人っ子でないため、両親と子女間の隔たりは都市より少なくて、伝統的な家庭関係は部分的に残っている。成年子女、特に息子は両親を養う責任者と通常なり、「スネかじり族」は少ない。特に、経済的に立ち遅れている地区であればあるほど少なくなっている。

　経済的に発達した農村地区での状況は都市と大体同じようで、「スネかじり

族」は非常に少ないが、年配の両親と子女が一緒に居住していないというケースが経済の発達していない農村よりは少し多くなる。

（7）少子化が伝統的な家庭養老様式に与える影響について

　家庭における子女の減少、および家庭のなかで子女が中心となる現象は、当面、多くの親世代が老後の面倒を子女に見てもらうといったことを望まなくなることを意味する。現実に、いわゆる「421」という家庭構造のなかにおいては、一人っ子達が両親の老後の面倒を見るとしても、その老人の数はおそらく4人になる。また、自分の子女の世話もしなければならないため、体力的、時間的に両親の面倒を見ることはできないであろう。

　以上の事実に基づき、一人っ子、両親ともが伝統的な家庭養老を完全に受け入れることができず、また養老施設もすべてを受け入れられないため、双方ともに通常、各自の状況に基づいて、両親の各年齢段階での健康状態と経済状態に応じて有利な養老方式を選ぶことになる。

　家庭の子女数量の減少に従い、高齢者は自分の面倒を見てもらえない時は家庭外の人的援助を求める可能性が高くなるため、社会は日増しに増える老年人口に対してサービスを提供する必要がある。

　現在の情況を見ると、老人が家庭で生活をする上において、コミュニティの家政サービス、初級の医療サービス、娯楽と運動できる場所、安全保護などを利用するといったことが、多数の人々に認められている中国独特の養老方式である。

（8）少子化が家庭教育へ与える影響について

　中国の少子化が始まった時は、ちょうど中国の経済改革、社会の開放が始まった時期でもあり、当時の中国社会を言い表す言葉として「百廃待興（多くのところで復興が待望される）」というのが流行した。当時、各業界はすべて大幅な発展を期待して、どこでも人材を求めたため、にわかに教育の重要性が

人々の広範な注目を引きつけた。

　良い教育を受けることは、人に羨まれる仕事と幸せ・円満な家庭生活の獲得を意味し、これはその時の人々の共通認識事項となった。この共通認識ゆえに、文化大革命によって正規の教育を受けられなかった若い両親達は、かつてなかった強い情熱と努力で子女の「教育事業」に長きにわたって取り組み、今でも留まる様子のない子女の教育プロジェクトを形成した。

　この子女の教育プロジェクトのなかで、中国の一人っ子達（一人っ子だけではない）は幼稚園に行く年齢から、系統的に各種の訓練を受けることになった。国語（幼児向けの基本的な訓練だけではなくて、外国語も学ぶ）、算数（幼児向けの算数だけでなく、数学の方面の知能開発訓練も含む）、音楽（児童歌曲を学ぶだけではなくて、1種類の楽器も学ぶ）、図画（絵画の初歩的な技巧を学ぶほかに、絵画方面の知能開発も含む）、スポーツ（各種の特長クラスは、特徴のある学生を受け入れることがある）などを学び始めた。子ども達は遊ぶ楽しみを失うこととなり、様々な教育に包囲されてしまった。

　この極端な子女に対する知能教育を重視する家庭のムードは、以前の資源欠乏に対する一種の過剰反応であり、また少子化が家庭に与えた影響の一つでもある。

2　少子化の社会への影響について

（1）少子化の社会への直接的な影響は時間的に遅れる

　中国における少子化による社会への直接的な影響は、家庭への影響より少し遅れて現れた。何故なら、ベビーブーム世代がちょうど少子化が始まった時期に続々と出産年齢に入り、大規模な出産ラッシュが出産率の低下を相殺し、全国の新生児数は少子化が始まってから10年余りの間は減少せず、逆に増加傾向を示した。関連データは冒頭で示したので、ここでは以下にまとめる程度にする。

簡単に言えば、中国の少子化は出生率が着実に減少する段階になって初めて社会に直接的、重要な影響を与えるため、少子化の開始から10年ほどの遅れを伴う。これらの新生児に関わるすべての政府管理部門と社会サービス部門は、彼らの成長に伴って少子化の影響を長期にわたって受け続ける。

（2）産婦人科の出産設備と医師は相対的に余っている

都市の病院では、妊婦・産婦の絶え間ない増加に応じて出産設備と産婦人科医を徐々に増やしていったが、都市病院での新生児数が減少し始めるまでの長い期間にわたって、出産増による医師と設備の不足に悩んできた。しかし、出産数が減少に転じると、都市病院の産婦人科のベッドと産婦人科医がいきなり余ってくることになった。このような過剰な医療設備と医療関係人員は母子健康への看護にとっては有利となり、病院側からすれば、一人っ子家庭の新生児の身体的向上、および産婦の心身面における健康状態などをよく配慮できる条件を備えることとなった。

そのほかに、都市病院の余った産婦人科の医療設備と医療関係人員は、都会で就労する妊婦・産婦にも健康看護サービスを享受できる機会を提供した。

（3）託児所、幼稚園、小中高校も人口減少によって続々と縮小された

都市地域においては、設備がよくない託児所や、一部分ではあるが教師の資質が高くない幼稚園、小学校、中学、高校が「進学予定者」の不足によって続々と廃校となるか、あるいは有名校に併合されてしまった。各教育機関は、生徒数の減少とともに自身の品質を高め、流動人口の子女入学に対して便宜を図るようになった。

農村地域においては、一部の村落の小学校が生徒の不足で廃校となり、付近のいくつかの村が共同で一つの小学校を創設するようになった。これは、子ども達の通学にとっては非常に不便となり、多くの子どもは毎日通学のために長い距離を歩くか、あまりにも遠い場合は小さい時から寄宿学校に入ることにな

った。また、その寄宿学校の高い費用を払えなくて中途退学をする人も出てきた。

このような情況は山岳地帯と地方の農村地区によくあり、人口が密集している地方では比較的少ないが、第1期の一人っ子が続々と出産年齢に達するにつれて同じ状況はいっそう広がりをみせ、深刻化する可能性がある。

(4) 少子化は中国の人口都市化を加速させる

少子化の進展につれ、都市の戸籍人口、特に大都市の戸籍人口にはマイナス成長が現れ始めた。21世紀の初め、一人っ子の世代が続々と労働市場に入る段階で都市、特に大都市の労働力不足はますます深刻なものとなった。このような労働力欠乏という現象は、都市が農村の労働力をさらに吸引する一方で、流動人口が長期にわたって都市で生活をすることになり、都市住民への転化に便宜を図ったことになる。

別の角度から見ると、農村人口が長期間にわたって安定的に都市で居住できるということは、中国人口の都市化を推進しただけでなく、中国の経済と社会の発展をも促進する役割を果たし、中国人口の地域的再分布および合理的配置にもある程度の触媒作用を果たした。

(5) 少子化と平均寿命の増加は人口の高齢化を深める

少子化は全人口に占める高齢者の割合を押し上げ、また中国の平均寿命は一貫して上昇するため、中国では高齢者の上昇と超高齢層の増加が続く。また予測によると、この超高齢化と高齢化の発展趨勢はかなり長い時間（**表10-3参照**）持続する。

1980年代に生まれた第1期の一人っ子達が結婚出産の年齢に入る時、「421」という家庭構造は都市地域ではすでに存在していた。通常、2015〜2050年の間に、中国の一人っ子第1世代が高齢期に入り始め、その時期になると、「421」という家族構造は都市においてごくありふれたものとなる。

表10-3　2000年～2050年中国人口年齢構造変動予測について（単位：人、％）

年度	0～14歳		15～64歳		65歳以上	
2000	28,979	22.89	88,793	70.15	8,811	6.96
2005	27,227	20.75	93,822	71.42	10,321	7.86
2010	26,018	19.13	98,300	72.28	11,688	8.59
2015	27,263	19.36	99,681	70.79	13,874	9.85
2020	27,391	18.96	99,652	69.00	17,384	12.04
2025	26,316	18.32	99,815	68.30	21,010	13.69
2030	23,966	16.35	98,797	67.42	23,780	16.23
2035	22,197	15.19	95,334	65.25	28,564	19.55
2040	21,980	14.86	91,233	62.89	31,853	21.96
2045	22,302	15.58	88,804	62.02	32,075	22.40
2050	22,068	15.38	85,752	62.69	32,341	23.07

「子ども中心」の家庭観念が家庭の経済資源の分配モードを変えたことによって、都市のなかで高齢人口の行列に加わりつつある一人っ子の両親達は、子どもから老後の世話や援助を得ることが極めて困難であると分かってくる。

　幸いなことは、高齢人口が増加につれて高齢者の生活ニーズはますます社会と政府部門に重視されるようになり、都市コミュニティの各種の養老サービス施設の整備と関連制度づくりが促進され、全社会の社会保障制度の完備を促している。

（6）人口の転換を実現させ、人口と資源との調和的発展の実現に貢献をしよう

　1990年代中期、中国の人口は低出生率、低死亡率、低成長率という人口の転換を実現した。人口の規模はなお増加しているが、2030年前後になると14.65億人ぐらいのピーク値になり、それからだんだんと減るようになるが、根本的な人口の転換はすでに実現された。これは、少子化が社会に与える最も重要な影響の一つである。それは、中国の人口と資源の調和的発展、経済と社会の持続可能な発展の実現に不可欠な基礎を築いた。

第11章

日本の高齢者に対する消費者教育の考察
福岡県福岡市の高齢者の訪問調査から

王　彦風（久留米大学比較文化研究所研究員）

はじめに

　市場経済社会において、消費者は生産者あるいは業者に比べて、専門知識、情報収集力や交渉力などで不利な立場にあると言われている。そして高齢者は、若者よりもさらに弱い立場に陥ると考えられている。

　高齢化が急速に進む日本では、国民の5人に1人が高齢者という高齢社会になりつつある[1]。このような社会背景において、特に近年、高齢者の蓄えられた資産を狙う「振り込め詐欺」や「悪質商法」などの消費者問題が多発し、社会問題となっている。それらの被害を防止するためには、高齢者自身が確かな自衛の知識と判断力をもたなければならない。それゆえ、高齢者に対する消費者教育が不可欠なのである。

　本章の目的は、日本の高齢消費者教育の現状を考察することを通して、日本の高齢消費者教育の発展と特徴を吟味する。またその上で、今後の中国の消費者教育にとって示唆的な側面に着目にしたい。

1　高齢者の消費者トラブルの現状

　日本では、少子高齢化に伴って独居高齢者（日中独居含む）が増え、加齢による判断力、記憶力などの衰えや、身体的にも不安を抱えて生活している高齢者が多くなってきている。このような高齢者の健康、精神的な不安を逆手に取った悪質商法による被害が急増している。

　昨今、社会問題化している「オレオレ詐欺」も、当初は孫や子どもを装って高齢者を狙う手口であった。それが最近では手口が多様化し、被害対象が広がっている。警察庁は、いわゆる「オレオレ詐欺」、「架空請求詐欺」、「融資保障金詐欺」を総称して「振り込め詐欺」と命名した。警察庁の調べによれば、2006年の「振り込め詐欺（恐喝）」事件の認知件数は2万5,667件で、被害総額は約283億7,866万円にも及んでいる（**表11－1参照**）[2]。

　日本国民生活センターと消費生活センターを結ぶ「全国消費者生活情報ネットワーク・システム」（通称 PIO-NET）に、消費者から寄せられた相談情報が蓄積されている。PIO-NET によれば、2003年度消費生活相談の総件数のうち高齢者からの苦情相談は6.6％、9万8,383件に達している。これは2000年の2倍以上のものであり、高齢消費者トラブルが年々増加傾向にあることが分かる。

表11－1　2006年の「振り込め詐欺（恐喝）」事件に関する統計

区分	認知件数	被害総額（既遂のみ）
「振り込め詐欺（恐喝）」事件	25,667件	約283億7,866万円
（内訳）		
「オレオレ詐欺」事件	14,874件	約191億2,873万円
「架空請求詐欺」事件	5,101件	約54億533万円
「融資保障金詐欺」事件	5,692件	約38億4,460万円

出所：警察庁ホームページを参照。

---

(1)　総務省統計局「人口推計月報」平成17年6月1日により、65歳以上の人口は総人口の19.9％を占めている。

(2)　警察庁 http://www.npa.go.jp/safetylife/seianki31/toukei/1_hurikome01.pdf

表11－2　高齢者の苦情相談の商品・サービス別件数上位10位（2006年度）

順位		件数	割合
	総計	98,383	100.0%
1	サラ金・フリーローン	7,833	8.0%
2	ふとん類	7,698	7.8%
3	電話情報サービス	4,537	4.6%
4	健康食品	4,280	4.4%
5	浄水器	3,768	3.8%
6	商品一般	3,167	3.2%
7	家庭用電気治療器具	3,030	3.1%
8	新聞	2,241	2.3%
9	修理サービス	2,185	2.2%
10	建物掃除サービス	2,145	2.2%

出所：国民生活センターホームページにより[3]。

　高齢者の苦情相談で多い商品・サービスの上位5位は、1位「サラ金・フリーローン」、2位「ふとん類」、3位「電話情報サービス」、4位「健康食品」、5位「浄水器」などが挙げられる。健康関連商品が多く見られるように、ここには高齢者の健康への関心や不安が強く反映されている（**表11－2参照**）。

　高齢者の苦情相談で販売購入形態に関わるのは、「訪問販売」、「通信販売」、「店舗購入」、「電話勧誘販売」「マルチ・マルチまがい取引」などであるが、そのなかで「店舗購入」（いわゆる、通常の店舗に買い物に行って契約したケース）は12％と非常に少ない。一方、店舗以外での販売形態は76.8％と圧倒的に多い。

　図11－1によると、「訪問販売」が最も多く48.8％を占めている。続いて、「通信販売」16.0％、「電話勧誘販売」8.4％、「その他無店舗販売」2.0％、「マルチ・マルチまがい取引」「ネガティブ・オプション」0.8％の順となっている。在宅することが多い高齢者は、「訪問販売」や「電話勧誘販売」の対象になりやすいという実態がこのデータから読み取れる。

　現場の消費生活相談員の話によれば、悪質商法[4]に狙われやすい層は、高齢者、若年者と主婦である。特に高齢者は、加齢に伴って心身機能が低下してい

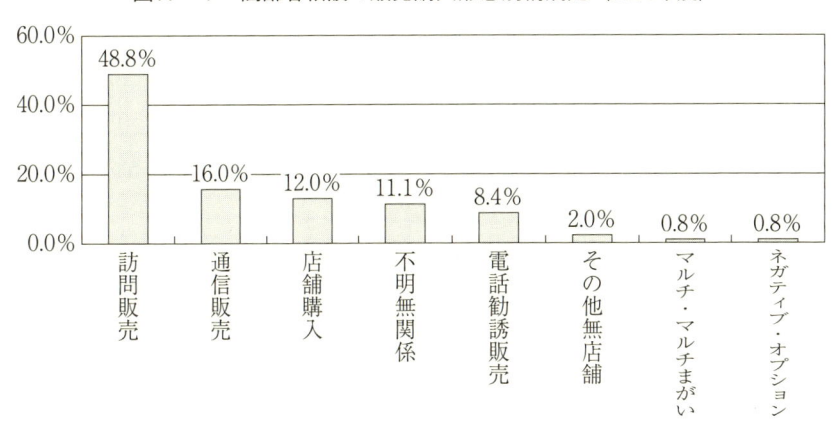

図11−1 高齢者相談の販売購入形態別構成比（2006年度）

形態	構成比
訪問販売	48.8%
通信販売	16.0%
店舗購入	12.0%
不明無関係	11.1%
電話勧誘販売	8.4%
その他無店舗	2.0%
マルチ・マルチまがい	0.8%
ネガティブ・オプション	0.8%

出所：国民生活センターホームページにより。

ること、一人暮らしが多く社会的にも孤立しがちであること、新しい情報や知識が不足しがちであること、また被害に遭ったという意識が薄いことなどから、被害に遭いやすい特性をもっていると言える。

　2004年6月に日本で実施された消費者基本法では、消費者の自立支援を理念とし、消費者年齢その他の特性に配慮しつつ、消費者に対する啓発活動を推進するとともに、生涯にわたって地域や家庭などの様々な場を通じて消費者教育を充実するよう定めている。したがって、ますます多様化・深刻化している日本高齢者の消費者問題に対して、様々なライフステージにおいて効果的で体系的な高齢消費者教育を推進する必要があると考えられている。

2　日本の高齢消費者教育の現状

　日本の高齢消費者教育を担う関連機関としては、主に独立行政法人国民生活

---

(3) 国民生活センター http://www.kokusen.go.jp
(4) 悪質商法とは、消費者に嘘の説明をする、困らせたり脅かしたりする、販売目的を隠すなどの方法で商品やサービスを契約させる商法である。

センター、財団法人消費者教育支援センター、社団法人全国消費生活相談員協会などがある。

独立行政法人国民生活センターは、消費者のための国の関係機関である。2003年10月に「独立行政法人国民生活センター法」に基づいて「国民生活の安定および向上に寄与するため、総合的見地から、国民生活に関する情報の提供および調査研究を行うこと」を目的として設立された[5]。

国民生活センターでは、全国の消費生活センターをオンラインネットワークで結んで消費者生活相談の情報を収集し、消費者被害の未然・拡大防止のために活用している。また、社会的に中立・公正な立場で商品テストや苦情処理、教育研修、調査研究などを実施し、一人ひとりの消費者が安全で安心な生活が送れるよう、様々なメディアを通じて積極的に情報提供を行っている。

高齢者向け消費者教育・啓発にかかわる事業としては、「消費者教育に携わる講師育成講座」、「啓発用リーフレットの発行」などがある。国民生活センターには各地方自治体が運営している全国の消費者生活センターなどの中核的機関としての役割が求められているため、消費者生活センターなどを対象とした事業が主となり、直接消費者と接して教育・啓発を行う機会は少ないのが現状である。

財団法人消費者教育支援センターは、1988年9月の国民生活審議会において、消費者教育を支援するための組織づくりが提案されたことを受け、経済企画庁（現・内閣府）と文部省（現・文部科学省）の共管法人として1990年に設立された。教育関係者、消費者団体、企業、行政の4者の協力により、消費者教育の総合的かつ効果的な推進を支援することを目的とした消費者教育の専門機関である。

生涯学習社会の消費者教育は、発達段階に応じて機会を捉えて行われることが重要であるが、高齢者向け消費者教育は、身体的な特性を考慮に入れた教材・指導法の一層の工夫が求められるところである。そのような観点から、消費者教育支援センターでは、高齢者向けの教材開発並びにそれらを活用した講師活動、各地の講師に対する講師育成講座において指導方法を伝える活動などを行っている。さらに、高齢者に伴う消費者問題の総合調査、高齢者に適した

教材「悪質商法に負けないためのうたのほん」の発行、講師としての啓発活動および機関紙〈消費者教育研究〉の発行などが行われている。

社団法人全国消費生活相談員協会は、1997年に社団法人として発足した。消費生活専門相談員によって全国的に組織された団体である。2005年では、会員1,640名、全国6支部（北海道、東北、関東、中部、関西、九州）に分かれ活動している。会員のほとんどが各地方自治体の消費者センターなどの消費生活相談員であり、日常的に悪質商法など消費者トラブルの苦情相談対応を通して、高齢者被害の実態を熟知している。

内閣府請負事業「高齢者に対する消費者問題出前講座」の実施機関である全国消費者生活相談協会では、2001～2003年度の3年間に4,387か所、14万6,978人に対して出前講座を実施していた。受講者の年齢別では60歳以上の高齢者が11万2,540人と、全体の76.6％に達している。

2004年度は全国1,400か所の出前講座を実施した[6]。その手法も、講義だけでなく、ビデオや紙芝居、歌、クーリングオフのはがきや悪質業者お断りの団扇（うちわ）の作成など「受講者参加型」を取り入れている。また、内閣府から各地方自治体へ文書を送付する一方で、協会から全国の社会福祉協議会、老人グラブ、防犯協会、介護関連施設に対して案内を送付するなどの情報提供を行っている。

以上の三つの機関のほかに、自治体による効果的な消費者教育も展開されている。消費者行政機関、福祉行政機関、教育行政機関などによる有機的な連携が見られるのが日本の高齢消費者教育の特徴である。

高齢者が各自治体の消費生活センターなどでの講座に参加することは、あまり期待できないため、高齢者に対する消費者教育は「届ける」講座を中心に強化・充実していくと考えられている。

その全体像を図11-2に整理してみた。町内会や老人クラブなどの団体・組織に属する高齢者が比較的に多く見られるため、消費者教育リーダー育成から講師の育成、そして講師の派遣までという一連の流れにおいて、市民団体と行政を取り巻く消費者教育が確立されている。

---

(5) 昭和45年10月に発足した特殊法人国民生活センターが独立政法人に移行した。
(6) 平成14年度「消費者問題出前講座前講座報告表集計概要」

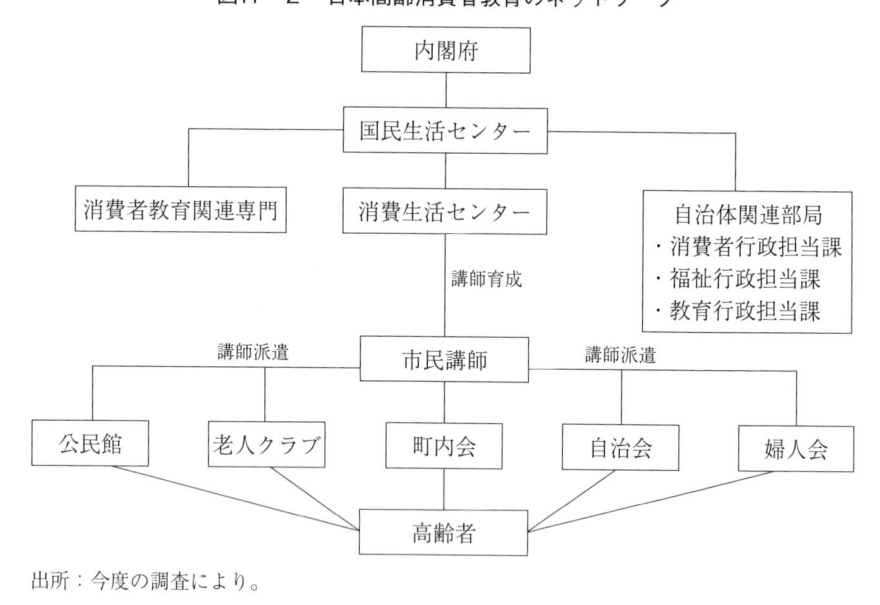

図11-2　日本高齢消費者教育のネットワーク

```
                    ┌──────────┐
                    │  内閣府  │
                    └────┬─────┘
                    ┌────┴─────────┐
                    │ 国民生活センター │
                    └──┬────┬────┬──┘
        ┌──────────────┤    │    ├──────────────────┐
┌───────┴────────┐ ┌───┴────┴───┐ ┌────────┴────────┐
│消費者教育関連専門│ │消費生活センター│ │   自治体関連部局   │
└────────────────┘ └──────┬─────┘ │・消費者行政担当課  │
                        講師育成   │・福祉行政担当課    │
                                 │・教育行政担当課    │
                                 └─────────────────┘
              ┌──────┬────┴────┬──────┐
         講師派遣 │ 市民講師 │ 講師派遣
              │     └────┬────┘     │
    ┌─────┬──┴──┬──────┬──────┬─────┐
 ┌──┴─┐ ┌─┴───┐ ┌┴───┐ ┌┴───┐ ┌┴──┐
 │公民館│ │老人クラブ│ │町内会│ │自治会│ │婦人会│
 └──┬─┘ └──┬──┘ └─┬──┘ └─┬──┘ └─┬─┘
    └─────┴─────┬┴──────┴──────┘
              ┌─┴───┐
              │ 高齢者 │
              └─────┘
```

出所：今度の調査により。

3　日本高齢消費者教育への考察

　近年、日本において、高齢消費者のトラブルや被害が年々増加し、社会問題になっている。問題の解決には、各地の消費者センターなどによって、高齢者に向け消費者教育が行われている。しかしながら、その実態については十分に明らかにはされていない。そこで、消費者教育の実態を把握することを目的とし、実態調査を行った。

　高齢者の生活実態は都市部と農村部では大きな違いを見せると考えられるが、それらを網羅し、全国的な傾向を明らかにすることは筆者の力量を超える。そのため、今回は筆者の居住地域である福岡県福岡市に限定し、その傾向を明らかにしたい。

　2007年8～10月、福岡市内在住の65歳以上の106人の高齢者に対する訪問調査をした。訪問調査のため、回収率は100％である。106人のうち男性は47人、

女性は59人である。また、その調査内容は以下の通りである。
❶高齢者と情報
❷高齢消費者の被害
❸高齢消費者被害への対策

この三つについての結果を述べるとともに、考察をしていきたい。

①高齢者と情報

　生産を究極に決定する権限が消費者にあるとする消費者主権（consumer-sovereignty）の考え方は、ハット（W. H. Hutt, 1936）によって提唱されている[7]。しかし、今日の市場競争の下、事業者は技術力、情報力、組織力などにおいて消費者を圧倒し、市場主体の双方に消費者の意図する選択を阻害するほどの非対称性を発生している。市場関係において企業・消費者間の情報疎通が不完全であれば取引は歪められてしまうので、いかにして完全情報つきの商品を手に入れるかが消費者にとって重要な課題となる。

　そこで、日本の高齢者の情報入手先を調査するため、「問１　あなたは、ふだんどのような方法で、生活に関する情報を得ていますか。＜この中からいくつでも選んで記入してください。＞」を設けた。

　図11－3のように、情報入手先として、最も多くの高齢者が利用している方法は「テレビ」（男性95.7％、女性94.9％）であった。「新聞」が男性87.2％、女性74.6％で続き、この２大メディアが高齢者の情報入手先としてほとんどの人が挙げている。また、家族や友人などから情報を得るものが、男性が38.3％、女性が47.5％を占めている。私的ネットワークから得た情報よりも、むしろ公的メディアからの情報の割合が高いことが分かる。

②高齢消費者の被害

　高齢消費者の被害に関わるのは、「通信販売」、「訪問販売」、「店舗購入」、「電

---

(7) Hutt, W. Harold [1936], Economists and Public; A Study of Competition and Opinion, Jonathan Cape Ltd., London, pp. 257~262.

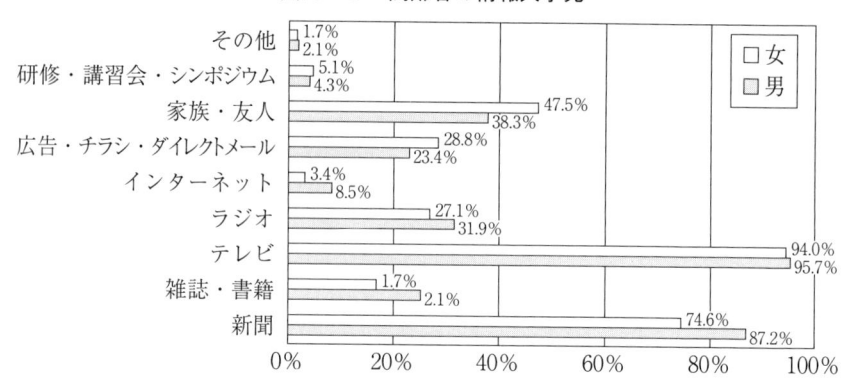

図11−3　高齢者の情報入手先

項目	女	男
その他	1.7%	2.1%
研修・講習会・シンポジウム	5.1%	4.3%
家族・友人	47.5%	38.3%
広告・チラシ・ダイレクトメール	28.8%	23.4%
インターネット	3.4%	8.5%
ラジオ	27.1%	31.9%
テレビ	94.0%	95.7%
雑誌・書籍	1.7%	2.1%
新聞	74.6%	87.2%

話勧誘販売」「マルチ・マルチまがい取引」などがある。高齢者が通信販売を利用する状況について、「問2　あなたは、**過去1年間に通信販売を利用したことがありますか。**」を設定した。

図11−4から見れば、過去1年間で通信販売を通して、商品を買ったことがある高齢者は22.6％を占めている。通信販売というのは、販売業社がカタログなどを出し、そのカタログなどを見た消費者が、電話などで業者に商品の注文を行い、これによって契約が成立するというものであり、この契約の特徴は「非対面性」という特徴をもつと言われる。

こうした通信販売方法の便利なところは、売り手にとっては経費の節減ができ、商品にかかる経費を大幅に節約できることから商品を廉価で提供販売することができ、販売業者には競争力が生まれ、消費者にとっても安価なものが手に入りやすいという点でよいこと、さらに遠方にある者同士でも郵送方法を利用することで距離の問題を解消できること、カタログを比べることでより良い商品を選べること、などが挙げられる。しかし、同時に現実的な問題も存在している。

通信販売に対する高齢者の不満・トラブルの内容について、「問3　**問2で「ある」と答えた方にうかがいます。利用した通信販売で不満・トラブルの経験がありますか。**」を設けた。「ある」と答えたのは28.3％である。

さらに、どんな不満があるのかについて、「問4　**通信販売で不満・トラブ**

図11－4　高齢者の通信販売の利用状況

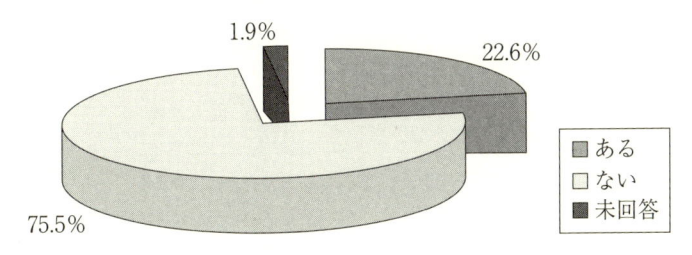

- ある　22.6%
- ない　75.5%
- 未回答　1.9%

図11－5　通信販売に対する高齢者の不満・トラブルの内容

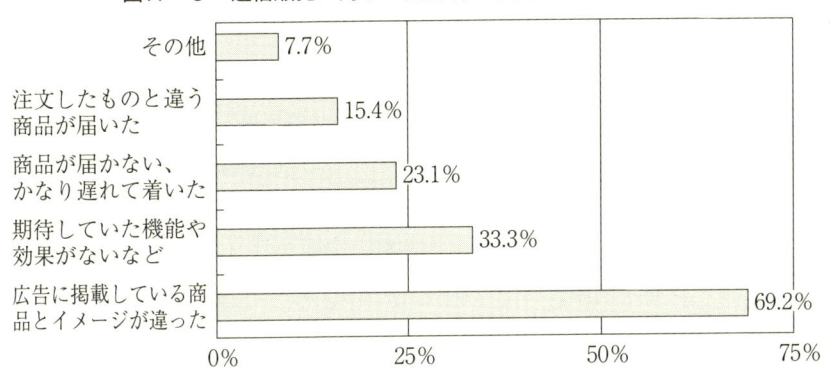

- その他　7.7%
- 注文したものと違う商品が届いた　15.4%
- 商品が届かない、かなり遅れて着いた　23.1%
- 期待していた機能や効果がないなど　33.3%
- 広告に掲載している商品とイメージが違った　69.2%

ルがあったと回答した方にうかがいます。不満・トラブルの内容について、この中から<u>いくつでも</u>選んで記入して下さい。」を設定した。

　図11－5から見れば、不満に関しては、「広告に掲載している商品とイメージが違った」が最も多く69.2%である。そして、「期待していた機能や効果がない」など、商品・サービス自体に問題があったのを選んだのが33.3%を占めている。続いて、「商品が届かない、かなり遅れて着いた」(23.1%)、「注文したものと違う商品が届いた」(15.4%)などが見られる。

　情報通信技術の進歩によって通信販売が盛んになっている。しかし、通信販売による商品の購入では、欠陥商品についての処理が困難である。商品に欠陥があった場合、商品が送られてこない時、商品が違う時、商品に何らかの問題があった時、その解決がなかなかできないことが予想される。それは、高齢者

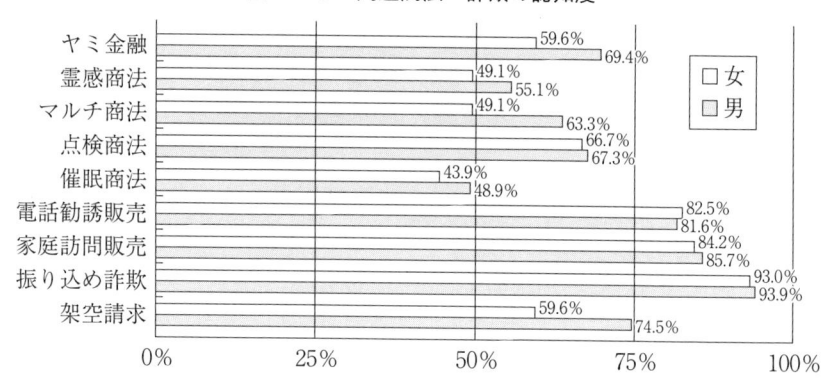

図11-6 問題商法・詐欺の認知度

商法	女	男
ヤミ金融	59.6%	69.4%
霊感商法	49.1%	55.1%
マルチ商法	49.1%	63.3%
点検商法	66.7%	67.3%
催眠商法	43.9%	48.9%
電話勧誘販売	82.5%	81.6%
家庭訪問販売	84.2%	85.7%
振り込め詐欺	93.0%	93.9%
架空請求	59.6%	74.5%

だけではなく、すべての消費者にとっても同じである。

近年、高齢者や商取引の知識に乏しい一般消費者を狙って様々な商取引が見られる。言葉巧みに不必要な商品を売りつけ、無理やり高額な契約を締結するという悪質な業者が後を絶たない。今回、特にトラブルが多い商法に対して、トラブルにつながりやすい問題商法と詐欺の認知度について、「問5　**あなたは消費者トラブルや問題に結びつきやすい商法の中で、知っているものはどれですか。この中から**いくつでも**選んで記入して下さい。**」を設定した。

図11-6から見れば、最近のテレビや新聞などで「オレオレ」などの商法や詐欺が大きく取り上げられているため、「振り込め（オレオレ）詐欺」の認知度が最も高く、男女とも93％を超えている。次いで「家庭訪問販売」、「電話勧誘販売」も8割以上の認知度であった。男女別に見ると、いずれの商法・詐欺でも男性のほうが高い認知度を示している。

今回調査の結果により、実際に被害に遭ったことのある高齢者の数は4人であった。ほとんどの高齢者は被害に遭っていないと回答している。しかし、4人の被害を合わせると200万円もの金額に及んでいる。そのうち、家庭訪問販売にかかわる2件、点検商法1件、架空請求1件である。現場の相談人によれば、高齢者本人が「被害に遭った」と思っている場合は少なく、家族や福祉関係者が問題に気付いて相談するケースが多いと言われている。

また、「訪問販売の販売員が高齢者の話し相手になってくれたので高額な商

品でも契約した」といったようなケースでは、高齢者が騙されたことに気付かず、さらに周囲の目が届かないために被害の実態を把握し難い。

このように、日本の高齢者被害は悪質業者に高い金額が騙され、自分が気付かず、問題として顕在化しにくいという特徴がある。

高齢者の相談先を調査するため、「問6　今後仮に被害に遭った場合、誰に相談しますか。この中から<u>いくつでも</u>選んで記入して下さい。」を設定した。

図11－7によれば、女性の多くは私的なコミュニティである「家族、知人や近所の人」（70.1％）を選んだことに対して、男性の多くは「警察」（67.3％）と「消費・国民生活センター」（36.7％）という公的な専門機関を選んだ。このように、相談先の性別による違いが存在する一方、男性の3割、女性の半分に近い高齢者は「相談しない」を選んだ。多くの高齢者は、消費者被害に対して十分な危機意識や不安感をもっていないと考えられる。

③高齢消費者被害への対策

高齢消費者被害への対策について、消費者基本法により、消費者の自立支援を理念とする消費者教育が必要であると考えられている。消費者生活センターは、日本の高齢者に対する消費者教育を担う中核機関として重要な役割を果たしている。

今回、消費者教育の講座の受講状況を調査するため、「問7　**あなたは、過去3年間で、お住まいの地域の消費生活センターや同じような施設が主催する消費者トラブルを防止するための消費者教育の講座を受けた経験がありますか。**」を設定した。

図11－8によれば、「受けたことはない」を選んだ高齢者は男女とも9割以上である。講座を受けた経験がある高齢者は、わずか5.7％であった。

消費者教育の講座を受講しない高齢者に対して、その理由を尋ねたのが「問8　**「受けたことはない」人に、その理由は何でしょうか。この中からいくつでも選んで記入して下さい。**」である。

図11－9によると、最も多いのは、男性が「特に理由はない」で32.7％、女性は「どのような講座がわからない」28.0％であった。次いで、「仕事がある

図11-7 高齢者が被害に遭った場合の相談先

- 相談しない: 女 47.4%、男 28.6%
- 民生委員－福祉関係者: 女 3.5%、男 2.0%
- 家族、知人や近所の人: 女 70.1%、男 46.8%
- 警察: 女 56.1%、男 67.3%
- 消費・国民生活センター: 女 29.3%、男 36.7%

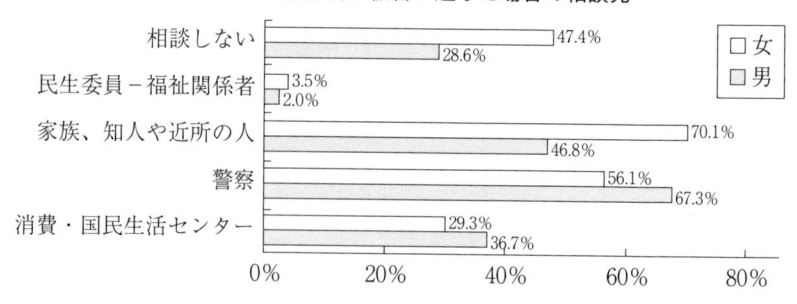

図11-8 消費者教育の講座の受講状況

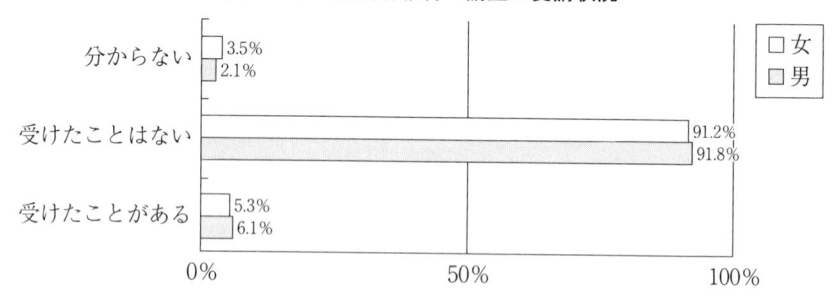

- 分からない: 女 3.5%、男 2.1%
- 受けたことはない: 女 91.2%、男 91.8%
- 受けたことがある: 女 5.3%、男 6.1%

から」と回答する男性（16.3％）、「健康・体力に自信がないから」と回答する女性（15.8％）、「開催場所が近くにないから」などの回答が見られる。このような理由から、高齢者の学習意欲は必ずしも高くないと考えられ、消費者教育の講座の宣伝も十分とは言えない。

　高齢者が被害に合わないための重要な対策の一つは、消費者に対する法律・規制などからの保護である。高齢者に対する法律の認知度を尋ねたのは「問9**「消費者基本法（旧消費者保護基本法）」という法律があることを知っていますか。**」である。

　図11-10から見ると、「よく・大体知っている」両方を合わせて24.5％であった。最も多いのは「聞いたことがある」の40.6％であった。「知らない」と回答した人が3割を超えた。

　消費者と事業者には、情報や資金、あるいは交渉力などにおいて絶対に埋められない格差がある。この格差が縮まらないと、消費者が自己責任を取ること

図11-9　消費者教育を受講しない理由

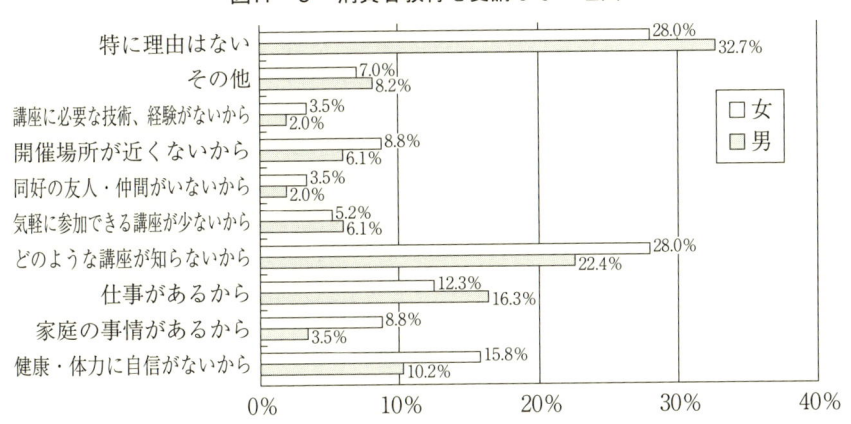

- 特に理由はない: 女 28.0%, 男 32.7%
- その他: 女 7.0%, 男 8.2%
- 講座に必要な技術、経験がないから: 女 3.5%, 男 2.0%
- 開催場所が近くないから: 女 8.8%, 男 6.1%
- 同好の友人・仲間がいないから: 女 3.5%, 男 2.0%
- 気軽に参加できる講座が少ないから: 女 5.2%, 男 6.1%
- どのような講座が知らないから: 女 28.0%, 男 22.4%
- 仕事があるから: 女 12.3%, 男 16.3%
- 家庭の事情があるから: 女 8.8%, 男 3.5%
- 健康・体力に自信がないから: 女 15.8%, 男 10.2%

図11-10　消費者基本法の認知度

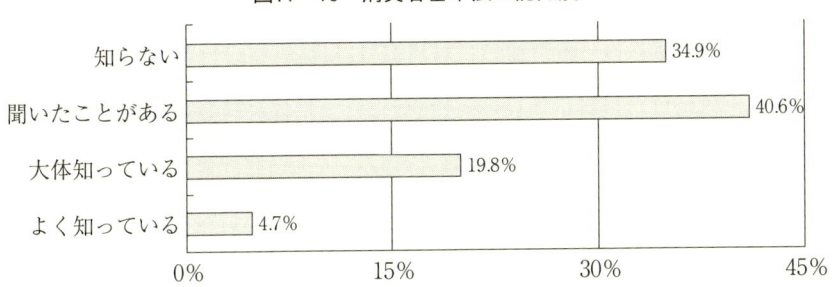

- 知らない: 34.9%
- 聞いたことがある: 40.6%
- 大体知っている: 19.8%
- よく知っている: 4.7%

などできない。こうした消費者と企業の格差を埋めるために消費者の権利は必要になっている。

　2004年に成立した「消費者基本法」には、基本理念として、①安全が確保される権利、②必要な情報を知ることができる権利、③適切な選択を行える権利、④被害の救済が受けられる権利、⑤消費者教育を受けられる権利、⑥意見が反映される権利、などが明記された。不誠実な企業の対応に対して消費者の苦情は正当な権利として取り扱われ、行政も基本理念に則って政策を行うことになっている。法律認知度の低い高齢者が、事業者と取引する時にさらに弱い立場にあると考えられている。

　高齢者に対して、どんな消費者権力が必要かを尋ねたのが「問10　**改正され**

図11-11 消費者権利の認知度

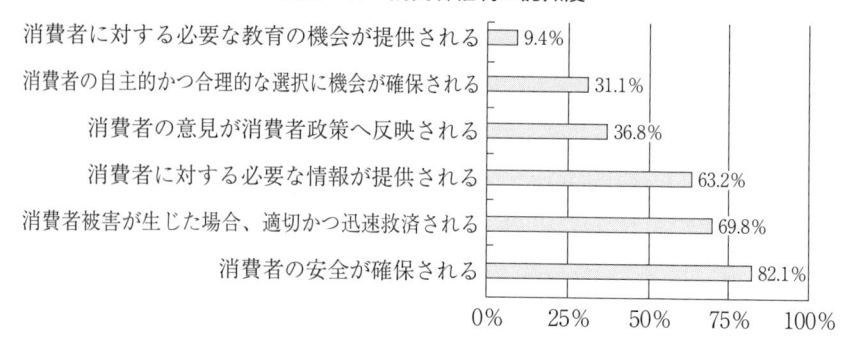

- 消費者に対する必要な教育の機会が提供される　9.4%
- 消費者の自主的かつ合理的な選択に機会が確保される　31.1%
- 消費者の意見が消費者政策へ反映される　36.8%
- 消費者に対する必要な情報が提供される　63.2%
- 消費者被害が生じた場合、適切かつ迅速救済される　69.8%
- 消費者の安全が確保される　82.1%

た「消費者基本法」には、基本理念として『消費者の権利』が明記されています。以下のうち『消費者の権利』として特に重要と思う項目を3つ教えてください。」である。

図11-11から見ると、上位の3位は、安全が確保される権利（82.1％）、被害の救済が受けられる権利（69.8％）、必要な情報が提供される権利（63.2％）となっている。「安全である権利」や「知らされる権利」など、本来どれも当たり前のことのように思える。しかし、こうした権利は、従来の法律には明記されていなかった。

そして、六つの権利のなかで最も認知度が低いのは、消費者教育を受けられる権利（9.4％）である。高齢者にとって、消費者教育がそれほど重要な権利と思われていないことを示している。

悪質業者からの勧誘による被害を防ぐためには、クーリング・オフの周知は欠かせない。割賦販売法（1972年）、訪問販売法（1976年）でクーリング・オフ制度が導入されて以来、様々な方法でその周知徹底のための啓発活動が行われ、今日では学校でも消費者教育の中で実施されている。

今回のクーリング・オフの認知度を尋ねたのは「問11　クーリング・オフを知っていますか。」である。その結果は図11-12の通りで、意外に知られていない。「よく・大体知っている」と回答したのは男性77.2％、女性63.2％である。3割に近い人が、訪問販売でトラブルに遭った時、自分自身を守る術を知らないことになる。

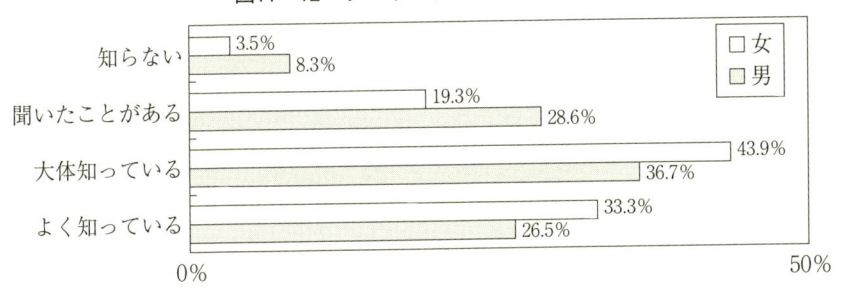

図11-12 クーリング・オフの認知度

知らない　女 3.5%／男 8.3%
聞いたことがある　女 19.3%／男 28.6%
大体知っている　女 43.9%／男 36.7%
よく知っている　女 33.3%／男 26.5%

4　日本の高齢消費者教育の特徴

　今回の福岡市の調査で、高齢者の被害に対する意識が薄いことが明らかになった。被害に遭ってもあまり気付かない高齢者達は、消費者としての自己保護意識、消費についての知識が不足しているようである。そして、高齢消費者教育講座を受けた経験のある人はわずか5.7%でしかなかった。高齢者が消費者教育を十分に受けていないために、被害に遭ったとしてもその被害に気付かなくなると推測できよう。

　経済学上、市場欠陥から生じた現代経済問題は、市場外の力（行政など）によって市場内部に取り込むことで克服することが問題解決への道筋である。しかし、市場における情報の非対称性は、行政による規制のみでは補完されず、消費学習が行われなければ情報提供に終始することになる。例えば、消費者基本法やクーリング・オフについて高齢者の３割近い人が知らないということから、行政上において消費者を保護する規制があっても、高齢者がそれを知らないと無意味なものとなってしまう。それを知る道は「消費者教育」である。

　消費者教育が非常に重要であるにも関わらず、高齢者が教育を受ける意欲が強くないことが明らかになった。高齢者に対して、消費者教育を受けられる権利は消費者権利において最も認知度が低い。多くの高齢者は、消費者教育がそれほど重要な権利とは考えていない。また、消費者教育の講座を受講しない高

齢者に対してその理由を尋ねた時、「特に理由はない」というのが最も多い答えであった。このことから、高齢者の学習意欲は必ずしも高くないと考えられる。

　今まで高齢者消費者問題を解決するため、高齢者向け教材の開発、講師の育成、活動資金などを中心に改善しようと努力している。しかし、講座を多様な形で開催しても、参加者はわずか一部の高齢者に限られるなら、消費者教育が広がることはない。したがって、高齢者の消費者教育の受講意欲を高めることから努力していかなければならない。

　また、今回の調査により、高齢者に入ってくる情報は、私的ネットワークから得た情報より公的メディアから得た情報が圧倒的に多いことが分かった。テレビ番組や新聞の記事で、いかに高齢者消費者教育に関する内容を工夫して、高齢者が自然のままに消費者教育が受けられるようにすることがこれからの課題ではないかと考えている。

　中国では、粗製乱作や偽物などの消費者問題は、既に社会問題として深刻になっている。日本のような消費者教育が中国では行われていないため、深刻な消費者問題はこれからも相当長い間にわたって続いていくだろう。

　現在、一人っ子政策が行われている中国も、日本のような高齢化社会に突入しつつある。そして、高齢者の消費者問題がますます注目されるようになっている。これから、いかに日本の経験を踏まえて高齢者被害を防ぐのかは、中国にとって重要な課題であると思われる。

参考文献一覧

・西村隆男（1999）『日本の消費者教育』有斐閣。
・石坂敦子他（1996）『消費者テキスト』一橋出版。
・伊藤ヤツ他（1994）『消費生活経済学』光生館。
・今井光映・小木紀之他（1982）『新しい消費者教育を求めて』家政教育社。
・今井光映・中原秀樹（1994）『消費者教育論』有斐閣。

第5部

少子高齢化と高齢者社会保障

第12章

人口制御と素質の向上、および老後保障の強化

王　鑒（中国社会科学院人口・労働経済研究所研究員）

1　人口総量の制御と計画生育政策の実施について

　人口の急速な増加は、中国がこの半世紀あまりにわたって直面してきた重大な問題であり、世界の多くの発展途上国が直面する問題でもある。人口の大幅な増加は、自然資源の大量消費、生態環境の破壊、食糧の深刻な不足を招き、人類の生存環境と発展空間はこれまでにない制約を受けた。マクロの視点から見ると、人口の問題は人類の問題であり、全世界の問題と言える。

　周知のように、現在の中国は世界で人口が最も多い発展途上国であり、人口問題は一貫して中国における社会経済の急速な発展に影響を与えているので、人口問題を真剣に研究、解決することは、中国のみならず世界に対しても有益なことであり、人類に対して責任を負い、貢献することでもある。

　中国政府が直面した人口問題の多さと深刻さ、および解決の難しさは、かつていかなる国も体験したことがなく、このため中国人自らが解決の道を探るしかなかった。

　前時代の制度と生産様式に加えて、戦乱の荒廃の中から立ち上がった大国は、社会経済の正常な秩序を回復し、総合的な国力と経済レベルを高めて1歩1歩貧困から抜け出してきた。さらに、全面的かつ調和的に継続可能な発展を推し進め、国家と人民の幸せを実現していくために、必ず人口の増加に対して科学

的な計画と効果的な制御を行わなければならない。

　新中国創立から数十年後の現実は、このような考え方の正しさを証明している。中国の人口抑制政策は正鵠を射たものであり、非常に効果的で、十分に成功したと言える。いわゆる「一人っ子政策」によって、この30年間に中国は少なくとも4億あまりの人口抑制を達成した。これは、西欧の総人口にほぼ相当する。

　もし、この政策を実行しなかった場合、今日の経済発展を実現できなかったのみならず、もっと深刻な状況に直面していたはずである。したがって、この抑制政策などに対して、直ちに大幅な変更を加えることはあり得ない。
人口発展の戦略的な目標は、以下の通りである。

　2010年に13.6億人の人口は、2020年に14.5億人となる。この間、教育や職業訓練に力を入れ、人口の質とレベルを大幅に向上させる。

　さらに、今世紀の半ば頃の人口ピーク値を15億人前後に抑え、国民経済と平均収入を中等発展途上国のレベルに押し上げる。同時に、都市の建設を推進し、人口の構造を積極的に調整、改善し、人口の教養レベルと社会文化のレベルを高め、社会保障機能と社会福祉を強化し、都市と農村間、地区間、業界間での人口の合理的分布と秩序ある移動を実現し、優先的に人力資源と知的資源を開発し、人口大国から人口強国への飛躍と転換を促進する。

　中国政府が初めて出生制御、人口制御の概念を提出したのは、新中国建国初期の1950年代まで遡ることができる。当時、国家政府、国務院、衛生部などの部門の指導者らはすでに人口抑制に言及している。例えば、1954年12月27日に国家主席劉少奇は、「避妊に賛成し、反対すべきではない。避妊するのが人道的でないと言うのは間違っている」と指摘した。また、国務院総理周恩来は、1956年9月27日に発表した「国民経済発展に関する第2期5年計画報告」の中で、「女性と児童を保護し、良い教養で後代を育成し、民族の健康と繁栄に役に立つために、私達は生育を適切に制御することに賛成する」と指摘した。

　衛生部は1956年3月〜8月にかけて、数回の公文書を各級の医療保健・医療施設に配布し、人工流産、中絶手術と避妊指導に対して明確な指示を行った。しかしながら、当時の人々の家族観や未熟な医療技術のため、国家の政策法規

として実施されるまでには至らなかった。

1978年、国家は正式に計画生育事業（いわゆる「一人っ子政策」）を展開し始め、国務院は計画生育指導者グループを創立し、正式に人口の発展戦略と取り組み、計画生育政策を打ち出した。そして、1980年代以降、国家計画生育委員会の創立と計画生育法規の制定によって、計画生育の事業は軌道に乗り、人口制御の成果もはっきりと現れ始めた。

中国人は、民族の幸福と子孫の利益のために政府の呼びかけに応え、歴史上に例を見ない一人っ子政策という人口制御プロジェクトを自覚的に展開したわけだが、これは人類の生育発展史において意義深く、深刻な行動でもある。

2　生育指標の審査許可制度と計画生育管理について

30年余りの人口制御と関連政策の宣伝によって、計画生育の観念はすでに人々の心に深く染込んで、次第に広大な民衆の自覚的な行動に変わった。国民経済発展第10期5年計画（2000～2005年）を例にすると、計画として2005年の末になると人口総数は13.30億人以内に収まる予定であったが、実際の人口総数は13.08億人に留まり、人口の年平均成長率は0.775％しかなかった。この5年間の出生率は、ずっと置換レベル以下である。

5年間の新生児数は総計9,929万人、死亡数を差し引いた人口自然増はわずか4,970万人である。この実績の背景に、管理制度の進歩と管理水準の向上、および人口の大きな支持がある。

計画生育管理条例の規定によると、1組の夫婦が1人の子どもを出産したい場合、まず有効な身分書、戸籍簿、結婚証明書などの法律文書を持って、職場あるいは居住地の計画生育主管部門に申請を出し、当部門で規定に符合するかどうかを確認されてから許可をもらう。その後に、計画生育管理機構が交付した出生許可書を受け取り、それを持って近くの婦人・子ども保健病院、あるいは総合病院の産婦人科で産婦・妊婦保健カードの手続きをとる。また、出産まで妊婦は、専門の医師の指導の下で定期的に胎児の発育に対して検診を受けな

ければならない。

　そして、子どもが誕生してから、計画生育管理機関が交付した出生許可書と医療保健部門が交付した出生証明書を持って、現地の公安機関の戸籍管理部門で新生児の戸籍を申告、登録する。

　計画生育は、中国政府が制定した基本的な国策の中の一つであり、社会経済発展、科学技術の進歩、完備した社会保障制度の促進、女性と児童の権益保護などの政策と互いに補完し合っている。その執行は、法に基づいており、すべての人々はこの法律を守る責任と義務があると同時に、この法律からの保護と利益を享受する権利を有する。

　偏見と誤解から、ある国外の宣伝機構は中国の計画生育政策は一人っ子の政策と同じだと報告したが、これはまちがっている。事実上の一人っ子政策は都市と城・鎮の人口（主に国家の公職人員を対象とする）および一部の条件を満たした田舎の人口（一番目の子どもが男性など）の中で実行しているだけで、辺鄙な農村地区や辺境の少数民族地区に対する出産・育成政策はずっとゆったりとしている。

　2001年12月に公布、実施された「計画生育法」第18条の規定によると、国家は1組の夫婦に1人だけの子どもの出産を提唱するが、関連する法律、法規に符合する場合、2番目の子どもの出産も手配できる。

　「計画生育法」は国家、省（直轄市、自治区）、地区県市の等級によって計画生育の行政管理機構を設け、管轄区域内の人口と計画生育の管理活動を指導し、担当すると規定している。

　仕事の主な内容は、当地区の人口計画を編成し、計画生育の実施計画を策定・実行し、人口と計画生育政策、法規の宣伝、教育を展開し、日常のデータ処理、投書・陳情への応対などの管理活動を行い、計画生育技術に関する指導サービスと避妊薬などの供給、発給を担当することで、法に基づいて「計画生育法」を守り、またそれに違反する当事者に懲罰と奨励を実施すると規定している。

3　母子健康に関する指導と医療衛生サービス体系について

　母子の安全と健康および生まれる赤ん坊の正常な発育を確保するために、1994年10月第8期全国人民代表大会常務委員会は、「中華人民共和国母子保健法」第2条に「国家は母子保健事業の発展に必要な条件と物質的な援助を提供し、母と赤ん坊に医療保健サービスを提供し、辺境の貧困地区の母子保健事業を扶助する」と明確に規定し、1995年6月から施行すると通達した。また、母子保健事業を国民経済と社会発展計画に組み入れた。

　同時に第5条の中で、「国家は母子保健領域での教育と科学的、先進的、実用性のある母子保健に関する技術の遂行、母子保健に関する科学的な知識の普及を支持する」と指摘した。

　母子の健康指導に関する具体的な措置とは、まず婚前の保健サービスを提供することであり、婚前の生理衛生に関する指導とは、つまり性に関する衛生知識、生育と遺伝病に関する知識を教育することである。婚前生理衛生諮詢とは、結婚と生育保健などの問題に対して医学的な意見を提出することである。

　婚前医学検査とは、結婚する予定のある男女双方に、結婚および出産に影響を与え得る疾病のほか、遺伝性疾病、指定された伝染病、あるいは精神病などの医学的検査をすることである。

　医療保健機関は、出産適齢女子と妊婦・産婦に関する保健医療サービスを提供する。その内容とは、①母子保健知識に関する宣伝・説明と指導を行い、遺伝病と風土病の予防と治療を行う。②妊婦、産婦に衛生、栄養、心理面などの説明と指導、および産前定期検査などの医療保健サービスを提供する。③胎児の生長と発育状況を全行程で監査・記録し、諮詢と医学的な指導を提供する。④新生児の成長・発育、哺乳と看護に関する医療保健サービスを提供する、などである。

　もし、医者が妊婦に生命に関わる疾病を発見したり、あるいは胎児の異常や、検査を通じて胎児が奇形になる可能性があると認めた場合、医師は直ちに医学的な意見を提出し、妊婦に妊娠を停止させることになる。

このほか、医療保健機関は産婦に対して、合理的な食事、栄養バランス、母乳哺乳および赤ちゃんの知力発育の促進などの科学的な育児知識を具体的に指導し、規定に基づいて新生児を訪問して児童保健手帳（カード）をつくり、定期、定時に赤ん坊に対して各項の健康診断と予防接種を行う。また、新生児に対して先天的、遺伝的な代謝病の検査、診断、治療と監視を行い、赤ん坊の多発病と一般病気の予防と治療など、医療保健サービスをしっかりと行っている。

4　義務教育法を実施し、法定責任と義務を明確にする

　学齢児童と少年に義務教育を受ける権利を保障し、義務教育の効果的実施、全民族の文化科学の素質の向上を保証するため、憲法と教育法に従って国家は、1986年に「中華人民共和国義務教育法」を公布、施行し、全土にわたって9年制の義務教育制度を実行した。そして、2006年9月、新たにこの法を改訂し、時代の発展に応じる新しい理念と内容を追加させた。
　義務教育は国家が保障する公益的な事業であり、義務教育制度の全面的実行を保証するために、授業料や教科書代が無償化され、教育に関するすべての支出は政府財政から全額負担となった。
　資料によると、2007年春、農村において義務教育の無償化が実施され、2008年秋には、都市部の無償化も全国にわたって都市義務教育段階で実施された。これによって、小学生の経済的負担は平均140元の減少、中学（高校）生は180元減少し、また貧困な寄宿生は500元の減少となり、家庭の貧困のために中途退学をする子ども達が再びキャンパスに戻ることになった。
　「義務教育法」の規定によると、中国国籍のある学齢の児童・少年は、性、民族、人種、家庭財産の状況、宗教・信仰などを問わず、法律に基づいて平等に義務教育を受ける権利を有しているので、その権利を履行しなければならない。また、各級の政府と関連部門は法律に基づいて職責を履行し、学齢の児童・少年が義務教育を受ける権利を保障しなければならない。
　両親あるいはその法定の監護人は、法律に基づいて学齢児童・少年が規定さ

れた年齢通りに入学し、義務教育を受けることを保証しなければならない。また学校は、規定に基づいて教育の任務を完遂し、教育の質を保証しなければならない。そして、社会組織と個人は学齢児童・少年が義務教育を受けるために良好な環境と条件をつくらなければならない。

合理的に教育資源を配置し、義務教育の均衡的発展を促進し、基盤が脆弱な学校の運営を改善するために各級の政府が全力で措置をとり、農村地区、民族地区の義務教育を実施し、経済的に困難である家庭と身体障害のある学齢児童・少年が義務教育を受けることを保証すべきである。

政府の教育監督・指導機関は、義務教育に関する法律・法規の実施情況、教育の質と実行状況などに対して監督、指導を行い、そして社会に監督指導報告を定期的に公表すべきである。と同時に、いかなる社会組織あるいは個人も、すべて「義務教育法」に違反する行為に対して、関連機関に告発あるいは告訴する権利を有する。もし、重大な違法、規律に違反する事件、あるいは義務教育の実施を妨害し、重大な影響をもたらした場合は、その責任者、もしくは教育行政主管部門の責任者は必ず引責辞職しなければならない。

「義務教育法」の規定によると、通常児童が満6歳になると、その両親あるいは法定の監護人が彼らを入学させて義務教育を受けさせるべきであるが、条件が備わっていない地区の児童は7歳まで遅らせることができる。また、学齢児童・少年が、身体的な理由で入学が遅れたり、休学をする必要がある場合は、その両親あるいは法定監護人が申請書を提出し、現地政府の教育行政部門の許可を得る必要がある。

学齢児童・少年は、原則上戸籍の所在地にある学校に無試験で入学し、様々な原因で戸籍が当地でない場合、現地の政府と教育部門は、彼らが平等に義務教育を受けられる条件を提供すべきである。

学校の設置は、必ず国家の関連規定に従って策定し、国家に規定された所在地の条件と建設基準に符合させることで、生徒と教員・職員の安全を確保しなければならない。

視力障害、聴力・言語障害や知力障害のある学齢児童・少年に同等の義務教育が受けられるように、関連する特殊教育を実施できる学校(クラス)を設け

る必要がある。同時に、各学校は安全制度と緊急・応急規制をつくりあげ、生徒に対する安全教育を行い、管理を強化して潜在的な危険をより早く取り除き、事故の発生を予防すべきである。

国家は統一的な「義務教育教師職務制度」を実行し、教師は国家が規定した教師資格を取得してから勤めることになる。教師の仕事は神聖であり、職責は重大であり、人々の模範になるものであるから、学校は犯罪歴のある者や、精神病にかかっている者、あるいはその他教育事業に適さない者を任用してはいけない。

国家に規定された基本的な要求を達成するために、学校教育は必ず厳格に既定の教育綱要と目標に基づき、学齢児童・少年の心身的な発展状況と実際の状況に応じて、カリキュラム、教育の内容と課程の設置に基づく教育活動を展開すべきである。また学校は、生徒一人ひとりの思考能力、創造能力と実践能力の育成を重視し、学生の質の全面的な向上および道徳、知識、体育、美術の全面的な発展を促進すべきである。同時に、「義務教育法」の実行と貫徹を確保するために、法と規律に違反した部門と人員に対する処罰規定を明確にし、法律に従って、責任者の行政上および法律上の責任を追及することになる。

5 社会養老保障に関する法律・法規と制度・政策について

社会保障は、人類の進歩と社会文明が発展したことによる産物であり、社会制度の公平さと正義を実現し、国民の生存安全と安定を保証し、社会構成員の間における相互尊重と助け合いを実現するものである。また、社会保障は、法律と制度の形式ですべての人の社会的存在価値や尊厳と平等を体現し、すべての人のもつ社会権利、義務と責任を体現することになる。

社会保障は、政府の介入と指導の下で一定の社会関係を合理に調節する制度であるが、その目的は、すべての社会構成員の基本的な生存ニーズを満足させ、すべての人が一定レベルの生活が送れることを保障することにある。

誰でも歳をとり、次第に労働能力を喪失して他人に頼わざるを得なくなるか

もしれない。社会養老保障は社会の力で老後の生活を保障し、彼らの生活が苦しくならないようにする対策であるが、老人が法律に規定された社会養老の権利を享受できるために、必ず法律・法規の形ですべての社会行為を制約しなければならない。この問題に対して、国家政府と社会の各界はすべて逃れることのできない義務と責任を負う。

社会養老保障法規の制定は以下の通りとなっている。

❶**権利と義務が表裏一体である原則を貫く**——すべての社会の構成員は、法定の生産年齢期間内に社会のために労働価値、社会的財産を創造する義務がある。その労働能力を喪失して、さらに社会に貢献をできない時、社会に合理的な返済を請求し、社会が提供した扶養を享受する権利がある。

❷**公平かつ合理的である原則を貫く**——法的にすべての社会構成員は、すべて公平に社会養老保障を享受する権利があるが、この公平さは合理性をもったものでなければならない。すなわち、社会の能力と民衆全体の利益に符合し、貢献と取得は基本的に対等であるという原則に符合しなければならず、絶対的な平均分配主義ではない。

❸**平等かつ互いに助け合い、ともに負担する原則を体現する**——国家政府は社会養老保障の主体であるが、保障費用の唯一の負担者ではない。保障経費の主要な出所は全従業員が納めた社会養老保険金の積立であり、平等で互いに助け合う形を形成することに基づかなければならない。我が国の従業員の養老保険は、国家、企業と個人という三者で共通に負担する原則を実行している。

❹**強制的に徴収する原則である**——社会養老保険は強制徴収という特徴があり、それは単純な商業レベルの生命保険とは本質的な違いがあり、企業と個人の意志によるものではない。これによって、社会養老資金の納入、規範、管理は保証されることになる。

計画経済体制の時期に、我が国の社会養老保障は基本的に国家が負担する制度を実行した。当時の養老保障法律は1951年2月に公布、実施された「労働保険条例」によるもので、その保障のレベルと社会に占める割合は低く、在職従業員の定年退職後の基本的な養老ニーズしか満足させることはできなかった。

1978年の改革開放の初期に、「文化大革命」10年間で蓄積した大量の社会矛

盾と問題を解決し、新時期における「四つの近代化」を建設するニーズに適応するため、国務院は「老人・虚弱者・病人・身障者である幹部の待遇に関する暫定方法について」と「労働者定年退職に関する暫定方法について」を公布し、社会養老保障金を適切に調整、増額した。

そして、全面的に市場経済体制の改革を実行した後、1985年に国内の経済情勢と社会ニーズの変化に応じて「国民経済と社会発展"75"計画」を制定した際、中央は社会養老保険制度を改革し、保障資金を国家、企業と個人がともに負担するという構想を提出した。

1991年、国務院は「城鎮企業職員養老保険制度の改革に関する規定について」を公布して、階層的な養老保険体系を確定した。養老保険資金は国家、企業と個人がともに負担し、個人は養老保険費を支払う。また、契約職員と正規職員の養老保険資金をあわせて統一的に配分する方案を施行することで、社会養老保障制度改革の序幕を正式に開けた。

さらに、1995年3月に、国務院は「企業職員養老保険制度改革の深化に関する通知」を発表し、養老保険の統一的配分と個人の預金口座とを結合する原則を確立した。広大な農村地区と農民達の社会養老に対して、1995年11月に国務院弁公庁は民政部の「さらに農村社会養老保険作業を展開する意見に関して」を配布し、これはその後の農村社会養老保険制度の制定に綱領的、指導性のあるファイルとなった。

6 社会養老保障制度の体系構成と基本的内容について

世界の大多数の国家の状況とよく似て、我が国の社会養老保障制度の体系と構成も基本的には「社会養老保険制度」、「社会養老救済制度」、「社会養老福利制度」、「社会養老優待制度」という四つの大きい部分からなり、さらに「医療保険制度」を加えてともに老人の基本的な生活と身体健康を全面的に保護している。

社会養老保険制度とは、労働者が職業に就いてから社会養老保険に加入し、

法定の退職年齢になる時、法律に基づいて月ごとに「定年退職養老年金」を受取るという保険制度のことである。この定年退職養老年金で、老後の生活の基本的なニーズを保障することになる。

社会養老救済制度は最低レベルの社会保障制度であり、その実施は、社会のなかの絶対的な貧困現象を取り除くために、そして基本的な生活保障がない老人に対して必要な援助と保護を与え、最低の生活レベルを維持するためにある。

社会養老福利制度とは、高いレベルの社会保障制度であり、社会の財産のなかから老人に与える特別な配慮と福祉待遇である。現実生活のなかで、例えば老人の公園や博物館への入場無料制度、公共交通バスなどの乗車無料制度、および毎年1回の無料健康診断などがある。

社会養老優待制度も特別な社会保障制度であり、主に優待される対象者は、退役および障害のある軍人、烈士の遺族老人、および国家のために重大な犠牲あるいは貢献をした老人となる。国家の規定によると、彼らに対して定期的に定額の補助金を補うこととなっている。

この4種類の社会養老保障制度のなかで、受益率が最も高いのが社会養老保険制度であり、それはすべての社会保障制度のなかで最も重要な支柱となっており、圧倒的多数の老人の生活保障を解決し、社会の重任を背負っているものである。

我が国の農村社会養老保険制度は、1991年に国務院民政部が制定した「農村社会養老保険基本的方案について」の配布から始まったものである。その資金の調達と徴収の原則とは、個人納入を主とし、集団補助を補佐とし、国家の政策的な扶助を与えることである。当面、30の省・区の1,400余りの県（市、区、旗）の5,000万人近い人々がすでにこの保険に加入しており、保険の蓄積基金はすでに32億元に達している。

農村の救済政策と優待政策は、数年来、主に独居老人のなかの「生活保護世帯」と退役して身体障害のある軍人、そして烈士の遺族の老人を対象としている。この部分の資金は政府の民政部門が負担するが、集団からの経済的な出資・援助能力は有限なので救済と優待のレベルは高くなく、老人の基本的な生活ニーズの一部分を維持、解決する補助金でしかない。

7　社会養老保障の法制化、規範化と社会化建設について

　養老保険は、社会保険の形で国家の立法によって強制的に施行する保険制度であり、その目的は老人の基本的な生活ニーズを満足させ、老人に安定かつ信頼できる生活保障を提供することである。

　1990年以前に、我が国は単一な養老保険制度を実行したものの、保険の社会化レベルは低く、基金の支払能力も強くなかった。1991年、国務院は「企業従業員の養老保険制度の改革に関する決定について」を公布した後、我が国は基本養老保険制度を推進し、実施し始めた。つまり、国家、企業、個人という三方で、規定する比率に従って、ともに社会養老保険金を負担することになった。

　基本養老年金制度の実施は、「低レベル、多方面、広範囲」という原則に基づき、圧倒的多数の様々な所有制企業の定年退職老人すべてに定年退職養老年金待遇を享受できることを保証している。基本養老年金制度のほかに、我が国はまた企業が自身の利益と利潤の状況によって、企業補充養老保険の実施を支持し、そして個人貯金養老保険も奨励している。

　基本養老年金保険制度のとるべき道としては、政府の信用保証に加えて、現実の社会主義市場経済システムとドッキングすることで、行政が国民所得の分配に参与すると同時に、企業の正当な利益と市場の発展環境の保護、および資源の最適配置と調和的関係の建設を重視しなければならない。基本養老年金の管理においては、必ず規範に適合しないいかなる経営と投資行為も防止しなければならず、基金の安全性、利潤性、流動性という法律原則を堅持し、基金価値の維持と増大を実現させなければならない。

　社会養老基金に対して、我が国は社会的一体管理を実行している。すなわち、企業所有制度と個人の身分制限を越えて、統一制度、統一待遇、統一費率（掛け率）、統一管理、計画的使用制度を実行している。現行の基本養老保障制度のなかには、企業・国家機関の定年退職養老年金保障制度、都市と鎮の基本的社会養老保険制度、社会養老救済・救助制度および老年人社会福利と優待制度が含まれている。

8 企業・国家機関の定年退職養老と定年年金制度について

　国家労働部門の規定によると、企業・国家機関の従業員が高齢化や病気、障害などの理由で労働能力を喪失して退職した場合は、年金待遇を享受することができるとなっている。具体的な規定は、企業従業員については、男性60歳、女性50歳になると定年退職できる。ただし、高所、高温、重労働、有毒・有害な職種に従事する男性労働者の場合は、規定の定年年齢より5年（女性は10年）早く享受でき、定年退職後の待遇は本人がもらっていた給料の70％～75％になる。

　国家機関の公務員、国家事業単位の幹部、教師、医師などの専門技術者の場合は、男性60歳、女性55歳で定年退職になる制度を実行し、少数の重要な管理職務担当や高級専門職務に勤める女性の退職年齢は60歳まで延長することができ、定年退職待遇は本人がもらっていた給料の75％～90％になる。

　このほか、新中国創立前に革命に参加していた人、あるいは第1期全国政治協商会議開催前に民主諸党派に参加した人に対しては、離職休養制を実行し、在職した時と同じ100％の標準で養老年金の待遇を享受することになる。

　1990年代の半ばから、1995年の国務院「企業従業員の養老保険制度改革の深化に関する通知」と1997年の「企業従業員の基本養老保険制度の統一的創立に関する決定について」に基づいて、我が国は新しいタイプの社会養老保険制度の改革を試行しはじめた。改革後の定年退職養老保険制度は、個人口座と社会としての統一的配分[1]とを組み合わせる原則を実行し、法定の退職年齢になると共に、個人としての納付年数が累計で満15年を満たしていた時に定年退職の手続きを取ることができ、月ごとに基本養老年金を受け取ることができると規定した。また老人の場合は、過去の勤続年数が納付年限と見なされ、企業は国家規定の標準によって養老年金を国家社会保障管理部門に上納し、これらの部門から基準に従って、毎月、個人口座に支給することになる。

　当面、各地ではすべて当地区の経済発展レベル、国民所得の平均レベルと物価指数によって年金の最低収入標準を制定し、不足する部分は国家と地方財政

から補い、老人の年金と在職従業員の給与収入との差を次第に縮小させ、物価の上昇からの影響を受けないように老人生活を確保し、老人が平等に経済発展と社会進歩の成果を享受できるように努める。

最近の10数年は、中国の経済が急激に発展し、都市と農村で巨大な変化が発生した期間であり、人民群衆の生活レベルは大幅に向上し、しかも根本的に改善された。今後、各事業の順調な発展と労働分配制度のよりいっそうの深化と改革によって、在職従業員の給料と福祉待遇は大幅に上昇するだけではなく、老年定年退職従業員の養老年金の収入と各福祉待遇にも本質的な変化と飛躍が現れるであろう。

9 城・鎮居民の基本的社会養老保険制度について

社会保障のレベルに対する判断と制定は我が国の国情と国力に相応しいことが必要であり、また我が国の社会生産力の発展レベルと各方面の受容能力と適応する必要もある。いくつかの先進国の経験と教訓に鑑みると、現段階では我が国の基本養老保険の水準はあまり高くできず、定年退職人員の基本生活を保障することに留まらざるを得ない。

社会保障システムをつくり上げ、社会的統一配分と個人口座を組み合わせた基本養老、基本医療保険制度を実行し、失業保険と社会救済制度を完成させて最も基本的な社会保障を提供することは、国家政府の基本的な職責と任務である。このため、政府は社会養老保険費の徴収に対して、必要な法律的根拠と行政規則、必要な強制的徴収措置と処罰制度を設け、費用の支払い部門と個人の保険加入に関する法律責任、および未払などの法律違反に対する対処方法を明確にする必要がある。

社会養老保険基金の使用方法を統一的にコントロールし、企業の養老負担をバランスさせ、養老年金の社会的発給を実行し、社会養老保険の範囲を拡大す

---

(1) 283ページの「編者補足」および第13章を参照。

る必要がある。厳格に社会養老保険基金の安全的運営と管理使用を監視・管理し、養老年金を時間通りに、金額通りに支給することを確保する必要もある。

また、完備な社会養老保険基金の管理政策を制定し、社会養老保険金の徴収標準を統一し、社会養老保険を取り扱う機関の料金徴収行為を規範し、登録、申告、審査、公示、監督、告発、追徴、調査・処分、懲罰などの制度を健全化する必要もある。

国家は明確な社会養老保険の制度を設け、企業と従業員個人は関連する法規にまじめに従い、定期的に規定の社会養老保険費を納め、いかなる理由でも未納や支払い遅れ、支払不足があってはならない。規定に反する場合、関連する処罰を与え、また法律の責任を負うことになる。

2008年10月、国務院常務委員会は、我が国の農村地区で正式に新型農村社会養老保険制度の試行開始を決定し、「新型農村社会養老保険の試験的作業を展開することに関する指導的意見について」を発表、人力資源と社会保障などの関連部門が中心となって、2009年から全国で実行を始めると公布した。

2009年8月、国務院総理温家宝が主催した国務院常務会議では、再び新型農村社会養老保険の試験的作業の展開に対して具体的な研究と配置を行い、「横琴全体発展計画」を討論したうえ原則的に可決し、2009年に全国の10％の県（市、区）でこの試験を展開しようと決定した。これは、農業税の取消し、農業直接補助の創立、新型農村医療設立に続くもう一つの大きな農業特恵政策である。

新型農村社会養老保険制度の原則とは、すなわち「基本的、広範囲、弾力的、持続可能」ということである。具体的に言うと、①農村の実情から出発し、低いレベルからスタートすることで、資金調達と支給水準を経済発展および各方面の支払い能力と適応させる、②個人、集団、政府は合理的に責任を分担し、権利と義務とを適合させる、③政府のリードと農民自らの意志によって、より多くの農民が保険に加入するようにすすめる、④試験を先行し、それから次第に遂行する。

会議は、各関連部門と企業が新型農村社会養老保険制度と家庭養老、土地保障、社会救済などの社会保障政策とうまく整合させ、新型農村社会養老保険基

金を同級の財政社会保障基金の財政専用口座に納入し、収支を分けて管理を行い、そして情報公開制度を創設して、社会からの監督を強化するよう求めた。計画によると、新型農村社会養老保険（略称「新農保」）は、2020年前に農村の適齢住民を全面的にカバーする予定である。

10　社会養老の社会救済と政府救済の制度について

我が国の都市最低生活保障制度は1997年から始まり、国務院は「都市部住民最低生活保障条例（草案）」を審議、批准し、都市部住民の最低生活の保障標準、享受の条件、審査許可のプログラムなどに対して具体的な規定を制定した。社会救済制度の基本的な出発点としては以下の二つが挙げられる。
❶すべての人は、平等に生存し、発展する権利を有すべきことを保障する。
❷すべての人は、公平に経済の発展と社会進歩の成果を共有すべきことを保障する。

近代社会の救済制度は、単純かつ臨時的、局部的な貧困扶助・救済に留まってはならず、さらに高い段階、すなわち長期にわたって安定な社会構造をつくり、生存危機の予防と生活水準の向上に向かって前進しなければならない。つまり、社会的救済型から適度普恵型に発展すべきである。

社会救助制度は、国家と社会の資金補助、実物配給あるいはその他のサービスといった形で、専門機関の専門人員が「社会救助法」の規定に従って、社会の貧困階層（最低生活レベル）以下の人員に必要な助けを提供することである。資金の出所は、主に中央と各地政府からの財政補助で、資金の管理と発給は現地管理の原則を実行する。

我が国の最低生活保障の標準は、主に各地の都市部住民の基本的生活を維持できる最低の支出と物価指数に基づき、社会の平均生活レベルと政府の財政能力の範囲内で制定され、物価上昇などの要素によって絶えず調整される。我が国の都市部住民の最低生活保障の対象には、主に以下の３種類の人々が含まれ

ている。

❶生活費の出所のない、労働能力のない、扶養者のいない、つまり通常に言われる「三無」の人員。
❷失業救済金の受領者で、満期になって依然として就業できず、家庭の１人当たり平均収入が最低生活保障の標準より低い住民。
❸在職人員と一時帰休者が、給料あるいは最低賃金、基本生活費を受け取った後、および離・退職人員が休金を受け取った後、家庭の１人当たりの平均収入が最低生活保障の標準より低い住民。

　各地の最初に実施した最低生活保障補助金の標準から見ると、月額は大体70～250元の間で、平均は130元ほどである。経済情勢の変化と発展に従って、我が国の政府は1999年７月から都市部住民の最低生活保障の標準を元の基礎からさらに30％高くし、それと同時に、同年の10月１日から住民貯蓄預金の利息に関する個人所得税の一部を都市部住民の最低生活保障に使用すると決定した。
　2006年６月、国務院は各省・市の経済発展、住民の収入と物価レベルなどの状況に応じて、再び適当に都市の最低生活保障ラインをアップすると通達した。現在、北京、天津、上海、重慶、広州、深セン、杭州などの大規模な都市の最低生活保障ラインはおよそ400元ぐらいで、その他の多数の都市も350元ぐらいのレベルに達した。
　関連の統計によると、我が国の都市と農村の住民で最低生活保障を受けたことがある人は累計で4,500万人を上回り、そのうち都市部の住民はおよそ2,272万人である。これら救済を受けた人員のなかで、貧しい老人が相当な割合を占めている。
　国務院の「都市住民の最低生活保障条例」の規定によると、都市の中の「三無」老人は、すべて現地都市の住民最低生活保障の標準に基づき、全額を受け取ることができるとされている。
　民政部からの「老人優遇措置の強化に関する意見について」のなかでは、貧しい老人を、規定に基づいて都市と農村の社会救済体系に取り入れることを要求した。現在、政府は、毎年社会保障の方面だけで4,000億余りの資金を投入し、

最低生活保障制度はすでに全国のすべての都市と鎮と市県をカーバし、補助金はすべての救済条件に適合する社会構成員に及び、全国のすべての都市の貧困老人を最低収入救済保険範囲の中に組み入れて、「保障される必要のある人をすべて保障する」ことを実現した。また、いくつか地方では、1人暮らしの老人、貧しい老人に対して重点的な救済を与え、彼らが享受する最低収入救済保険金を現地の規定標準よりさらに20％ぐらい高くした。

2007年末になると、全国の都市最低収入救済保険の対象のなかで60歳以上の老年人口は298.4万人、13％以上になった。

11 老年人の社会福祉と社会優待制度について

老人社会福祉は、国家が老人の物質的生活と精神的生活を改善するために提供する福利項目、施設とサービスの総称である。老人社会福祉は特殊性をもち、その享受できる対象は、労働能力を喪失した人や、身体が弱くて病気が多い老人となるが、その内容は必ず老人の生理的・心理的特徴に合わなければならないので、国家と社会は特殊な考慮と配慮を払う必要がある。

老人福祉をスムーズに行うために、「老人権益保障法」第33条は各級の地方政府に関する義務を定めた。その内容は以下の通りである。

❶**生存と安全に必要なニーズを満足させる福利**——例えば、住宅福利、生活面倒福利、医療看護福利など。

❷**尊重と享受のニーズを満足させる福利**——例えば、老年生活と活動に関連する一連の施設を設備する。老人に相応しい大衆的文化、スポーツ、娯楽の活動を展開し、老人の精神的生活を豊かにする。参観、遊覧、公共の交通機関の利用などにおいて優遇と配慮を提供する。

❸**発展のニーズを満足させる福利**——例えば、国家は老年教育事業を発展し、各種老年学校を開設して、老人が引き続き教育を受けるために便宜を図る。国家は老人が社会主義の物質文明と精神文明の建設に参与できる条件を創造し、老人の技能と役割を発揮させる。

2009年から我が国の公共衛生機構の経費は、すべて国家公共財政予算の範疇に組み入れられ、都市と農村の住民は無料で9種類の公共衛生サービスを享受できるようになった。そのなかで重点的なサービスを提供するのが、各地の都市と農村に広範に分布している自宅で生活をしている老人である。

　全国統一の住民健康調査状況を見ると、心脳血管疾病、呼吸器系疾病、高血圧、糖尿病と鬱病などの慢性疾病患者のなかで、60歳以上の老人は相当な比重を占めている。このために、我が国の医療衛生事業の中長期発展計画である「健康中国2020戦略」は、公共衛生のレベル向上を医療衛生事業発展の戦略における重点とし、特に老人の疾患予防を公共衛生領域の重要部分とした。

　この戦略方案の要求に応じて、我が国は都市と農村のコミュニティ医療保健機関の建設に力を入れ、老人の医療衛生、身体保健、薬品の使用、疾病の予防、心理的指導などの知識に関する宣伝活動を普及し、強化した。例えば、65歳以上の老人に対して少なくとも2年ごとに1回の全面的健康診断と疾病予防検査を行い、60歳以上の老人に対して毎年1回のインフルエンザの無料予防接種を行っている。

　社会経済の実力が日増しに強くなるにつれ、国家は老人への優遇と配慮をさらに多くの方面で進めて、老人からの好評を博した。現在、各省、市、区の老人に対する経済補助金の標準と優遇に関する規定はまだ統一されていないが、多数の地区ではすでにある程度実行をしている。その主要な形式としては、以下の三つである。

①各年齢層の老人それぞれに、生活費の手当てとその他の特定な項目の補助金を与える。
②老人に対して公共の遊覧施設、文化娯楽の施設を無料で開放する上、公共交通機関の乗車も無料にする。
③老人専用の活動場所を設置し、養老院などの施設を完備にし、老人優先に関する規定を調整、制定し、また各種の異なる形式の社会サービスを提供する。

　さらに、老人全体に向けた養老サービス補助金制度は10余りの省で実施をしようとしている。コミュニティによる自宅養老サービスの展開によって、ニー

ズがある老人に家政サービス、日中の世話、回復看護、精神的慰謝、緊急救助、臨終手配などの多様なサービスを提供する。

養老サービス機構の施設建設はすでに加速しており、公営の養老機構は「三無」(子女がない、収入がない、職業がない)老人にサービスを提供するほか、社会の老人に対しても開かれ、民営の養老機構も急速に発展し始めている。

民政部部長は、2009年、中国民政工作会議の席で高齢老人の手当てなど老人福利に関する各制度を次々と登場させると表明した。現在、すでに31の省が相次いで老年人優待政策をつくり出し、1,400余りの県・市は老人生活補助金配給を実行し、九つの省が全面的高齢老人手当制度を創立、実施したため、低収入の高齢老人に対する基本的生活保障は、「低レベル、一時的、不確実」から「規範的、長期的、効果的」な制度保障となった。

北京市を例にすると、2008年11月から全市の2.7万人の90歳以上の老人に高齢手当を実行し、90～99歳の老人に一人当たり毎月100元の現金を補助し、100歳以上の老人には一人当たり毎月200元の現金を補助している。同時に、2008年10月から、特殊な困難があるか特殊な原因による自宅養老の老人に対して、その実情に応じて50～250元の養老サービス補助金を与えている。

この補助金は、実物の価値に相当する代金券(非現金)の形式で発給し、主に民政部門が指定した養老サービス部門の指定サービスに使われ、養老サービス機構の入居費用にも使われている。

補助金の対象と標準は、農村の「生活保護世帯のない」老人、最低生活保障待遇を享受する老人と農村の低収入家庭の老人を対象とし、60～89歳の(自分の面倒を見られない)老人は1人に毎月150元、90歳以上には200元となっている。また、都市のなかで「三無」老人、低保障老人、低収入家庭の老人に対しては、60～89歳(自分の面倒を見られない)には1人に毎月200元、90歳以上には250元、そして、一人で住んでいる老人あるいは身体障害の子女と居住する老人に対しては、60～79歳(自分の面倒を見られない)には1人に毎月50元を支給している。

この補助金制度を実行してから、全市ですでに4万人余りの老人が、600万元余りに相当する家庭養老サービス券を受け取った。それ以外にも、特殊な貢

献がある省・市レベル以上の労働模範者、障害がある退役軍人、帰国華僑の老人に対しては、一定の特定項目の補助金を設けている。例えば、江蘇省昆山市の補助金標準は１人に毎月300元（あるいは、毎月45時間以上の無料サービス）を提供している。

　亡くなった老人に対する葬儀と埋葬ための補助金の標準は、2009年１月から800元から5,000元まで引き上げ、主に遺体の移送、保存、化粧、火葬および骨灰の埋葬に使われ、死去した者への尊厳を目的とする葬礼待遇となっている。

　医療保障制度の改革にとって唯一正しい方向は、全社会をカバーできる基本医療保険制度を実行することにある。何故かというと、医療保険制度の本質は社会が医療のリスクを共同で負うことであり、社会の統一的管理、合理的調整を通して労働者の基本的医療ニーズと体の健康が保障されるからである。

　基本医療保険は、通常、国家の立法によって規定され、強制的、互助的、福祉的かつ社会的な特徴をもつ社会保険であり、そして専門機関によって集中的に管理され、資金は特定の目的のみに使用される。

　社会医療保険金は目的以外のいかなる形式での使用も許さないので、極めて強い安定性があり、資金の安全性と合理的な使用を確保できる。老人の基本医療保障のために設置された具体的な保険の名称は「大病医療保険」という名前であり、保険加入者は満60歳（女性は50歳）以上の都市部の住民および最低生活保障金と生活困難補助待遇をもらう都市と町の老人となる。

　加入者は、毎年１回だけ本人の戸籍簿を持って戸籍所在地の社会保障事務所で城・鎮老年人大病医療保険への加入、費用納入の手続きをし、費用の納入標準（個人はおよそ150～300元の費用を納め、財政からの補助はそれぞれ36％を占める）に従って次年度の大病医療保険料を納めると、都市と町の老年人病医療保険待遇を享受することができる。保障の形式は重病にかかった時の救済措置を主とし、入院・医薬費用への補助や、外来診察における医薬費用を補助することになる。

　最低生活保障金と生活困難補助待遇を享受する都市と鎮の老人は、個人が納めるべき大病医療保険料を免除することができる。保険加入者は保険加入・費用納入の手続きをした後、指定された医療機関から「都市と町老年人病医療保

険手帳」を受け取ることができる。

【編者補足】

中国の年金制度について

　1997年から導入されている「企業職工養老保険」の仕組みについて、補足しておきたい。

　将来の破綻が危惧されている完全賦課方式の日本の年金制度と異なり、この制度は「現役世代が高齢世代を支える賦課方式と、現役時代に積み立てた個人口座から定年後に一定額ずつを受け取る積立方式の組み合わせ」を特徴としている。具体的な仕組みは、次のようになっている。

　まず現役時代は、企業が給与の20％、本人が8％負担し、企業の17％相当部分が社会的プール部分である基礎年金口座（計画案配基金）に振り込まれ、残り3％分と個人負担分が個人の積立分として個人口座に振り込まれる。退職後は、基礎年金口座から前年度平均賃金の20％相当を、個人口座から残高の120分の1を受け取る。

　将来、受給者が増加して年金財政が逼迫し、支給額が減額されたとしても、個人口座の積立分は保証され、いわば保険の役割を果たしている。したがって、持続性を考慮した制度設計がなされたと言えるが、現実には、制度適用以前の退職者に対して企業は高率の負担を強いられ、個人口座からの流用の常態化も指摘されている。

　なお、編者は年金制度についての専門家ではないため、興味のある方は次のサイトを参照いただければ幸いである。

財団法人自治体国際化協会（北京事務所）『中国の年金改革』CLAIR REPORT 第249号、2003年10月（www.clair.or.jp/j/forum/c_report/cr249m.html）

第13章

中国の高齢化と養老保険制度の確立

郭　学賢（東北師範大学人文学院教授）

はじめに

　社会の発展と進歩、生活水準の向上、寿命の延長などに伴い、世界規模で人口の高齢化が進みつつある。中国では計画生育（いわゆる一人っ子政策）を基本的な国策としているので人口の急速な増加は有効にコントロールされているが、これは中国の高齢化を加速させる要因でもある。したがって、高齢化の進展に向けて、必ず積極的な対策、特に老年社会の保険制度を強化させ改善させる必要がある。本章では、中国の養老保険制度の現状を詳細に検証した上で、今後の課題について考察する。

1　中国の養老保険制度の現状について

（1）養老保険制度の実情

①都市と農村の住民をカバーした養老保険体系の確立

　1997年に国務院の『統一的企業従業員の基本養老保険制度づくりに関する決定』が公布されてから、企業と従業員個人の負担率、個人口座の規模および基

本養老年金の発給方法などに関する統一的な規程が整備され、新しい制度と古い制度との結合と穏やかな移行が実現された。

　2008年、中国養老保険の著しい発展の一つとして、都市と農村をカバーする居民養老保険体系をつくり上げたことが挙げられる。工業化の進展に従い、都市と町で社会養老保障制度に加入する人口が次第に多くなり、社会養老保障がカバーする範囲も拡大したことで、都市と農村における社会養老保険制度を統一的に整備していくための堅実な基礎が整いつつある。

　「老いれば面倒を見てもらえる（いわゆる老後保障）」という調和的社会の目標を実現するために、基本養老保険制度はできるだけ都市と農村の就業人員をカバーし、都市と農村の養老保険制度を速やかに健全化する必要がある。

②養老年金発給の適正な実行

　党中央および国務院の要求に従い、各級の社会保険機関は一貫して退職者の養老年金を規定通りに発給することに努めてきた。多方面から資金を調達し、業務の基礎を固めることで、養老年金の時間通り、金額通りの発給を基本的に実現している。

　2008年10月末、全国の企業養老保険基金の収入は6,825億元で、前年同時期と比べて29％増えた。一方、基金の支出は5,579億元、31.5％増となり、残高は累計で8,194億元となった。中央政府は、引き続き、地方の養老保険基金の不足と個人口座に関するサポートを強化している。中央財政からの移転支出は年間1,000億元を超え、養老年金の発給確保と安定な発展の維持に寄与している。

③養老保険のカバー範囲の拡大

　1999年に国務院が発表した『社会保険料の徴収に関する臨時条例について』をきっかけとして、全国各地では養老保険事業を展開し、明らかな効果を挙げている。同年末、全国で基本養老保険に加入する人数は9,502万人で、前年末より1,026万人増加し、2008年10月末には都市部企業従業員の加入者数は21,604万人に達して、労働保障事業発展「十一・五」計画綱要が定めた目標の

100％近くを達成した。

現在は農村部における養老保険制度の建設が展開され、国務院は2009年に全国10％の県（市、区）で新型農村社会養老保険の試験的作業を展開し、基礎年金口座からの給付と個人口座を組み合わせる様式、および個人納入と集団補助、政府補助金を組み合わせる資金調達方式を取っている。満60歳になり、関連する条件を満たしている農民はすべて基本養老年金を受け取ることができると定められている。

④企業の定年退職人員の社会化管理活動

養老年金の業務拡大に伴い、企業の社会負担を軽減させるために、管理サービスの社会化が進められてきた。すなわち、これまで企業「単位」が担っていた管理業務を住民コミュニティである社区（居民委員会）に設置された社会保障管理センターに移管している。

2002年末の段階で、全国1,434万人の企業定年退職者の業務が社会化管理サービスで行われ、移行割合は全業務の40％以上となった。調査によると、吉林省では2009年の養老保険加入人数は304.37万人、実際に保険料を支払った人数は282.79万人に達し、それぞれ計画指標より1.5％および2.9％上回った。また、全省のコミュニティ社会化管理で所管される高齢者は80％以上になった。

（2）養老保険制度に存在する問題

①まだ不十分な制度の普及

現在、中国の農村部では相当数の高齢者が社会養老制度で保障されていない。固定養老金、離職・退職金を享受する人は55歳以上の高齢者の30％にも及ばず、全国で3分の2、農村部では実に90％以上の高齢者が養老金の待遇を享受できていない。

これらの高齢者の養老保障は主に家庭に頼るもので、一部の貧困な高齢者は最低生活保障制度、五保戸制度（食・衣・住・医療および葬儀が保障される貧困戸）に頼っている。家庭保障は中国の伝統的なものであるので、引き続き提

唱すべきであるが、しかし個別の家庭に高齢者の保障を負担させるなら、直面する問題は少なくない。

　最低生活保障を受ける高齢者に対する全体的な保障はレベルが低い。一方、基本養老保険制度も城・郷のすべての就業人たちをカバーできているわけではなく、40％（約12,000万人）に近い城鎮就業者（主に臨時従業者と農民労働者）はまだ城・鎮従業員養老保険に加入していない。これらの人々がだんだん退職年齢に達し、社会養老保障のない老人になることで、老年保障事業に圧力を与えることになる。

②アンバランスな発展

　現在、都市では依然として企業養老保険と国家機構養老保険という二つの制度が共存しているが、二つの制度は組織のあり方や資金調達方式などが異なっているだけではなく、待遇のレベルにも非常に大きな差がある。

　企業基本養老保険の計画実施のレベルは依然として低く、基本的には地・市（また県市）を実施の単位としているため、リスク対応能力が低く、一部地区では財務への圧力も大きくなっている。

　農村における社会養老保険制度はまだ一部地方での試験的な段階にあり、都市と農村をカバーする基本養老保険制度をつくり上げるべきか否かについても議論が分かれている。しかしながら、工業化の進展は都市と農村とに分離されている社会養老保険制度の見直しを迫ると同時に、都市と農村の社会養老保障の制度づくりに新たな展望を与えている。

③個人口座の問題

　1990年代半ば、我が国は賦課方式の基礎給付（計画案配）と個人口座を組み合わせる新しい様式の養老保険を確立した。企業と従業員はすべて一定の割合で養老保険料を納める義務があり、納める費用は二つの部分に分けられ、それぞれ社会保険を取り扱う機構の計画案配基金口座と従業員の個人口座に納入される。

　2006年から、個人口座への本人納入費用は給料の11％から8％に調整された

が、それでも低所得者や臨時就業者には負担が大きく、加入しづらくなっている。個人口座基金については、資金蓄積と運用体制の強化のいずれもが遅れており、果たして、退職後に個人口座からの十分かつ円滑な支払いが可能なのか、なお苦難に満ちた状態が続いている。

④管理機能の不備

現在、社会化管理サービスの進展はとてもアンバランスで、一部の地区では環境整備が遅れている。大部分の都市団地の建設がスムーズに進んでおらず、町とコミュニティの社会保障機構、仕組み、人員配置、経費支給が滞り、創立されたばかりの機構は経費、場所などの方面でも多くの困難と問題に直面している。

養老保険基金の運行機制の不全という原因によって、養老金は厳しく苦しい立場にある。養老保険に存在している肝心な問題の一つは、基金の問題である。この数年来、中国の離職・退職の従業員は毎年200数万人のスピードで増加しており、養老年金支出の増幅もますます大きくなり、年度の支出額は2,000億元あまりに達した。実際に費用を納めた人数および新たな加入人数の増加はそれほど多くはなく、ある程度下がった年度もあり、基礎給付基金の当期収入の増加は支出ニーズの増加に間に合わない状態にある。

いくつかの地区では、たとえ100％の所定費用が納入されたとしても資金不足のところもある。養老保険基金は養老保険制度の物質的な基礎であり、養老保険の実施範囲が拡大するにつれ、蓄積される資金はとても速いスピードで増加するはずである。これらの蓄積された資金は、少なくとも10数年以降の定年退職ピークが到来する時に使用されるものであるが、中国経済の発展が速く、インフレ率の高い現在の情況下で、蓄積された養老保険基金自身の価値が下落しており、予想の保障目的を達成できない危険性もある。

インフレに伴って人々の生活費用が増加すると、結果として養老年金で生活をする老人は、さらに多くの養老年金を受け取らなければ基本的な生活のレベルを維持することができなくなる。このため、養老保険支出の増加による財政負担増のリスクはなお高い。

2　中国の養老保険制度の完成に向けて

（1）養老保険のカバー範囲の拡大

　社会養老保険がカバーする範囲の拡大は社会進歩の一つの標識であり、経済体制や就業形式の多様化からの客観的な要求でもある。基本養老保険制度が直面する問題は、都市と町の戸籍を有する国有部門の従業員に留まらず、広範な地方の公務員、日増しに増加する非国有企業の従業員、さらに非正規の社員や地方から出てきて都市部で就業している臨時就労者、その背景に存在する膨大な地方の老年人口に対して、どのように対応するかという点にある。

　このように数が極端に多く、階層も保障レベルも大きく異なる集団に対して、現段階の一元化された基本養老保険制度で全体をカバーしようとしても、なお相当の時間を要することはまちがいない。

　一元化の基本養老保険制度は公平で、操作しやすく見える。しかしながら、現実的な視点に立つと、都市部の正規労働者を標準として整備されてきた制度を、そのまま臨時就労者や所得水準の低い地方の就労者に適用することは現実的とは言えず、一元化あるいは単一化の輪から跳び出して、多元的な方策を探らざるを得ない。そのため、当面の社会養老保険は私営、個人、臨時就職者を重点としているが、今後引き続き加入者の増加に努め、多くの人々が基本社会養老保険を享受できるようにしなければならない。

　さらに重要かつ緊急の任務は、多様で変化の激しい就業ニーズに柔軟に適応できる社会保険制度をつくり上げることである。就職ルートが多元化し、就業形式が多様化し、かつ労働者の身分変動が常態化している現状に応じて、個人私営企業の就業者に適応する養老保険制度や、出稼ぎ就労者に対する社会保険制度なども整備する必要がある。

（2）「個人口座」の確保

　個人口座基金に関して、実のある蓄積と有効な投資運用を実行しなければならない。保険加入者が定年退職した後、個人口座基金はその積立状況と予想寿命に基づいて、月ごとに養老費用が支給される。個人口座に関しては、13省における試行結果を踏まえた上で、2010年から保険料率３％でスタートし、２年ごとに１％増加しながら2020年に８％までにすることが決められている。

　2010年以前の流用された個人口座も放置できない。多ルートで必要な基金を調達しなければならない。例えば、国有資産による現金収入、国有地の譲渡収益、独占業界の超過利潤、特許資源による収益、個人所得税の特定項目の移転、特殊債券の発行などが考えられる。

　個人口座基金は保険加入者と共に移転し、地方の社会保険管理機構は口座基金の振り込みなどを担当する。個人口座の積立基金は金融機構に適切な運用を依頼するとともに、政府の関連部門、金融監督機構と関連する社会部門は相応する監視・管理の仕事を遂行しなければならない。

（3）社会養老保険の管理体制を絶えざる改善

　有力な措置で管理組織を健全にし、管理体制のバランスを取り戻す必要がある。1998年に職能部門の分業はすでに明確化されたが、管理体制は完全にバランスを取り戻したわけではない。養老保険の主管部門の権力は、現実にはほかの部門から制約を受けている。例えば、一つの国の中に２種類の養老保険料の徴収システムが共存することは、部門の制約による直接的な結果であり、中央の関連政令が地方で順調に実施できないことも、地方の制約からの結果である。そのため、いっそう養老保険制度の管理体制のバランスを取り戻す必要があり、基本養老保険制度の統一性の要求に基づいて、必ず養老保険主管部門の管理の権威性を確保しなければならない。

　方策を統一的に決定し、権威的な管理を行うことは、決して部門間の調和と協力を排斥することではなく、各部門の職責と権限を明確にすることである。

このようにすると、各部門の職責と権限はようやく統一することができ、積極的、主導的、慎重に養老保険制度の改革と発展における責任を引き受けるようになる。各級の社会保険を取り扱う機構は管理制度を改善し、技術的な標準を制定し、業務のプロセスを規範化し、情報化と専攻化の管理を実現する必要がある。同時に、従業員の育成訓練を強化し、仕事能力を高め、絶えず仕事の効率とサービスの質を高める必要もある。

（4）養老保険の法制化建設の加速

養老保険の立法は、社会養老保険制度づくりの起点と根拠となる。制度実施の角度から言うと、社会養老保険制度の法制化は、社会保険制度がその社会機能を実現する重要な保障と内在的な要求である。社会保障の角度から言うと、社会養老保険の権利は人権の重要な構成部分であり、人民の養老願望を実現するために必然的な要求であり、現在実施中の養老保険制度に存在する各種の問題を解決する基本的な手段である。

現在、中国の養老保険制度は改革の重要な段階にあるが、登場した政策的なファイルはまだ「決定」、「通知」と部門規則という段階にあり、現行の城鎮養老保険に使用される唯一の『社会保険料徴収に関する臨時条例』は、単に原則的に養老保険料の徴収範囲を規定しているだけに留まる。それゆえ、養老保険制度の改革と発展の規範性、統一性と継続性を確保するために、必ず高レベルの規範的なファイルをつくらなければならない。

要するに、養老保険は社会養老保障制度の核心的な位置にあり、直接的に全体社会の福祉体系、また国民経済の運行にも影響を与えることになる。養老保険が次第に社会制度となりつつある中で「歳を取ると扶養される」という調和的社会の目標を実現するために、必ず真剣に我が国の高齢社会の特殊性を分析し、速やかに全国の都市と農村の社会養老保険制度をつくり上げ、完全なものとしなければならない。

第14章

高齢化社会の養老サービスに果たす非営利組織（NPO）の役割と意義

陳　曉春（湘南大学政治・公共管理学院教授）、
羅　青、銭　炜（湖南大学政治公共管理学院）

はじめに

　近年、中国でも、高齢化の加速に伴い養老サービス（高齢者福祉）が社会問題として顕在化してきた。2008年末、中国の60歳以上の老年人口は1億5,989万人、総人口に占める割合は12％に達し、65歳以上の人口も1億956万人、8.3％となった。さらに、今後かなり長期にわたって、60歳以上の人口は年率3.2％のペースで増えていくと予測されている。また、広大な地域間における不均衡の拡大や、一人当たりGDPが先進国の10分の1しかない状態での高齢化など、中国は前例のない事態への対応を迫られている。

　このような背景のもとで、いかに十分な養老サービスを提供して、人々に「年をとると面倒を見てもらえる」ことを保証するかは、政府にとって重大な課題となっている。しかしながら、人口13億人を抱え、経済社会がまだ成熟していない中国において、政府が進め得る対策には限界があり、養老サービスに関しても多様な供給主体を探索する必要がある。

　これまで、先進国では、養老サービスの在り様について多くの議論が試みられてきた。原則として国家が養老サービスのすべてに責任をもつとする福祉国家論を始め、営利セクターをサービス主体に据えて市場原理を重視する新自由主義論、非営利セクターを含めて多くのサービス供給主体を求める社会福祉多

元論などがある。本論では、中国の実情から、非営利セクターを重視した多元的な社会福祉が望ましいことを論証する。

1　非営利組織による養老サービス供給についての理論的基礎

　社会福祉多元主義は、非営利組織（以下、NPOと略す）が社会保障サービスを提供することに対する最も基本的かつ直接的な基礎理論である。「社会福祉多元主義」は1978年にイギリスで発表された『ウルフェンデン（Wolfenden）報告』で初めて使われた概念であり、当報告は、自発的なNPOを社会福祉の提供者に組み入れるべきと主張した。

　その後、イギリスの研究者ロスは福祉多元主義に関する明確な論述を試み、『同じ目標、異なる役割』において、国家は福祉の提供において重要な役割を演じるが、福祉を独占するものではないと指摘した。彼は、福祉は全社会が関わるべきものであって、市場、雇用者、家庭と国家のすべてが福祉に寄与しなければならないと主張したのである。

　社会福祉多元主義の理念は分権と参画であり、社会保障の供給主体の多元化を主張する。つまり、社会保障は、政府、営利機構、NPO、家庭およびコミュニティが共に負担するもので、その中にあって、政府は社会保障サービスの監督と指導に当たるべきだとした。さらに、社会保障の供給者としてNPOの地位と役割を強調し、NPOが福祉資源の調整とサービス提供を行うことで、効率を高め、ニーズの変化にも速やかに対応できるようにするべきと説いた。

　このような福祉多元論において考慮すべき問題として、いわゆるパートナーシップ論がある。すなわち、政府と非営利セクターが協同して公共サービスを展開するとき、政府が資金を提供し、サービス提供には主に非営利セクターがあたる方式と、民間寄付などを募って非営利セクターがかなり独自に活動する方式があり得る。現実には、資金の多くを公的補助に頼る前者の方式が多かったように思われるが、次節で指摘するように、中国の現状は、サービスおよび資金の供給主体を多元化した広範なパートナーシップの構築を求めている。

2　養老サービス供給における NPO の重要性

　現在、我が国は社会変革の時期であり、高齢化の進展と家庭養老の弱体化が、政府の養老サービス供給方式に対して大きい転換を迫っている。この厳しい現実を打開していくためには、供給主体の多元化、とりわけ NPO の参入と広範なネットワークの構築が不可欠である。

（1）外的条件

　高齢化とは老年人口（我が国では、通常60歳以上の高齢者を指している）が全人口に占める割合が、一定水準を超えて持続的に上昇する過程を指している[1]。湖南省の人口データによると、2005年に819.74万人であった60歳以上の老年人口は、2009年に929.32万人まで増え、中でも80歳以上は同時期に85.60万人から101.02万人まで拡大して、今後もこの趨勢は衰えないと予測されている（図14－1）。このため、養老サービスを必要とする高齢者はますます増えていくことになる。

　しかしながら、現在の中国における養老福祉体制は、この高齢化がもたらす膨大な養老サービスのニーズに対してあまりに貧弱であり、これからかなり長期にわたって、養老施設とサービス要員の深刻な不足状態が続く。高齢者1,000人当たりの養老ベッド数を50床とする国際的標準に従うと、2008年における全国の60歳以上人口1億6,000万人に対して800万床、65歳以上の1億1,000万人に対してさえ550万床が必要な計算となるが、現在のベッド数は250万床でしかない。

　また、看護される高齢者と看護要員の割合を3：1とすれば、現在2,830万人と推定されている要看護高齢者に対して1,000万人の看護スタッフが必要となるが、全国の養老施設の従業員は22万人でしかなく、そのうち職業資格を取得しているものは2万人に過ぎない[2]。需要と供給の極端なアンバランスは歴然としている。

表14−1　2005～2009年における湖南省老年人口の推移（単位：万人）

年度	総人口	60歳以上	70～79歳	80歳以上	高齢化係数
2005	6,732.00	819.74	277.10	85.60	10.44%
2006	6,768.10	840.00	65歳以上 601.68		
2007	6,805.70	866.20	300.30	94.04	10.86%
2008	6,845.20	895.30	310.40	97.32	10.87%
2009	未統計	929.32	322.20	101.02	10.88%

　資金不足も、養老サービス機構の発展に対する阻害要因となっている。現場スタッフは作業量の割に待遇が悪く、要員不足が常態化している。

　養老機構の施設やサービス内容、料金体系などの法制化も遅れており、現状は玉石混交といわざるを得ない。また、急速に変化しつつある市民意識に対して、政府の方針が必ずしもマッチしていないことも混乱に拍車をかけている。

　このような実情から見ても、養老サービスの供給主体にNPOを組み入れて多元的な体制を構築し、多様なニーズに応えさせることが養老事業の発展に不可欠といえよう。

（2）内在要因――NPOの特性

　NPOがもつ民間性、自主性、自発性という特徴は、養老サービス領域において、以下に示すように、他の組織より優位な立場を提供する。

①広範な資金源

　NPOの利点として、養老サービスの提供過程で民間の資金源と社会資源を活用しやすいことが挙げられる。政府の資金源は主に税収と国債であるが、今後、拡大する養老サービスに対して財源不足が予想される中、民間の慈善資源なども有効に活用することが求められる。

---

(1) 佟新『人口社会学』北京大学出版社、北京、2000年。
(2) 袁華明「民営養老機構の進みはなぜ困難であるか」中国養老年金ネット、2005年9月1日。

NPOの資金としては、主に「公的補助」、「民間寄付」と「有料サービス収入」の三つがある。特に、民間寄付については、NPOの基本原則が公益性にあるために政府や企業より募りやすい。さらに、サービスの提供においても、受益者に公益的な理念を訴えやすく、合理的な対価に基づいてサービス体系の循環を実現させることができる。

②多様なニーズへの対応

　市場経済の発展に伴い、人々の価値観も次第に確実に変化している。当然ながら、年齢、健康状態、収入レベルや知識水準などが様々に異なる高齢者の、サービスに対するニーズも多様化している。しかし、政府が提供する養老サービスは画一化する傾向が避けられず、このように多様化するニーズに速やかに対応することは難しい。

　これに対して、NPOは民間セクターとしての自主性を備え、規模もそれほど大きくなく、さらに高齢者の生活空間にも近いなどのことから、政府機関より柔軟に高齢者のニーズに対応できる。

③高いコストパフォーマンス

　すべての養老サービスが政府部門に委ねられたとすると、公的機関にありがちな非効率性が問題となる。複雑な管理体制や最終段階での民間への委託などが、結局、サービスの質の低下とコスト上昇を招くことも考えられる。

　一方、NPOは原則として非営利であり、公益性を旨としているため、効率的な運営は必要条件でもある。また、資金の一部でも寄付に依存している場合、財務面での透明性が求められ、結果的に高いコストパフォーマンスのサービスが期待できる。

3　NPOの養老サービス分野への参入方式

　NPOが養老サービス部門に参入する場合、自宅養老（在宅介護など）と機

構養老（老人ホームなど）のそれぞれでいくつかの方式があり得る。

（1）自宅養老──ボランティアと時間銀行

　家庭における養老機能が弱くなっている現実の下で、養老サービスに占める自宅養老の比重は次第に増える傾向にある。統計資料によると、アメリカの高齢者の場合は自宅養老が95％を占め、オランダで91.4％、日本では96.9％に達している。

　中国においても、圧倒的多数の高齢者が自宅養老を第一の選択肢としている。自宅養老サービスの最大目標は、高齢者が自宅で安心して暮らせるようサポートすることにあり、現状を考えると、NPOのボランタリーな活動が不可欠である。

①ボランティアについて

　前節で記したように、中国における養老サービス体制はまだ不十分であり、公的部門だけでニーズを満たせる状況は望めない。発展著しい都市部などでは営利セクターによるサービスも増えるものと思われるが、一人当たりGDPが先進国の10分の1でしかない中国において、その役割はまだ限定的といわざるを得ない。したがって、膨大な人的資源を背景としたボランティアの役割が極めて重要となる。

　調査資料[3]によると、2006年に全国で6万余りのボランティア・サービスステーションが設立され、1,300万人のボランティアがおよそ280万人の高齢者に対して6.3億時間のサービスを提供したと報告されている。

　今後、養老サービスに関わるNPOには、高齢者のニーズのより的確な把握や優秀なボランティアスタッフの確保と訓練が求められる。

---

[3] 周潤健「中国60歳以上の老人はすでに1.6億に達した」www.cpirc.org.cn /news/rkxw_gn_detail.asp?id=11331、2009年12月31日。

②「時間銀行」の開設

「時間銀行」とは一種の労働交換型の自発的サービスであり、公民意識の成熟を前提としている。具体的な内容は以下の通りである。すなわち、比較的若く元気な高齢者を組織して高齢者生活互助組織をつくり、メンバーは要介護の独居高齢者などに対して生活支援を行う。所属している組織は、個々のメンバーの活動実績を「時間銀行の積立口座」に記録する。高齢者は、自分自身がサービスを必要とした時点で、積み立てた時間相当の支援を受けることができる。

すでに中国には2009年末で42万の「老人協会」があり、5万余りの「老年大学」などがある。また、2005年時点で、都市において何らかのボランティア活動に参加したことのある高齢者は38.7％にも達している[4]。したがって、中国において「時間銀行」を普及させる条件は整いつつあり、NPOを中心とした養老サービス体制の現実性は高い。

（2）機構養老

機構養老とは、施設に居住する高齢者に各種サービスを提供する方式である。現在、供給が需要に追い付かない状態にあり、NPOが養老機構の設立・運営に参入することは、政府負担の軽減や資源節約社会実現のためにも有益な試みである。

①公的援助に基づく民営型

具体的な方法として、NPOが老人ホームやデイサービス・ステーションなどの養老サービス施設を設立する。政府は、建設資金や建設地、登録・登記などの面で優遇措置を図り、一定の資金補助を与える。

例えば、上海市は、毎年ベッドごとに5,000元の補助金を支給している。また、国は非営利養老機構に対して不動産税や土地使用税を免除するなど税制上の優遇措置を与えている。地方でも、水道・電気・ガス料金の割引や低利息あるいは無利息での貸付制度などがある。このような優遇措置の下で、NPOは資金を調達し、自立的な管理によって養老サービスを提供する。

第14章　高齢化社会の養老サービスに果たす非営利組織（NPO）の役割と意義　299

図14－1　公的援助による民営養老サービス

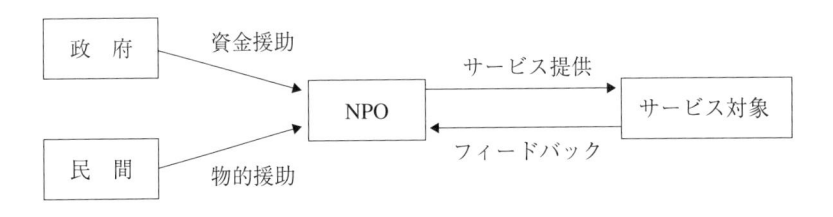

図14－2　公的民営養老サービス

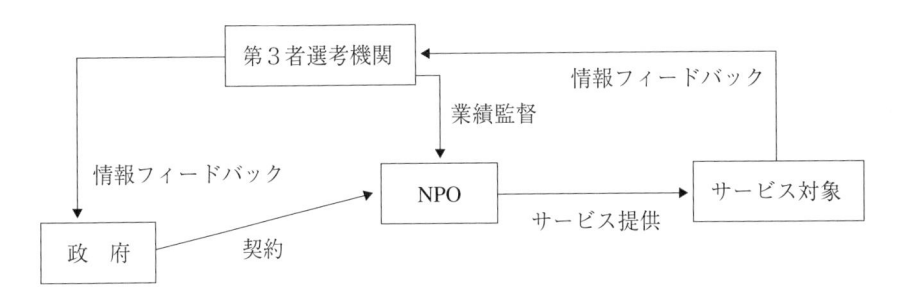

　現在、湖南省には44か所の民営養老サービス機構が存在している。その中で2002年に1級身体障害者である楊得生が創設した「邵陽市大祥区夕陽紅敬老院」はNPOが民間資金で運営する養老機構の成功例である。ベッド数は54床であり、これまで7年間に380人余りの高齢者と身体障害者が入所している。

②公的民営型
　政府が土地・建物を提供し、NPOが人的・物的資源の調達から運営までを担当する方式と、NPOは管理・運営というソフト面だけを担当するケースがあり得る。1980年代以降、中国政府は前者の方式に基いて老年福祉サービスの民営化を進めている。
　この方式では、政府が最初に基本的な施設を提供して、NPOと賃貸契約あ

---
(4) 全国老齢工作委員会『中国老齢事業の発展について』2006年。

るいは無償借用契約を結ぶ。その後に必要な経費の一切が NPO の責任となるため、NPO としては広範な収入源の確保が重要課題となり、サービス料金の徴収、民間寄付、社会福祉宝くじからの援助などが充てられている。

4　結　び

　先進国の事例や中国の一部地域での実践例から、政府が行政体系の中で直接にサービスを提供する方式より NPO を提供主体とした方が、その非営利性や自主性などの特徴から高い公益性と利便性が期待できる。これから大きく増えていく養老ニーズに対応しながら持続可能な発展を維持していくために、政府は NPO に対して十分な活動の場を提供し、NPO もその機会を活かしていくことが不可欠である。

参考文献一覧

・佟新（2000）『人口社会学』北京大学出版社。
・袁華明（2005）「民営養老機構の進みはなぜ困難であるか」中国養老年金ネット。
・周潤健「中国60歳以上の老人はすでに1.6億に達した」www.cpirc.org.cn/news/rkxw_gn_detail.asp?id=11331、2009年12月31日。
・全国老齢工作委員会（2006）『中国老齢事業の発展について』。
・陳暁春（2001）『市場経済と非営利的組織に関する研究について』湖南人民出版社。
・陳暁春・陳玉娥（2005）『非営利的組織の民営化に関する研究について』雲夢学刊。
・Lester M. Salamon（田凱訳）（2008）『公共サービス中のパートナー——近代福祉国家の中の政府と非営利的な組織との関係について』商務印書館。
・陳暁春（2008）「李勝．非政府的組織と経済の発展に対する探索について」平和・文化・教育：平和的発展中の文化と教育学術シンポジウム論文集［C］、中国社会科学出版社。

第15章

コミュニティ養老の発展に力を入れ、養老の社会化レベルを高めよう

王　鑒（中国社会科学院人口・労働経済研究所研究員）

　20世紀末になると、中国の60歳以上の老年人口割合は10％を上回り、高齢化社会に入った。2005年末には、21の省、直轄市、自治区がすでに老年型地区になり、全国の老年人口は総計で1.44億人に達し、総人口に占める比率は11％まで上がった。

　関連部門と専門家の推計によると、これから30年の間に、中国老年人口の比率は依然として途切れない上昇を呈し、ピーク時には、65歳以上の老年人口割合がおよそ23％に達し、総人口の4分の1近くを占める。

　高齢化がもたらした最大の課題とは、いかに養老（老後保障）問題を解決するかにある。特に、今後の家庭は規模が次第に小さくなり、扶養機能が弱くなり、一人っ子の負担が重くなるという情勢下であるため、老人の世話と扶養にかかる問題はいっそう厳しくなる。本章では、これについて簡潔な分析と論述を試みる。

1　都市化の継続的発展と一人っ子家庭の大量な増加は養老方式を根本的に転換した

　20世紀以来、工業経済が急激に発展するにつれ、各国の都市化の進展は次第に加速し、人口100万人以上の大都市がたくさん現れ、中国も含めていくつか

国家では、人口が1,000万人以上となる特大都市も現れている。このような都市の発展は、世界的な傾向と言える。

新中国の建国から50数年間、特に改革開放以来、都市化の進展スピードは速くなっている。国家建設部が公表するデータによると、1949年に我が国は132都市であったが、1978年には193、1988年は434、2003年末においては661都市になった。また、全国には人口が50〜100万人の都市が78あり、100万人以上の都市は49（2010年には125まで達する予想）となった。都市と町の総人口は5.4億人で、総人口に占める比率はすでに41％を上回った。

近年、我が国の都市化の発展スピードはさらに速くなり、大都市の新たな計画・改造につれて工業の中心部は幅広く拡大し、新たに建設する開発地区が絶えず現れるため不動産建築業が盛んとなり、大都市の強大な波及機能はますます著しくなった。発展の拡大に伴い、その周辺地域である郊外の区と県が次第に城市経済圏に取り込まれ、大都市を囲む新しい区あるいは衛星新城となった。しかも、この種の新たに建設された経済開発区が古い城区よりも城市化の発展スピードが速く規模が大きいため、その効果と利益は巨大となり、城郷人口を速やかに引き寄せた。

都市の発展は現代科学技術の手段を発展させ、有効利用を促し、これによって人々の生活と仕事にも質的な飛躍と変化が生じた。城市化はエネルギーの供給、交通運送、情報通信などの面で多くの利便性をもたらしただけでなく、人々の生活環境、居住条件、衛生状況、医療保健と文化教育の面での遅れた状況を徹底的に変えた。

しかし、物事には常に両面があり、都市化の発展は同時に、避けられない新しい問題と不都合な要素をも伴うことになった。まず、人口の急速な膨張（外来人口）による自然資源の集中的な消耗と生態環境に対する極端な圧力が挙げられる。さらに、激しい社会競争と複雑な経済関係（労働と就業形態の転換）によって人々の生き方と価値観の変化がもたらされた。

通常、新しい経済開発区が計画、建設される際には環境汚染の防止と環境の緑化・美化が比較的重視されるが、その際、従来の生態環境に損害を与えることは避けられず、一定の代価と犠牲を支払うことになる。また、従来からこの

土地で生活している人々の生活観念や生産と生活様式などに与える影響も避けられず、「得るものがあれば失うものもある」。

その一方で、30年間にわたって実行されてきた計画出産（一人っ子）政策は、地方より城市でより厳しく実施されている。都市の近郊と郊外で一人っ子家庭が大きく増加するにつれ、家庭養老の能力は次第に弱くなっている。現在、第１世代の一人っ子がすでに老人の扶養義務を引き受け始め、すでに家庭養老の重い負担と圧力を感じ、「気持ちはあるのだが力がない」という矛盾と問題に直面している。

社会都市化の高度な発展によって、伝統的な社会文化、道徳観念、家庭関係、人間関係は極めて大きい挑戦を受け、人々はこれまでにない新しい考え方を選択していかなければならないようになった。つまり、都市化の発展に伴って、いかに都市の科学的な管理を強化し、人と資源環境との矛盾を解決し、健康な都市文化をつくり、健全な都市保障体制をつくりあげ、都市の持続可能な発展を堅持するかということが、都市の管理者と市民がともに関心をもち、取り組まなければならない重要な課題となった。その一つが、一番先に高齢化社会に入る都市において、いかに老人を扶養し、世話をするのかという新しいタイプの養老問題である。

我が国で数千年にわたって伝承されてきた養老方式は、典型的な農業社会生産という基礎の上で形成されている「親への恩返し型」の家庭養老の様式である。このような養老方式は、世界においても多くの国家において長期に存在しており、今なおある程度の効果が期待されるものである。しかし、現実の都市社会生活のなかでは、「親への恩返し型」の家庭養老機能が弱くなっていることは疑いようのない事実であり、それに代わって日増しに強化されているのが社会化養老機能である。

都市化の発展と社会の生産様式の変化に伴い、都市の人々の働き方と生活様式は大きく変化し、人々が生存する空間は絶えず拡大して、自主性と自意識はますます強くなっている。このような状況の下で、伝統的な家庭養老機能と家庭生活様式を引き続き維持することは難しい。また、老人としても子女達に完全に頼ることは避けたい。彼らのなかの多くは、定年退職養老年金があり、自

分の独立した生活・居住する場所がある。だから、老人の養老は経済的な意味で子女に頼ることが少なくなり、生活の世話は社会サービス機構あるいは組織に助けを求めることになる。

我々が貴州と浙江で行った実地調査によると、都市および都市周辺の農村に生活する老人の8割以上が子女と同居することを望んでいるわけではなく、子女に対する唯一の願いは貴重な親子関係を大事にし、これまで以上に精神的な援助が欲しいと表明している。言い換えれば、現代の都市生活のなかで、老親が子女に求める孝行は主に精神的な慰めであるので、「慰め型」の家庭養老といえる。

そうであれば、親が年老いて日常生活に不自由が生じ、子どもにはその面倒を見るだけの余裕がないという状況では、社会サービス機構あるいは組織が速やかに援助することが重要となる。つまり、伝統的な家庭養老から住み慣れた地域における社会化養老への転換こそが都市の社会管理における課題となる。

2 コミュニティ養老サービスの発展は、中国の養老問題を解決する主要な方向、重要な方法および形式である

社会保障は社会政策の重要な構成要素であり、保障制度改革のいずれも社会政策に重大な調整を引き起こすことになる。社会保障には、主に「社会保険」、「社会福祉」、「社会的救済」、と「医療・公共衛生」の四つの内容が含まれる。より広げるならば、「就業の提供」と「労働力の配置」も含められる。

完備で独立な制度体系として、社会保障は社会生活の中で極めて重要な役割を発揮し、社会秩序の安定、生産力の向上、経済の持続的発展と人々の安らかな生活という重責を担っている。

社会養老は社会保障制度の一部であり、社会保障領域の関連内容と関連部門と幅広く関わっているが、だからといって完全に社会保障と同じではない。言い換えると、社会保険を完全に社会福祉に転化することはできず、完全に養老を社会に負担させ、社会福祉あるいは社会からの援助によってすべての養老問

題を解決することはできない。社会が資金の全部を負担し、すべての老人に無償で養老サービスを提供することは現実的な方法とはいえないのである。

多くの福祉国家がかつてこのような理想的なやり方を採用したり試みたことがあるが、多くは困難な問題に直面せざるを得なかった。特に、老年人口が多い我が国の実情には適しない。

現在、我が国の養老保障体制は、「社会養老保険」、「商業養老保険」と「企業年金養老保険」の三つの部分（「三大支柱」とも称する）からなっている。

社会養老保険の加入は強制的なものであるが、保障レベルは低い。商業養老保険は自らの意志で加入するものだが、実際にこの保険を購入する高齢者は少なく、多数の老人は貯金、債券あるいは不動産、宝飾品、骨董品などの形で自らの養老資金を貯めている。企業年金制度は、ここ数年来、極めて少数の業績のよい企業で試行し始めているものだが、現在まで、このような待遇を享受している老人はあまりいない。

全体的に見ると、我が国の老人養老年金のレベルは比較的低くて、基本的な生計を維持する段階に留まっている。

極めて貧しい高齢者に対しては、政府は特別措置として、経済援助や無料サービスの提供などを行っている。しかし、年金や保険金などの収入がある大多数の高齢者は、社会サービスや養老市場にサポートを求めるため、コミュニティの社会サービス機構の有償サービスの整備と充実が重要となる。もちろん、老人が支払うサービス費用は適度で、かつ合理的であるべきで、政府の職能部門と社会管理機構は、高齢者のような弱者層の合法的な権益を守るために、この方面の政策・指導と監督・検査を強化する必要がある。

現在、中国の各都市によくある養老方式は、「家庭養老」、「コミュニティ養老」、「機構養老（いわゆる老人ホーム）」という３種類である。

ここ数年来に現れた担保ローン式の家庭養老[1]、観光療養式の異郷養老（「渡り鳥式養老」とも称する）と老年マンション式の商業養老は、少数の経済的に余裕があり、健康状態のよい老人に限られたものでしかなく、圧倒的多数の老

---

(1) リバースモーゲージともいう。自宅を担保に年金を受け取り、満額になった時点で自宅を引き渡す。しかし、家屋・土地価格の変動があるため一定のリスクがある。

人達には無縁のものである。

　先にも述べたように、機構養老をたくさん採用しようとしても政府の財政負担は重くなり、施設そのものが限られている上、老人の心理的な抵抗感も比較的強い。また、完全に家庭養老に頼っても、若い人達の扶養能力は非常に不足しているので、老人の生活の質が保証しにくい。

　最もよい方式は、社会福祉サービスを取り入れるコミュニティ養老方式である。老人は熟知したコミュニティを離れる必要がない上、長年にわたって過ごしてきた生活習慣を変える必要もなくて、自宅で日常生活をしながらコミュニティ養老のサービスを享受することができる。これは、我が国の現在の都市と農村の老人生活に適応する理想的な養老形式であり、今後我が国の社会養老が発展するために最も有効な方法でもある。

　現実的な問題は、現在のコミュニティ養老制度はまだ十分なものではなく、養老サービス機能は比較的単純で、十分に老人の養老生活のニーズを満足させるまでには至っていない。政府は、団地の建設をさらに推進し、福利資金の投入と専任要員を増加して、統一的なコミュニティ老年サービス基準を制定し、定期的な検査を行う必要がある。

　我々の貴州と浙江における調査・分析でも、都市と農村の老人生活の状況は日増しに厳しくなっている。今後、老人の生活支援に関するニーズはますます多くなるので、潜在的養老サービス市場はとても大きく、ビジネスとしての展望は明るい。

　ここで市場の役割を強調した理由は、一つの道理、すなわち社会養老は国家養老（政府がすべての面倒を見る）ではないことをはっきりさせるためである。人々の世話と面倒にまで政府がすべての責任をもっているわけではない。

　現在、中国のある都市で70歳以上の老人に対するサービス費用を、政府が補助するケースが現れている。地方政府が人民、老人のためにサービスを提供することはよいことであるが、このようなやり方は議論の余地がある。政府は家政婦ではないのだから、すべての社会負担を国が負担してはいけない。なぜならば、高齢の老人がますます多くなると、政府の財政はこの強大な圧力に耐えられなくなる。政府の社会化養老における職責と任務は、社会保障制度と社会

養老政策を制定し、この基礎の上で法律・法規でもって社会での貫徹と実施を監督、指導することである。具体的に言えば、政府は社会に対する指揮、案内、監督・査察の機能と役割を充分発揮し、社会養老保障のレベルとコミュニティ養老サービスの能力を強化させ、社会化養老の展開と正常な運営を確保することである。

例えば、浙江省寧波市のコミュニティ養老サービス機能は強化されている。コミュニティ老人援助機制の改善は全国の他の地区よりも進んでおり、24時間の無料社会サービス専用電話が設けられている。「81890番」をかけると、老人はいつでも有償あるいは無償の訪問サービスを享受できるようになっている。

このような効率的かつ便利な社会サービスを実現できる基礎は、政府がすべてのコミュニティ・サービス部門をインターネットで管理し、一つの指令で全市に伝達できることである。この種の見事なコミュニティ養老サービスの経験はとても参考になり、遂行する必要がある。もちろん、これは現地の経済社会の発展レベルと関わっているが、重要なことは、現地政府が非常に老齢化の情勢と社会養老サービスを重視していることである。

今後、我が国の都市養老問題を解決するためには、特にコミュニティ養老能力を高めなければならないことはまちがいないだろう。というのは、コミュニティ組織こそ当地区の老人生活の実況と介護ニーズをよく理解しており、品質の高い養老サービスを提供することができ、数の上でも規模の面でも、普及と長期にわたる運営を実現できるからである。

3 農村の社会保障制度の整備と普及がコミュニティ養老能力向上における重要な保証と先決的な条件となる

通常、都市人口の高齢化問題に注目する時、もう一つの重要な事実を見落としがちである。つまり、平均レベルを見ると、農村の老年人口割合は都市より低いわけではなく、都市よりかなり高い所もある。

国務院国勢調査事務室と国家統計局が共同で公表した「第5回国勢調査」の

資料によると、我が国の農村では65歳以上の老年人口の割合が7.35％となっており、すでに都市の6.30％より1ポイントあまり高い。2030年に高齢化がピークとなると、農村の老年人口割合は17.3％となり、都市の13.13％を圧倒的に超えると予測されている。

今後、農村の都市化レベルが高まり、出生率の下落、農業産業構造の調整、土地の保障機能の低下、家庭養老能力の弱体化と若い労働力の都市への大量転出などが進むと、このような状況はますます甚だしくなり、ますます深刻になる。ゆえに、社会養老保障は都市に留まらず、農村においてもさらに必要となる。社会化養老は、都市が目指すべき方向というだけでなく、同様に農村が目指すべき方向でもある。

農村高齢者の社会養老問題は主に二つの方面に現れる。一つは養老の面で、もう一つは医療の面である。そのほかに、農民の福祉問題もある。

現在、わが国の都市社会養老保障の体系は基本的に整備され、次第に拡がりつつある。しかし、大多数の農村地区は空白状態にあり、90％以上の農村高齢者はまだ社会保障の安全ネットに入っていない。したがって、農村の経済形態と生産レベルに適応する社会養老保障制度を確立し、真に広大な農村地区をカバーできる安全ネットをつくり上げる必要がある。

ある学者は、次のように指摘している。

「農村養老問題を解決しないと、必然的に都市に反映され、解決するコストはさらに大きくなる」

農村の老人が養老保護を求めるために都市に移転するという現象は、今のところ数量的にも規模的にも大きくないが、重視すべきことではある。我が国の農村社会の特徴と発展ニーズに相応しい養老保障制度と養老保障機制を整備し、農村社会全体の養老能力と扶養レベルを向上させて、農村高齢者の現地社会化扶養を実現することは、21世紀初期における我が国の社会保障制度の改革と政策調整における最重要項目、かつ厳しい戦略的な任務となるため、国家と政府は積極的にこの問題の解決に着手している。

農村社会保障づくりのとりあえずの目標は、できるだけ基本的に農民の「元気な時に頼れ、病気になると治療され、歳をとると養われる」というニーズを

保障し、より早く「最低生活保障」、「総合医療」と「社会養老保険」という三つの保障項目を実現することである。

我が国は、2003年の下半期から一部の省・区で「新型農村総合医療」を試験的に始め、2006年初めに農村社会保障建設への財政投入の増大方針を打ち出し、2008年には全国の農村地区で全面的に新型農村総合医療制度を普及、推進させると決定した。

その他にも、中国では1,479万の農村人口（全農村人口の1.6％）の衣食問題が解決されておらず、生活レベルは依然として絶対的貧困ライン以下にある。さらに、2,841万の農村人口（全農村人口の3％）が依然として低収入の貧困人口層にある。

このような状況に対して、10期人民代表大会第5回会議が承認した「政府工作報告」の要求に基づいて、2007年5月に温家宝首相は、全国で農村最低生活保障制度づくりを研究する国務院常務会議を催し、「2007年末までに全国に農村最低生活保障制度を創立し、条件に合う農村の貧困人口を保障範囲に組み入れ、病気や障害、老弱などで生活が困難な農村住民を重点的に保障する」と決定した。今までのところ、全国ではすでに23の省・区がこの保障制度を創立し始めているか、実行し始めている。

新型農村総合医療制度と比較して、新型農村社会養老保険の運営と実行には複雑な問題が絡まり、今日になってもまだ初歩段階にあると言える。実は、我が国の農村社会養老保険制度の試験的な活動はとても早くて、1980年代からすでに始まっていた。

1991年2月に民政部農村養老弁公室が制定した「県レベルの農村社会養老保険基本的方案」は、1992年1月から県を単位とする農村社会養老保険の展開を求め、1992年末になると3,500万人の農民が養老保険に加入した。また、1995年10月に国務院弁公庁が配布した民政部の「農村社会養老保険仕事の展開に関する意見」のなかでは、農村社会養老保険金の調達に「個人の納入を主とし、集団の補助を補佐とし、国家政策は扶助をする」という基本原則の採用を求めている。そして、1998年に農村社会養老保険の加入はピーク値となり、年度の加入人数は500万人近く、累計で8,025万人に達し、蓄積された養老基金は

166.2億元までに達した。

　しかし、それ以後の銀行預金の利率引き下げによって、養老保険金の補償率は下がり始め、農民の養老保険金の費用負担は重くなり、農民が積極的に保険に加入しなくなり、その人数も次第に減少することになった。例えば、2003年の保険加入者はわずか223.9万人だけである。

　ある学者の分析によると、我が国の農村養老保険の発展が進まない主な原因は次の七つであるとされている。

❶農村の社会養老保険制度の長期にわたる効率の悪い運行。

❷農民の収入が低くて、納入費用が高い。

❸国家財政からの強い支持と集団部門の関連費用の納入の不足。

❹養老基金に対する科学的かつ合理的な運営管理と価値維持および増加措置の不足。

❺銀行利率の持続的低下から受ける衝撃。

❻実際の養老保険金の発給レベルの低さ。

❼制度自身の法律・法規の有効性と適切な保護の不足。

　我が国の農村において社会養老保険機制をつくりあげることは、長い間にわたって困難を伴い決して順調とは言えなかったが、そのなかでも最大の障害となっているのは、各地の経済発展のレベルが異なり、農民大衆の経済力にも大きい差異があるということである。全国で統一的な農村養老保険の標準を採用するのか、それとも地区によって異なる標準を実行するのかに対して、今はまだ定説がなく研究中である。

　まちがいなく言えるのは、農村で整備された社会養老保障制度をつくり上げることができるかどうかが、農村のコミュニティ養老能力の向上の重要な前提と保証になるという点である。農村に社会養老保障制度をつくりあげ、整備できれば、都市のコミュニティ管理パターンを導入して学ぶことができ、老人の生活と世話の面においてさらに革新的なことができるようになる。つまり、地域によっては、農村は都市よりもさらにコミュニティ養老を実現できる条件を備えている所がある。

4 全面的に高齢者の健康レベルと生活の質を高めることが、社会化養老を実現するキーポイントである

　誰にとっても、健康が重要であることは言うまでもない。人は老年段階に入ると、健康の重要性にさらに敏感になる。健康は寿命を延長する基礎となり、さらに老人の生活の質を高める前提にもなる。高齢者の健康には身体面と精神面があるが、実際の生活のなかでは、人々は多くの場合老人の身体の健康面を重視して、精神面における健康を軽視するようである。

　これまでの人生において多くの苦労と歳月の練磨を経験している老人の大部分は、すでに心身ともに疲れ果て、各種疾病や不快なストレスの影響を非常に受けやすくなっている。健康に見える老人にしても、健康に関する各指標はすべて下がりつつあり、身体の機能は衰退し、老化と共に気力も衰え、後悔、失望、孤独といった心理状態が現れてくる。絶対的な健康ということに対して、老人はすでに若い人と同じではない。

　ここ数年来、我が国の社会の進歩と経済の発展に伴って、老人の心身的な健康と生活の質はますます社会的にも重視され、その向上がいかに社会養老のコストを下げ、社会化養老を促すかについて社会的な関心が高まっている。

　老人の心身の健康と生活の質に影響を与える要素はとても多いわけだが、そのなかには老人自身の主観的な要素と、家庭と社会からの客観的な要素がある。前者についていえば、老人が理想的な健康状態を維持し、満足な生活の質を得られるかどうかは、老人自身の努力とコントロール能力に直接に関わる。また、客観的な要素からの影響で言うと、老人の心身的な健康と生活の質の優劣は、老人が生活する社会環境、自然な生活環境、医療衛生の条件と平均生活レベルなどに密接に関係している。

　主観的には、老人は自発的に適度な屋外運動をするべきで、積極的に医療機関で疾病の予防と治療に努め、常に新しい知識を学び、絶えず精神状態を整えて自分を見直し、社会活動に参与し、趣味を育成し、子女とよく交流し、他人および社会との付き合いを強化し、寂しい・孤独という状態に陥らないように

努力する必要がある。

　客観的には、家族は適切に老人を扶養、介護、保護する責任を負い、子女は老人扶養の義務をまっとうし、社会では老人を尊重して助ける風潮を樹立し、そして法規の健全、秩序の良好、制度の完備、保障の有効、物価の安定を確保しなければならない。

　それ以外にも、衣料及び保健衛生のレベルを絶えず高め、環境の整備と自然生態の保護を強化し、社会保険と社会サービスを発展させ、厳しく規範し、老人の生活に安全、静寂、便利、安定、調和を感じさせ、享受させるように努力する必要がある。

　良好な社会環境と生活条件をつくりあげ、老人の精神的な健康と生活の質を高めるためには社会全体の経済力と総合的な能力を向上させ、同時に、都市と農村を一体化して発展させる必要もある。

　都市と農村の実地調査に基づく比較研究によると、都市の方が社会環境や医療条件、生活水準などの面で恵まれ、社会福祉と社会保障制度を整備する条件が整っている。また、都市で進む社区（コミュニティ）建設とその管理方式も社会化養老の発展に有利である。

　このような状況にあって、農村は積極的に都市コミュニティ管理の経験と方法を導入する必要があり、農村の社会化養老とレベルを新しいステップに上げるよう努める必要がある。

　その他、老人にとってどんな環境の下の養老が精神的な健康に有利なのか？この問題については、恐らくそれぞれの見解があるだろう。老人はハードウエア施設のよい老人ホーム、老年マンションなどで養老するなら、さらに周到なケアが得られるので、これらの機関で養老する老人はいっそう健康になれると考える人がいる一方で、家庭とコミュニティという老人が熟知している環境のなかで養老するのが一番よく、さらに老人の精神面の健康に有利になると考える人もいる。

　独断的に推測する必要はないが、すべての老人は状況が異なっているので、合理的に選択することが最も重要である。関連資料を調べると、近年、ある学者は比較研究から次のように指摘した。

「機関養老の老人は健康状態の差異が大きく死亡リスクも比較的大きいが、生活の満足度が高いことが特徴である。家庭とコミュニティ養老は、老人の健康レベルを高め、死亡するリスクを減少することができるだけではなく、老人の晩年生活の質をさらに高めることができる」

　結論として、機構で養老する老人が家庭とコミュニティ内で養老する老人より健康であるとは限らない。この結論は、一定の道理があるが、一部で全体を概括しているとも言える。
　老人は、自らが家庭とコミュニティ内での養老を提唱し、親子関係を深め、友情を深め、自主的に晩年生活を営み、健康レベルと生活の質を高めることができる。仮に、身体の健康状況がとてもよくなく、完全に日常生活を自分で処理できない場合には機構養老も悪くない選択となるが、近い将来に、すべての老人にこのような消費能力と条件を備えさせることは難しい。

第16章

城市の65歳以上の高齢者が理想とする養老方式について
――浙江寧波および貴州凱里におけるアンケート調査から――

司　秀（中国社会科学院人口・労働経済研究所研究員）

　中国は20世紀末に高齢化社会となり、65歳以上の老年人口が全人口の7％以上を占めた。東部沿海の発達している地区だけではなく、貴州省のような西部の遅れている省でも、老年人口割合が次第に増加している。このような背景に下に、高齢者の養老保障に関わる問題はすでに全社会で高度に注目される切実な問題となった。

　我々は、2005年に「城郷（都市および地方）養老実態と養老保障状況に関する調査研究」という課題を設定し、2006年8月と2007年8月に貴州省凱里市と浙江省寧波市でアンケート調査を主とする「高齢者養老方式の調査」を行った。その内容には「どのような養老方式を理想とするか」に加えて、高齢者の基本的情況、経済的収入、健康と医療、生活の条件、日常の活動、心理的な感受性などが含まれている。

　浙江寧波は、わが国東部沿海地域の発達している重要な都市の一つであり、2006年に全市の1人当たりGDPは約6.1万元に達した。一方、貴州凱里は立ち遅れた西部地域にある中規模都市であり、2005年の1人当たりGDPは約0.83万元である。

　本章では、この2都市で行った「理想的養老方式の選択」に関する調査データの分析結果を報告する。

1 「理想的養老方式」に関する調査内容

アンケート第6項第57条は次のような設問となっている。

「どのような養老方式を理想的とするか？ 下記の6項から一つを選択してください。」
1) 単独あるいは配偶者と一緒に居住・生活
2) 既婚息子の家族と共同居住・生活
3) 既婚娘の家族と共同居住・生活
4) 未婚の孫たちと共同居住・生活
5) 養老院あるいは託老所などの養老機構に入居し、他の高齢者と一緒に居住・生活
6) その他の形（その内容を具体的に記入してください）

通常、社会学者は養老方式を次の「独自生活方式」、「共同生活方式」、「養老機構方式」の3タイプに分類している。

- **独自生活方式**──高齢者が子女と同居せず、夫婦あるいは単独で居住・生活をしていることを指している。
- **共同生活方式**──老年夫婦あるいは一人の高齢者が子女あるいは孫と同居して生活することを指している。
- **養老機構方式**──高齢者が費用を納めて、敬老院、福祉院などの社会養老機構に居住し、機構から専門的な看護や生活の世話をしてもらうことを指している。

選択肢の第1項は「独自生活方式」、第2～4項は「共同生活方式」に属し、第5項は「養老機構方式」に属している。言い換えれば、本アンケートは共同生活方式だけをさらに細分にしたものとなっている。項目の記入漏れがあり得るので、集計値にはほんの少し違いがある。

2　理想的な養老方式選択の基本集計結果

（1）理想的な養老方式の選択

凱里市および寧波市の調査対象が選択した理想的な養老方式の人数と比率をそれぞれ表16－1および表16－2に示している。

表16-1によると、貴州凱里の約95％の人が家庭養老を選択し、その中で3分の2以上が子女と別居して独自の生活方式を選択した。また、子女と共同生活方式を選択した高齢者は4分の1強であった。この結果は、凱里という西部の立ち遅れている地域に位置しながら、市区の高齢者の半数以上が伝統的な大家族の養老方式を選ばなかった、すなわち多くの高齢者が伝統的観念にあまり束縛されず、むしろ高い現代的な意識をもっていることを示している。

浙江寧波での調査結果では、同じように約95％の人が家庭養老を選択し、その中で「独自生活方式」を選んだ人の比率は貴州凱里よりさらに高く、5分の4であった。一方、子女と「共同生活方式」を選択した高齢者は7分の1に過ぎず、貴州凱里よりかなり低かった。

以上のように、「独自生活」と「共同生活」という2種類の養老方式選択においては、二つの城市間で比率に違いはあるものの、大半の高齢者が「独自生活」という養老方式を選択していた。

「養老機構方式」を理想的と選択する人は両市とも少なく、値も近かった。

（2）三種類の共同生活方式選択の基本的な構成

「共同生活」方式を選んだ回答の内訳を表16－3と表16－4に示している。「既婚の子女と共同生活」について見ると、二つ城市とも「既婚の息子と共同生活」を選択する人が「既婚の娘と共同生活」を選択する人よりはるかに多い。これは、高齢者は娘より息子に依存する傾向があり、「息子が老後の面倒を見る」という伝統的な観念が影響していると考えられる。この傾向は、浙江寧波

表16－1　貴州凱里の各理想的養老方式を選択した人数と比率

	独自生活	共同生活	養老機構	その他	合計
人数（人）	333	134	21	2	490
％	68.0	27.3	4.3	0.4	100.0

表16－2　浙江寧波の各理想的養老方式を選択した人数と比率

	独自生活	共同生活	養老機構	其の他	合計
人数（人）	478	90	21	7	596
％	80.2	15.1	3.5	1.2	100.0

表16－3　貴州凱里の三種類の共同生活方式を選択する人数と比率

	既婚の息子と共同生活	既婚の娘と共同生活	未婚の孫たちと共同生活	合計
人数（人）	114	16	4	134
％	23.3（85.1）	3.3（11.9）	0.8（3.0）	27.3（100.0）

表16－4　浙江寧波の三種類の共同生活方式を選択する人数と比率

	既婚の息子と共同生活	既婚の娘と共同生活	未婚の孫たちと共同生活	合計
人数（人）	56	29	5	90
％	9.4（62.2）	4.9（32.2）	0.8（5.6）	15.1（100.0）

より貴州凱里で著しく、「既婚の息子と共同生活」と「既婚の娘と共同生活」を選択した人の比率は浙江寧波で2：1に対して、貴州凱里は7：1まで広がっている。

3 性別、婚姻などの変数と理想的養老方式の選択に関するクロス分析

異なる養老方式を選択する高齢者の特徴をさらに理解するために、調査対象の性別、年齢、婚姻の状況、実際の居住状況などの変数と理想的養老方式の選択に対して、クロス分析を行った。

(1) 性別

凱里、寧波それぞれの調査対象に対して、男女別に見た養老方式選択の構成はそれぞれ表16-5と表16-6のようになった。

両市とも理想とする養老方式の選択は男女で有意に異なり、男性の方に「独自生活方式」を選ぶ人が多い。この傾向は貴州凱里より浙江寧波の方が著しい。

(2) 年齢と理想的な養老方式の選択について

表16-7と表16-8に年齢階層別の結果を示している。なお、サンプル数の違いから両市で異なった年齢区分を使っているが、結果への影響は限定的である。

いずれも、高齢になるほど「独自生活方式」を選択する比率が下がり、「共同生活方式」の比率が上がる傾向にある。また、両市とも「養老機構方式」を選択した人は少なく、年齢による差異も認められなかった。

(3) 婚姻状況

アンケートは婚姻状況についても質している。すなわち、①未婚、②配偶者あり、③離別、④死別、⑤同居である。ただし、貴州凱里では「未婚」者はい

表16-5　貴州凱里において男女別に見た理想的養老方式の選択

性別	独自生活		共同生活		養老機構		その他		合計	
	人数	%	人数	%	人数	%	人数	%	人数	%
男	243	70.8	89	25.9	10	2.9	1	0.3	343	100.0
女	88	60.7	45	31.0	11	7.6	1	0.7	145	100.0

表16-6　浙江寧波において男女別に見た理想的養老方式の選択

性別	独自生活		共同生活		養老機構		その他		合計	
	人数	%	人数	%	人数	%	人数	%	人数	%
男	276	87.1	29	9.1	10	3.2	2	0.6	317	100.0
女	202	72.4	61	21.9	11	3.9	5	1.8	279	100.0

表16-7　貴州凱里において年齢階層別に見た理想的養老方式の選択

年齢組	独自生活		共同生活		養老機構		その他		合計	
	人数	%	人数	%	人数	%	人数	%	人数	%
65-69歳	158	70.2	54	24.0	11	4.9	2	0.9	225	100.0
70-74歳	113	68.9	46	28.0	5	3.0	0	0.0	164	100.0
75歳以上	62	61.4	34	33.7	5	5.0	0	0.0	101	100.0
合計	333	68.0	134	27.3	21	4.3	2	0.4	490	100.0

表16-8　浙江寧波において年齢階級別に見た理想的養老方式の選択

年齢組	独自生活		共同生活		養老機構		その他		合計	
	人数	%	人数	%	人数	%	人数	%	人数	%
65-69歳	141	86.0	19	11.6	4	2.4	0	0.0	164	100.0
70-74歳	185	82.6	26	11.6	9	4.0	4	1.8	224	100.0
75-79歳	90	76.3	22	18.6	4	3.4	2	1.7	118	100.0
80歳以上	62	68.9	23	25.6	4	4.4	1	1.1	90	100.0
合計	478	80.2	90	15.1	21	3.5	7	1.2	596	100.0

なかった。また、両市とも「配偶者あり」と「死別」が大半を占めており、ここではこの2項について重点的に検証する。

　結果は、**表16-9**と**表16-10**に示す通りである。

表16－9　貴州凱里における婚姻状況と理想的養老方式の選択

婚姻状況	独自生活		共同生活		養老機構		その他		合計	
	人数	%	人数	%	人数	%	人数	%	人数	%
配偶者有	266	72.7	89	24.3	11	3.0	0	0.0	366	100.0
離別	7	77.8	2	22.2	0	0.0	0	0.0	9	100.0
死別	57	51.4	42	37.8	10	9.0	2	1.8	111	100.0
同居	3	100.0	0	0.0	0	0.0	0	0.0	3	100.0
合計	333	68.1	133	27.2	21	4.3	2	0.4	489	100.0

表16－10　浙江寧波における婚姻状況と理想的養老方式の選択

婚姻状況	独自生活		共同生活		養老機構		その他		合計	
	人数	%	人数	%	人数	%	人数	%	人数	%
未婚	4	80.0	0	0.0	1	20.0	0	0.0	5	100.0
配偶者有	378	88.3	40	9.3	7	1.6	3	0.7	428	100.0
離別	7	87.5	0	0.0	1	12.5	0	0.0	8	100.0
死別	85	57.0	48	32.2	12	8.1	4	2.7	149	100.0
同居	3	75.0	1	25.0	0	0.0	0	0.0	4	100.0
合計	477	80.3	89	15.0	21	3.5	7	1.2	594	100.0

　二つの城市とも、「配偶者あり」と「死別」の選択には著しい違いが現れている。すなわち、「配偶者あり」に「独自生活方式」を選択する人が極めて多いが（凱里72.8％、寧波88.3％）、「死別」ではその割合が大きく減って（凱里51.4％、寧波57.0％）、代わりに「共同生活方式」を選択する割合が上昇している（凱里37.8％、寧波32.2％）。また、「養老機構方式」を選択した割合も「配偶者あり」より「死別」の方が高い。

　この他、貴州凱里の「同居」の人は3人しかいないが、例外なくすべての人が「独自生活方式」を選択し、浙江寧波の4人の「同居」者でも3人が「独自生活方式」を選択している。一般に、どちらの子女と共同生活をしても不便もあるが、しかし養老機構に入居するなら、それ以上の様々な障碍があることを考えれば、「独自生活」「共同生活」「養老機構」の順に選好が下がることは頷ける。

表16-11 貴州凱里における婚姻状況別、男女別の理想的養老方式選択

婚姻状況	性別	独自生活		共同生活		養老機構		その他		合計	
		人数	%	人数	%	人数	%	人数	%	人数	%
配偶者有	男	219	72.3	75	24.8	9	3.0	0	0.0	303	100.0
	女	45	73.8	14	23.0	2	3.3	0	0.0	61	100.0
死別	男	17	54.8	12	38.7	1	3.2	1	3.2	31	100.0
	女	40	50.0	30	37.5	9	11.3	1	1.3	80	100.0

表16-12 浙江寧波における婚姻状況別、男女別の理想的養老方式選択

婚姻状況	性別	独自生活		共同生活		養老機構		その他		合計	
		人数	%	人数	%	人数	%	人数	%	人数	%
配偶者有	男	238	90.5	19	7.2	4	1.5	2	0.8	263	100.0
	女	140	84.8	21	12.7	3	1.82	1	0.6	165	100.0
死別	男	29	67.4	10	23.3	4	9.3	0	0.0	43	100.0
	女	56	52.8	38	35.8	8	7.5	4	3.8	106	100.0

表16-11と表16-12は、男女別、婚姻状況（「配偶者有」と「死別」のみを対象）別に見た養老方式の選択状況を示している。

ここまで見てきたように、男女別では、「独自方式」を選んだ割合が男性で高く、「共同生活」の割合は女性の方が高かった。一方、婚姻状況では、「独自方式」は「配偶者あり」で高く、「死別」では「共同方式」の割合が上昇していた。しかし、婚姻状況別と男女別を多重化して見ると、性差はいずれも場合も小さくなっており、浙江寧波の「死別」を除くと性差はほとんどないといってもよい。

この結果は、そもそも「配偶者あり」には男性の割合が高く、「死別」には女性の割合が高いという、集団のアンバランスに起因している。すなわち、女性で「共同生活方式」を選択する割合が上昇しているのは、男性より女性に「死別」の割合が高い、言い換えると「女性に独居状態が多い」からに過ぎない。

同じように、浙江寧波の「死別」に見られる性差も、浙江寧波の方が80歳以上の高齢者が多く、その分、死別女性の平均年齢が高いであろうことと無関係ではない。

したがって、**表16-5**、**表16-6**に見られた性差は、女性に死別が多い、女性に高齢者が多いことによる交絡効果に過ぎない。言い換えれば、比較的若い「配偶者あり」の高齢者が「独自生活」を選択し、「死別」などで一人になると、やはり男女を問わず「共同生活」を選ぶ割合が増えていくということである。

最後に、「養老機構方式」の選択も「死別」に多いことに注目しておきたい。独居状態になると独自生活より共同生活ないし養老機構を望む人が増えるというのは、ごく自然な趨勢といえるが、決して軽視できない事実である。

（4）実際の居住状況と理想的な養老方式の選択

今回のアンケートでは第1項「個人基本状況」の第9条「家庭構成類型」で実際の居住状況を質している。「家庭構成類型」としては、①単独世帯、②高齢夫妻世帯、③未婚の子女と同居、④既婚の子女と同居、⑤孫と同居、⑥3世代同居、⑦4世代同居、⑧その他の人と同居（親戚・友達あるいは保母）の8タイプとした。

この8タイプは、アンケートで質した「理想的な養老方式」の選択項目と対応していない。まず、すべての調査対象が家庭で居住する老年人であり、「理想的な養老方式」に含まれる「養老機構」で居住する高齢人が現実には含まれていない。その他、「理想的な養老方式」には「未婚子女と共同居住」を設けておらず、逆に「理想的な養老方式」で区別した「息子と同居」「娘と同居」は、実際の居住類型では区別していない。それでもなお、調査結果は彼らの実際の居住状況と理想とする養老方式の間のギャップをかなりはっきりと描き出している。

結果は、**表16-13**と**表16-14**の通りである。

実際の居住方式の割合は、貴州凱里で「単独老人世帯」が6.2％、「高齢夫婦世帯」50.2％、これ以外が43.7％、浙江寧波ではそれぞれ14.4％、67.2％、18.4％である。このように、実際の居住方式は両市でかなり異なっており、これが理想方式の違いに影響している可能性は否定できない。

表16-13 貴州凱里における居住現状と理想的な養老方式の選択

実際の居住方式	独自生活		共同生活		養老機構		その他		合計	
	n	%	n	%	n	%	n	%	n	%
単独老人世帯	20	66.7	2	6.6	6	20.0	2	6.7	30	100.0
高齢夫妻世帯	162	87.6	17	9.2	6	3.2	0	0.0	185	100.0
未婚子女と同居	38	77.6	11	22.4	0	0.0	0	0.0	49	100.0
既婚子女と同居	40	43.5	47	51.1	5	5.4	0	0.0	92	100.0
孫と同居	18	64.3	9	32.1	1	3.6	0	0.0	28	100.0
三世代同居	41	47.1	43	49.4	3	3.4	0	0.0	87	100.0
四世代同居	2	50.0	2	50.0	0	0.0	0	0.0	4	100.0
その他の人と同居	2	66.7	1	33.3	0	0.0	0	0.0	3	100.0
合計	323	67.6	132	27.5	21	4.4	2	0.4	478	100.0

(n：人数)

表16-14 浙江寧波における居住現状と理想的な養老方式の選択

実際の居住方式	独自生活		共同生活		養老機構		その他		合計	
	n	%	n	%	n	%	n	%	n	%
単独老人世帯	69	78.4	6	6.8	10	11.4	3	3.4	88	100.0
高齢夫妻世帯	321	94.7	10	2.9	5	1.5	3	0.9	339	100.0
未婚子女と同居	28	87.5	4	12.5	0	0.0	0	0.0	32	100.0
既婚子女と同居	21	38.2	33	60.0	1	1.8	0	0.0	55	100.0
孫と同居	16	76.2	2	9.5	3	14.3	0	0.0	21	100.0
三世代同居	19	34.5	34	61.8	1	1.8	1	1.8	55	100.0
四世代同居	1	33.3	1	33.3	1	33.3	0	0.0	3	100.0
その他の人と同居	3	100.0	0	0.0	0	0.0	0	0.0	3	100.0
合計	478	80.2	90	15.1	21	3.5	7	1.2	596	100.0

(n：人数)

両市とも、「単独老人世帯」では「共同生活」より「養老機構」方式を認める割合が高い。

「高齢夫婦世帯」の場合は、貴州凱里で90％近く、浙江寧波は95％が「独自生活」という、いわば現状維持を理想として挙げている。全体として理想の養老方式に「独自生活方式」を挙げた割合は、貴州凱里より浙江寧波の方がかなり

多かったが、浙江寧波では実際の居住方式が「高齢夫婦世帯」である割合がそもそも高く、これが「独自生活方式」を押し上げた要因の一つと考えられる。
「共同生活世帯」は興味深い傾向を示している。貴州凱里で実際の居住状況が「共同生活（単独および夫婦世帯以外）」である調査対象は263人であり、そのうち「共同生活」を理想的な養老方式として選んだ人は113人、43.0％にとどまり、「独自生活」を選択する人は141人、53.6％であった。現実に共同生活を営んでいる人の半数以上が理想として「独自生活」を選んでいる、言い換えると、現実の居住方式に納得していないことを示唆している。

浙江寧波の場合も、実際の居住状況が「共同生活」である169人のうち88人、52.1％が「独自生活方式」を挙げ、この比率は貴州凱里とほとんど変わらない。

ただし、現実の「共同生活」者の中で理想に「独自生活」を挙げた割合が高かったのは「未婚子女と同居」「孫と同居」の人たちであり、そこには「いずれ結婚すれば独立させる」という配慮もうかがえる。しかし、「既婚子女と同居」「三世代世帯」でも「共同生活」を理想とした人は、貴州凱里で50％前後、浙江寧波で60％前後に留まる現実は注目に値する。

（5）まとめ

以上の基本的な分析によると、調査対象の性別、年齢、婚姻状況、現実の居住方式などすべての要因が理想的養老方式の選択に一定の影響を与えている。例えば、低い年齢層の人、配偶者がある人は「独自生活」という養老方式を選択する傾向があり、配偶者と死別した人は「共同生活方式」あるいは「養老機構方式」を選択する傾向がある。

ただし、（3）、（4）で示したように、これらの要因は互いに絡み合っており、交絡効果などに留意した高度な統計分析を行い、高齢者の本当の望みを明らかにしていく必要がある。

4　いくつかの提案について

今回の結果から、次のような方向での検討を提案したい。

❶本調査データのクロス分析によると、現在「共同居住」している高齢者の相当数が「独自生活」を理想的な養老方式として選択し、その人数は「養老機構方式」を選択する人よりはるかに多い。この現実は軽視できない。アンケートでは「共同居住」している理由も質しており、これから理想と現実のギャップの原因をさらに探る必要がある。各方面で必要な措置を取って、彼らが望む養老方式の実現に向けて努めなければならない。
❷「独自生活方式」を望む人が多いことから、高齢者の居住生活に相応しい住宅の開発と建設を重視し、高齢者の各種の特殊ニーズを充分に考慮して、彼らが快適な過ごせ、外出にも便利な生活環境を提供していく。
❸独自生活を営んでいる高齢者に対して、社区（コミュニティ）養老サービスネットワークを整備し、多種多様な社区サービスの展開に力を入れ、彼らの物質的、精神的、健康などに関する各種のニーズを満足させ、彼らの実際問題の解決を支援する。社区が高齢者の世話をすることによって、高齢者が住みなれた生活空間を離れず、独立した生活を営むことができ、安らかな晩年生活を過ごせるように努める。
❹養老機構は、高齢者グループの中でも相対的に弱い人たち、例えば配偶者死別、身体障害あるいは老弱な人たちを対象とし、現有の資源を充分に利用・改善して、最大の効果が得られるよう管理サービスの質を高めなければならない。さらに、費用をできるだけ下げて高齢者が負担できるよう努める必要があり、単に施設やベッド数を増やせばよいというわけではない。

第6部

少子高齢化と持続可能な発展

第17章

少子高齢化社会への対応
―― 文化経済学の視点から ――

駄田井　正（久留米大学経済学部教授）

はじめに

　少子高齢化社会のかかえる諸課題を、文化経済学の方法論からどうとらえるかを考えるのが本章の目的である。幸福が豊かな生活と密接に関連することについては議論の余地があるが、おそらくそれを否定する人は少ないと思う。そうすると、我々の議論は、私が「文化経済学の基本公式」と呼んできた、「生活の豊かさ＝文化力×経済力」の関係から始めるのがよいようである[1]。この関係を前提とすると、少子高齢化社会は、経済力と文化力のそれぞれにどのような影響があるか、そしてそれらを向上するにはどのような対応が可能であるかということになる。

　経済力と少子高齢化との関係についてはすでに多くの人々が論じており[2]、総じて少子高齢化は経済力の低下に導くであろうということについて、ほとんどの論者が同意するところである[3]。また、その経済力の低下を補う対応についても、様々なことが考えられるところである。

　ところで、文化力についてはどうであろうか。このことについてはあまり論じられていない。このことについて考察するのが本章の役割である。特に、高齢者の果たす文化力向上への役割について述べることを目的としている。さらに、文化力が経済力を高めることについても触れたい。

1　文化力の向上と高齢者の役割

種の保存と高齢者

　教育は、社会の秩序維持に重要な役割を演じ、かつ社会の持続可能性と密接にかかわり、この方法を間違うと社会に混乱をもたらし、社会の持続可能性を危険に陥れることになる。

　今日では、教育の意味を西欧の伝統に従って、educate すなわち、人間の能力を引き出すことであるとする見方が一般的である。しかし、東洋ではこれと違った見方が存在する。

　「教」は「孝」と「攵」の合成であるが、「孝」は孝行、すなわち老人を大事にすることであり、「攵」は鞭（むち）の象形であるとする考えである。したがって、「孝」を鞭打って強制するという意味となる。それでは、何故「孝」は強制されねばならないのか。それは、不自然であるからとされる。一般に、動物は子どもを大切に育てることはあっても親の面倒は見ない。不自然なことであるので、強制されねばならないということである。

　それでは何故、人類は強制してまで老人を大切にしなくてはならないのだろうか。当然、人権ということであるし、功利的な理由づけも不可能ではないが[4]、人類社会の持続性と深く関わっているものと考えられる。また、人類が気候の変化や他の部族などの紛争にさらされた時など、古老の知恵を必要としたものと考えられる。つまり、古老のもつ知恵をうまく活用できた者が生き残ってきたと考えられる。そこに、古老が体現している知恵を大切にする理由がある。

---

(1) 駄田井（2006）
(2) 本著の第9章。
(3) このことについては、駄田井（2008）で考察した。
(4) 年をとり、老人にならない人はいない。若い人もやがて、老人になる。したがって、社会全体として、老人を大切にしない制度が出来上がってしまっていると、年をとったとき冷遇されることになる。障害者のことも同様である。健常者であっても何時障害を持つ身となるかもわからない。これが、功利的理由といえるだろう。

文字や書籍などのような物理的媒体が発達していない場合は、それらの有用な知識・情報・知恵は古老に内在し、口伝されてきた。いわば、生きた書籍である。この生きた書籍の知識をもとにして生活環境や情勢の変化に対応してきて、その結果、環境に適応できた種族が生き残ってきたと考えられる。

　文字や書籍などの知識・情報を物理的に媒体する手段が発達したり、人類の住空間が自然からの影響を人工的に回避できる能力が向上するにつれて、古老の生きた書籍への依存が低下してきた。

　高木［(2006) pp. 101～103］によれば、「エイジズム（ageism）」とは「年齢にもとづく差別的制度とその実践」であって、前近代では見られなかったとしている。その理由として、以下の五つを挙げている。
❶働けなくなった老人は死んだ。
❷長老としてその経験を生かす役割があった。
❸善意ではない場合は遺棄で死す。
❹老人を捨てるという姥捨ての風習があった。
❺60歳での出家など。

　したがって、前近代での高齢者には三つのタイプが見られるとする。［高木(2006) p. 104］
❶財産権や家父長権を前提に権利を持ち続けた人。
❷長老など宗教的役割により畏敬の対象となり得た人。
❸共同体社会に扶養されながらも年齢能力に見合った役割（世話役・経験、知識伝達者、教育係）を果たした人である。

　そして、「高齢者＝社会的弱者」と一律に見なすのは一般的でなかったとしている。

工業化社会とエイジズム
　近代がエイジズムを生んだとすると、その原因はどこにあろうか。近代化とは、経済、政治、社会、文化などの諸側面から見なければならないが、経済的

な側面からは明らかに工業化である。経済の工業化は産業革命の産物であり、工業的生産方法は大量生産することで生産費用を低減させるものである。A・トフラー[5]は、この方法は次のような六つの原則に基づくものとした。

　①規格化の原則
　②専門化の原則
　③同時化の原則
　④集中化の原則
　⑤極大化の原則
　⑥中央化の原則

　これらの原則は、生産要素として土地や労働よりも資本（機械設備）が重視され、その装備が巨大化するほど生産効率が高まることに発する。人間の能力を使用する道具との関係で「（A）道具＋身体知＋自然知＝一定」としてとらえると[6]、前近代の技術では、一般に「（B）道具＜身体知＋自然知」であると考えられる。すなわち、人間が道具を使っていたのである。しかし、工業的生産方式では、「（C）道具＞身体知＋自然知」となり、人間が道具に使われるようになって、固有の人間に蓄積された技能の重要性が相対的に低下する。
　（B）の関係では人間が物を創造するのであって、道具はその補助にすぎない。しかし、（C）の関係では、機械（正確には、機械・設備を中心にした生産システム）がモノをつくるのであって、人間の労働は機械を操作する補助者となる。そこでは、労働者はマニュアル（操作手順）に従って作業をするだけであって、労働者個人が所有する特有の技能や知識は発揮する余地がない。
　労働者は合理的に標準化され、相互に代替可能な歯車にすぎなくなる［高木（2006）p. 105］。それは同時に、彼の労働は社会的な枠組みのなかでの独自の役割や意義を失い、使用者（資本家）にとって利潤を生み出す手段にすぎない。
　一方、労働者にとっても、労働はほぼ唯一の生活の手段であり、貨幣（賃金）を得るためであって、使用者との関係や職場での人間的・社会的関係への関わ

---

[5]　Toffler(1980)、駄田井（1995）。
[6]　篠原（2005）p. 193、駄田井（2009b）p. 13。

りをできるだけ断とうとする。職場ではできるだけ人間的発情を抑え、合目的に行動しようとする[7]。したがって、そこでは、労働者の職務能力が関心事であって、それに直接関係しない人生の豊富な経験などに由来する能力や知識に注目されなくなる。職場では、年齢と職務能力とは分離される。

このような事情に加えて、次のことがエイジズムの要因として挙げることができるであろう。

第1は、工業社会における経済発展は、生産技術や経営における不断のイノベーションによる。生産方法や経営の新機軸によって、次から次へと新しい商品が発明・販売されることによって経済は発展する。創造と破壊の過程が経済発展の様相であって、産業間の均衡成長は絵に描いた餅である。

もちろん、新機軸は過去からの蓄積の上に開発されたものであるが、実現の段階では古いものを破壊することになる。この破壊は既成損益を損ねることになり、高年齢層からの抵抗を招く。つまり、老人の知恵を不要としたり、古い権威が邪魔であるという風潮を生むことになる。

第2は、経済の発展・成長期には人口も増加し、年齢構造もピラミッド型であって、若者も多く生産性も上昇する。その結果、社会に余裕ができ、退職後の年金を保障することができた。もっとも、少子高齢化社会となった今日では、この事情も大きく変わっている。

幸福のパラドックス

従来、経済学は、経済の発展と人間の幸福は同方向にあるという前提に立っている。しかし、近年、経済的に豊かになることと人間が幸福になることは別のことではないかという疑問が提示されている。経済の発展・成長は、必ずしもそれが幸福や生活の満足を向上することにつながっていないというデータが提示されている。このようにして、人間の幸福・生活の満足度とは直結しないのではないかという観点、「幸福のパラドックス」は認識されつつある[8]。

幸福のパラドックスが生じる事情については、文化経済学の基本公式に立ち帰れば、明確にすることができる。

生活の豊かさ＝文化力×経済力

　この公式からは、経済力が上昇しても、それ以上に文化力が低下すれば生活の豊かさが下がることが分かる。高度に発展した経済社会で、幸福のパラドックスが問題にされるのは、このような事情が生じているからである。

　文化力とは、文化経済学の基本公式における恒等的な関係から、「生活の豊かさ／モノの豊かさ」であり、いわば富の幸福への変換能力と解することになるが、経済力をどう測定するかについても考慮しなければならない問題がある。

　経済力は、経済財によって測定さえることには異論がないと思われる。経済財は、交換価値をもつ財・サービスであって、市場で取引されるもの（市場価格をもっての）に限定するか、国民経済計算体系で一部そうされているように、帰属計算によって市場価格を想定できるものを含めるかは議論の余地がある。

　公務サービスの価値は帰属計算によってGDPに既に含まれているが、このようなものについては異論がないかもしれない。しかし、主婦（主夫）の働き（労働？）やボランティアの活動を帰属計算して経済力のなかに含めるかどうかについては、議論の余地が大である。公務サービスの場合は、市場で取引されてはいないが、サービスの供給者（公務員）には、貨幣によって対価が支払われているのに対し、後者はそうではないからである。家計の生産能力やボランティアの活動は、文化力と関連させて考えたほうが妥当であるかもしれない。

　経済力の測定についてのもう一つの重要な論点は、フロー量で測るのかストック量で測かるのかということにある。生活の満足度には、所得水準のみならず、過去の経済財の蓄積に由来する資産も大きく影響する[9]。また、高齢者になるほど後者の影響が大きいという調査結果もある。したがって、経済力を測定する場合は、経済財のフロー量とストック量を統合した指標が必要である。

　もっとも、経済が高度に成長している時には両者の相関が極めて高く、フロ

---

[7]　そのように行動するのがいわゆる近代的であって、カッコいいという風潮が、学校教育の場も例外でなくあらゆる機会をとらえて醸成されてきた。
[8]　駄田井（2009a）、Binswanger（2008）。
[9]　齊藤・藤野・松浦・南（2003）。

一量だけで充分であるかもしれない。しかし、成熟した経済でしかも少子化社会になるとフロー量の成長は低くとも資産ストックが大きいので、経済力そのものは維持できる可能性がある。

労働の生産性と経済力

　少子高齢化社会における最大の問題は、生産労働人口の比率が低下することで、人口1人当たりの所得水準が減少することにある。そのことによって、高齢者福祉などの社会保障を充実する余裕がなくなると同時に、現に生産に従事する人達の負担が増大することになる。この問題解決方法の一つは、労働の生産性を向上させることである。

　一般に、労働生産性を測定する場合、現に生産される能力に着目することからフロー量で測られる。その最も簡便なマクロ指標は、労働者1人当たりの実質GDPである。この指標は現実に生じている技術革新や進歩のイメージと直結していないので、そのようなことを求めるとすればミクロなレベルでの測定が必要になる。

　ところで、上述したように、生活の豊かさと関連させた経済力はフロー量とストック量の関数として計測されるべきである。この点を考慮し、労働の生産性も経済力に関連して測定しなければならないとすると、ストック量についての生産性とはどのようになるかが問題となる。それは、ストックの維持・保管能力に関係すると考えられる。

　例えば、自動車の生産で、2人で1台生産していたものが1人で生産できるようになれば、確実に労働生産性が上昇したと言える。一方、10年で寿命がきていた自動車が20年に延長できたとすれば、資源の節約から考えても明らかに生産性が上昇したと見なせる。ドラマ『おしん』がブームになって以来世界的な標語となった「もったいない」の精神は、経済力という観点からの生産性の向上に役立つ。

　このような生産性の概念に釈然としない人が多くいると思われる。そのような人は、次のようなことを想定してもらいたい。

　生産の現場では、投入資源を節約し、可能なかぎり機械や設備を大事に長く

使用することは利潤を上げることにつながる。生産性の上昇に心掛けなければならないということは充分すぎるぐらい浸透していることだが、この考え方を消費の立場、あるいは生産と消費を総合した立場と言えるものに適応したのが、経済力概念に基づく生産性である。

人々が生産活動に勤しむのは、利潤や所得を最終の目的としているからではない。利潤や所得を得ようとするのは豊かな生活を実現しようとすることであって、あくまでも、生活の豊かさや人間の幸福が究極の目的である。したがって、新たにモノをつくりだすことも必要であるが、既にあるものを大事にし、有効に活用することも大切となる。

それでもまだ釈然としない人が残ると思われる。そのような人は、「もったいない」の精神は経済成長に負の影響を与えるのではないかと考えていると思われる。確かに、その通りである。しかし、何のための経済成長であろうか。すでに述べたように、経済成長は人間の幸福につながると考えられたから是認されてきたのであり、幸福のパラドックスのようなことが生じているのであれば考えものである。さらにまた、次のようなことの付け加えることができる。

周知のように、工業的生産方式は固定資本の使用を主体にした生産方式である。この固定資本を新たに追加することが「投資」と定義されているが、この投資は以下のような二重の性格をもっている。設備投資は、設置の準備をしてから実際に稼働するまで時間を要する。この期間は、その投資プロジェクトの内容にもよるが、巨大なプロジェクトであれば数年以上を要するものもある。そして、設備投資は発注された段階では需要の増加となる。

この需要増は投資乗数効果によって新たな需要を発生させるので、この設備投資への需要が旺盛であるかどうかが景気を左右することになる。そして、この設備が完成して稼働可能になると、生産能力（供給能力）の増加となる。

設備投資への需要は、消費需要などにはないこの性格を有する。このことが経済の変動を不安定にし、景気変動を発生させる最大の原因である。何故なら、設備投資が需要を発生させる時期とそれが供給能力を増加させる時期がずれることになり、しかも前者は投資需要の増分に関係するが後者は投資の絶対量に関係するからである。そして、競争の諸力とあいまって慢性的に過剰供給能力

をもたらし、需要不足に悩む状況を生むことになる。J・M・ケインズによって、1930年代に「富豊の中の貧乏」と呼ばれる状況、すなわち慢性的な有効需要の不足は発達した工業社会の持質である。

このように、科学技術の発達や交通、通信、それに金融などの諸々のハードおよびソフトなインフラが充実している先進国では、供給能力は常に潜在的需要を上回っている。しかし、そうであるからと言って、闇雲に総需要を拡大する政策をとっていいことにはならない。

必要な需要を創出しなければならないが、一方である種の需要は抑制しなければならない。少子高齢化社会が求める必要に応じた需要、そして何よりも、社会の持続可能性に相応した需要を誘発する一方で持続可能性に抗触する需要を抑制しなければならないのである。

市場の失敗と政府の失敗

上述したように、市場の自由な動きにまかせていると、工業化社会の特質として慢性的な過剰供給とそれに由来する経済変動が発生し、企業倒産・失業などによって社会を不安に陥れることになる。これへの対処として政府の介入が求められるが、政府が経済に介入する経路としては供給側と需要側の二つがある。社会主義の理念に基づく計画経済では主として供給側であって、最も強い介入では実質的に配給制度となり、生産者と消費者、供給側と需要側の自由な意思に基づく取引の場であるべき市場は機能しない[10]。

「修正資本主義」あるいは「混合経済」と呼ばれる体制では、供給側への介入もあるが、むしろ需要の管理に重点が置かれる。1990年代に旧ソ連郡の崩壊に始まる社会主義計画経済から自由主義的市場経済への移行は、明らかに政府の供給側への介入が好ましくない結果を生むことを示している。「政府の失敗」の原因の多くは、供給側への介入に起因している。

社会主義体制の崩壊に呼応するかのように、自由主義体制でもケインズ主義的な経済政策に対抗する新自由主義諸経済学派が台頭し（例えば、マネタリスト・サブプライサイド経済学派・合理的期待形成[11]）、その主張は、「サーチャー主義」、「レーガノミックス」として政治的に実現されてきた。我が国におい

ても仲曽根内閣が自由主義の先峰となり、小泉内閣がそのダメ押しを行った。

　第2次世界大戦後の体制論、そして政府の経済への介入・不介入、干渉・不干渉に規制緩和についての議論や実行に移された政策についてかなり錯綜したものが見られる。ここで、一応このことに関する論点を整理し、政府が少子高齢化社会への対応として実施するべき施策に対する基本的理念のようなものを以下に提示しておきたい。

❶政府が積極的に経済に介入するべきかどうかについては、一般的な結論を導くことはできない。あるいは、そのようなことを追求しても無意義に終わる。何故なら、このことに関する存在するであろう一般的命題は、「自由にまかせて良い結果がでるなら、そうするべきである。なぜなら、費用が最少になるから」である。問題は、自由にして良い結果がでるかどうかであり、そうなるかどうかは、それぞれの状況に応じて具体的に検討するしかない[12]。すなわち、ある状況や局面では積極的に介入しなければならないが、他の状況や局面では介入するべきでないことになる。

　市場に期待する効果は資源の有効な配分と技術の進歩であるが、規制は前者の是正が目的であり、緩和は後者の促進が目的である。したがって、市場の取引から帰結する結果が社会的不公平を生みだしたり、社会の持続可能性を脅かすような資源配分になっている場合には、何らかの規制を加えて是正する必要がある。一方、規制が行きすぎたり適切でなかったりすることで新技術の普及や新しい産業の創出が滞っている時は、思い切った規制緩和を行う必要がある。規制強化と緩和は、臨機応変に状況を把握して実施しなければならない。

---

[10] 中国の体制は、現在、社会主義市場経済を維持していると言われている。この場合、社会主義と市場経済が無理なく結合することになるが、ここでの社会主義は生産手段の公有を前提としている。

[11] 駄田井（1984）（1985）。

[12] 経済活動において、人間の自由な意思と行動を尊重するべきであるとする自由主義の場合でも二つの考え方がある。一つは、レッセフェールの考え方である。経済を含めて人間の社会は予定調和している、あるいはうまくいくように外部的に枠組みが設定されているとするものである。もう一つは人間主義で、そのような枠組みを想定しないが人間の自由な意思と行動を尊重するものである。したがって、この考えでは、時と場合によっては規制や統制が必要なことを否定しない。上久保（2008）p.164。

❷社会主義国の崩壊は、計画統制か自由放任かの経済体制の比較論に結論を与えたと考えるのはまちがいである。むしろ社会主義の崩壊は、その成功のゆえである、と考えるべきである。その成功とは工業化であって、工業化に成功し経済が成長した結果、第３次産業が発達することに直面したために計画統制ではうまくいかなくなったのである。

工業化の過程では、政府の積極的介入がよい結果を生むことは、日本や韓国、台湾などの例でも明らかだし、中国の成功も強力な政府の統制力が果たしている役割を否定することはできない。しかし、目に見えない形のないものを生産する第３次産業では、人工的で機械的な工業とは同じようにいかない。人間的な感性や好み、文化性など多様な要素が関連し、計画統制で需要者を満足させる配分を行うことは難しい。

❸このような状況を考慮した時、そして特に少子高齢化社会であることを意識した時、政府の役割はどのようなものとなるのであろうか。政府のとるべき政策の基本的原則は、どのようになるかを考えることにする。

まず第一に、高齢者に関わる社会福祉サービスに関して、政府がその直接的な供給者になることは避けるべきである。「政府が福祉サービスを行うことは、フランケンシュタインに庭仕事をさせるようなもの」と言われるように、政府がこの種のサービスの供給者になるとサービスの質と経営能力に問題が出て、量と質の不足にもつながる。よって、民間の非営利組織などの自由な活動にまかせるべきである。そして政府は、そのサービスの質と量を間接的に調整する役割を担うべきである。

第二に、少子高齢化社会にあっては生産労働人口の比率が低下し、総生産力の減少が心配される。その一方で、高齢者への福祉サービス需要が増加し、それへの対応が課題となる。したがって、政府の役割は、資源を浪費し、環境悪化につながる産業や生産方式を規制・抑制し、労働などの生産要素を高齢者への福祉サービスへ移転させるような政策を実行することである。またこの政策は、政府が直接このような福祉サービスを提供するようなものではなく、そうなるように有効な需要[13]を発生させることである。

ところで、日本は急速に少子化高齢化が進んでいるが、現実は失業率の増加

に苦しんでいる。アメリカのサブプライムローン破壊に発した金融恐慌の影響によることが大であるが、労働力不足でなく失業に苦しむということは皮肉なことである。この原因は、日本は少子高齢化が進み、需要構造がそのようになっているのに産業構造がそうなっていないからで、介護などは深刻な人手不足となっている。その他、農林水産業などでも担手確保に苦しんでいる。これは、教育システムを含めて、日本はまだ工業化社会のソフト・ハードインフラを引きづっていることを証明している。少子高齢化社会にふさわしい、そしてポスト工業社会を明確に意識したいインフラ形成を急ぐ必要がある。

文化力を向上させるための高齢者の役割

多少、脇道にそれながら本論題に入る準備を行ってきた。ここで、本章の本論題というべき少子高齢社会における高齢者の役割について考案してみたいと思う。

高齢になって、健康をそこねて介護を受けることになれば、仮に役割があったとしても充分あるいはまったく果たせなくなり負担をかけることになる。したがって、できるだけ健康に気をつけ、介護を受けることにならないように努力することが第一であることは言うまでもない。そして、そのことに関する知恵を蓄積し、伝えることも重要な役割となる[14]。

高齢になっても、各分野で第一線で活躍して生涯現役を通す人も少なくない。実業の分野でも現役で、社会全体の経済力の向上に貢献している人達も少数ではない。また、これとは異なって、体力も知力も充分で、第一線で活躍できる能力をもちながらさっさと引退してしまって別に楽しみを求める人も多数いる。

---

(13) 有効な重要とは供給が伴う需要のことで、生産者が経営を継続できると期待するに充分な利潤が見込める需要である。ケインズは、セー法則を「Supply creates its own demand.」として批判した。これに対して供給重視の経済学は、ケインズの考えは「Demand creates its own supply.」であると批判した。明らかに、需要概念の相違である。

(14) 高齢になっても健康であるためには、高齢になってから始めても遅いので、比較的若年の頃から心掛けておく必要がある。何といっても、ストレスがかかるのはよくないので、ストレスのかからない社会であることが望ましく、またそのような社会はどの世代にとっても望ましく幸福感の高い社会である。海老田（2008）p. 104。

もっとも、後者の人達のなかには、本人はまだ第一線で活躍したいと思っていても、社会的な制度の制約（エイジズム）が理由で引退を余儀なくされるということもある。

　それぞれどのような道を歩くことになっても、「遊び・学び・仕事」を分けることなく一体化して人生を楽しむべきであろう。いずれにしても、ここでは第一線を退いた、特に実業の世界から退いた高齢者について考えてみる。

　実業界を退いた場合、直接的に経済力に貢献することはまずないと考えられるので、文化経済学の基本公式から言えば、生活の豊かさに寄与する文化力の向上に貢献することである。この観点から考察することにしよう。

人生経験の伝達

　高齢者は人生経験が豊富であって、何が幸福にとって必要であるかを経験的に学んできている。この経験的に学んできたことを次世代に直接的に伝えることが役割となる。ここで言う「直接的」という意味は、特定の個人との交流を通じて伝えることである。

　人生について悩んだり、考えをめぐらす若者は特定の高齢者から直接的に話を聞かなくても、本や様々なメディアを通じて情報や知識を得ることができるが、そのような情報や知識は標準化・体制化されていて、しかも伝え方は一方向で双方向ではない。また、体験的に学ぶことはできないので本当に生きた知識とはならない。

　近年の犯罪には、幼稚というかバーチャル的であると思うものが多い。これも、人生について体験的に学ぶ機会が少ないことに起因しているように思える。抽象的ではなく、匿名的ではなく、具体的にかつ体験的に学ぶ機会がなければならない。

　そのような機会として望ましいのは、ボランティア活動や祭りの開催など、自発的な活動のなかで若者と高齢者が自然に交流し、それぞれの役割を果たしながら行うといったことが挙げられる。しかし、自発的にこのような活動に参加する若者は意識が高く、様々な機会を通じて学ぶと思われるので、問題となるのはこのような活動に自発的に参加しない、あるいはできない若者達である。

ボランティア活動は自発的参加が前提であるので、強制するべきでないという原則がある。この原則はまったく正しいことで、これが守れないとボランティア活動の意義がなくなる。しかし、教育的な観点から見れば、ボランティア活動に参加することで人生に必要なことを学べるとするならば、強制があってもよいように思う。この活動を通じて、自発的精神の大事さ、よき人間関係が人間の幸福にとっていかに大事かなどを体験的に得られるならば、ボランティア活動を主催する側にとっては多少迷惑になるかもしれないが、教育的な観点からすれば大きな意義があると思われる[15]。

　アリストテレス[16]は、教育について、数学、哲学などの学問知識を修得することと同時に、体育や音楽などの技能を修得することの必要性を唱えている。そして、後者はある程度の強制を必要とし、前者は自発的に意味を分かるように修得させるべきであるとしている。そうでないと学問・知識は歪められ、かえって社会にとっては害になるとしている。

　現在において、入学試験などの実施は強制的手段である。教育の自発性を主張する人は、まず入学試験の廃止を主張するべきである。そして、ボランティア活動は、体育・芸能の学修に似ているように思う。何故なら、これらの学芸は、ある一定の水準まで技能が上達しないとその大切さや面白さが理解・体験できないからである。そのための強制が必要である。

伝統的生活文化の継承

　高齢者には、伝統的な生活文化を後世に継承する役割がある。現代社会において伝統的な生活文化を後世に伝え残すことは、歴史遺産として残すことに留まらず、現代社会のもつ課題を解決する実践的な方法への手がかりを提示することになる。

　前述したように、現代社会の持続可能性を損なう根源的な病は、大量生産・

---

[15]　これに対して、教育も自発的参加でなければならないと主張して、反論する人もいるかも知れない。しかし、教育には、方便としてある程度の強制は許される。罰則は伴わないが、すなわち本人にとって負の負荷はないが、強制に従わないと何らかの便益を失う。
[16]　アリストテレス『政治学』第8巻。

大量消費といった生活習性である。資本主義が助長してきたこの習性は、自然環境の悪化やかけがえのない資源の浪費をもたらしているが、それに留まらず、人々の生活を忙しくさせ、ストレスを高まらせ、トレッドミル効果[17]で人々を不幸にしていると言っても過言ではない。

　日本の高度成長は1960年代に始まったので、65歳以上の高齢者は大量生産・大量消費社会以前の生活を体験している。高齢者が子どもの頃は、冷蔵庫・洗濯機・テレビなども普及しておらず、携帯電話は言うに及ばず固定電話も各家庭には充分普及していなかった。しかし、お袋の味は残っていたし、自然も汚染されていなかった。プールはなくても近くの川や海で泳げたし、四季折々の祭りも鎮守の森で催されていた。

　ここ50年の変化は目まぐるしく、社会はおそろしく便利になった。というよりは、便利にしてくれるようなモノがあふれていると言ったほうがよい。50年の変化で我々の生活は物的には豊かになり、そしてある面では向上したことは確かであるが、失ったものも大きい。50年前に還ることは不可能であり、還るほうがよいとは決して思われないが、ここで失ったものの大切さを真剣に考えてみるべきであると思う。高齢者は、この失ったものの大切さを思い起こし、取り戻す必要があるものを取り戻すことに役立つことができる。

　その取り戻す必要がある失ったものに、日常生活における「もったいない精神」があり、四季折々の催事や祭りがあるように思う。「もったいない精神」は企業経営のなかでは当然のように実行されているが、家計の消費活動では何故か忘れ去られようとしている。大量生産・大量消費の現代社会では、それどころか、消費需要を喚起するためにあらゆる手段を使って消費者がその精神を忘れるように努めている。モノを大切に扱うことは、生産と消費を統合した生産性の向上になり、人々がトレッドミル効果から解放される手段になる。

　一方、日本人が培ってきた四季折々の催事・祭りは、季節によって変化する自然の美しさに触れる機会を与えてくれ、自然を大切にしなければならないことを改めて意識させてくれる。それらいずれのことも、社会の持続可能性に大きく寄与する。

---

[17]　Binswanger (2008)。

参考文献一覧

- Binswanger, Mathias(2008), Die Tretmhlen des Glucks — wir haben immer mehr und warden nicht glucklicher. Was konnen wir tun? Verlag Hereder GmbH, （小山千早訳『お金と幸福のおかしな関係——トレッドミルから降りてみませんか』新評論、2009年）
- 駄田井正（1984）「ケインジアン・マネタリズム・サプライサイド——展望（Ⅰ）」『産業経済研究』〈久留米大学〉第25巻2号、pp. 117〜147。
- 駄田井正（1985）「ケインジアン・マネタリズム・サプライサイド——展望（Ⅱ）」『産業経済研究』〈久留米大学〉第25巻4号、pp. 753〜772。
- 駄田井正（1995a）「ポスト工業社会とマクロ経済政策の理論」、木下悦二編『経済学的手法の現在』久留米大学経済学部創設記念論文集、九州大学出版会、pp. 241〜267。
- 駄田井　正（2006）「文化経済学の視点と方法」「産業経済研究」第47巻第2号、pp. 229〜252。
- 駄田井正（2008）「少子高齢化と生産性の概念」『産業経済研究』第49巻第3号〈久留米大学産業経済研究会〉pp. 31〜52。
- 駄田井正（2009a）「幸福のパラドッククスと文化経済学の視点」、『産業経済研究』第49巻第4号〈久留米大学産業経済研究会〉pp. 45〜71。
- 駄田井正（2009b）『筑後川流域における持続可能な地域の形成——自然との共生を求めて』久留米大学産業経済研究所プロジェクト研究、久留米大学産業経済研究所紀要第33集。
- 海老田輝己（2008）「貝原益軒『養生訓』ノート其の三」、『海路6』海鳥社、pp. 102〜106。
- 上久保敏（2008）『下村治——「日本経済学」の実践者』〈日本の経済思想〉日本経済評論社。
- 齊藤毅憲・藤野次雄・松浦克己・南千恵子（2003）『アクティブ・シニアの消費行動』中央経済社。
- 篠原徹（2005）『自然を生きる技術』歴史文化ライブラリー204、吉川弘文館。
- 高木朋代（2006）「年齢差別と高年齢者雇用」、『日本労働社会学年報』第16号、pp. 101〜126。
- Toffler, Alvin(1980), The Third Wave, William Morrow & Company, Inc. （徳岡孝夫監訳『第三の波』中央文庫、1982年）

第18章 社会の持続可能な発展と高齢者の経済活動

王　橋（中国社会科学院人口・労働経済研究所研究員）

　人口の高齢化は、全世界共通の現象である。21世紀初頭、世界の高齢人口は60億近くになり、50数年前の3倍になった。全世界の高齢人口は毎年2％のスピードで増加し、全体の人口増加よりかなり速いスピードとなっている。今後、高齢人口の増加は他の年齢層よりさらに急速になると予測されている。

　高齢化は、平均寿命の延長に積極的な役割を果たしているが、負の影響も大きく、労働、資本、財政、産業構造などに一連の経済問題をもたらしている。経済と社会の方面において幅広く、根本的な調整を行う必要に迫られている。

1　シニア経済──新しい経済の成長点

　「経済学的な意味での高齢化」を通常の「人口の高齢化」と区別して、生産的な経済活動から退いた高齢者の割合で判断すれば、「人口の高齢化」がある国（あるいは地域）の経済に衝撃を与えるかどうかは、両者が比率において一致するかどうかによる。もし、一致しないで開きが大きいと、この場合、人口の高齢化が経済に与える衝撃は大きくならない。逆に、一致するか開きが小さいなら衝撃は大きい。この場合、できるだけ早い目に人口の高齢化がもたらす負の影響を緩和する有効な措置を実施する必要がある。

　ある国（または地域）の60歳あるいは65歳以上の人口が一定の割合を上回っ

て高齢化社会に入ったとしても、必ずしも経済的負担と衝撃をもたらすとは限らない。なぜなら、高齢者のすべてが生産的活動から退く（経済的高齢者になる）とは限らないからである。

経済的高齢者となるまでは、単なる消費者にならずに生産的活動に従事し、社会に富をもたらす。高齢者が経済的高齢者に転換するまでの期間を長くすれば、人口の高齢化が経済に与える負の影響は小さくなる。逆に、この転換期間の間隔が短くなれば、その負の影響は大きくなる。

仮に、ある国（あるいは地域）の医療衛生状態と居住環境が良好で、高齢者の身体状態が健全で、相当数の高齢者が依然として労働能力を有しているなら、経済学的意味での高齢化に転換する期間を延長できる。彼らは、単なる消費者ではなく生産者でもあり、医療費と養老費用などの社会が担う経済的負担を下げることになる。また、少子化がもたらす労働力の不足を緩和するのにも役立つであろう。このような背景での高齢化は、何も恐ろしいことではない。

人口の高齢化が社会と経済に与える負の影響を防止し、緩和したいなら、高齢者のヒューマン・リソースがもたらす積極的な意義に関心を示さなければならない。現行の暦年齢を基準とする定年退職制度を改革し、柔軟な定年制度にすることで、まだ労働能力を有している高齢者を経済的高齢者にしないようにしなければならない。学歴や職歴、および体力・気力の相違によって高齢者を選別し、適切な職場に配置することで可能なる。

高齢者の科学教育事業の発展を加速し、高齢人口の科学教養水準を高める

改革開放後、中国の科学教育事業は急速に発展し、ある程度中国の高齢者の科学的教養水準を高めた。しかし、全体的な水準はあまり高くなく、高齢者のなかの非識字者と識字能力の低い人の割合は意外に高いようである。

積極的な政策を実施し、高齢者の科学的な知識水準を高めると、経済学的高齢者に転換するまでの時間を引き延ばすことができ、さらに多くの高齢者が依然として労働に従事し、経済に寄与し、人口の高齢化からの負の影響を防止、緩和することができる。このため、政府は高齢者に対する科学教育の投資を増大すべきである。多彩多様な老年大学を設立して、高齢者の学習に適応する教

育施設と教育環境をつくりあげ、授業料減免などの優遇政策を実行し、一人でも多くの高齢者がいつでも勉学でき、学んだ知識が役に立つように努めるべきである。

公共医療衛生事業に力を入れ、高齢者の健康状態を改善する

　まず、人口高齢化は深刻になる傾向にあるので、いっそう高齢者の健康状態に関心を寄せ、もっとよい医療サービスを提供し、「受診の不便、診察費の高額」問題を解決する必要がある。高齢者の健康状態がさらに向上すると、人口の高齢化と経済学的高齢化との時間的ずれが大きくなり、もっと多くの高齢者が労働に参加できる。富を蓄積することができ、高齢化がもたらす労働力の弱体化あるいは不足を減じ、経済成長を推進し、養老負担を軽減し、家族間の調和と調和社会づくりを促進できる。

　よって、財政投入を増加させ、公共医療衛生施設を充実し、医療衛生人員の資質を高め、人数を増し、高齢者、特に農村の高齢者の医療衛生水準を高め、健康を増進することが要求されている。

　次に、高齢者疾病の発生を予防、遅らせることが必要である。そのためには、予防を主眼とすることを堅持しなければならない。コミュニティの医療保健組織を強化し、高齢者特有の病気の予防と治療に関する指導を強化し、科学的な衛生知識を普及し、高齢者に現代的な健康観念を樹立させ、高齢者の自我保健意識と健康に投資する意識を強める必要がある。

高齢者マンパワーの開発

　人口の高齢化は高齢者の相対的な増加を意味しているが、先に述べたように、すべての高齢者が単なる消費者ではなくて、彼らのなかの一部の人達は生産活動に従事することができる。その上、社会経済の発展と科学技術の進歩は人類の老化を遅らせ、労働年限を延長できるようになった。また、知識経済の発展は産業構造と就業構造の変化を招き、労働者の知識と技術に対する要求が高くなった。

　現在、中国にはすでに50数万のハイレベルな知識人が退職し、ハイレベルな

知識人の総計に占める割合は3分の1以上となっている。また、相当数の退職した高い技能を有する労働者がいる。仮に、これらのまだ経済的高齢者に転換していない退職した高等専門人材を積極的に経済と文化に活かせるなら、社会経済の持続可能な発展エネルギーを一層強めることができる。そのため、様々な方法で高齢者の就職市場を開拓し、再就職の条件を整備し、高齢者の余生を活用すれば、高齢化が経済の発展に与える不利な影響を軽減させることができる。

高齢者市場は開発可能な余地がある

　中国は現在すでに高齢化社会に入り、日増しに多くなる高齢者層は、衣、食、住、医療、文化的消費などの受容を誘発し、高齢者の消費が社会全体の消費のなかで占める割合は持続的に上昇している。「シニア経済」は「余暇経済」後の社会における一つの新しい経済成長の誘因になる。

　ここ数年来の経済発展と社会保障ならびに健康管理によって、高齢者の消費能力はますます高くなった。積極的に高齢者消費ニーズに着目するなら、この市場は確実に「小さな消費市場」の状態からますます遠く離れることになる。

高齢者のファッション市場

　今、大通りや路地に多数ある小さなファッション店と大きなデパートでは、流行している若い男女の服装が、依然としてその大部分を占めている。高齢者の服装の周期は長くて、なかなか買い換えないので高齢者用の服装を売っている店は少ない。この部分の市場は、依然として空白な状態にある。

　しかし、高齢者も時代遅れにはなりたくないから、服装に対するニーズも次第に高まっている。これに対応するかのように、この服装市場はここ数年来服装業界に重視されるようになった。高齢者の服装は次第にブランド店でも売られるようになった。

高齢者向け食品

　ここ数年来、高齢者を対象とした食品が重視されるようになった。主要なス

ーパーマーケットにおいては、高齢者が求める健康食品は「グリーン市場」のなかで最も人気のある花のようである。

　これらの健康食品の大部分は、高齢者用の「専用製品」であり、そのなかに老人性疾病（例えば、糖尿病、高コレステロールなど）を予防する効果があるものもある。例を挙げるなら、無糖の八宝かゆ、無糖のチューインガム、高齢者用蜂蜜、高齢者用の粉ミルクなどである。

　各メーカは、すでにシルバーの波がもたらしたビジネスチャンスをある程度意識しているが、市場でいかに「老人に好まれる」か、いかに開発するかということについてほとんどの所が慎重な態度を取っている。ある関係者は、現在の高齢者の保健用品の販売は良好な状況のために高齢者のニーズに迎合できるが、服装、住宅とその装飾は高齢者の心理状態、情趣、趣味などを採り入れることにまだ不十分な点があると指摘している。

　小売業は、高齢者の消費市場に参入するために、その「入り口」を探し当てる必要がある。健康食品を例にすると、販売の見通しが明るいことは、中・高齢者者が健康問題に関心があることをきっ掛けになっている。そして、「親孝行」というフレーズで宣伝し、高齢者の健康に関心をもつ若い人達は健康食品の間接的な消費者になった。これから分かるのは、高齢者用市場の開発は、高齢者の年齢特徴と実際のニーズに適応しなければならないということである。高齢者産業は、異なる年齢の異なる消費ニーズに対応し、積極的に特色のある市場を開発すべきである。

高齢者の育成訓練──中国紹興市の高齢者大学の実験

　2008年末、紹興市の60歳以上の高齢者は714,274人である。70万人を超える人口は紹興市のシニア経済に発展できる余地を開き、市街区の高齢者大学は定年退職者が時間を潰すためにも一番よい場所となった。料金が比較的安いため、また科目の選択範囲が広範なので高齢者に歓迎されるようになった。

　高齢者大学で人気のあるコースはすぐに満員になる。時には、追加募集しても追いつかず、講師がなかなか見つからないこともあって、入学を次の学期ま

で待ってもらうことが起きている。

　高齢者の訓練機構が相対的に少ない状況で、高齢者人口が増加するにつれ、高齢者大学は自然と高齢者育成訓練市場の主力となった。しかし、高齢者育成訓練は娯楽とレジャーを主とするために経済効果がはっきりと現れにくく、民間資本は高齢者育成訓練市場にほとんど参入していない。それだけに、この市場の潜在力が大きいと考えられる。

　若い学生の教育市場が大きくなった理由は、両親が子どもに対する期待と関心をもっているからである。一方、高齢者の教育文化市場に人気があるのは、多くの高齢者が一定の経済的余裕がある上、一層自分の晩年生活の質を重視し、多くの余力を自分自身に注ぐようになったからである。それゆえ、この市場は盛り上がることになる。

養老場所──伝統の観念が変わり、老人ホームの市場を広げる

　公立民営の紹興市瑞福康楽院が設立されてから２年になる。200名の高齢者を収容できる老人ホームはまだ半分空いているが、入居する人数は年毎に増加しているようである。

　これまでの入居者は、生活ができない高齢者が多かった。現在は、健康な高齢者で、自発的に入居を希望する人の割合が上昇している。これは、老人ホームに入居することはよくないことだとする古い観念が崩れてきたことを意味する。これには、老人ホームでの新しい経験が、よい評判となって伝わっていったことが大きい。例えば、最近入居した独り暮らしの高齢者は、自宅が２度の火事にあってやむなく入居したのだが、入居後気分がよくなり、今まで抱えていた悩みも消えたとのことである。それで、祝日と休日も自宅に帰らないとのことである。

　いくつかの調査を行ったが、今の40〜50歳の中高年者において、歳をとってから老人ホームに入居したい人の割合は自宅養老を希望する人よりかなり高くなっている。これは昨今の趨勢である。上海では、高齢者が自宅を売却して老人ホームに入居することは珍しいことではなくなった。

　現在、瑞福康楽院の入居料金は大体３種類に分けられている。特級看護は毎

月1,500元で、1級看護は毎月1,200元で、普通看護は毎月1,000元となっていて、これらの料金には1日3食の食事代も含まれている。老人ホーム市場は絶えず拡大しているのである。

高齢者の旅行──観光コースは異常に盛り上がっている

今は、旅行のオフ・シーズンであっても、高齢者の観光団体は少なくない。高齢者の旅行市場が盛んになったのは、旅行会社が高齢者に相応しい観光商品を提供したことと関係がある。例えば、安全性と高齢者の体力をよく配慮した、比較的気楽なコースを設けている。

高齢者の消費能力を高めることは、市場を大きく拡大する基礎となる。今の高齢者は自ら団体を組織して「チャーター機」（台湾コースが非常に多い）を頼むことができるだけでなく、自ら「観光コース」を設定することもできる。例えば、ある老人は夏に新疆に行きたくて、途中のいくつか目的地を設定した後に、旅行会社と具体的なコースと値段を相談している。台湾観光、新疆観光コースのなかに普通の老人の姿をよく見かける。

各旅行社の統計資料によると、現在、高齢者の旅行コースとしては、日帰り観光など近距離が主である。遠距離コースでは、列車を主として利用し、快適で心地よいレジャーとなるように配慮している。それにしても、高齢者に相応しい観光コースは依然として少なく、この部分での市場開拓に期待するところである。

2　日本の事情から

日本は超高齢社会に向かっている。2005年に日本の総人口は1億2,852万人で、そのうち65歳以上の人は2,507万人、80歳以上は621万人になった[1]。日本の総務省が公布する2006年の統計調査によると、日本の65歳以上の高齢人口は2,819万に達し、人口総数の22.1％を占め、増加量と増加幅は史上最高値を示した。また、70歳以上の人口は2,017万人に達し、初めて2,000万人を突破した。

少子高齢化の発展に従い、定年退職後も依然として働いている老人の数が増えているが、現在の就職環境では、安定的な職業を見つけにくいことも事実である。

団塊の世代の心を捉える

　1950年代、戦後の日本に「ベビーブーム」が現れた。その第一世代（1947～1949年生まれ）の人々を「団塊の世代」と呼んでいる。2007年から、この第一世代の約600万人が続々と定年退職になった。これらの人々の大部分は堅実な経済力があり、潜在的な消費能力は300億ドルに達し、日本の国内総生産の0.6％に相当する。

　彼らの定年退職後の生活には、巨大なビジネスチャンスが含まれている。NHKテレビ局は、「団塊の世代の心を捉える」というテーマのスペシャル番組を製作した。その番組のなかで、60数社の企業が一緒になって定年退職した高齢者向けの商品展示会を行っていた。飲料会社として有名なサントリーは中高年者のために開発したウイスキーを紹介していた。いくつか漢方の薬品会社は高齢者向けの薬物を推薦・紹介した。旅行会社も定年退職する高齢者向けの旅行を企画し、伊藤忠商事株式会社と日本最大の旅行会社と協力して「団塊の世代サービス」を登場させた。

　協力旅行社には80万人の中高年の会員がおり、伊藤忠はこのように巨大な会員資源を対象にして、旅行会社と協力のもとに服装、保険と金融商品を販売すると同時に、定年退職する高齢者のために再就職コンサルタントと育成訓練などの業務を提供した。

　以前、日本のTU-KA（auの前身）は、京セラと共同で「掛ける」と「受ける」機能だけがある携帯電話「TU-KA S」を登場させた。TU-KA Sの設計コンセプトは、携帯電話に配備されている複雑な機能を省き、家庭用電話機の機能を携帯電話に再現することが目的であった。高齢者のヒアリング能力の衰退を考慮した上、TU-KA Sの受話器、スピーカーは普通の携帯電話より大きい型番

---

(1) 日本国立社会保障・人口問題研究所（2009）『人口統計資料』。

を採用し、音量を調節しなくても大きな声が聞こえる。機能が簡略にされたため、TU-KA Sの小売価格は人民元で約384元となった。発売してから半年が経って、TU-KA Sの日本での販売量は50万台を上回った。

日本のほとんどの産業は高齢者を消費市場の目標にし、メーカーは方法を尽くして各種の高齢者向けの商品を生産している。薬品からペット食品まで、住居と住宅の盗難防止システムから薬の自動配合器や薬を飲む時間を知らせるタイマーなど、衣食住と交通手段のすべてがそれらに含まれている。

シルバー族の強大な消費能力とニーズを満足させる

推計によると、日本の60歳ぐらいの人が有する資産は、40〜50歳の人の3倍以上になる。この数が示すように、巨大なシルバー族の経済的実力は充分で、購買力は強くて、そのうえ定年退職後に自由にできる時間がある。

JTBは、かつてこの世代の人達を対象とした調査を行った。調査によると、定年退職後に国内旅行をしたい人は68.3％に達し、海外旅行をしたい人は54.7％となった。また、JTBは、これらの人が使っている小遣いも調べた。その結果は、毎月1人当たり5.2万円もあった（117円が1ドルとして換算[(2)]）。

日本では、すでに高齢者都市が現れた。例えば、富山県はそのなかの一つである。富山県は本州中部に位置し、三方には山があり、都市は美しくて空気も新鮮な所である。

富山県民は、特に大きい家に居住することが好きで、多くの人が富山市内には住まないで、地価の安い郊外に土地を買って家屋を建てるようになった。そのため、富山市の中心部は「空洞状態」となった。

郊外に住む人々の年齢が高くなることに伴い、ショッピングなどのために外出することが非常に不便となる。そのため、富山市は新しい市政計画を出し、拡散型都市地区を集約型都市地区に変えた。まず、周辺の市町村を合併して市の範囲を拡大し、積極的に新しい路面電車システムを建設したり、完備されたショッピング施設を建設し、郊外に住む住民を都市部に引きつけようとした。

住民を引きつけるために、富山市市内に定住することを決定した世帯に対して、1世帯当たり100万円の補助金を交付した。富山市の目標は10年以内に都

表18-1　ニュータイプの高齢者マンションと養老施設の区別について

区　別	高齢者村	通常の有料養老施設
施設の運営	入居者が相談で決める	経営者が決める
年齢、入居者対象	制限なし（異なる年齢層の入居をすすめる。自分で生活できない者も入居可）	年齢制限あり。70歳以上とする施設が多い。
所有権	相続、売買可	入住者本人使用
戸型	各部屋は独立（全体の管理人が存在）	各部屋が管理されている。
プライバシー	保証	保証
介護体系	訪問介護のサービスある	終身介護
食事	食堂あるいは部屋まで配膳。部屋で料理ができる。	団体食堂
周辺交流	所在地の一員として周辺の居民と交流できる。	管理のため所在地区と隔離している。

出所：著者が日本での調査・研究資料によって整理。

市住民の世帯数を3,000世帯増加することであり、1世帯の人数を2〜3人で計算すると、大体9,000人の人が都市中心部に帰ってきて居住することになる。同時に市街区の建物を老人が居住できるように改築した。

　最近、また「高齢者村」という医療、飲食、住宅を一体にする新しいタイプの高齢者マンションを登場させた。この新しいタイプの高齢者マンションは、養老施設とは違っているので50歳以上の高齢者に好まれている（表18-1参照）。

巨大な介護市場

　日本では、一人で生活ができない高齢者がだんだん多くなっている。統計によると[3]、現在、日本の65歳以上の人口は2,500数万人に達し、2004年に訪問介

---

(2) JTB「「退職旅行」および「60歳以降の旅行」に関するWebアンケート調査」2007年3月。www.jtb.co.jp。
(3) 日本国立社会保障・人口問題研究所（2006）『人口統計資料』、厚生労働省「規制改革・民間開放推進会議、重点事項推進ワーキンググループ」（2006年7月）。

護される人数は97万2,266人に達し、それ以後、介護の必要がある人数は依然として増加していく。介護産業が大きく発展できる余地を提供している。

2000年、日本は初めて「介護保険法」を設け、一人で生活ができない高齢者は国の補助のもとに必要な看護サービスが受けられるようになったが、これは日本の介護産業の発展を大いに推進した。2000年時点で、日本全国の高齢者が毎月介護業に支払う費用は4億円であったが、2005年になると毎月148億円に達した。たった5年間で36倍余りとなったが、そのなかの80％に相当する費用がレンタル車椅子代と特別介護に使われていた。介護市場の増加のスピードの速さは、これより分かる。

独居高齢者に向けるサービスが不十分である状態はシニア経済を促す

ここ数年来、独居高齢者の死亡事件が次から次へと発生し、社会の各界からの関心を寄せた。そして、いかにして独居高齢者へのサービスを市場に取り入れるか、また、いかにして「シニア経済」を発展させればいいのかということがホットな話題となっている。

コミュニティでは、大都市の大通りで独居老人への新しいサービスが始まっている。あるコミュニティで募集された新しい管理協力員は、日業務のほかに、独居高齢者にサービスを提供することになった。それは、独居高齢者に付き添って病院に行くことや、世間話をすることであり、特に健康を害している高齢者に対しては、毎日必ず訪問するというものである。

高齢者向けのサービスと保障の市場は芽生え始めている。社会の進歩と経済的収入が高まることに従って、高齢者は「貯蓄を重視し、消費を軽視する」とか「子女を重視し、自分を軽視する」という伝統的な観念を投げ捨てるようになった。特に、子女が親の面倒を見られない時は、高齢者、特に独居高齢者の市場サービスに対するニーズはさらに高くなる。「健康に金をかける、オシャレに金をかける」という意識は、今では、高齢者の間でも普及している。調査によると[4]、独居老人が求めるサービス、主に家政サービス、訪問サービス、衛生保健サービス、医療看護差サービスなどでの市場は巨大なものである。

最近公布された中国2001～2005年の『老齢事業発展綱要』に掲載されている

データによると、現在、中国の高齢者人口の総人口に占める割合は10.2％以上であり、60歳以上の老人は1.3億人を上回り、5人の老人のうち1人が独居老人である。

養老のために貯金をすることは、中国人特有の資産管理である。10兆元に達する個人預金残高のうち、かなりの部分が将来の養老のためのものである。老年サービス市場の購買力は驚くほど大きく、2000年に中国の退職人員は約6,000万人となったが、高齢者用品の購入とサービスに使われる支出は4,000億元に達する。推定によると[5]、2010年になると年金が8,383億元までに増加し、それが2020年になると2万8,145億元に達することになる。

日本の市場から察しても、中国のシニア経済の可能性は大きい。

まとめ

少子高齢化がもたらした効果は多様かつ複雑であり、少子高齢化からの挑戦に対応するために多方面から準備をする必要がある。つまり、少子高齢化が誘発したのは単純な養老年金の調達と支出の問題だけではないということである。いくつかの注意すべき問題を以下に挙げておく。

❶**経済成長と養老ニーズを有機的に組み合わせる**——経済成長の維持は、少子高齢化問題に対する物質的な基礎を与えるが、少子高齢化が絶えず進行する状況では、養老のニーズが全体のニーズに影響する重要な要素となる。このようなニーズを十分に重視し、そして効果的に対応することは、経済成長に有利になるだけではなく、養老のニーズの水準を有効に高めることができる。

❷**高齢者の精神的なニーズを満足させることを重視する**——経済と社会の発展レベルが向上するにつれ、高齢者のニーズは具体的な財・サービスに留まるだけではなく、精神的なニーズも生まれ、それがますます重要となる。

❸**高齢者の再就業への希望を満足させる**——生活レベルが高まり、医療条件も

---

(4) 中国社会科学院人口・労働経済研究所（2006）「都市部・農村部における養老方式の現地調査報告」。
(5) 新華ネット（2007）。

改善し、人間の寿命が延長するにつれて、定年退職した高齢者であっても良好な健康状態を保つ期間が比較的長くなる。そのため、定年退職後にも働きたいという高齢者が現れる。高齢者が再就業することによって、社会のために富を引き続き創造することができると同時に、社会の養老負担を軽減することにもなる。社会は、高齢者の再就業希望を満足させるべきである。

❹**高齢者を尊敬する社会道徳をつくりあげる**——現在、中国は社会主義の調和社会をつくりあげている。少子高齢化に適応する調和的社会は、高齢者を尊敬し、高齢者を大切にする社会であるべきである。経済、法律、法規、行政などの多方面の手段を通して少子高齢化にかかわる問題を解決することが必要であるが、これらの手段で少子高齢化のすべての問題を解決することはできない。そのため、良好な社会道徳環境をつくりあげることが必要となる。

❺**養老家族の矛盾を解消し、解決する**——家族は社会の細胞であり、調和的社会の基礎として調和的な家庭が必要となる。少子高齢化の下で、家族内の労働者数が減少し、扶養の必要がある人口は増加しているため、家族内で各種の矛盾が生じやすくなる。これらは、家族の調和に影響する突出した問題になるかもしれない。

❻**政府の機能を強化させる**——少子高齢化にかかわる問題の多くは社会保障と社会公益の範疇にある問題に属し、政府は問題の解決を推進する主体になるべきである。政府の機能は、個人、家庭、企業が取って代わることのできないものである。政府が少子高齢化と調和的社会のニーズに適応できるように、絶えずその機能を改善・改革しなければならない。

「人口の発展」は「人口の増長」より重要であるという人口発展観念を樹立する必要がある。「人口成長」は人口の量的増加を指しているが、「人口発展」は人口構造と機能が好ましい状態に向かうということである。人口成長の視点のみに重点を置いた人口戦略は、社会発展を不均衡なものにし、労力に合わない結果をもたらすことになる。

また、「人的投資」は「人口制御」より重要であるという観念を樹立する必要がある。21世紀の「新しい経済」は、人的資本集約型の経済形態である。知

識経済は、今の形態でなくても必ず将来の傾向となる。「新しい経済」は「新しい人口構成」を求めている。それは、生態と共生し、豊富な知識をもち、社会道徳を身につけ、市場を有効に活用する人口である。さらに、新しい人的資本を供給する「勢いのある人口」でもある。

　無論、中国は人口を抑制しなければならない。しかし、人口を抑制するだけで中国の人口問題を解決することはできない。逆に、あまり人口の減少を重視し、人口構成への投資を軽視すると、歴史的な誤りを犯すことになる。「数量を本にする」から「人を本にする」への人口発展の戦略的な選択を完成するには、任務が重くて道が長いが、これは歴史的、必然的なことである。

参考文献一覧

・田雪原著（2006）『老齢化──「人口の利潤」から「人口の損失」まで』中国経済出版社。
・国家統計局（2001）『中国統計年鑑』中国統計出版社。
・杜鷹（2000）「農村の医療衛生体制の改革に関する見方について」中国農村衛生改革と発展国際シンポジウム論文、北京。
・王夢奎・陸百甫・盧中原（2002）「将来中国経済の50年：発展の勢いと政策の方向に対する探求について」、『新しい経済導刊』2002年5月号。
・王小魯（2000）「中国の経済成長の継続可能性と制度の変革について」、王小魯・樊剛編集『中国経済成長の継続可能性』経済科学出版社所収。
・蔡昉（2007）『2007年：中国の人口問題報告について』社会科学文献出版社。
・許憲春（2002）「将来中国の経済成長と国際的な経済地位への展望について」、『研究参考資料』国家統計局統計科学研究所、2002年第12号所収。
・黒田俊夫（1993）「アジアの人口年齢の構造変化と社会経済の発展との関係について」、『人口学刊』1993年第4号所収。
・馬傑（2001）「日本の老人看護保険制度の由来について」、『国際金融報』2001年12月17日第4版所収。
・于学軍（2003）「中国の人口転換と戦略チャンス期について」、『中国人口科学』2003年第1号所収。
・魏甫華（2002）「中国経済の'しわ'」、『財政経済』2002年第34号所収。

第19章

少子化問題の解決は「おばあさん仮説」で
―奄美大島は、安心して暮らせる子育ての島・長生きの島―

糸乗　貞喜（協同組合　地域づくり九州理事長）

1　少子化問題は「子どもを住み育てる場・地域」の問題

図19－1　少子化問題は、子供を住み育てる場、地域の問題

　出生率（厚生労働省の2005年の値）と総人口に占める出生適齢女性人口（15才から49才までの女性）（H17 国勢調査）について、東京と鹿児島の地域比較をしてみた。東京は全国各地から若い人を集めており、当然子供を出産できる女性の人口も多くなっているが、出生率は低くなっている。一方、人口を東京などの大都市にとられている鹿児島は、子供を出産できる女性の人口も少なくなっている。しかし、出生率は東京の約 1.5 倍となっている。これはどういうことか…？　続きは「少子化問題の解決は"おばあさん仮説"で」！

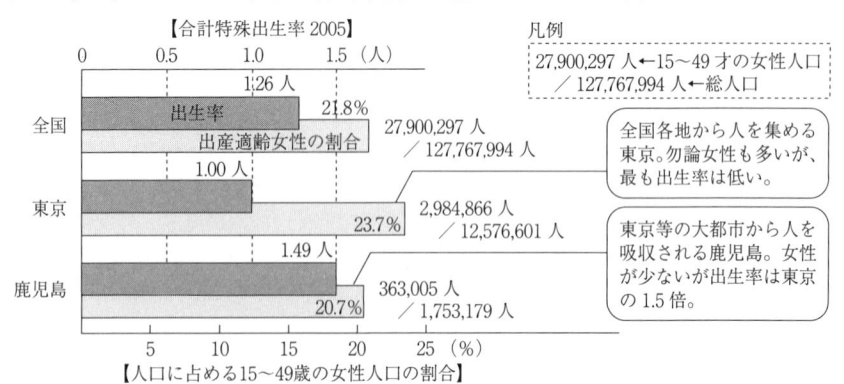

【合計特殊出生率 2005】

凡例
27,900,297 人 ← 15～49 才の女性人口
／127,767,994 人 ← 総人口

	出生率	出産適齢女性の割合	人口
全国	1.26 人	21.8%	27,900,297 人／127,767,994 人
東京	1.00 人	23.7%	2,984,866 人／12,576,601 人
鹿児島	1.49 人	20.7%	363,005 人／1,753,179 人

全国各地から人を集める東京。勿論女性も多いが、最も出生率は低い。

東京等の大都市から人を吸収される鹿児島。女性が少ないが出生率は東京の1.5倍。

【人口に占める15～49歳の女性人口の割合】

資料：人口動態統計（厚生労働省）国勢調査（H17）
〈よかネット〉2007年4月、No.86 より。

奄美大島に行ってきた。合計特殊出生率が日本一高いと言われている地域の実態を聞くためである。日本の2,000ほどある市町村のなかで、出生率ベスト20のなかに奄美諸島の市町村が七つ入っている。それだけではない。人口当たりの100歳以上の長寿者の数が全国平均の4倍になっている。一方、東京は最も所得が多いにもかかわらず出生率が最も低い。奄美諸島や沖縄は、所得が低いのにもかかわらず出生率が高い。この問題のポイントは所得ではないようだ。では、その理由が何なのかを考えてみよう。

2　子どもは生まれるもの？　授かるもの？　つくるもの？

　最近、結婚式に出席するのが嫌いになった。その理由はスピーチにある。当人はウケを狙って格好がいいと思っているのかもしれないが、やたらに「子どもをつくれ、何人つくれ」などと、品のないことを言う人が多くなっているからである。先頃、某大臣が女性を「産む機械」と言ったということが問題になっているが、「つくる機械」という言葉も同じ立場に立っている。

　地域によって違うのかもしれないが、私の生まれた所では「つくる」という言葉を聞いたことがない。よその家のことを言う時には「○○さんの家で生まれたようだ」と言い、自分を主語にする時は「子どもができた」と言っていた。つまり「授かる」ものであり、自然現象だという態度であった。

「つくる」という言葉をよく耳にするようになったのは、1975～1980年頃からだと思う。社会全体がそうなったのか、世代の違いによるものなのかは分からないが、そんな感想をもっている。

　最近私も、歳をとったので堪え性がなくなっている。「つくれるというなら、・できのいい子どもだけをつくればいい」と言ってみたくなる。工業製品のように、「つくった」子どもを仕上げるために、お稽古事、塾、有名校、有名大学と大わらわとなって仕上げ作業をする。その結果、今の日本は、知的で自立心が旺盛で、創造性のあふれる国になっているというわけだが、信じられない。

　とにかく、「つくる」などということができるはずがない。2人の男女の

表19−1　市区町村別の合計特殊出生率（1998年から2002年の平均）

	上位20　団体名	出生率	人口		下位20団体名	出生率	人口
1	沖縄県多良間村	3.14	1,338	1	東京都渋谷区	0.75	196,682
2	鹿児島県天城町	2.81	7,212	2	東京都目黒区	0.76	250,140
3	東京都神津島村	2.51	2,144	3	東京都中野区	0.77	309,526
4	鹿児島県伊仙町	2.47	7,769	4	東京都杉並区	0.77	522,103
5	沖縄県下地町	2.45	3,172	5	京都市東山区	0.79	44,813
6	鹿児島県和泊町	2.42	7,736	6	東京都世田谷区	0.82	814,901
7	鹿児島県徳之島町	2.41	13,127	7	福岡市中央区	0.82	151,602
8	長崎県美津島町	2.39	8,423	8	東京都新宿区	0.82	286,726
9	長崎県上県町	2.39	4,494	9	東京都豊島区	0.83	249,017
10	長崎県石田町	2.39	4,752	10	東京都文京区	0.84	176,017
11	沖縄県伊是名村	2.35	1,897	11	京都市上京区	0.87	84,187
12	長崎県勝本町	2.35	6,914	12	東京都武蔵野市	0.87	135,746
13	鹿児島県喜界町	2.31	9,041	13	東京都千代田区	0.89	36,035
14	鹿児島県知名町	2.30	7,435	14	札幌市中央区	0.90	181,383
15	沖縄県伊平屋村	2.30	1,530	15	東京都品川区	0.92	324,608
16	鹿児島県住用村	2.29	1,906	16	大阪市北区	0.92	91,952
17	鹿児島県中種子町	2.27	9,675	17	東京都港区	0.94	159,398
18	沖縄県城辺町	2.25	7,291	18	広島市中区	0.94	95,038
19	長崎県上対馬町	2.23	5,226	19	京都市中京区	0.94	95,038
20	宮崎県椎葉村	2.22	3,769	20	東京都台東区	0.96	156,325

資料：厚生労働省「人口動態統計特殊報告」（平成10〜14年　人口動態保健所・市区町村別統計）。ただし、人口は総務省統計局「国勢調査」（平成12年）。

DNAの、どれとどれを選んで組み合わせるというのであろうか。それができるのは神か悪魔であろう。

3　若い核家族の減少は1980年頃から始まっている

「若い人達は、子どもを２人以上もちたいと考えている」と言って、某大臣が

また槍玉に上がっていたが、この大臣の言葉の裏には、「子育ては2人でする＝核家族が基本単位だ」ということが前提として語られているのだろう。これは今に始まったことではなく、日本の工業化の過程で、都市人口が増大して核家族化が進みだした時からのことである。そして、確かに子どもをもって、育ててきたのである。

　この某大臣は2度もマスコミの洗礼を受けたわけだが、日本人一般の考えと違ったことを言ったわけではない。問題は、子どもを産み育てるような年齢層の核家族が減っていることである。

　核家族とは「夫婦と子どもの世帯」ということになっているが、その夫婦の年齢が問題である。90歳ぐらいの夫婦に65歳ぐらいの子どもの世帯も核家族であるし、20歳代の夫婦だけの世帯も核家族である。「核家族化」は進んでいるが、高齢核家族（世帯主が55歳以上）の増加が著しく、若い核家族（世帯主が55歳未満）は、1980年の50.2％から2000年には40.1％と大幅に減っている。その反面、若い未婚者は増加している。「少子化」が問題になっているが、子どもを産み育てる元になる世帯も減っているのである。

4　子育ての単位は核家族なのか

　ここで、子育ての話を家族をベースにして進めていることに異論のある方もいるかもしれない。確かに、北欧などではシングルマザーによる出生がかなり多いと言われている。フランスの女性政治家が、未婚の母として3〜4人の子どもを育てていると報道していた。しかし、このケースは、戸籍の上での未婚であって、一つの家族として暮らし育てると報道されていた。

　人類は、かなり長期にわたる経験のなかで、両親が主体となって子育てをするという文化を獲得してきた。長い間、法律上の手続のないファミリーがベースになってきている。近代社会における結婚という手続きは、子どもをもうけて育てるための法律上の手続きだと考えられる。

　近代以前には、神前や仏前で、あるいは近隣や親族の前で、仲人の立会いの

下に式が行われた。それが、法手続の役割を担っていたわけである。現代でもそれに類似した儀式が行われているが、その実態は新婚2人のためのショーであったり、親の見栄の場であったりしている。つまり、結婚から子育てという目的が消えかかっているのである。

平均寿命が飛躍的に延びた現在では、子育て期間を20年としても、子育てという共同目的を失った後の結婚生活のほうがはるかに長い。私の知人にも、40歳そこそこで子育てを終えたおばあちゃんという人もいる。

ある週刊誌に「死ぬまでいっしょに」は強迫観念ではないか、という評論が掲載されていた。私は、子育てという目的がないならば同棲でもよいと思っている。そして、子育てという目的に関わること（孫育ても含めて）がなくなったら、結婚という法律行為を続ける意義はなくなると考えている。子育てという目的で意見が一致しない場合は法律行為を解消して、どちらかが子育ての主体になるほうが子どもにとっても幸せではなかったのか、と思えるニュースが多い。

5　「おばあさん仮説」はパンダで証明された

人類が、他の動物には見られないほどの早さで急増殖できたのは何故か、ということについての説明仮説が「おばあさん仮説」である。他の動物は、横ばいだったり、増減を繰り返したり、減少気味だったり、絶滅しかかったりしているのに、人類だけは生物学的に見た場合の超短期間に右肩上がりの急カーブで増えてきている。

他の動物の場合、子育てをするのは雌の役割となっている。そして、ある程度子育てが終わらないと次の妊娠はしない。また、繁殖能力を失った（母親になることがなくなった）雌は死ぬのが一般的である。

ところが、人間の女性は繁殖能力を失った後も長期間にわたって生き続ける。長生きしている「おばあさん」は子育てのサポート役として母親の負担を引き受け、負担の減った母親が次の子どもをもうける気になり、これが繰り返され

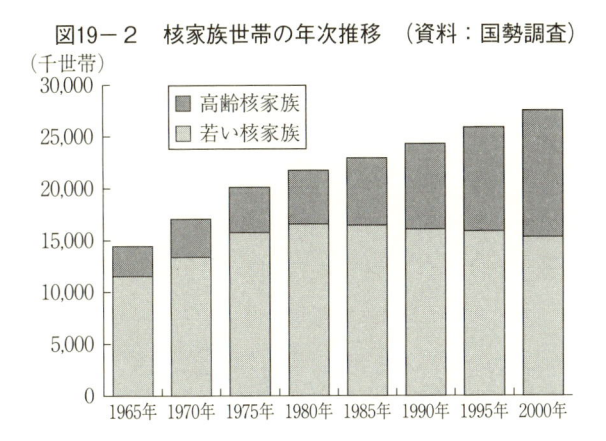

第19章　少子化問題の解決は「おばあさん仮説」で　363

図19-2　核家族世帯の年次推移　（資料：国勢調査）

（千世帯）
- 高齢核家族
- 若い核家族

1965年, 1970年, 1975年, 1980年, 1985年, 1990年, 1995年, 2000年

たことによって人類が大繁殖をしたと言われている。

　この仮説には異論もあって、「話としては面白いが、どうかな……」と言う人も多い。ところが、この仮説の正しさをパンダが証明してしまった。この話は2～3年前に新聞で読んだことだが、今年になって、仰向けに寝転がって哺乳瓶を手で支えながらミルクを飲むパンダの子どもがテレビのニュースで何度も放映された。

　念のためにネットで検索してみると、四川省の成都にあるパンダ繁殖センターでは、随分前からパンダの人工繁殖に取り組んでいたようである。そのなかで、パンダの母親がする子育てを代行してやれば母親が発情するようになり、さらに繁殖活動に向かうのではないかというアイデアが生まれ、それを実行したものである。実際に、1頭が10数匹の子どもを産み、さらに孫が10数匹生まれたという例も現れている。

　まさか、成都のパンダ繁殖センターが人間の「おばあさん仮説」を証明しようと考えたとは思えない。パンダの飼育係が、パンダを増やすために哺乳瓶からミルクを飲むことを教えた。その結果、自分の子どもに手がかからなくなったパンダの親が、次の子どもを産むことになったということはよく分かる。しかし、人間がなりかわった「パンダのおばあさん」は、パンダの自立＝野性に返すことには一度も成功していない。

　一方、人間の「おばあさん」は、孫に知恵を授け、親と子の間や子ども間の

諍(いさか)いに対する緩衝の役割さえ果たした。もちろん、子どもの自立の妨げになったとは思えない。もし、妨げになっていたとすれば、人類はおばあさんの役割が発生した頃から滅亡に向かっていたはずである。

最近、島田洋七が著した『佐賀のがばいばあちゃん』(徳間文庫、2004年)という本がベストセラーになっている。これこそ「おばあさん仮説」の最良の例であろう。

6　奄美大島は、安心して暮らせる子育ての島・長生きの島

奄美大島に行った理由は、中国の「社会科学院・人口と労働研究所」と久留米大学が共同で少子高齢化についての共同研究会をすることになり、それにあたって現地調査を行うためであった。

「なるほど、この土地柄なら子どもも生まれやすいし、育てやすいだろう。もちろん、長生きする人も多いだろう」という風土を感じさせるのが奄美大島である。市役所で話を聞いた後で、「安くて、美味しい」と教えられた小料理屋というか、小さな食堂というか、気だてがよくておおらかな女将さんの店に行った。島は魚に取り囲まれているわけだから、当然のごとく活きのいい魚や野菜、豚肉の料理などが多彩に出てきた。

女将さんは島唄の大会で優勝するような人で、「奄美の名人」と言われている男性も来られた上、太鼓や三線(さんしん)も自由に使わしてくれての、狭い店で歌と踊りが行き交う、日本・中国入り交じった賑やかなパーティーになってしまった。気候も、食べ物も、人付き合いもおおらかで、住みやすい土地柄である。

出生率の問題が、やたらに細かいコンマ以下の数字を挙げて論議されているが、本当は子育てする気になる風土や土地柄の問題ではないかと思った。

最近の、厚生労働省が発表した出生率の地域比較を見ていただきたい。市区町村別の上位20団体を見ると、奄美の町村が7（鹿児島全体で8）、沖縄県・長崎県がともに5、宮崎県が1、そして東京都の神津島村となっている。一方、出生率の低いほうは東京都が13、京都が3、他は福岡県、大阪府、北海道、広

島県がそれぞれ1となっている。

　出生率の高い地域は決して所得が高い所ではないが、コミュニティを主体に支え合って生きているような市町村である。逆に、出生率の低い所は所得も多く、利便性もよい大都市である。

　奄美大島で感じたことを、少し繰りかえしになるが書き出してみる。

❶コミュニティがあって近所づきあいがよい。
❷食べ物がよい、安い。
❸海、里、山といった自然が豊か。
❹安全な環境で不安が少ない。
❺病院などもあって交通渋滞もない（旧名瀬市の中心部は人口4万人ぐらいである）。
❻3世代家族も多い

　こう並べてみると、出生率の低い大都市の対極にあることばかりである。結局、「産み・育ての場」があるかないかがポイントだと思った。

7　少子化問題は地域問題であり、全国的な思考では解決できない

　「少子化」の議論を聞いていると、すべてが全国平均であり、細かい数字のことばかりである。考えていただきたい。子どもを産み育てるに際して、「私は日本という国で、日本人を育てよう」などといった意識をもったりするはずがない。人々が意識するのは「街」や「村」である。元難民高等弁務官であった緒方貞子さんが「国はなくても、コミュニティがあれば人々は生きていける」と書いておられたが、子どもを産み育てるのも同じことである。

　問題解決の糸口は、推計値の細かい計算でも、女性の問題でも、難しい理念の問題でもない。子どもを産み育てる場のある「地域づくり」の問題である。

　もう一つデータを挙げてみる。出生率の基礎となる15歳から49歳までの女性

表19-2　核家族世帯の年次推移　（資料：国勢調査）

	総人口	出産適齢女性人口	割合
全国	127,767,994	27,900,297	21.8%
東京	12,576,601	2,984,866	23.7%
鹿児島	1,753,179	363,005	20.7%

がどこに多く住んでいるかを示すものである（全国、東京、鹿児島のみとした）。東京は全国から若い人々を集めて（当然、15～49歳までの女性も）いるにもかかわらず最も出生率が低い。所得データを見ても、東京は沖縄や鹿児島の2倍になっている。

　所得のゆとりはあっても、東京の女性達にとっては、「結婚し、子どもを育てる場」としての評価は低く、そのような気持ちが芽生えやすい環境ではないと見ているのではないだろうか。一方、おばあさん側から見ても、「おばあさん仮説」の役割を発揮できるような条件をもっていない。

　今後の都市政策・地域政策に「子育ての場」のことを入れていただきたい。「おばあさん・おじいさん役」を、公共団体が核家族との対応だけでやっていけるのだろうか。今まで我々は、町内会や集落を軽視しすぎてきた。子どもを産む数だけの問題ではなく、「場」の問題を地域政策に入れるべきである。

　せめて東京・大阪などの大都市では、すべての小学校で夏休み、冬休み、春休みといった機会に、その期間の半分ぐらいの日数は、臨海学校、林間学校、スキー学校などで緑に触れたり、土や水と親しむような機会をつくるべきではないだろうか。学級定員などは、もっと多くてもかまわないと思う。これこそが「ゆとり教育」である。おそらくイジメなども発生すると思うが、それはワクチンの役割を果たすリハーサルになるのではないかと思っている。一方、受け入れる田舎などでは都市との縁組みができて、地域振興の役割を果たすものと思われる。

第7部

事例研究

第20章

奄美大島の調査から

夏　広軍（久留米大学比較文化研究所研究員）

1　奄美群島の概況

　奄美群島は、鹿児島市の南西約370〜560kmの範囲に広がる有人8島（大島本島、喜界島、徳之島、沖永良部島、与論島他3島）の総称であり、総面積は1,239km^{2}であるが、そのなかの大島本島は720 km^{2}に達し、沖縄本島、佐渡島についで日本で3番目に大きい離島である。

　また、奄美大島は日本の「離島の王者」と言われている。昔から奄美大島は港の町であり、中国や沖縄から九州、本州に行くには、必ずここに宿泊していたため、中継地の役割を担ってきた。そのため、奄美大島は沖縄と日本本島とが融合した地域である。

　奄美大島は亜熱帯性気候に属し、年間平均気温が20度を超す暖かい島である。夏場は30度前後、冬場は10度前後の気温となり亜熱帯気候であるが、例外的に降雨量が多いために生物の生長が早く、温帯地域の生物から熱帯地域の生物までがここに分布している。

　奄美群島の人口は、1985年から2004年までの20年の間に、一極集中の影響で15万3,062人から12万6,717人に、17.3％も減ったが、高齢者（65歳以上）の人口は3万4,189人で、全島人口の25.8％にも達している。

　奄美群島の経済は、この20年間に1人当たりの所得が137万円から205万円に、

約50％上昇したが、農業のなかのサトウキビの産出量と水産業の漁船漁業が半分ほどに減少し、1次・2次製品を含む林業の生産額は過去の1割にも届かない。そして、有名な伝統織物である大島紬も最盛期の10％に減少している。

著しく上昇しているのは黒糖焼酎である。その移出額は、2005年に104億円に達して、20年前の3倍になっている[1]。

観光業は横ばいで、すこしずつ上がって現在40万人ぐらいの観光来客数となっている。地元の人々は、観光客とは心で接触している。金銭のためではなく、人を喜ばせているために観光業はゆっくりと成長している。

2　奄美地域の長寿とその原因

日本において100歳以上の人口が最も多いのは沖縄県であるが、奄美市の2003年の統計資料によると、ブロック単位（10万人当たり）で奄美大島は沖縄の1.5倍にもなっている[2]。さらに、2005年の奄美群島広域事務組合の統計資料によると、奄美群島の全人口の12万6,717人に対して100歳以上の人口が123人もいる。10万人ブロック単位でも97.06と高いため、奄美群島は「日本一の長寿所」と言っても過言ではないだろう。また、ギネス記録に載っている長寿者が2人いる。

奄美群島には、温暖な気候、豊かな自然環境、自然のリズムに近いゆったり

表19－1　2003年の10万人当たりの100歳以上の人口（単位：人）

	奄美大島	鹿児島県	沖縄県	九州	全国
総人口	130,182	1,778,968	1,339,000	14,786,000	127,435,000
100歳以上の人口	86	544	569	3,769	20,561
10万人当たり100歳以上の人口	66.06	30.58	42.49	25.49	16.13

出所：奄美市の資料。

---

(1) 奄美群島広域事務組合の資料により。
(2) 奄美市の資料により。

表19-2　高齢者を応援するグループ

グループ名	内　　　容
NPO法人グレース・エ・サモサ（奄美市）	食文化及び保健のための食生活普及・啓発活動「土曜市」の開催など
瀬戸内町アイランドテラピー構想推進協議会（奄南）（瀬戸内町）	「瀬戸内町アイランドテラピー構想」を推進するための活動を実施、地域活性化を図る。
グループあいかな（龍郷町）	特産品開発や島食材などの販売
心身機能活性化療法士会（喜界町）	高齢者学級や脳血管疾患後遺症等の方に対し、心身機能活性のための運動やゲームを実施
志戸桶十五夜会　荒木民俗芸能保存会（喜界町）	伝統芸能の伝承活動とともに、異世代交流を図る
いせん長寿市（伊仙町）	伊仙町生活研究グループにおいて、町内産の野菜、加工品等を生産者と連携をとり、消費者に提供するとともに、癒しの場としても貢献している。
長寿食材の活用に向けた食の改善推進員グループ（伊仙町）	2004、2005年「ヘルスプロモーション事業」で長寿食材の普及と食育への活用に向けた取組が、現在も連携を取り合いながら続いている。
でぃ～うもろう会（瀬戸内町）	高齢者の生きがい・健康づくりのために地域の高齢者グループが取り組んでいる。
高齢者無料乗車・乗船券交付事業（瀬戸内町）	定期バス・定期運行船を月1往復分80歳以上の方に交付
いきいきサロン（喜界町）	高齢者の閉じこもり予防と生きがいづくりを目的とした各集落での集い
健康長寿と癒しのまちづくり事業（伊仙町）	2004年11月に「長寿のまち宣言」 長寿調査を実施し、長寿者と現在の若者との食生活習慣の違いにより、長寿文化の伝承と長寿の環境や食を大事にしようという動きが活発になり、毎年11月に長寿に関するイベントを実施。
高齢者パワートレーニング教室　介護予防教室（和泊町）	週1回、介護予防を目的とした高齢者の生きがいと健康づくりを実施　各地域において、健康体操や健康講話等実施
地域支援事業（知名町）	高齢者介護に関する研修会　健康相談、料理教室、創作活動、世代間交流活動等
Dukusa（健康）祭（与論町）	長寿・子宝推進協議会活動発表や健康講話の開催

出所：奄美市調査資料による。

した生活、その生活に密着した伝統・文化、豊かな人情、食文化などといった、健康・長寿・癒しに関する多様な資源があるのだが、それが長寿地域になる一番大きな理由だと言える。

その自然環境は、亜熱帯気候であるほか、大気中に混じった海水成分が多く、島々の水道水の硬度も適当なものとなっている。また、海藻類、黒糖、種実、海鮮類などヘルシーなものを主要な食物として摂取している。その他、儒教の影響がまだまだ強い地域では子孫を育てることが高齢者にとっては生きがいとなっており、大島紬の制作が定年なしであるために身体がよく動いている。

さらに、地域に存在している地域おこしの数多くのグループが積極的に高齢者の活用、食生活改善や保健福祉などに取り組んで、地域の長寿状態を支えるために一役を買っている。

3　奄美地域の高出生率とその原因

奄美地域は長寿日本一だけでなく、合計特殊出生率も1994～1998年には、全国市区町村のなかで六つの町がベスト10に入って上位5位を独占した。奄美群島の全市町村が、日本全国および鹿児島県のそれをずいぶん上回っていた。

また、1999～2003年の合計特殊出生率の統計結果を見ても、奄美地域の市町村の順位はやや下がったが、ベスト20にまだ七つの市町村が入っている。全国の合計特殊出生率は1.32、鹿児島県の1.52に対して奄美地域は2.04となっており、かなり高かった。そのため、奄美地域は全国で子どもの出生率も日本一と言えるであろう。

奄美地域では、奄美長寿・子宝プロジェクトというまちづくり活動が進められている。この活動を通じて、地域おこしやまちの活性化を図っている。各市町村は、それぞれ長寿・子宝のまちづくりを推進する協議会・委員会などを設置している。

表20-3　1998～2002年の合計特殊出生率ベスト20

順位	都道府県	市区町村	合計特殊出生率（%）	人口（人）
1	沖縄県	多良間村	3.14	1,331
2	鹿児島県	天城町	2.81	7,175
3	東京都	神津島村	2.51	2,143
4	鹿児島県	伊仙町	2.47	7,765
5	沖縄県	下地町	2.45	3,157
6	鹿児島県	和泊町	2.42	7,696
7	鹿児島県	徳之島町	2.41	13,099
8	長崎県	美津島町	2.39	8,399
9	長崎県	上県町	2.39	4,479
10	長崎県	石田町	2.39	4,748
11	沖縄県	伊是名村	2.35	1,887
12	長崎県	勝本町	2.35	6,912
13	鹿児島県	喜界町	2.31	9,006
14	鹿児島県	知名町	2.30	7,394
15	沖縄県	伊平屋村	2.30	1,522
16	鹿児島県	住用村	2.29	1,902
17	鹿児島県	中種子町	2.27	9,666
18	沖縄県	城辺町	2.25	7,282
19	長崎県	上対馬町	2.23	5,197
20	宮崎県	椎葉村	2.22	3,764

出所：http://www.mhlw.go.jp/toukei/saikin/hw/jinkou/tokusyu/hoken04/2.html

　奄美地域において子どもの出生率が高い原因として、以下の八つが挙げられる。

❶**子どもをたくさん産む価値観がある**——「子どもは宝」、「子どもは多いほどよい」、「子どもの理想人数は4人以上」などの考えが強い。一般的に、各世帯に2人以上の子どもがいるが、5～6人の場合も少なくない。また、最も子どもの多い世帯は14人である。

❷**女性の働く意欲が高い**——7割近くの母親が働き、育児をしている。結婚をして、仕事を辞めて家事に集中しようとする女性が少なく、女性の高い就業率が支えられている。

表20−4　奄美地域の行政の取り組み

設置年度	運営主体	活動内容
2004	大和村	大和村長寿・子宝のまちづくり推進協議会
2004	宇検村	まちづくり委員会
2005	奄美市	タラソテラピー活用した検討委員会
2005	瀬戸内町	子宝地域づくり推進委員会
2005	喜界町	きかい長寿・子宝のまちづくり協議会
2005	徳之島町	長寿食材活用検討会
2005	天城町	天城町子宝まちづくり推進協議会
2005	和泊町	健康づくり推進協議会
2005	与論町	よろん長寿・子宝推進協議会
2006	龍郷町	長寿・子宝のまちづくり推進協議会
2006	伊仙町	伊仙町食育推進協議会
2006	知名町	長寿・子宝のまちづくり推進協議会

出所：あまみ長寿・子宝プロジェクト戦略ビジョンの進捗に関する調査結果。

❸周りの人からの育児支援が多い──特に、親族、友人、近所の人からの支援を受けている母親が多い。子どもへの声かけ、託児などの直接的支援、食べ物に関する支援、育児の知識など知的な支援が多い。そのなかでも、高齢者からの支援が注目に値する。そのため、長寿と出生率との関係は深いと言える。

❹子どもを産む環境、育てる環境が整備されている──孫を世話したいと考える高齢者が多いし、食生活改善を指導する推進員が充足している。そして、「民生委員・児童委員」がよく活動している。さらに、医療施設も整い、公設・私設の幼稚園・保育所の数も多い。

❺育児に関してたくさんの制度・施設があり、それらを十分に利用している母親が多い──国、地方政府からの救済制度など。

❻地域に対する期待が高い──豊かな自然や人情味がある地域環境は子育てにふさわしく、奄美地域で育ったことは子どもの誇りであり、地元の文化を大事に守る人になってもらいたいと期待している。また地元は、子どもにとって何の不安もなく、健康でのびのびと育つことができる町となっている。

❼食材の栄養・安全性が高い──豆類や緑黄色野菜、肉類が主なる食材であり、

あまみ長寿・子宝プロジェクト全体構想

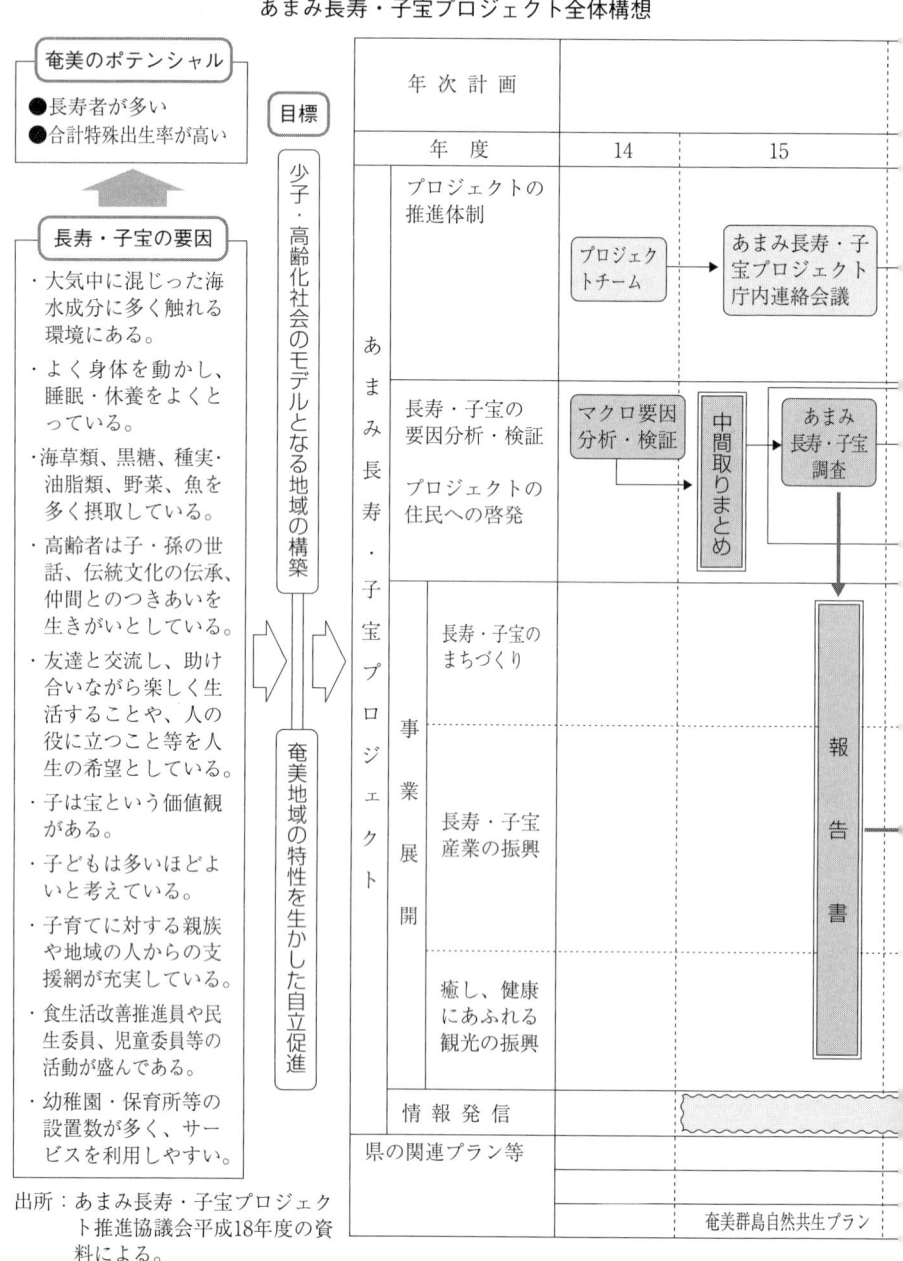

奄美のポテンシャル
- ●長寿者が多い
- ●合計特殊出生率が高い

長寿・子宝の要因
- ・大気中に混じった海水成分に多く触れる環境にある。
- ・よく身体を動かし、睡眠・休養をよくとっている。
- ・海草類、黒糖、種実・油脂類、野菜、魚を多く摂取している。
- ・高齢者は子・孫の世話、伝統文化の伝承、仲間とのつきあいを生きがいとしている。
- ・友達と交流し、助け合いながら楽しく生活することや、人の役に立つこと等を人生の希望としている。
- ・子は宝という価値観がある。
- ・子どもは多いほどよいと考えている。
- ・子育てに対する親族や地域の人からの支援網が充実している。
- ・食生活改善推進員や民生委員、児童委員等の活動が盛んである。
- ・幼稚園・保育所等の設置数が多く、サービスを利用しやすい。

目標
- 少子・高齢化社会のモデルとなる地域の構築
- 奄美地域の特性を生かした自立促進

あまみ長寿・子宝プロジェクト 年次計画

年度	14	15
プロジェクトの推進体制	プロジェクトチーム →	あまみ長寿・子宝プロジェクト庁内連絡会議
長寿・子宝の要因分析・検証／プロジェクトの住民への啓発	マクロ要因分析・検証 → 中間取りまとめ	あまみ長寿・子宝調査
事業展開：長寿・子宝のまちづくり／長寿・子宝産業の振興／癒し、健康にあふれる観光の振興		報告書
情報発信		
県の関連プラン等		奄美群島自然共生プラン

出所：あまみ長寿・子宝プロジェクト推進協議会平成18年度の資料による。

第20章　奄美大島の調査から

	第一段階 戦略ビジョンの策定・戦略基盤整備 (モデル町の設置・群島全体の気運醸成)		第二段階 群島全域へのまちづくり波及 全国発信・全国における認知拡大		
	16	17	18	19	20

- ビジョン策定
  - 戦略ビジョン検討委員会
- あまみ長寿・子宝プロジェクト推進協議会
- 群島内市毎町村のプロジェクト推進体制
- 評価及び事業展開の検討

- 群島全域におけるヘルスプロモーションの実践
- 最終評価

- モデル町の構築（長寿）(瀬戸内町、与論町)
  - ◎長寿・子宝のまちづくり検討事業
    - ・長寿・子宝アカデミー開催
    - ・百寿のまちづくり五十人委員会設置
  - ◎長寿・子宝素材の活用検討事業
    - ・あまみ長寿食材活用事業
    - ・あまみタラソ健康づくり事業

- モデル町の構築（子宝）(瀬戸内町、天城町)
  - ◎あまみ子宝のまちづくり促進事業
  - ◎長寿・子宝素材の活用推進事業
    - ・島唄・島踊りの健康効果検証事業
    - PR、体制整備　等

- モデル町から他の地域への波及
- 住民による長寿・子宝のまちづくり促進
- ◎巡るいのちのキョラジマ創造事業

- 事業化の検討・試行（タラソテラピー、健康郷土料理　等）
- 事業展開
- ヘルスツーリズム観光客の誘致

⇒「長寿・子宝・癒しの島あまみ」の構築による群島の自立的発展と豊かな住民生活の実現

⇒県民・国民の健康寿命の延伸と次世代育成支援の推進

全　国　へ　の　情　報　発　信

奄美群島振興開発計画
(総合計画第2期実施計画)

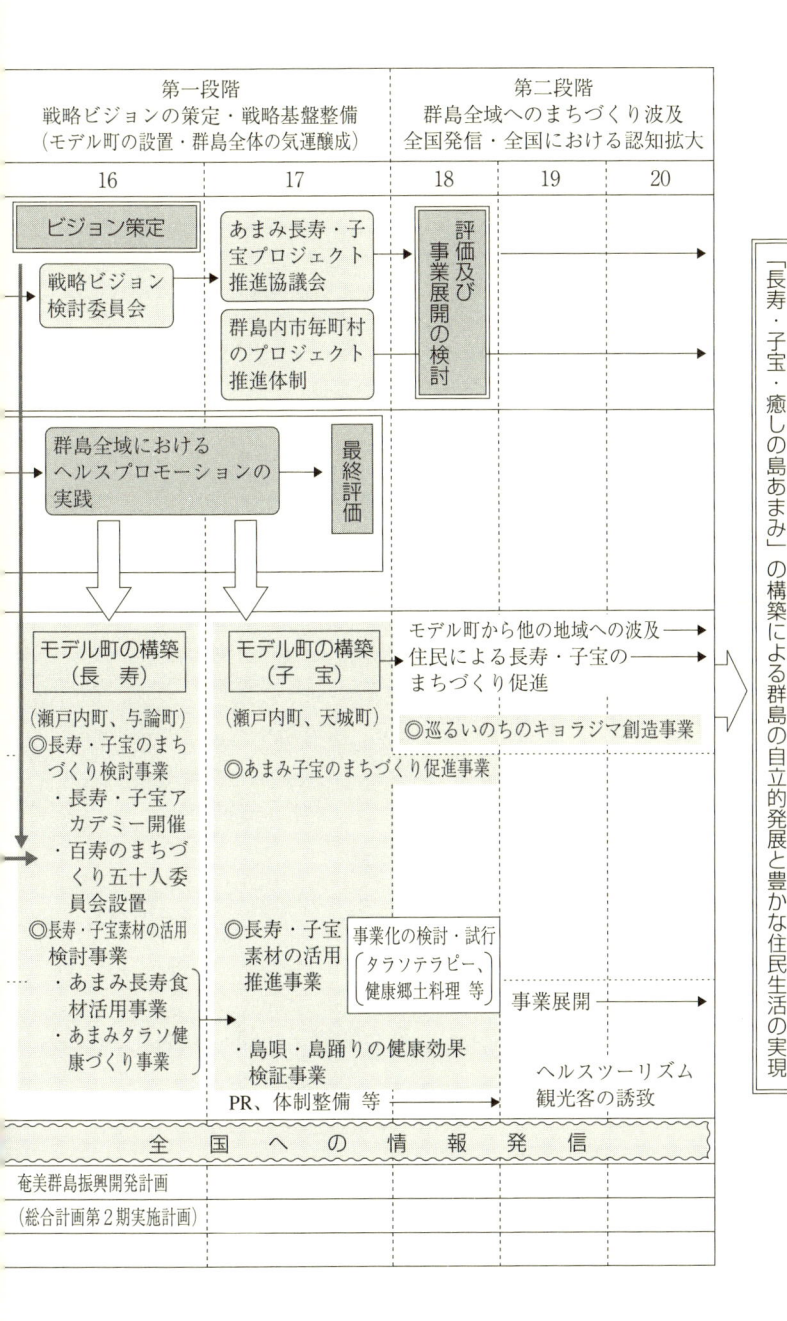

食物繊維、カルシウム、ビタミンE、不飽和脂肪酸などの摂取が十分にされている。

❽暮らしやすい──物価が安いし、天然の食材が簡単に手に入るので、経済的な不安要素が低い。夫婦2人で、月に6万円くらいでやっていくことが可能である。

　以上の諸点に加えて、いかの社会的環境、親や子どもの環境が果たす役割も大きい。

社会的環境
①儒教の影響が大きい。先輩が後輩を育てていく。目上の人を尊敬する。互いに助け合うという奉仕精神をもっている。
②深夜、営業している店がほとんどない。冬場の精糖工場や3～4か所のコンビニぐらいである。
③キリスト教徒が多く、堕胎することが少ない。
④行政のフォロー（奄美市）
　（1）福祉政策に「児童係」が設置されており、保育所や救済などを担当している。それとは別に「青少年支援係」を置き、市長部局と教育委員会の情報交換をよく行っている。不登校児、非行少年などの状況を把握し、「NPOゆずり葉の里」と連携してその対策を考えている。
　（2）健康増進のため、「長寿・子宝推進担当」は全庁体制で兼務し配置されている。
⑤長寿・子宝プロジェクトを立てて推進している。
⑥夫婦2人が6万円で過ごせる地域である。奄美地域では、米さえあれば野菜などは自給できる。
⑦気候が温暖で、のんびりして「てげてげ」、「いい加減」な心で熱しやすくて冷めやすい。熱しやすいために恋をするのが早くなり、子どももできやすい。
⑧現金所得が低いため、パソコンなどのバーチャル教育が遅れている。その代わり、お金のかからないスポーツなどが盛んに行われている。人と人が触れ

あう風土がある。
⑨「1人っ子だと我が儘、2人っ子が健全で、3人ならもっといい」という伝統的な言い伝えが残っている。
⑩奄美地域には「南海日々新聞」と「大島新聞」という地元新聞が2紙ある。奄美群島の13万人に対して、それぞれ35,000部、15,000部発行されており、各家庭はどちらかを講読している。その理由は、地元メディアであるため地元の情報が詳しく取り上げられており、犯罪抑制力をも有していることである。また、地域の人々にとって最も重要な情報である死亡訃報も記載されている。
⑪「死ぬまで働く」、「共働きは当たり前」という風習がある。ちなみに、「大島紬」は自宅で作業するので年齢とは関係なくできる。
⑫現金所得が低いため、子どもは親の手伝いや新聞配達、サトウキビ刈りなどのアルバイトをして、小さい頃から「勤労」を真近に感じて身に着けていく。
⑬温暖な気候だから生物(植物、動物)の成長は早い。お金はなくても、周りのものを食べて生きていける雰囲気が残っている。「失業率」は高いが「失業感」は薄い。また、「経済力」は低いが「経済満足度」は高い。つまり、給料は低いが、サラリーマンが農業(家庭農園)をする場合が多く、自給率が高い。
⑭安心できる。奄美大島は離島のなかで最もにぎやかな街であるが、医療機関などの施設が充実している。1時間半くらいでどこかに行くことができるので、子育てには安心である。また、精神面ではシャーマニズムが残っており、人々の心を大きく支えている。

親の環境
①出産祝い、入学祝、卒業祝い、成人祝いなどの時、親戚、隣人や職場の同僚が自らお祝いに来る風土というものが残っている。
②子どもが在学しているうちに、子ども会、スポーツ少年団、PTAなどに親達が積極的に参加し、親同士の付き合いが多い。特に、父親の参加は多いため、子どもに関する情報交換が行われ、子どもを見守る体制になっている。

③職場は自宅や実家との距離が近いので、昼食は外でとらずに家に帰ってきて食べる。
④猛毒のハブがいるために農作業や建設業などは残業が少なく、早めに帰宅している。
⑤夜の時間が長く、地元の黒糖焼酎を飲んだり、掛歌や掛踊りをすることで興奮しやすく、子どもができやすい。
⑥保育・学童保育（放課後プラン）・医療施設などが、離島でも整っている。
⑦離婚率は高いが、児童扶養手当や生活保護制度などの財政的なフォローが充実している。
⑧30分以内の短い通勤時間のため、家に留まる時間が長い。
⑨託児所や私立幼稚園などは園児の送迎バスシステムをもっており、親にとっても安心できる。
⑩障害児童、青少年、大人向けの施設が離島でも整っている。

子どもの環境

①鹿児島県の九州本土から転職してきた新任高校教諭が高校生に癒やされる。子ども達が近づいてくるので親しくなりやすく、子どもに対する教育も優しい。
②中学生は、ほぼ全員坊主頭にしている。これは素朴、素直と思われる。
③「NPOゆずり葉の里」という民間団体が、不登校の子どもに対してフォローしている。
④受験競争のような環境が少ない。塾や予備校などはほとんどなく、昔の寺子屋みたいなものしかないので楽天的な子どもが育つ。
⑤学校の授業よりも、読み書きソロバン、ピアノ、踊り、島唄などといった受験とは関係ないお稽古ごとが多く、情操教育が重視されて全人教育になっている。
⑥保育園段階から「島唄」「八月おどり」など郷土芸能や郷土の言葉を教え込み、触れる機会が多い。
⑦寒い日が少ないから、野外キャンプなど自然体験的な教育がよく行われている。

⑧奄美地域の教育方針は「小学時代はよく遊びよく遊べ、中学時代はよく遊びよく学べ、高校時代はよく学びよく遊べ」である。それに対して親達には、「幼稚園の子と手をつなぎ、小学生の子どもの前に立ち、中学生の子どもの後ろに立ち、高校生の子とともに学べ」を提唱している。

このように、日本の昔の知育偏重でない教育環境が残っている。

日本の教育には、今後、「東大ピラミッド型教育」と「トラさんピラミッド型教育」の両方が必要である。奄美は、これからも胸を張って「トラさんピラミッド型人材」を育てていくだろう。

4 おわりに

奄美大島は、沖縄についで中央政府から財政補助を受け取っている。その理由は、戦後アメリカに1946年から1954年に返還されるまで8年間管理されてきたからである。日本全体が財政難になっていることもあって中央政府からの財政補助も減り、320億円からの予算は270億円に減っている。また、市町村合併が進んでいるが、福祉関係の予算はあまり減少しないよう努力している。そのため、行政は市民とパートナーシップ関係を築き、すき間産業をどんどん開発していく必要がある。

①自給自足率を高めること。
②観光客を誘致すること。
③基金やファンドをつくって、世界遺産の申請を応援する。

東京には20万人、大阪には30万人の奄美出身の人がいる。その人達に基金をつくってもらう。儒教の精神が残っている島国こそ、可能なことではないだろうか。

【追記】この報告書は、元奄美市企画部長花井恒三氏へのインタビューおよびいただいた以下の資料により作成したものである。

参考資料一覧

- 「奄美ニューズレター」2006年9月号
- 「あまみ長寿・子宝プロジェクト戦略ビジョンの進捗に関する調査結果」2006年。
- 「あまみ長寿・子宝調査概要報告書」2004年10月。
- 「あまみ子宝のまちづくり促進事業概要」2005年。
- 「奄美群島観光〜行政視察資料〜」奄美群島広域事務組合、奄美群島観光連盟。2006年。
- 「奄美群島・奄美市の経済」奄美群島広域事務組合。2005年。
- 「奄美群島の長寿・子宝要因分析中間概要報告」2003年9月

第21章 都市の老年女性の生活状況に対する調査と研究について

章　麗君（中国社会科学院老年科学研究センター・副秘書長）

　中国の高齢人口の増加、高齢化のスピードの加速につれ、女性の高齢者層と男性の高齢者層の経済的収入、医療保障、婚姻と家族などの面での差異と問題が突出するようになった。2005年と2007年、我々は、貴州省凱里市と浙江省寧波市の高齢者の状況について調査・研究を行った。本章では、この調査に基づき、女性の高齢者に焦点をあてて生活状況を分析し、性別の比較を行う。

1　女性高齢者の年金水準は比較的低い

　貴州省凱里市で毎月年金が支給されている女性高齢者の割合は79.2％、年金がない女性の割合は20.8％に達している。毎月年金が支給される男性高齢者の割合は94.8％に達して、女性高齢者より15.6％高くなっている。年金がある女性高齢者のなかで半数に近い人（47.8％）の年金額は毎月301～500元で、男性高齢者のなかでは少数の人（16.1％）だけが301～500元である。毎月1,601元以上の年金がある男性高齢者は21.3％で、一方、女性高齢者はわずか8％で、男性高齢者より13.3％少なくなっている（**表21－1参照**）。
　浙江省寧波市は東南部の沿海に位置し、経済は比較的発展しているので高齢者年金は比較的高い。半数以上（62.1％）の女性高齢者の毎月の年金額は801～1,200元で、凱里市の女性高齢者の11.5％より50.6％高くなっている。その

表21－1　凱里市（市街地区）の高齢者における毎月の年金状況について（単位：％）

年齢組（歳）	性別	養老金（元）無	≤300	301〜500	501〜800	801〜1200	1201〜1600	1601〜2000	2001〜3000	3001〜4000	4000+
65〜69	男	4.0	1.4	26.8	40.1	12.0	7.0	10.6	2.1		
	女	17.3	4.8	46.8	21.0	9.7	9.7	6.5	1.6		
	男女合計	8.5	2.5	32.8	34.3	11.3	7.8	9.3	2.0		
70〜74	男	3.4	1.7	8.7	37.4	13.0	18.3	12.2	8.7		
	女	17.8	2.7	40.5	21.6	18.9	5.4	8.1	2.7		
	男女合計	7.3	2.0	16.4	33.6	14.5	15.1	11.2	7.2		
75〜79	男	10.5		5.9	21.6	9.8	17.6	23.5	17.6	3.9	
	女	40.0		75.0	12.5		12.5				
	男女合計	16.7		15.3	20.3	8.5	16.9	20.3	15.3	3.4	
80〜84	男	7.7			63.6		27.3		9.1		
	女	28.6	20.0	60.0	20.0						
	男女合計	15.0	6.3	18.8	50.0		18.8		6.3		
85以上	男	20.0		25.0				75.5			
	女	50.0		100.0							
	男女合計	28.6		40.0				60.0			
全部年齢組合計	男	5.2	1.2	16.1	36.5	11.5	13.3	13.6	7.1	0.6	
	女	20.8	4.4	47.8	20.4	11.5	8.0	6.2	1.8		
	男女合計	9.9	2.1	24.3	32.3	11.5	11.9	11.7	5.7	0.5	

上、寧波市は毎月301〜500元の低い年金の女性高齢者はわずか4％だけで、凱里市より43.8％少ない。

　寧波市の女性高齢者の年金は凱里市より高いが、当市の男性高齢者の年金と比べるとやはり相当な差がある。例えば、毎月年金1,201〜1,600元である女性高齢者はわずか8.9％にすぎないが、男性高齢者の32.1％の人はこの待遇を享受していて、23.2％の差がある。毎月1,601元以上の年金を享受する女性高齢者は20.6％であるが、男性高齢者は36.8％で、16.2％の違いがある（**表21－2**参照）。

表21－2　寧波市（市街地区）の高齢者の毎月年金の享受情況について（単位：％）

年齢組（歳）	養老金（元）性別	301～500	501～800	801～1200	1201～1600	1601～2000	2001～3000	3001～4000	4000＋
65～69	男		1.2	26.2	32.1	8.3	15.5	15.5	1.2
	女	2.9	5.7	68.6	7.1	2.9	10.0	2.9	
	男女合計	1.3	3.2	45.5	20.8	5.8	13.0	9.7	0.6
70～74	男	1.9	1.0	23.1	36.5	5.8	20.2	10.6	1.0
	女	2.0	3.9	59.8	11.8	7.8	12.7	1.0	1.0
	男女合計	1.9	2.4	41.3	24.3	6.8	16.5	5.8	1.0
75～79	男			30.8	36.9	4.6	12.3	10.8	4.6
	女	6.8	2.3	63.6	6.8	11.4	9.1		
	男女合計	2.8	.9	44.0	24.8	7.3	11.0	6.4	2.8
80～84	男	2.9		44.1	17.6	5.9	14.7	8.8	5.9
	女	10.7	7.1	53.6	7.1	7.1	10.7		3.6
	男女合計	6.5	3.2	48.4	12.9	6.5	12.9	4.8	4.8
85以上	男			66.7			11.1		22.2
	女			50.0		50.0			
	男女合計			61.5		15.4	7.7		15.4
全部年齢組合計	男	1.0	0.7	29.4	32.1	6.1	16.2	11.5	3.0
	女	4.0	4.4	62.1	8.9	7.7	10.9	1.2	0.8
	男女合計	2.4	2.4	44.3	21.5	6.8	13.8	6.8	2.0

2　女性高齢者の医療保障水準は比較的低い

　凱里市、寧波市の調査データによると、各年齢層の高齢女性の医療保障水準はすべて同年齢の男性高齢者より低いため、女性高齢者の自費医療の割合は同年齢の男性より高くなっている。例えば、凱里市の公費医療を享受する男性高齢者の割合は31％で、女性高齢者は20.7％、女性は男性より約11％低くなっている。また、寧波市の公費医療を享受する男性高齢者の割合は34.4％で、女性高齢者は26.2％、同じく女性は男性より8.2％低い。
　女性高齢者の公費医療の保障水準が低いため、自費医療の割合は高くなる。

表21－3　凱里市（市街地区）の高齢者の医療保障の享受情況について（単位：％）

年齢組（歳）	性別	公費医療[1]	合作医療[2]	大病統籌[3]	医療保険	自費
65～69	男	20.9	1.4	19.6	40.5	17.6
	女	18.9	2.7	6.8	43.2	28.4
	男女合計	20.3	1.8	15.3	41.4	21.2
70～74	男	33.6	0.8	13.4	46.2	5.9
	女	30.4		6.5	41.3	21.7
	男女合計	32.7	0.6	11.5	44.8	10.3
75～79	男	50.9		7.0	26.3	15.8
	女	13.3	13.3		40.0	33.3
	男女合計	43.1	2.8	5.6	29.2	19.4
80～84	男	23.1	7.7	7.7	38.5	23.1
	女			14.3	28.6	57.1
	男女合計	15.0	5.0	10.0	35.0	35.0
85以上	男	60.0			20.0	20.0
	女			33.3		66.7
	男女合計	37.5		12.5	12.5	37.5
全年齢層合計	男	31.0	1.2	14.6	39.8	13.5
	女	20.7	2.8	6.9	40.7	29.0
	男女合計	27.9	1.6	12.3	40.0	18.1

　凱里市の女性高齢者の自費医療の割合は29％で、寧波市は10％である。一方、男性高齢者の自費医療の割合はそれぞれ13.5％と5.4％である。両者を比較すると、女性高齢者の自費医療の割合は男性高齢者よりそれぞれ15.5％（凱里市）と4.6％（寧波市）高くなっている。

　女性高齢者の医療保障の水準はさらに低い。凱里市の調査研究によると、80～84歳と85歳以上の女性高齢者はすべて公費医療を受けていない。この2組の女性高齢者の自費医療の割合はそれぞれ57.1％と66.7％となっているが、同年齢層の高齢男性の自費医療の割合はそれぞれ23.1％と20.0％である。経済が発達している寧波市で、上述の2組の女性高齢者の自費医療の割合はそれぞれ22.9％と33.3％であるが、同年齢の男性高齢者はそれぞれ5.4％と11.1％にすぎない（表21－3、表21－4参照）。

表21－4　寧波市（市街地区）の高齢者医療保障の享受情況について（単位：％）

年齢組（歳）	性別	公費医療	合作医療	大病統籌	医療保険	自費
65～69	男	37.5	2.3	5.7	48.9	5.7
	女	28.9	1.3	9.2	52.6	7.9
	男女合計	33.5	1.8	7.3	50.6	6.7
70～74	男	32.5	4.4	7.9	49.1	6.1
	女	26.4	4.5	7.3	55.5	6.4
	男女合計	29.5	4.5	7.6	52.2	6.3
75～79	男	36.2	1.4	5.8	53.6	2.9
	女	24.5	2.0	6.1	59.2	8.2
	男女合計	31.4	1.7	5.9	55.9	5.1
80～84	男	29.7		5.4	59.5	5.4
	女	22.9	5.7		48.6	22.9
	男女合計	26.4	2.8	2.8	54.2	13.9
85以上	男	33.3	11.1		44.4	11.1
	女	22.2	11.1	11.1	22.2	33.3
	男女合計	27.8	11.1	5.6	33.3	22.2
全年齢層合計	男	34.4	2.8	6.3	51.1	5.4
	女	26.2	3.6	6.8	53.4	10.0
	男女合計	30.5	3.2	6.5	52.2	7.6

(1) 「公費医療制度」は、1952年に、政務院（現在の国務院）の「全国各級人民政府・党派・団体およびその所属機関の政府役人に対する公費医療予防の実施に関する指示」の公布によって正式に施行された。給付対象は、主に各級人民政府・党派・団体およびその所属機関の政府役人、障害軍人、大学生などである。財源は、国家財政予算の中で単独に予算定額が設けられ、受信受付料・往診料などは自己負担であるが、その他ほとんど無料である。

(2) 合作医療制度は1960年代に中国の各地で実施されたことがある。ところが、社会環境や経済状況、改革会報政策の導入など大きな変化により、この制度が瀕死状態になり、ほとんどの農民が「無保険医療」になってしまった。これによって、大病統籌を中心とする医療制度になる。

(3) 「小病分流、大病統籌」は現在中国の医療保険の原則である。経済能力と医療水準によって、ある水準を制定し、その水準未満の医療費は都市部の従業員個人が負担する。水準を超過した部分は、社会保険機関がその一定の割合を負担する。

表21−5　凱里市（市街地区）の老年人の婚姻状況について（単位：%）

年齢層（歳）	性別 \ 婚姻状況	未婚	配偶者あり	離婚	配偶者死亡
65〜69	男		90.0	1.3	7.3
	女		42.7	2.7	54.7
	男女合計		74.2	1.8	23.1
70〜74	男		90.8	3.4	5.0
	女		48.9	2.2	48.9
	男女合計		79.3	3.0	17.1
75〜79	男		86.0		14.0
	女		26.7		73.3
	男女合計		73.6		26.4
80〜84	男		61.5		38.5
	女		42.9		57.1
	男女合計		55.0		45.0
85以上	男		80.0		20.0
	女				100.0
	男女合計		50.0		50.0
全年齢層合計	男		88.4	1.7	9.0
	女		42.1	2.1	55.9
	男女合計		74.6	1.8	22.9

3　女性高齢者の配偶者の死亡率は比較的高い

　通常、女性の寿命は男性より長いので、そのため各年齢層の女性高齢者の配偶者の死亡率は同年齢の男性高齢者より高くなり、2市の統計によると、80〜84歳の女性高齢者について言えば、西部の凱里市と東南部沿海の寧波における配偶者の死亡率はそれぞれ57.1%と76.5%となっており、85歳以上の女性高齢者の配偶者の死亡率は2市とも100%である。

　女性の寿命は長いため、彼女達が男性とともに生活する時間は必然的に短くなり、逆に男性高齢者の配偶者の死亡率は女性高齢者より低くなる。例えば、75〜79歳の男性高齢者で配偶者がいる率は、凱里市は86%で、寧波市は82.6%であり、配偶者の死亡率は、凱里市が14%で、寧波市は15.9%である。しかし、両市のこの年齢層の配偶者がある女性高齢者では、凱里市は26.7%で、寧波市は51%であるが、配偶者の死亡率は高くてそれぞれ73.3%と49.0%である（表21−5、表21−6参照）。

表21－6　寧波市（市街地区）の老年人の婚姻状況について（単位：％）

年齢層 （歳）	性別 婚姻状況	未婚	配偶者 あり	離婚	配偶者 死亡	同居
65～69	男	1.1	90.9	2.3	5.7	
	女		78.9	1.3	18.4	1.3
	男女合計	0.6	85.4	1.8	11.6	0.6
70～74	男	1.8	84.2	3.5	9.6	0.9
	女	0.9	67.0		30.3	1.8
	男女合計	1.3	75.8	1.8	19.7	1.3
75～79	男		82.6	1.4	15.9	
	女		51.0		49.0	
	男女合計		69.5	0.8	29.7	
80～84	男		75.7		24.3	
	女	2.9	20.6		76.5	
	男女合計	1.4	49.3		49.3	
85以上	男		22.2		77.8	
	女				100.0	
	男女合計		11.1		88.9	
全年齢層 合計	男	0.9	83.0	2.2	13.6	0.3
	女	0.7	59.6	0.4	38.3	1.1
	男女合計	0.8	72.1	1.3	25.1	0.7

4　女性高齢者の独居（一人暮らし）の割合は比較的高い

　女性高齢者の配偶者の死亡率は男性より高いので、各年齢層の女性高齢者のなかの独居割合も同年齢の男性より高くなる。75～79歳の年齢層を例にすると、凱里市はこの年齢層の女性高齢者の独居の割合は20.0％で、寧波市は25.5％である。一方、この年齢層の男性高齢者の独居の割合は、凱里市は3.5％で、寧波市は7.2％である。一方、老夫婦が2人暮らしの割合は、男性高齢者は女性高齢者よりかなり高い。

　凱里市の統計によると、老夫婦が2人暮らしの男性高齢者は44.4％で、女性高齢者は25％で、男性は女性より19.4％高い。寧波市の統計によると、老夫婦が2人暮らしのなかで男性高齢者は65.6％で、女性高齢者はわずか47.0％で、男性は女性より18.6％高い（表21－7、表21－8参照）。

表21-7　凱里市（市街地区）の城市高齢者の家族タイプの構成について（単位：％）

年齢層（歳）	家族類型 性別	独居	老夫妻2人戸	未婚子女と同居	既婚子女と同居	孫子・女と同居	3世帯同居	4世帯同居	その他の人と同居
65～69	男	2.1	44.5	17.1	15.8	6.2	13.0	1.4	
	女	16.7	26.4	6.9	15.3	9.7	25.0		
	男女合計	6.9	38.5	13.8	15.6	7.3	17.0	0.9	
70～74	男	0.8	45.8	10.2	20.3	2.5	18.6	0.8	0.8
	女	11.1	24.4	6.7	17.8	8.9	28.9	2.2	
	男女合計	3.7	39.9	9.2	19.6	4.3	21.5	1.2	0.6
75～79	男	3.5	42.1	5.3	22.8	7.0	15.8		3.5
	女	20.0	26.7	6.7	33.3		13.3		
	男女合計	6.9	38.9	5.6	25.0	5.6	15.3		2.8
80～84	男	25.0	25.0		41.7		8.3		
	女	33.3	16.7		16.7		33.3		
	男女合計	27.8	22.2		33.3		16.7		
85以上	男		80.0			20.0			
	女				50.0		50.0		
	男女合計		57.1		14.3	14.3	14.3		
全年齢層合計	男	2.7	44.4	11.8	19.2	5.0	15.1	0.9	0.9
	女	15.7	25.0	6.4	18.6	7.9	25.7	0.7	
	男女合計	6.5	38.7	10.3	19.0	5.9	18.2	0.8	0.6

表21-8　寧波市（市街地区）の城市高齢者の家族タイプの構成について（単位：％）

年齢層（歳）	家族類型 性別	独居	老夫妻2人戸	未婚子女と同居	既婚子女と同居	孫子・女と同居	3世帯同居	4世帯同居	その他の人と同居
65～69	男	6.8	64.8	10.2	10.2		6.8	1.1	
	女	11.8	60.5	9.2	5.3	3.9	9.2		
	男女合計	9.1	62.8	9.8	7.9	1.8	7.9	0.6	
70～74	男	8.8	70.2	4.4	4.4	5.3	6.1		0.9
	女	17.3	54.5	1.8	10.0	5.5	10.9		
	男女合計	12.9	62.5	3.1	7.1	5.4	8.5		0.4
75～79	男	7.2	68.1	2.9	8.7	2.9	10.1		
	女	24.5	42.9	10.2	10.2	2.0	10.2		
	男女合計	14.4	57.6	5.9	9.3	2.5	10.2		
80～84	男	18.9	64.9		8.1	5.4		2.7	
	女	34.3	11.4	5.7	20.0	2.9	20.0	2.9	2.9
	男女合計	26.4	38.9	2.8	13.9	4.2	9.7	2.8	1.4
85以上	男	55.6			11.1		22.2		11.1
	女	33.3			44.4		22.2		
	男女合計	44.4			27.8		22.2		5.6
全年齢層合計	男	10.4	65.6	5.0	7.6	3.2	6.9	0.6	0.6
	女	19.7	47.0	5.7	11.1	3.9	11.8	0.4	0.4
	男女合計	14.8	56.9	5.4	9.2	3.5	9.2	0.5	0.5

表21-9　凱里市（市街地区）の高齢者の家事時間の分布情況について（単位：％）

年齢層（歳）	家事類別 性別	部屋掃除（時間／日）				食材を買い・料理をする（時間／日）				子供の面倒を見る（時間／日）			
		無	<1	1-2	>2	無	<1	1-2	>2	無	<1	1-2	>2
65〜69	男	35.3	58.7	5.3	0.7	32.0	34.7	26.0	7.3	68.5	12.1	5.4	14.1
	女	9.3	65.3	21.3	4.0	9.3	36.0	33.3	21.3	69.3	10.7	9.3	10.7
	男女合計	26.7	60.9	10.7	1.8	24.4	35.1	28.4	12.0	68.8	11.6	6.7	12.9
70〜74	男	40.3	52.1	7.6		39.5	33.6	20.2	6.7	73.1	11.8	6.7	8.4
	女	28.3	54.3	15.2	2.2	17.4	30.4	37.0	15.2	77.8	4.4	15.6	2.2
	男女合計	37.0	52.7	9.7	0.6	33.3	32.7	24.8	9.1	74.4	9.8	9.1	6.7
75〜79	男	45.6	45.6	5.3	3.5	43.9	31.6	15.8	8.8	82.1	10.7	3.6	3.6
	女	33.3	46.7	20.0		33.3	26.7	26.7	13.3	80.0	13.3	6.7	
	男女合計	43.1	45.8	8.3	2.8	41.7	30.6	18.1	9.7	81.7	11.3	4.2	2.8
80〜84	男	61.5	30.8		7.7	69.2		30.8		92.3			7.7
	女		57.1	28.6	14.3	42.9	14.3	42.9		71.4	14.3	14.3	
	男女合計	40.0	40.0	10.0	10.0	60.0	5.0	35.0		85.0	5.0	5.0	5.0
85以上	男	100.0				80.0			20.0	100.0			
	女	33.3	66.7			33.3	33.3	33.3		66.7		33.3	
	男女合計	75.0	25.0			62.5	12.5	12.5	12.5	87.5		12.5	
合計	男	40.7	52.3	5.8	1.2	38.7	32.0	22.1	7.3	73.7	11.1	5.3	9.9
	女	17.8	59.6	19.2	3.4	16.4	32.2	34.2	17.1	73.1	9.0	11.7	6.2
	男女合計	33.9	54.5	9.8	1.8	32.0	32.0	25.7	10.2	73.5	10.5	7.2	8.8

5　女性高齢者の家事労働は比較的重い

　女性高齢者は男性高齢者より多くの家事労働を担当し、凱里市の調査データによると、毎日部屋の掃除に約1〜2時間かける女性高齢者の割合は82.2％で、男性高齢者は59.3％で、女性は男性より32.9％高くなっている。食材を買い、食事をつくるに約1〜2時間かかる女性高齢者の割合は83.5％で、男性高齢者は61.4％なので女性は男性より22.1％高くなる。また、毎日子どもの面倒を見るのに約1〜2時間かける女性高齢者と男性高齢者の割合はほぼ同じで、それぞれ26.9％と26.3％であることが分かった。

　寧波市の調査データも同じようなことを表している。

　女性高齢者が引き受ける家事労働は男性高齢者より多く、しかも時間的にも

表21-10 寧波市（市街地区）の高齢者の家事時間の分布情況について（単位：%）

年齢層（歳）	家事類別 性別	部屋掃除（時間／日）				食材を買い・料理を（時間／日）				子供の面倒を見る（時間／日）			
		無	<1	1-2	>2	無	<1	1-2	>2	無	<1	1-2	>2
65～69	男	34.1	58.0	6.8	1.1	23.9	43.2	18.2	14.8	58.0	15.9	12.5	13.6
	女	2.6	64.5	27.6	5.3	9.2	40.8	35.5	14.5	75.0	6.6	6.6	11.8
	男女合計	19.5	61.0	16.5	3.0	17.1	42.1	26.2	14.6	65.9	11.6	9.8	12.8
70～74	男	33.3	54.4	11.4	0.9	25.4	31.6	30.7	12.3	76.3	9.6	8.8	5.3
	女	8.2	70.0	19.1	2.7	14.7	35.8	36.7	12.8	88.1	5.5	2.8	3.7
	男女合計	21.0	62.1	15.2	1.8	20.2	33.6	33.6	12.6	82.1	7.6	5.8	4.5
75～79	男	42.0	55.1	2.9		33.3	40.6	15.9	10.1	84.1	8.7		7.2
	女	16.3	59.2	20.4	4.1	10.2	42.9	28.6	18.4	93.9	4.1	2.0	
	男女合計	31.4	56.8	10.2	1.7	23.7	41.5	21.2	13.6	88.1	6.8	0.8	4.2
80～84	男	40.5	51.4	5.4	2.7	18.9	51.4	18.9	10.8	94.6			5.4
	女	31.4	68.6			31.4	34.3	31.4	2.9	97.1	2.9		
	男女合計	36.1	59.7	2.8	1.4	25.0	43.1	25.0	6.9	95.8	1.4		2.8
85以上	男	55.6	44.4			66.7	22.2	11.1		100			
	女	66.7	33.3			44.4	33.3	11.1	11.1	100			
	男女合計	61.1	38.9			55.6	27.8	11.1	5.6	100			
合計	男	36.9	54.9	7.3	0.9	27.1	38.8	22.1	12.0	75.7	9.8	6.6	7.9
	女	12.9	65.2	18.6	3.2	15.5	38.1	33.5	12.9	87.1	5.0	3.2	4.7
	男女合計	25.7	59.9	12.6	2.0	21.7	38.5	27.4	12.4	81.0	7.6	5.0	6.4

長い。例えば、毎日部屋の清掃に約1～2時間かける女性高齢者の割合は87.0％で、男性高齢者は63.1％である。毎日食材を買い、食事をつくることに約1～2時間かける女性高齢者の割合は84.5％で、男性高齢者は72.9％である。また、子どもの面倒を見ることについて見ると、男性は女性より11.4％高くなっている（表21-9、表21-10参照）。

6　女性高齢者の孤独感

　女性高齢者の配偶者の死亡率が比較的高いので、一人暮らしは多くなり、また家事があるので、文化生活が単調なうえに彼女達は男性高齢者より、心理的には寂しさや孤独感を感じやすい。

表21-11 凱里市(市街地区)の高齢者の孤独感・寂しさの差異について(単位:%)

年齢層(歳)	性別	完全になし	たまに感じる	よく感じる	非常に孤独	はっきりと言えない
65～69	男	37.0	39.0	4.1	2.1	17.8
	女	27.0	40.0	17.6	4.1	10.8
	男女合計	33.6	39.5	8.6	2.7	15.5
70～74	男	48.7	37.8	3.4	1.7	8.4
	女	31.1	51.1	13.3		4.4
	男女合計	43.9	41.5	6.1	1.2	7.3
75～79	男	49.1	40.4	5.3		5.3
	女	13.3	53.3	13.3	20.0	
	男女合計	41.7	43.1	6.9	4.2	4.2
80～84	男	33.3	41.7	8.3		16.7
	女	14.3	71.4	14.3		
	男女合計	26.3	52.6	10.5		10.5
85以上	男	20.0	60.0			20.0
	女		33.3	33.3		33.3
	男女合計	12.5	50.0	12.5		25.0
合計	男	42.8	39.2	4.1	1.5	12.4
	女	25.7	46.5	16.0	4.2	7.6
	男女合計	37.7	41.4	7.7	2.3	11.0

　凱里市の調査によると、孤独感や寂しさについて「非常に孤独」と「よく感じる」と答えた女性高齢者の割合は20.2%で、寧波市の調査では7.5%であった。孤独感が「完全になし」と答えた女性高齢者は、凱里市は25.7%で、寧波市は55.9%である。一方、孤独感が「完全になし」と答えた男性高齢者は、凱里市が42.8%で、寧波市は66.9%となっており、女性高齢者に比べるとそれぞれ17.1%と11.0%高くなっている。

　上述の調査研究は西部の凱里市と東部の沿海地区の寧波市でのことであるが、女性高齢者の孤独感は男性高齢者より少し深刻であるということが分かる。寧波市の孤独感をもつ女性高齢者の割合(7.5%)は西部の凱里市より(20.2%)

表21-12 寧波市（市街地区）の高齢者の孤独感・寂しさの差異について（単位：％）

年齢層（歳）	性別 孤独感・寂しさ	完全なし	たまに感じる	よく感じる	非常に孤独	はっきりと言えない
65～69	男	73.9	18.2	4.5	1.1	2.3
	女	55.3	35.5	5.3	1.3	2.6
	男女合計	65.2	26.2	4.9	1.2	2.4
70～74	男	67.5	23.7	5.3	0.9	2.6
	女	65.5	27.3	2.7	1.8	2.7
	男女合計	66.5	25.4	4.0	1.3	2.7
75～79	男	69.6	21.7	2.9	1.4	4.3
	女	46.9	36.7	10.2	2.0	4.1
	男女合計	60.2	28.0	5.9	1.7	4.2
80～84	男	56.8	29.7	5.4	5.4	2.7
	女	40.0	42.9	14.3		2.9
	男女合計	48.6	36.1	9.7	2.8	2.8
85以上	男	11.1	77.8	11.1		
	女	55.6	33.3			11.1
	男女合計	33.3	55.6	5.6		5.6
合計	男	66.9	24.0	4.7	1.6	2.8
	女	55.9	33.3	6.1	1.4	3.2
	男女合計	61.7	28.4	5.4	1.5	3.0

少し低いが、これは恐らく地域経済の発達、文化生活の充実度および高齢者教育を受けるレベルと関係があるだろう（**表21-11、表21-12参照**）。

上述の調査研究から見えるように、女性高齢者は年金、医療保障の面においてすべて男性高齢者より劣り、配偶者の死亡率、一人暮らしの面においてすべて男性高齢者より多い。しかも、彼女達の孤独感は男性高齢者より深刻である。要するに、女性高齢者の生活の質は男性高齢者より劣り、西部の凱里は東南部の沿海地域の寧波よりさらに劣るということである。

これらの相違は社会発展の不均衡と歴史、文化、社会のなどが原因となっており、女性高齢者は「性別」と「年齢」からくる二重の不遇を受ける。彼女達が社会発展の便益享受に関しては後回しになり、分け前も少ない。しかし、社

会と家族の変容がもたらした様々な衝撃と困難は、いつも先に女性高齢者に与えることになる。

　高齢化がもたらす問題を解決し、高齢女性の生活の質を高めるためには、次のことが重要になる。

❶経済を発展させ、高齢女性の経済的待遇を改善する。
❷家族が高齢者に関心を寄せ、よく世話をするようになる社会政策を実施する。
❸老年夫婦が手を携えて晩年の生活を過ごせるように、男性の寿命が延びる手立てを実施する。
❹高齢女性も自身の教養を高め、自立心を養い、積極的に社会活動に参加し、よい心境、よい気分で安らかに晩年の生活を過ごせるように努める。

第22章 中国高齢者住宅産業に関する考案

王　鳳鳴（青島中潤徳集団代表取締役）

　世界の高齢化問題が日増しに深刻になる今日、高齢者の住宅問題を解決することは社会の持続可能な発展を実現し、調和的社会、調和的世界を構築する上で重要なことである。

　高齢者住宅産業を発展させることは社会の安定を維持し、産業の整備にとって大きな意義がある。そのため、世界各国はすべて人口の高齢化問題に関して解決するべき項目を掲げているが、高齢者住宅はその項目の中で一番重要視されるものである。

　高齢者住宅産業は、社会保障、社会福祉および社会の安全と安定などの諸方面に関わる重要な国民生活産業である。

1　国外の参考実例

①イギリスの高齢者コミュニティ──各年齢層に適応する大型の関連設備

　イギリスの高齢者コミュニティは建築規模が大きく、様々なクラブがあり、設立する課程と組織的な活動は80種類以上ある。一連の設備は整備され、機能によって区分されており、居住、商業サービス、レジャーを一体にした大型の総合コミュニティとなっている。

②デンマークの高齢者住宅──美しい環境が適切な設計

田園都市のような美しさと静かさがあり、多くの庭園は広大で、緑で大地は飾られている。広い道路、絵画のような古い教会、デンマークらしい小さなレストランなどは、絵巻のような調和がある。

③ドイツの養老コミュニティ──老人ホームと結び付いた高齢者住宅

ドイツの高齢者産業は、「社会住宅体系」と「老人ホーム体系」という2種類の体系に分けられる。社会住宅体系に含まれている高齢者住宅の内部は、その多くがバリアフリー設計となっており、政府は高齢者住宅に対して補助金を出している。また、生活援助の面について言えば、高齢者住宅の持ち主は民間の福祉団体とサービス提供を受ける契約を結んでいる。この契約は、建設資金の融資条件になる。

一方、老人ホーム体系に含まれる高齢者住宅は、一種の住宅形式に近い老人ホームである。計画段階で、設計者は一般の高齢者住宅を老人ホームに隣接して建設し、サービスネットワークの拠点と救急ステーションが設置される場合は共用できる施設となっている。

各国の養老産業の経営パターンやサービスの特徴について、中国にとっても参考になるところについて述べておこう。

アメリカの場合、建築規模が大きくて、様々なクラブがあり、プログラムと組織的な活動は80種類以上に上っている。代表的な不動産ビルとしては、サン・シティ、フェニックス市が挙げられる。もちろん、整った一連の設備と機能は区分されている。

日本の場合、良好な社会保険保障体制の基礎のもとに高齢者の生活の質が確保されている。バリアフリー施設のある高齢者住宅、介護のある高齢者住宅、家族と共に生活できる2世代住宅を提供している。高齢者住宅とその他の賃貸住宅や持ち家を同じコミュニティ内で組み合わせて配置し、自活することを助けている。

ヨーロッパの場合は、国の政策によって高齢者が独立したマンションに居住しているようである。建物は三つの要素（都市生活の機能性、コミュニティの役割、良好な生態環境）を結び付けており、種々の建築を集合させて高齢者マンションを孤立させないようにしている。

シンガポールでは、通常、施設がよく整備されているコミュニティの中に建設されている。それぞれのマンションの面積は、35平方メートルと45平方メートルものが多く、1人あるいは2人の高齢者の生活空間となっている。住宅設計と内部構造は、高齢者の事情にあうように基準が弾力的になっている。

以上の国外の例を見ると、それらの高齢者コミュニティの建設理念、人道的配慮の態度などは中国においても参考にする必要がある。中国の特色を考慮すると、以下の二つの点を重視する必要がある。

❶コミュニティは高齢者に基本的な養老施設と関連するハードウエアの施設を提供しなければならず、コミュニティから高齢者の居住する空間までのすべてを高齢者のために設計し、高齢者の人生設計に適応する居住施設とサービスでなければならない

❷高齢者の養老に適応する健康的な環境と、高齢者に相応しいサービスを提供しなければならない。

2　中国の高齢者住宅産業について

1982年にウィーンで開かれた高齢問題世界大会の決議は以下の通りである。「高齢者の住居を、単に雨風をしのぐ場所であると見なしてはいけない。物質的な部分の他に、心理的および社会的な意義があることも考慮する必要がある」

高齢者住宅の問題は、高齢者の居住機能と空間的なニーズだけを満足することではない。重要なのは家庭生活の様式であり、「人を本にする」居住理念であり、親子関係を体現する良好な社会風潮に関わることである。これらは、近

代社会の在宅養老の生活様式と緊密な関係がある。

　在宅養老の実践のなかで「家」という概念は、血筋と親子関係が伴い、一つの物理的な空間を指すだけではなく、人と人との配慮、感情の交流を備え、同時に物質的養老と精神的養老の社会環境を備えている。ゆえに、高齢者住宅の建設は高齢者の調和的な生活と幸せに関わる重要なことである。高齢者住宅関連産業は、さらに、社会保障、社会福祉および社会の安全と安定などに関わる国民の生活を支える重要な産業になる。

　中国は、経済がまだあまり発達していない状況で高齢化社会に入り、しかも高齢者人口は巨大である。4：2：1式の世代構造は、今後数十年にわたって主流となる家族様式となり、「80後」（1980年代生まれの世代）らが結婚後に直面するのは4人、あるいはそれ以上の高齢者を扶養する必要があるため、その圧力の大きさは言うまでもなく養老の難しさを証明している。

　高齢者を大事にする倫理精神は、中国に根を下ろした伝統である。この伝統をいかに活かすかは、中国の養老問題の解決と社会の進歩に重要な鍵となる。

（1）中国の主な養老様式について

　現在、我が国には3種類の養老様式がある。それは「在宅養老」、「施設養老」、「コミュニティ養老」である。

　在宅養老は伝統的な養老様式であるが、新しい情勢がそれを許さない状況になっている。4：2：1式の世代構造をもつ家族が増加するにつれて家族構造が空洞化するなどの問題が現れるため、在宅養老という伝統的な養老方式は社会養老に取って代わるようになった。

　施設養老は社会化養老の一種である。しかし、この方法は高齢者層の個別的な欲求を十分に満足させることができない。

　在宅養老と社会養老の両面を配慮したのがコミュニティ養老である。その基本的な方法は、それぞれのコミュニティで養老サービス・看護センターを設立し、高齢者は自分の家に居住しながらサービスセンターが提供する食事をとり、心理的なカウンセリングと看護医療サービスを享受するというものである。そ

して、サービスセンターにおいては訓練された上で派遣された介護人が、契約に基づき、時間通りに家事などのサービス、付き添いサービス、看護サービス、高齢者の訴えを聞くといったサービスを提供する。それがゆえか、「塀のない老人ホームである」とある人が語っている。

養老施設よって在宅養老を補完することは、中国の高齢者の生活習慣と心理的な特徴に適応しており、高齢者の心理的欲求を満足させ、彼らが安らかな晩年生活を送るのに役立つ。中国の大都市で、中心街の社区（コミュニティ）が、高齢者にこのようなサービスを提供するような方向で発展すれば望ましいことである。

3 高齢者住宅産業の発展方向と方法について

（1）不動産の概念の登場

養生文化村は、養老、医療、生活、娯楽などの機能を兼ね備えている。養生文化村内の健康サービスの内容は以下の通りである。

❶コミュニティ病院を設立し、住民の外来診察、健康回復および介護・看護などの医療サービスを提供する。
❷定期的に健康診断、防疫および検査を行う。
❸専門人員を配備し、適切な薬品の服用管理サービスを提供する。
❹住民の個人健康計画を立てて、健康増進の処方箋を提供する。
❺個人の健康面におけるデータベースをつくる。
❻24時間の医療監視体系を設け、効率的な緊急医療救護機能を確保する。
❼定期的に健康講座、養生コンサルティングなどを催す。

村内の養生・レジャー生活は多彩で、運動（太極拳、卓球、ビリヤードなど）、娯楽（マージャン、囲碁・将棋、カラオケ、映画など）、芸術と文学（書道、絵画、音楽、伝統演劇など）、民俗活動（春節、元宵団子、端午、中秋などの

記念日・慶祝活動)、宗教活動（禅修法会、ミサ、回教の集まりなど）が含まれる。また、村内の緑地は広大で、野菜などもつくることができる。

村の中には完備されているコミュニティ機能があり、スーパーマーケット、銀行、本屋、図書館、レストラン、体育館、プールなどがある。もし、家族が訪問に来たら、「招待所」という宿泊できる所もある。

村のなかで、有償の仕事も提供している。例えば、管理運営方法、簡易水道と電気の補修、園芸・農芸の技能などを高齢者が修得している場合は、他人にサービスをすることによって、それに応じた報酬を受け取ることができる。

（2）住宅担保型養老について

「住宅担保型養老」とは、通常「住宅の逆担保付貸付」あるいは「逆の有担保ローン」とも称される。一種の新型の養老方式として、「住宅担保型養老」方式は西側諸国から中国に紹介され、各方面で注目されている。現在、北京にある「太陽城国際老年マンション」も「逆の有担保ローン」に類似する方法をとっている。住んでいた住宅を同意を得た上で賃貸し、高齢者は得た家賃で太陽城国際老年マンションに入居している。

あるいは、置換する方式もある。高齢者の住宅を太陽城国際老年のマンションと等価に交換し、高齢者が亡くなってから、交換された元の不動産を金銭に換算してその法定の相続者に返還する。現在、この販売方式に興味をもっている高齢者はかなりいる。

（3）異郷養老について

異郷養老は、「移民養老」、「移住養老」と称することができる。移出地と移入地との住宅価格の差、生活費の差および気候、環境という自然養老資源の差を利用して実施された高齢者移住養老である。異郷養老は、以下のいくつかのタイプに分けられる。

①**異郷住宅の購入**——主に、海南、大連、青島などの気候、環境のよい都市、

あるいは大都市の周辺で購入されている。異郷住宅への需要は大きいので、大連、青島、海口などの都市は、かつて全国的な養老基地をつくる構想を提出した。

②「渡り鳥式」式養老——比較的若くて健康な高齢者が主体となる。場所を入れ替える一種の観光を兼ねた養老様式で、国内では人気がある。南方へ越冬に「飛び」、北へは避暑で「滞在」する。食事や宿泊はホテルよりも高齢者マンションのほうが安く、養老と同時に観光を楽しむことができる。この新型の異郷養老タイプでは、全国の異郷養老サービス・プラットフォームをつくりあげているのが特徴である。この組織によって、高齢者は地方でのんびりと休日を過ごし、観光し、必要な治療も受けることができる。

③「季節性」養老について——「季節性」養老とは、独居高齢者達が毎日の衣食に悩むことなく、ひどく暑い夏季と寒い冬季に、臨時的に老人ホームや高齢者マンションに居住し、その間は世話をしてもらって生活を享受する。春秋という1年のなかで過ごしやすい季節になると、また自宅に戻って本来の生活を送る。天津市開発区の泰達国際老人ホームでは、このような季節的に入居する高齢者がすでに半数以上を占めている。

④海外華人の帰国養老——遠くから「異郷養老」に来る人たちのなかで最も多いのは、恐らく海外華人の人達である。彼らは、「葉落ちて根にかえる」と言われるように、帰国して老後を送る。特に、中国経済が日増しに発展するようになってからは、海外に渡っていた華人が帰国して老後を過ごすことがブームになってきた。彼らは住宅を購入するほか、老人ホームに入居している。調査によると、北京、上海では、多くの老人ホームに海外から帰国した高齢者の海外華人がかなりいる。

（4）レジャー養老チェーン基地について

レジャー養老チェーン基地は、一種の高レベルで広範なサービスを提供し、新しいニーズに対応するものである。保健、養生、回復、看護、フィットネス、娯楽、文化、葬式を一体化した養老サービスを提供する。

一つの都市を中心とし、全国にネットワークを組む。経済が比較的発達している沿海都市、景色の優美な有名観光地、例えば上海、海口、衡山、成都、桂林などに支部を設立し、入居した高齢者は全国の各支部の異郷で居住したり、旅行やレジャーが楽しめる。

（5）タイムシェアリング式養老について

五つ星級のホテルを基準として建設され、高齢者マンション、別荘、ホテル、コンベンションホールを一体にした総合的な高齢者クラブで、東南アジア地区で知名度が高い。国際的な富裕層の高齢者が利用するクラブである。

現在、台湾、日本、シンガポールなどの高齢者が青島に来て、タイムシェアリング式の養老生活を楽しんでいる。

第23章

寧波市の高齢化と社会経済の発展について

王　橋（中国社会科学院人口・労働経済研究所研究員）

　寧波市は沿海の発達している都市であり、高齢化の水準が浙江省の平均水準より高い。高齢化の進行に伴い、寧波市の高齢化水準はすでに13.6％まで達し、市街区だけで60歳以上の高齢人口はすでに10数万人に達し、その上、高齢化のスピードはここ30年でいっそう加速することになるので、これは地域社会の経済発展にとって大きな問題となる。

1　寧波市の高齢化の趨勢について

（1）寧波市の高齢化

　高齢化の進展は周期が短くて、スピードが速い特徴がある。中国人口センサスの例年資料を分析すると、寧波市の高齢率は国際標準より4％を上回り、しかも次第に上昇する勢いを呈している。1980年代、寧波市の年齢構成はほぼ成年型に属し、1990年代になるとすでに老年型に近くなっている。2000年になると、全市の総人口は5,962,602人となる。その中で0～14歳の人口は964,664の人で、16.18％を占めている。15～64歳の人口は4,481,119人で、75.15％を占めている。65歳およびそれ以上の人口は516,819人で、8.67％を占めている。
　1990年に行われた第4次中国人口センサスの調査と比較すると、0～14歳人

表23-1 2005年全国国勢調査における寧波市の年齢構成 (単位:%)

年度	0~14歳	15~64歳	65歳およびそれ以上
1990	20.97	72.22	6.81
2000	16.17	75.08	8.75
2005	13.15	78.6	8.25

出所:寧波国勢情報統計調査センター「2005年寧波市人口サンプル調査報告」。

表23-2 その中の65歳以上の高齢人口の構成 (単位:%)

年度	高齢者(65歳以上)人口の比率	高齢者(80歳以上)の比率	高齢者(80歳以上)の比率 / 高齢者(65歳以上)人口の比率
1990	6.81	0.96	14.15
2000	8.75	1.22	13.94
2005	8.25	1.50	18.20

出所:寧波国勢情報統計調査センター「2005年寧波市人口サンプル調査報告」。

口の比率は4.79%下がり、65歳およびそれ以上の人口の比率は1.87%上昇した。65歳およびそれ以上の高齢率はすでに7%を上回った。年少人口の比重は16.17で、国際標準30%より低くなり、すでに典型的な高齢社会になった。

2005年の寧波市人口サンプリング調査によると、寧波市の65歳以上の人口の比率は8.25%に達し、中国の水準より0.56%、国連の標準より1.25%を上回り、これは寧波がすでに高齢社会に入っていることを意味している。

表23-1から見えるように、2005年寧波市の高齢率は8.25%となる。この割合は2000年より少し下がったが、しかしやはり7%という国際上の標準よりはるかに高い。この割合が下がった大きな原因は、大量の地方就労者の転入によるものであるが、高齢人口の絶対的な数量は実際に減少になっていないので、高齢化の問題は依然として厳しい。

表23-2を見ると、もう一つ分かることがある。つまり、高齢人口の中で、80歳以上の人口の比例は大幅に上昇し、18.20%まで達したことである。高齢化から超高齢化へ発展する成り行きは、すでにはっきりと現れたと言える。

（2）高齢者の高齢化

調査資料によると、2005年寧波市の人口構造の中で、年少率（0〜14歳の人口が総人口を占める比率）は引き続き下がり、高齢率（満65歳およびそれ以上の人口が総人口を占める比率）は依然として高い水準にあり、高齢者と年少者との比例は引き続き上昇し、人口増加の潜在的なエネルギーは下がっている。寧波の人口構成は、すでに高度高齢型の構造に入った（**表23－3参照**）

この調査で分るように[1]、2006年の末までになると、寧波市の60歳以上の在籍人口は84万人に達し、全市の在籍人口総数の14.9％を占め、高齢者在籍人口は10年前より20万人とひたすら増加した。2010年になると、寧波市の60歳以上の在籍人口は100万人に近くなり、全市の在籍人口に占める比重は17.6％まで上がる見込みである。現在、全市では80歳以上の超高齢の在籍人口は11.58万人で、在籍の高齢者人口比率の14％ぐらいを占め、寧波市の高齢化水準は浙江省の平均水準より高くて、今後、高齢者の人数は引き続き急速に増加することになる。高齢化は養老保険、医療保障、養老サービス、伝統の養老観念などに深遠な影響を与えることになる。

先進国の高齢化の経過時間は数十年〜100年余りまで続くが、中国の高齢化は先に高齢化になった国家と比べると、高齢化のスピードは速い、高齢人口は多い、地域間でのアンバランス、社会の経済発展より先に進んでいるなどの特徴が見える。

中国は2020年から高齢化の深刻段階に入る。そして、2050年になると、中国は超高齢国家に入ると予測されている。同時に高齢化がもたらした高齢者の社会保障問題は特に著しくなり、農村の高齢人口は養老、医療、介護サービスなどの基本的社会保障が不足という状況になる。特に、中国の中・西部の貧困地域では、調和社会の建設に影響を与えることになる。高齢者の人口増加と寿命の延長に従い、疾病、障害、老衰で生活能力を喪失した高齢者は著しく増加することによって国家、社会と家計に重い負担をかけることになる。

表23－3　2005年全国国勢調査における寧波の年齢構成タイプ

指　標	国際的慣用年齢構成水準（％）			寧波人口年齢構成の変化（％）		
	年少型	成年型	老年型	1990年	2000年	2005年
年少率	40以上	30〜40	30以下	20.97	16.19	13.15
高齢率数	4以下	4〜7	7以上	6.81	8.75	8.25
老少比	15以下	15〜30	30以上	32.47	54.11	62.74

出所：寧波国勢情報統計調査センター「2005年寧波市人口サンプル調査報告」。

（3）少子化と高齢化

　社会扶養の主な対象は逆転されるようになる。第5次中国人口年齢構成に関する国勢調査から見えるように[2]、「第2次中国人口センサス」以後、寧波市の年少人口は穏やかに下降する傾向が現れるが、逆に高齢人口は穏やかに上昇する勢いを呈し、両者の人口扶養率はますます近くなっている。1990年〜2000年、高齢者と年少者との比率は32.47％から54.11％まで上がり、10年間で高齢者と年少者の比率は21.64％上昇した。2005年までになると、高齢者と年少者との比率は62.74％まで達し、5年間で8.63％上昇し、日増しに加速する現象は明らかである。

　今後、しばらくの間に、寧波市の扶養人口の割合は依然として急速に上昇する段階にあり、2010年までになると、80.4％まで達する見込みである。仮に、年少者の割合は引き続き下がるなら、高齢扶養人口の割合と年少扶養人口の割合の変化曲線はおそらく2010年に交差する可能性がある。

（4）平均寿命の延長

　平均寿命は延長になり、高齢化の傾向はいっそう明らかになる。社会経済の

---

(1) 高齢者扶養率＝65歳およびそれ以上の人口／15〜64歳人口 *100％。年少者扶養率＝0〜14歳人口／15〜64歳人口 *100％。高齢率＝65歳およびそれ以上人口／0〜14歳人口 *100％。
(2) 寧波人口センサスセンター、寧波統計情報ネット。

急速な発展と人々の生活水準の向上につれ、平均寿命はそれに応じて延長すると予想される。1990年、寧波市の平均寿命は、男性は69.5、女性は74.98になるが、2005年になると、男性は73.75、女性は78.6になると予測される。この15年間で、男女の平均寿命はそれぞれ6.15と4.84％増大し、しかもすべて76.61歳まで達し、質的な変化があったと言えよう。高齢化の進行中に超高齢化が次第に明らかになる[3]。

2　高齢化の社会経済発展に与える影響について

（1）生産労働人口の変化

　高齢化社会は、生産年齢人口に高齢者を扶養する負担を重くする。推測によると、2000年、中国で100人当たりの生産年齢人口は15.6人の高齢者を負担することであったが、2050年になると48.5人の高齢者を負担することになる。これから50年の最初の20年間は、中国は扶養比例が低い時期にあり、この期間の年少人口の総人口の中での比率はすでに下がり、高齢人口の総人口の中での比率は上昇する時期にあり、総扶養人口の比例は下降することから上昇することへの谷間にあり、Ｖ字形を呈していると考えられている。

　寧波市2005年度人口サンプリング調査によると[4]、生産人口の割合の増加につれ、年少扶養率は明らかに下がり、すでに2000年の21.54％から2005年の16.73％まで下がった。高齢扶養率は少しだけ下がり、1.16％だけ下がった。これによって高齢者と年少者との比率は大幅に増加し、2000年の54.08％から2005年の62.66％まで上がった。この状況によって、寧波市の生産人口の重心は次第に年少者から高齢者へ移転し、全社会の養老負担は日増しに重くなると説明できよう。これは、高齢化社会に与える影響における直接的な反映でもある。

　高齢者問題は、近代的家族に重い負担をかけた。近代的社会では、特に一人っ子政策の推進によって、中国で「4－2－1」という家族の構造が現れた。

表23-4　寧波市年齢構成率

(単位：％)

年度	高齢者扶養率	年少者扶養率	高齢者と年少者との比率
1990	9.43	29.03	32.49
2000	11.65	21.54	54.08
2005	10.49	16.73	62.66

出所：寧波国勢情報統計調査センター「2005年　寧波市人口サンプル調査報告」。

つまり、1組の夫婦が双方の両親と1人の未成年の子女を扶養する必要があることを意味している。

（2）生産労働人口の高齢化

　高齢人口の比重の上昇で生産年齢人口の比率が下がり、労働力の不足を引き起こすことになる。表23-1でも分かるように、2005年に寧波市の生産人口の比率は明らかに上昇し、全市の社会経済の健康的、かつ急速的な発展に豊かな労働力の資源を提供した。しかし、その内部の構造から生産人口が高齢化する傾向が見える。

　生産人口の内部構造の中で、青年人口（18～44歳）の比重は2000年の66.99％から66.19％になり、0.8％下がった。中年人口（45～59歳）の比重は2000年の23.95％から24.84％までになり、0.89％上昇した。このような傾向は、1990年度第4次中国人口センサスの時からずっと存在し、寧波市の労働力の年齢構造がずっと高齢化している傾向が現れると説明できよう。

　このような傾向は、急速に発展している社会経済と避けられない対立を引き起こすことになり、長期に続くと寧波市の労働情勢も厳しくなる。中国はすでに高齢化社会に入ったが、労働力の資源は非常に豊かなので、今後かなり長い期間においても労働力不足にはならないが、中国の高齢化の進行につれて労働力高齢化問題は著しくなる。

---

(3) 寧波市疾病予防コントロールセンター「2006年寧波市居民の死亡原因の観測に関する年度報告」、2007年3月9日。
(4) 寧波人口センサスセンター、寧波統計情報ネット。

（3）貯蓄への影響

　高齢化は経済発展に影響を与える。国民所得は初回の配分と再配分を経てから、最後に貯蓄と消費になる。貯蓄は拡大再生産の源になり、経済の発展を促進する必要な条件になる。しかし、高齢化は途切れない養老経費を増加させることになり、その代わりに消費も増加し、貯蓄はそれに応じて減少することになり、結局、投資の拡大に不利になる。

（4）生産年齢人口の高齢化の影響

　高齢化は、労働生産性に影響を与える。高齢化の結果、生産年齢人口の中で高齢労働者数は多くなり、比率も大きくなる。このような変化は生産年齢人口の高齢化と称される。国際上では、生産年齢人口を以下の三つの部分に分けられている。

- 15〜29歳は若年労働力
- 30〜44歳は中年労働力
- 45〜59（あるいは45〜64歳）は高齢労働力

　高齢労働者の体力は次第に衰退し、反応も若い人ほど速くないため、速いリズムの生産活動に適応することができなくて、特に労働集約型の生産の中で労働生産性の高まりに役立たないと思われている。オートメーション化のレベルが低くて、労働強度が大きい業界に対してその影響はさらに大きい。

　中国は発展途上国であり、工業化のレベルはそれほど高くなくて、労働集約型の企業は多い。これらの業界で、生産年齢の高齢化は労働生産性に影響を与えることになる。高齢化は生産人口の不足、扶養率の増大を引き起こすことになるが、将来、100人当たりの生産年齢人口が70〜80人の非生産年齢人口を扶養することは、社会がその重任を担えないことになるだけではなく、しかも大いに労働力のコストを高め、製品の競争力を下げ、ある程度社会経済の発展を制約することになる。

3 高齢化に挑戦し、積極的に有効な対策を採る

(1) 社会保障システムの対応能力に挑戦し、新型の養老サービス体系をつくり上げる

　高齢化は、現行の在宅養老方式を困難にした。当面、中国の養老方式は在宅養老を主とし、社会養老が補佐する養老方式である。しかし、高齢化は一方で「4-2-1」という家族構成を形成させ、つまり「4人の老人、1組の若い夫婦と1人の未成年の子ども」という家族構造が現れる。一方で、高齢者の扶養率が上昇するようになる。このような養老方式は、養老保障、老人の生活の質などをすべて家族の構成員に依頼するようになり、非常にもろくて弱いものである。事実、高齢者の養老問題は重要な人口問題だけではなくて、しかも経済問題と社会問題でもあるので、養老社会化の改革に力を入れる必要がある。

　寧波市はこの面で優れているが、第5次国勢調査の資料によると、2000年に全市の65歳以上の非生産労働人口は5,751人で、そのなかで年金がもらえるのは828人で14.40％を占め、家族の構成員に扶養されるのは全部で4,444人で77.27％を占め、高齢扶養率は11.65％に達する。社会養老事業を発展させ、在宅養老の不足を補う必要がある。

「政府の在宅養老サービス支援」──社会養老の在宅化、在宅養老の社会化における新しい様式

　2005年3月、海曙区は全区にある65か所のコミュニティに対し、海曙区政府から出資し、非営利的組織「海曙区星光敬老協会」に在宅養老サービスを支援するように決定した。コミュニティの在宅養老サービス従業員は毎日管轄区域の高齢者、1人暮らしの生活に困難がある高齢者にサービスを提供することを実現した。

　「政府がサービスを支援する」ことは、政府部門がサービスの社会機能を履行するために政府の財政から各類の社会サービス機構に直接に資金を出し、あ

るいは公開入札募集の形で社会サービスを買い受け、政府の財政効果の最大化を実現する行為である。政府の扶助、非営利的機構の運営、社会の参与による「政府がサービスを支援」は、社会的解決方法をつくり出した。

- 政府の扶助——区政府は毎年200万元を区の敬老協会に提供し、その中の140万元はサービスを買い受ける資金となり、ほかの60万元は協会の経費となる。敬老協会と各コミュニティ住民委員会は従業員の育成訓練、訪問サービスの派遣などをすべて担当する。
- 非営利的機構の運営——海曙区敬老協会を創立し、敬老協会と各コミュニティ住民委員会は区政府の指導意見に従い、共同で運営をする。
- 社会の参与——社会各方面の力を活かしてともに参与する。

具体的な方法は「走進来、走出去」（高齢者を訪問し、ケア・サービスを実施し、元気な高齢者が外に出て食事や娯楽など活動する）という二つの様式がある。

政府は、1時間7.2元の価格で従業員の訪問サービスを買い受け、経済能力のある高齢者は自分で従業員の訪問サービスを買い受け、企業は訪問サービスを引き受け、および社会が自主的に負担するサービス、例えば、年齢がわりに若くて体がわりに健康的な高齢者は「ボランティア銀行」の形式でサービスを提供する。また、1,000世帯あまりの高齢者に配置した「81890」という緊急の時に1鍵盤でつながるホットラインなどがあり、「10分間の生活サービス圏」、「10分間の家事サービス圏」と「10分間の文化娯楽・体育活動圏」を実現し、比較的整っているコミュニティ・サービスの体系が形成された[5]。

このサービスは、主に超高齢者、1人暮らし、生活に困難がある高齢者を対象としている。外に出る（走出去）とは、健康の状態がわりによい高齢者の生活ニーズを満足させるためのことである。主に高齢者の食事、休憩と娯楽のニーズを満足するためのコミュニティが創設した昼間だけの委託センター（各種の老年クラブ、協会）、友好会の集会活動（コミュニティ医療サービス・ステーションの提供する医療・健康サービス）、および、年齢がわりに低い高齢者が参加する「ボランティア銀行」などの形があり、高齢で生活に困難がある高

齢者にサービスを提供する。

　政府がサービスを支援することは、政府が市場の基本原則に従い、社会の公共ニーズを満足させる最も有効でかつ重要な方法である。政府は在宅養老を支援する政策は、財政の圧力を軽減し、社会福祉の総量を増大することができる。これは政府、コミュニティ、敬老協会が高齢者とコミュニティの中の生活に困難がある高齢者に対する人道的配慮を体現している。

（2）消費財産業のサービス能力を向上し、積極的にシルバー産業を発展させよう

　人口構造の転換と高齢化の激化に伴い、未成年者の消費財の需要は次第に下がり、高齢者のニーズに適応する各種の消費財とサービスは増加し、現有の地域産業の構造に対して挑戦している。

「星光学院」、「ボランティア銀行」──新興の養老サービス産業の発展について

　海曙区星光敬老印の「在宅養老サービス」という産品は、現在すでに寧波コミュニティの第一ブランドになった。当区一部分の高齢者家庭に対するサンプリング調査によると、約7割の高齢者は自らサービスを購買したくて、一部の高齢者の子女も自分の金でコミュニティにこのローコストのサービスを買いたいとしている。また、2社の企業・グループは、特殊な困難がある高齢者にサービスを購買した。

　政府の積極的なやり方は、養老サービス産業の発展を促進した。この区のすでに創立した三つのチームの中で、一つ主要なのは政府が従業員の提供するサービスを監督するチームである。従業員は今すでに200人あまりに達し、区敬老協会は従業員の招聘、育成訓練、テスト、及び仕事の管理に責任を負い、600人余りの高齢者、1人暮らし、生活に困難がある独居高齢者の訪問サービスを提供している。

---

(5) 朱志瑩、「海曙区の家庭養老モードが全国モデルになった」〔N〕．寧波夕刊、2005年11月4日(1)。

すでに創立され、400人余りがいるボランティアチームは（年齢がわりに低く、身体がわりに健康である高齢者を含める）、生活に困難がある高齢者の世話などをし、敬老協会はそのサービス保険を支援する。愛の献上を主旨とする志願者チームは、退職した老幹部、社会福祉従業員、隣近所（の人）と各界の熱心な人々からなり、また医療機関のボランティアも含め、主に場所的に近くて応急できる役割を発揮している。

星光学院（海曙区老年大学）、「ボランティア銀行」、昼間だけの委託所の運営は、また200人余りの一時帰休者と失業者に再就業の機会を供えた。各コミュニティの住民委員会は外に出て活動する高齢者に細かい生活の世話を提供し、高齢者に楽しく過ごせるように努めた。

シルバー産品を開発、生産し、高齢者サービスを提供し、高齢者のニーズを満足させることは、高齢者社会からの客観的な要求となる。高齢化につれてこれらの群体の特徴は日増しに明らかになり、消費市場に対してますます大きくなる影響を与えることになる。

（3）高齢化社会に挑戦し、高齢化の圧力を原動力に転換する

高齢化社会への挑戦は、高齢人口の健康資源と能力資源を開発、転換することによって変えることが必要で、この過程は高齢者の価値を実現する過程であり、高齢者の生活の質を高める過程でもある。高齢者問題の核心は「健康促進問題」と「価値実現問題」である。これは客観的に私達が次第に「健康な高齢化」という理論の視野から離脱する必要があり、持続的に発展できる「見事な高齢化」に適応する道を歩く必要がある。

政府と社会は高齢者の価値を実現するために有効なプラットフォームを建てるべきで、その中で重要なのは高齢者のヒューマンリソースの開発と利用をできるだけ早目に議事日程に取り入れ、そして戦略的な手配をする必要がある。充分に高齢者のマンパワーを開発し、新しい高齢観念を確立し、健康的高齢化で高齢者の有効な生産寿命を延長させ、一部分の高齢者が各種の社会経済の活動に引き続き従事でき、彼らの能力と知恵を十分に発揮させるように努める必

要がある。

　現在、寧波海曙区の1,000人余りの元気で健康な高齢者は、「ボランティア銀行」、敬老協会、星光学院、コミュニティの昼間のみの委託センターなどの活動に参与し、数千人の高齢者は在宅でコミュニティが提供した養老サービスを享受している。寧波海曙区の実践は、一部の消費人口を生産人口に転化し、高齢者が社会経済への圧力を緩和し、また経済の安定と発展を促進する。これは多くの高齢者の願望でもあり、また高齢者自分の心身的な健康に有利になり、彼らの生活を更に充実させ、さらに楽しく過ごせることを実現する。

参考文献一覧

- 朱志瑩「海曙区の家庭養老モードが全国モデルになった」〔N〕、寧波夕刊、2005年11月4日(1)。
- 国際論壇「社会の革新と革新型の国家づくり」、中国政府創新ネット、2006年10月30日。
  http://www.chinainnovations.org/Article/ShowClass.asp
- 『2003寧波年鑑』、「社会生活－コミュニティ・サービス」。
- 寧波市海曙と区星光敬老協会、「家庭養老サービスの社会化に対する探求について」、2005年10月。
- 海曙区星光敬老協会、「社会の経済効果に関する分析報告について」〔J〕、星光動態、第27号、2006年。
- 許義平、「積極的に社会化家庭養老における新しい方法を探求し、政府の公共サービス水準を高めよう」〔J〕、寧波通信、2005年(2)。

編集後記

　久留米大学が中国社会科学院世界政治・経済研究所、人口・労働経済研究所ならびに首鋼研究・開発公司と共同研究を開始し、毎年シンポジウムを開催してきて今年15年目を迎えた。この記念すべき年に本書の編集に携わることになり、感慨深いところがある。

　本書は、2006年から始まった共同研究のテーマである。日本・中国・韓国とは、国勢や経済の発展段階それに文化の相違もあって、最初は相互にそれぞれの状況を理解するのが精いっぱいであった。しかし、シンポジウムや共同研究会を重ねていくうちに、少子高齢化に関しては、3国ともそれぞれ独自の事情があっても共通の課題があり、相互に学ぶべきことが多いことが分かった。

　特に、田雪原先生の御教示によって、中国の「一人っ子政策」は長期にわたる議論のうえで慎重に計画されたもので、敬服するべき決断であったという感を新たにした。もし、この政策が実行されていなかったら、今日の驚嘆に値する中国の経済発展は実現されていなかったと思う。

　中国は、社会主義市場経済というある意味では矛盾を含んだ体制をとっているが、そして現在は、市場経済の側面が加速されていると見られているが、この体制でなければ一人っ子政策は実行できなかったと思う。さらに、この政策は世界的に見ても意義の大きいものである。

　地球のキャパシティに限度がある以上、人口は無限に増加できない。人口増はどこかで頭打ちにならざるを得ないわけだ。この頭打ちが未曾有の天変地異や大戦争によってもたらされない限り、一人っ子政策のような平和的な手段をとらざるを得ない。したがって、人類社会の持続可能性という観点からは、平和的な人口抑制は避けて通れないものである。そして、人口の多い国ほど人口抑制が率先されなければならない。

　人口が抑制された時点から一定期間、少子高齢化の人口構造を呈することになる。少子高齢化の構造は、したがって持続可能な社会の形成と密接に関連す

るもので、持続可能な社会を実現するための政策と少子高齢化社会への対応は同じ軌道の上で実施されなければならない。本書は、まずこのことを前提にしている。

　この4年間の共同研究で、中国と日本の様々な所を訪れた。そのなかでも印象的であったのが、雲南省のタイ族自治区や海南島の少数民族の長寿村と奄美大島である。それぞれの所は、長寿であるうえに「子だくさん」であった。長寿であるのは高齢者にとって住みやすいからであろうし、子だくさんは子どもを育てやすい環境があるからである。いずれの所も、近代化によって壊されてきた伝統的な共同体が存続している。少子高齢化への対応ということでは重要なヒントが隠されている。

　高齢者福祉に限らず、福祉政策となるといつも北欧諸国が羨望の的となって見習うべきだとの意見が出るが、北欧諸国は人口1,0001万人以下であって、人口の多い国家ではそのままモデルにすることはできない。ましてや、文化の異なる東アジア圏にあってはなおさらである。いずれにしても、共同体の再生が求められるところであり、その点に関しては日本ではいち早く道州制を導入するべきであると思う。全国画一的な政策は、共同体の再生に失敗するからである。

　巻頭にも記したように、本書の出版にあたっては多くの方面から、また多く人々の支援をいただいた。改めて感謝の意を表したい。そして最後に、本書の編集・出版にあたって、株式会社新評論の武市一幸氏からいただいた助言・助力に深く感謝したい。

（編集者を代表して　駄田井　正）

執筆者紹介 (執筆順)

駄田井　正（1章・17章）──編者紹介参照。

田　雪原（Tian Xue Yuan）（2章・4章）
　1938年生まれ。中国教育部職員、社会科学院経済研究所研究員、社会科学院人口研究所所長などを経て、現在、中国社会科学院第1期学術委員会委員、国務院学位委員会専門家評議会委員、国家産児制限委員会専門委員などを務める。著作に、『田雪原論文集』、『中国高齢者の人口・経済・社会』など。

原田　康平（3章・6章）──編者紹介参照。

山田　和敏（3章）
　1957年生まれ。最終学歴は九州大学大学院経済学研究科博士課程。現在、久留米大学経済学部教授。専攻は計量経済学。主要論文として、「生産関数による情報サービス企業の情報生産活動分析」、「Excel-VBAを利用した産業連関分析」など。

朴　光駿（Park Kwang Joon）（5章）
　1958年生まれ。韓国新羅大学校社会福祉学科教員を経て、現在、佛教大学社会福祉学部教授、中国西北大学客員教授、2008年度中国社会科学院人口労働経済研究所客員研究員。社会学博士。著作に、『高齢者福祉の地域間格差に関する国際比較研究』など。

司　秀（Si Xiu）（7章・16章）
　1952年生まれ。中国社会科学院人口労働経済研究所社会保障研究室研究員（教授）、専門分野は人口統計。著作に、『人口センサスの移動調査と常住地の関係についての試論』など。

呉　英蘭（Ou Yeong Rang）（8章）
　1965年生まれ。韓国東明大学校社会福祉再活学部社会福祉学科招聘教授、社団法人釜山女性の電話代表、釜山地方裁判所家事調整委員、社会福祉学博士。著作に、『日本における介護労働者の体系と関連争点』など。

松石　達彦（9章）
　1970年生まれ。一橋大学大学院博士課程。現在、久留米大学経済学部准教授。専攻は東アジア経済論およびグローバリゼーション。主要論文に、「中国の外資政策と外資のプレゼンス」など。

孫　征（Sun Zheng）（10章）
　1958年生まれ。中国社会科学院青少年研究所、国連人口研究センターなどを経て、現在、社会科学院人口労働経済研究所助理研究員。著作に、『中国都市・農村部における高齢者の心身健康状況について』など。

執筆者紹介　417

王　彦風（Wang Yan Feng）（11章）
　1972年生まれ。久留米大学大学院比較文化研究科後期博士課程を経て、現在、久留米大学比較文化研究所研究員。主要論文に、「日本の児童・生徒の消費意識と行動に関する考察――学校消費者教育の視点から」など。

王　鑒（Wang Jian）（12章・15章）
　1955年生まれ。中国社会科学院人口労働経済研究所研究員（教授）、中国社会科学院老年研究中心理事、中国人口文化促促進会専門家学術委員会委員を経る。日本一橋大学客員研究員歴任。著作に、『人口発展と社会保障』など。

郭　学賢（Guo Xue Xian）（13章）
　1945年生まれ。東北師範大学人文学院公共事業管理系主任教授、特色ある都市管理研究分野および吉林省優秀教学団体の主要担当者。著作に、『市場経済条件下の人間価値観変化の趨勢及び対策』など。

陳　暁春（Chen Xiao Chun）（14章）
　1959年生まれ。湖南大学政治与公共管理学院教授、経済学博士。著作に、『非営利組織とマーケティング』など。

王　橋（18章・23章）――編者紹介参照。

糸乘　貞喜（いとのり・さだよし）（19章）
　1936年生まれ。関西大学経済学部卒業、（財）繊維経済研究所、㈱九州地域計画研究所、㈱よかネット）代表取締役を経て、現在、協同組合地域づくり九州代理事。主要論文に、「個族化社会におけるネットワーク形成」（総合研究開発機構助成研究）など。

夏　広軍（Xia Guang Jun）（20章）
　1971年生まれ。久留米大学大学院比較文化研究科後期博士課程を経て、現在、久留米大学比較文化研究所研究員。主要論文に、「筑後川流域における持続可能な地域の形成――自然との共生をめざして」など。

章　麗君（Zhang Li Jun）（21章）
　1940年生まれ。中国社会科学院老幹部局副局長、同院老年科学研究中心秘書長を経て、現在、同院婦人研究中心秘書長。著作に、『女性文化の素養と女性発展の基礎』、『都市部における多様化養老方式の創設』など。

王　鳳鳴（Wang Feng Ming）（22章）
　1959年日生まれ。清華大学経済管理学院 EMBA 修士を経て、現在天津大学博士課程在学中。現職は青島快通国際酒店代表取締役および青島中潤徳集団代表取締役。著作に、『中国高齢者住宅産業モデルについて考える』など。

編者紹介

駄田井　正（だたい・ただし）
　1944年生まれ。大阪府立大学大学院卒。1970年から久留米大学に勤務。現在久留米大学経済学部教授。もともと理論経済学・経済学史を専門としていたが、近年はポスト工業社会の観点から地域の振興に関心をもち、文化経済学・地域経済学・観光学などに専門を移している。その関係で、1999年からNPO法人筑後川流域連携倶楽部、2003年からNPO法人九州流域連携会議の理事長。著書に、『21世紀の観光とアジア・九州』、『グリーンツーリズム――文化経済学からのアプローチ』など。

原田　康平（はらだ・こうへい）
　1948年生まれ。九州大学大学院工学研究科修了。工学博士。1981年から久留米大学に勤務し、医学部講師などを経て現在は経済学部教授。経済・金融現象の統計分析および時系列分析を専門とし、その一環として金融工学も担当している。1996年に始まった中国社会科学院との合同シンポジウムや共同研究に当初から関わっており、少子高齢化問題が合同テーマとなってから、人口問題とも取り組んでいる。著書に、『経済・金融分析のためのVBAプログラミング』、『Excelで学ぶ実用統計』など。

王　橋（Wang Qiao）
　1960年生まれ。中国北京市化学工業局高級エンジニア、久留米大学大学院比較文化研究科後期博士課程、中国社会科学院老年科学研究センター副秘書長などを経て、現在、中国社会科学院人口与労働経済研究所副研究員、中国社会科学院EMBA教育センター教授。経済学博士。専門分野は社会保障制度研究、人口と環境政策、グリーン・ツーリズム。著書に、『中国における人口情報管理の近代化に関する研究』、『環黄海グリーンツーリズムに関する研究』、『2005年国勢調査』『調和的な社会の構築と高齢者問題』など。

〈久留米大学経済叢書 第17巻〉

東アジアにおける少子高齢化と持続可能な発展
―― 日中韓3国の比較研究 ――　　　　（検印廃止）

2010年8月20日　初版第1刷発行

編　者	駄田井　　正 原　田　康　平 王　　　　　橋
発行者	武　市　一　幸
発行所	株式会社　新　評　論

〒169-0051　　　　　　　　　電話　03(3202)7391
東京都新宿区西早稲田3-16-28　　振替・00160-1-113487

定価はカバーに表示してあります。　　印刷　フォレスト
落丁・乱丁本はお取り替えします。　　製本　清水製本所
　　　　　　　　　　　　　　　　　　装幀　山田英春

©駄田井・原田・王 ほか 2010　　　　Printed in Japan
　　　　　　　　　　　　　　ISBN978-4-7948-0845-5

新評論　好評既刊

松岡洋子
デンマークの高齢者福祉と地域居住
最期まで住み切る住宅力・ケア力・地域力

「施設」から「住宅」へ、さらに「地域」へ！「地域居住継続」への先進的取り組みと課題を詳細報告。

[四六上製　384頁　3360円　ISBN4-7948-0676-0]

西下彰俊
スウェーデンの高齢者ケア
その光と影を追って

福祉先進国の高齢者ケアの実情を精緻なデータ分析によって解明し、日本の課題をも探る問題提起の書。

[A5上製　260頁　2625円　ISBN978-4-7948-0744-1]

P.オーレスン＆B.マスン編／石黒暢 訳
高齢者の孤独　《シリーズ　デンマークの悲しみと喪失》
25人の高齢者が孤独について語る

愛する人との別れ、離婚、病気…孤独と向き合いつつ暮らす高齢者たちが、人生の悲哀を赤裸々に語る。写真多数。

[A5並製　244頁　1890円　ISBN4-7948-0761-8]

S.ジェームズ＆T.ラーティー
高見幸子 監訳・編著／伊波美智子 解説
スウェーデンの持続可能なまちづくり
ナチュラル・ステップが導くコミュニティ改革

過疎化、少子化、財政赤字など多くの自治体が抱える課題の解決策がここに！サスティナブルな地域社会への具体的実践。

[A5並製　284頁　2625円　ISBN4-7948-0710-4]

＊表示価格はすべて消費税（5%）込みの定価です。